城市轨道交通新线电客车调试应用指南

王 亮 主编

中国建筑工业出版社

图书在版编目（CIP）数据

城市轨道交通新线电客车调试应用指南 / 王亮主编
. — 北京：中国建筑工业出版社，2021.11
ISBN 978-7-112-26747-7

Ⅰ.①城… Ⅱ.①王… Ⅲ.①城市铁路-轨道交通-电车-调整试验-指南 Ⅳ.①U271.07

中国版本图书馆 CIP 数据核字（2021）第 215339 号

本书共10章，分别是：电客车调试的总体概述、电客车调试的相关法规要求、电客车调试管理制度及组织架构、电客车调试工作机制及流程、电客车厂家试验的主要内容及意义、电客车型式试验和厂家监造、电客车现场调试前的工作及流程、电客车预验收（PAC）、电客车的系统调试及分析总结、电客车调试整体总结。文后还有附录。本书结合实践，各章节文字力求深入浅出，简单明了。希望读者能通过本书了解电客车调试工作中的流程和内容，填补国内轨道行业在电客车调试应用方面的教材空白，为电客车调试工作指明方向，提供参考。

本书可供从事城市轨道交通工程建设、运营、设计、咨询及设备制造等单位的技术人员使用，也可供大专院校的师生使用。

责任编辑：胡明安
责任校对：张惠雯

城市轨道交通新线电客车调试应用指南
王 亮 主编

*

中国建筑工业出版社出版、发行（北京海淀三里河路9号）
各地新华书店、建筑书店经销
北京鸿文瀚海文化传媒有限公司制版
河北鹏润印刷有限公司印刷

*

开本：787毫米×1092毫米 1/16 印张：24¼ 字数：605千字
2021年11月第一版 2021年11月第一次印刷
定价：85.00元
ISBN 978-7-112-26747-7
（38109）

版权所有　翻印必究
如有印装质量问题，可寄本社图书出版中心退换
（邮政编码 100037）

主编简介

王亮，高级工程师，南宁市高层次人才，现任洛阳市轨道交通集团有限责任公司运营分公司副总经理，从事地铁生产技术管理工作多年，积累了丰富的城市轨道交通运营管理经验，曾参与多家地铁公司多条地铁线路运营新线筹备：广州地铁3号线、郑州地铁1号线、2号线、南宁地铁1号线等；主持或牵头参与南宁地铁2号线、3号线、4号线、5号线全自动驾驶、洛阳地铁1号线、2号线等线路的设计联络、安装调试、验交、综合联调等运营筹备工作，参与多项国家标准、广西地方标准、行业标准的编制工作；参与多家地铁公司新线开通初期运营前安全评估工作，为交通运输部科学研究院城市交通与轨道交通研究中心、中国安全生产科学研究院、广州中咨城轨工程咨询有限公司等多个机构初期运营前安全评估特聘专家。

2005年至今，累计发表学术论文20余篇，参与并主持国家实用新型专利10余项，参与重大科研项目10余个，获得国家级奖项2个，2017年与中国建筑工业出版社合作，出版《城市轨道交通标准化作业教程》《城市轨道交通电客车驾驶》《城市轨道交通工程车驾驶》《城市轨道交通工程车检修技术》《城市轨道交通厂段调度》《城市轨道交通车辆系统功能与组成》《城市轨道交通车辆检修技术》《城市轨道交通设备维修技术》《城市轨道交通设备操作原理》《城市轨道交通运营安全管理》；2020年出版发行《城市轨道交通综合联调组织指南》；2021年出版发行《城市轨道交通新线筹备应用指南》等一系列运营专业管理学术著作，并在多家地铁公司推广使用，取得了良好的社会效益和行业认同；得到了社会和同行的高度赞誉。

本书编写人员名单

主　　编：王亮
副 主 编：赵成春、安相翔、罗敏、刘杰、职小强
主　　审：田华军
编　　委：
第1章：李浩楠、王亮、罗敏、高大毛、张睿、吴帅杰、刘超伟、张博、刘君
第2章：朱琳、杨永杰、王亮、刘杰、陈东、江腾、高健龙、赵成春、汪爱东、李燕艳
第3章：任海涛、王亮、杨永杰、职小强、付燎原、郑和江、肖辉胜、马仁杰、谷雨、刘鹏、周靓
第4章：杨永杰、王亮、李浩楠、张永梅、王杭、职小强、郭洁、张浩然、高健龙、刘超伟、李智会
第5章：李宇辉、王亮、王哲、李高月、崔莹鑫、汪爱东、谷雨、肖辉胜、毕经格、包华、李燕艳、田路路、刘君
第6章：崔健、习乐宜、王亮、刘永强、李宇辉、职小强、毕经格、肖晟、王浩翔、郑和江、江腾、蒋鑫
第7章：安相祥、王亮、杨永杰、王树丰、杨振昆、何君、包华、陈东、赵成春、张博、刘鹏
第8章：韩春阳、王亮、任海涛、李中涛、牛涛强、马仁杰、吴帅杰、蒋鑫、郭洁、付燎原、周靓、刘君
第9章：牛秀蓉、孙瑞卿、习乐宜、朱琳、杨永杰、杨振昆、崔健、王树丰、李燕艳、李智会
第10章：李浩楠、王亮、任海涛、肖辉胜、白银、职小强、张睿、陈东、李燕艳、田路路

序

中共中央、国务院印发《交通强国建设纲要》明确指出，"建设交通强国是以习近平同志为核心的党中央立足国情、着眼全局、面向未来作出的重大战略决策，是建设现代化经济体系的先行领域，是全面建成社会主义现代化强国的重要支撑，是新时代做好交通工作的总抓手"。建设人民满意、保障有力、世界前列的交通强国是现阶段我国交通行业的迫切任务。城市轨道交通以快捷、舒适、准时、安全、节能等优点备受人们青睐，在满足人民群众交通出行、缓解城市交通拥堵、促进经济社会发展方面发挥了重要作用，已成为改善城市居民生活品质、提升人民群众获得感幸福感的重要载体。

城市轨道交通的发展始于1863年英国伦敦，至今发展已有150多年历史。国内轨道交通始于20世纪初期。中华人民共和国成立以来，我国的城市轨道交通从无到有。历经几十年的漫长发展，尤其在近十几年取得了极大的成就。党的十九大后，加快建设交通强国和推进我国交通运输现代化成为新的战略任务。

城市轨道交通是一个庞大复杂的技术系统，包括了线路、车站、电客车、设备、信号等众多专业，涵盖了土建、设备、运输、维修组织等各个系统，其中，电客车是其重要组成部分。在城市轨道交通正式开通运营之前，电客车调试是打基础、固根本、提品质、强质量、保安全的重要工作。电客车调试是新车从"诞生"走向"成熟"的成长之路，不仅可以验证车辆性能参数，还可以实现车辆各系统的最佳匹配，为后期的安全运营和维护提供保障。本书首次结合现行法律法规和当前先进的电客车调试技术，与城市轨道交通行业的实际需求相结合，力求从实践出发，强调系统和内在逻辑性，对电客车调试进行了科学全面的总结，详细介绍了电客车调试的管理制度、组织构架、工作机制、厂家调试、型式试验、预验收及系统调试等内容；内容翔实，结构完整，既符合工程技术人员学习参考的需求，又可满足大中院校学习的目的。

截至2020年，我国已完成决胜全面建成小康社会交通建设任务和"十三五"现代综合交通运输体系发展规划各项任务，为交通强国建设奠定坚实基础。2021年是"十四五"建设的开局之年，也是交通强国开端之年，希望各位同行勇担使命，科学有序的稳步推进城市轨道交通事业，实现我国城市轨道交通由高速度发展向高质量发展的跨越，由交通大国向交通强国的迈进！

洛阳轨道集团副总经理、运营公司总经理、

教授级高级工程师

前　言

城市轨道交通的发展始于 1863 年英国伦敦，至今发展已有 150 多年历史。我国的城市轨道交通始于 20 世纪 60 年代，历经几十年的漫长发展，尤其在近十几年取得了极大的成就。党的十九大后，加快建设交通强国和推进我国交通运输现代化成为新的战略任务。电客车作为轨道交通系统中完成乘客运输任务的直接工具，起着尤为重要的作用，因此，保证电客车安全、稳定、可靠至关重要。

电客车在整个轨道交通系统中有着举足轻重的地位。电客车是一个集电气自动化、电力电子、机械、材料、力学、环境工程、控制等领域的产品，具有复杂性高、专业性强的特点。在城市轨道交通建设前期，主体工程完成后正式开通运营之前，电客车的调试工作是非常重要的一个环节。电客车调试意义深远，首先可以实现车辆各系统的最佳匹配和车辆的系统目标；其次实现车辆各系统的安全技术分析，保证国产化地铁的顺利开通；可以为后期的运营和维护提供技术积累。

为了能有效的保障电客车在正线的安全运营，编者组织了一批有着丰富经验的城市轨道交通从业工程师对中车集团下属的电客车生产单位和大量城市的新线筹备工作进行调研，编写了本书。本书主要从电客车调试的总体概述、相关法律法规及要求、调试管理制度和组织构架、调试的工作机制和流程、厂家试验的主要内容及意义、型式试验和厂家监造、现场调试前的工作及流程、预验收（PAC）、系统调试及分析总结和调试的整体总结 10 个章节详细阐述了电客车调试的主要内容和重大意义。本书结合实践，各章节文字力求深入浅出，简单明了。希望读者能通过本书了解电客车调试工作中的流程和内容，填补国内轨道行业在电客车调试应用方面的教材空白，为电客车调试工作指明方向，提供参考。

编者

目 录

第1章 电客车调试的总体概述 ………………………………………………… 1
1.1 电客车调试的意义 ………………………………………………………… 1
1.1.1 城市轨道交通车辆的类型 …………………………………………… 1
1.1.2 城市轨道交通电客车各部分调试的意义 …………………………… 2
1.2 电客车调试的必要性 ……………………………………………………… 3
1.2.1 实现车辆的最佳整体匹配 …………………………………………… 3
1.2.2 实现车辆系统的安全分析 …………………………………………… 4
1.2.3 实现车辆的系统目标 ………………………………………………… 4
1.2.4 为运营提供技术服务 ………………………………………………… 4
1.2.5 保证国产化地铁的顺利开通 ………………………………………… 4
1.2.6 为地铁的运营提供技术服务 ………………………………………… 5
1.3 电客车调试的依据 ………………………………………………………… 5
1.3.1 电客车基本技术条件标准要求 ……………………………………… 5
1.3.2 电气牵引和电制动系统的技术要求 ………………………………… 6
1.3.3 辅助电源系统的技术要求 …………………………………………… 7
1.3.4 列车控制及监控系统的技术要求 …………………………………… 7
1.3.5 制动系统和风源系统的技术要求 …………………………………… 7
1.3.6 车用空调机组及其控制装置的技术要求 …………………………… 8
1.3.7 车体及内装设备的技术要求 ………………………………………… 8
1.3.8 转向架的技术要求 …………………………………………………… 9

第2章 电客车调试的相关法规要求 …………………………………………… 11
2.1 城市轨道交通法律法规及标准 …………………………………………… 11
2.1.1 通用标准 ……………………………………………………………… 11
2.1.2 专业系统标准 ………………………………………………………… 13
2.2 企业内部规章制度 ………………………………………………………… 14
2.2.1 规定内容 ……………………………………………………………… 14
2.2.2 电客车试验大纲 ……………………………………………………… 17
2.2.3 电客车调试管理办法 ………………………………………………… 20

第3章 电客车调试管理制度及组织架构 ……………………………………… 22
3.1 电客车组织架构 …………………………………………………………… 22
3.2 电客车调试职责分工 ……………………………………………………… 22
3.2.1 分公司副总职责 ……………………………………………………… 22

3.2.2	车辆部经理职责	……	22
3.2.3	车间主任职责	……	23
3.2.4	调试组工作职责	……	23
3.2.5	调试负责人职责	……	23
3.2.6	调试组长职责	……	23
3.2.7	调试组组员职责	……	24
3.2.8	主机售后服务队及各供应商职责	……	26

3.3 电客车调试会议制度及故障管理 …… 26
    3.3.1 电客车调试会议制度 …… 26
    3.3.2 调试故障管理以故障问题为导向 …… 28
    3.3.3 新线电客车调试总结 …… 29

第4章 电客车调试工作机制及流程 …… 31

4.1 会议及协调机制 …… 31
    4.1.1 会议目的 …… 31
    4.1.2 会议适用范围 …… 31
    4.1.3 会议定义 …… 31
    4.1.4 会议管理 …… 31
    4.1.5 管理职责 …… 32
    4.1.6 会议主要议题 …… 32
    4.1.7 会议纪律 …… 32
    4.1.8 会议记录 …… 32

4.2 安全保障机制 …… 33
    4.2.1 通用安全保障机制 …… 33
    4.2.2 调试安全保障机制 …… 33

4.3 质量控制制度 …… 36
    4.3.1 设置独立的职能岗位 …… 36
    4.3.2 明确质量目标与控制范围 …… 36
    4.3.3 编制完整的体系制度 …… 37
    4.3.4 质量节点控制 …… 37
    4.3.5 质量调查 …… 37
    4.3.6 分析评估 …… 37
    4.3.7 质量跟进 …… 38

4.4 进度控制制度 …… 38
    4.4.1 进度控制简介 …… 38
    4.4.2 调试计划进度设计 …… 38

4.5 调试现场管理制度 …… 41
    4.5.1 调试人员现场管理办法 …… 41
    4.5.2 供应商现场管理办法 …… 42
    4.5.3 相关方现场管理办法 …… 43

第5章　电客车厂家试验的主要内容及意义 ························ 44

5.1　电客车厂家机械试验 ··· 44
- 5.1.1　电客车厂家机械试验概述 ································ 44
- 5.1.2　电客车厂家机械试验目的 ································ 44
- 5.1.3　电客车厂家机械试验项目 ································ 44
- 5.1.4　电客车厂家机械试验项目前准备 ······················ 51
- 5.1.5　电客车厂家机械试验方法及步骤 ······················ 52

5.2　电客车厂家单节车辆电气试验 ································ 52
- 5.2.1　电客车厂家单节车辆电气试验概述 ··················· 52
- 5.2.2　电客车厂家单节车辆电气试验目的 ··················· 52
- 5.2.3　电客车厂家单节车辆电气试验项目 ··················· 52
- 5.2.4　电客车厂家单节车辆电气试验项目前准备的物品 ····· 53
- 5.2.5　电客车厂家单节车辆电气试验方法及步骤 ·········· 53

5.3　电客车厂家列车静态有电功能试验 ························· 54
- 5.3.1　电客车厂家列车静态有电功能试验概述 ············· 54
- 5.3.2　电客车厂家列车静态有电功能试验目的 ············· 55
- 5.3.3　电客车厂家列车静态有电功能试验项目 ············· 55
- 5.3.4　电客车厂家列车静态有电功能试验项目前准备 ···· 76
- 5.3.5　电客车厂家列车静态有电功能试验方法及步骤 ···· 76

5.4　电客车厂家动态有电功能试验 ································ 77
- 5.4.1　电客车厂家列车动态有电功能试验概述 ············· 77
- 5.4.2　电客车厂家列车动态有电功能试验目的 ············· 77
- 5.4.3　电客车厂家列车动态有电功能试验项目 ············· 77
- 5.4.4　电客车厂家列车动态有电功能试验项目前准备 ···· 81
- 5.4.5　电客车厂家列车动态有电功能试验方法及步骤 ···· 81

第6章　电客车型式试验和厂家监造 ······························ 82

6.1　电客车型式试验 ··· 82
- 6.1.1　电客车型式试验目的 ······································ 82
- 6.1.2　电客车型式试验项目概述 ································ 82
- 6.1.3　电客车型式试验前准备 ··································· 107
- 6.1.4　电客车型式试验方法及步骤 ···························· 107

6.2　厂家监造 ·· 108
- 6.2.1　厂家监造概述 ·· 108
- 6.2.2　厂家监造目的 ·· 108
- 6.2.3　厂家监造项目 ·· 108
- 6.2.4　厂家监造前准备 ··· 108
- 6.2.5　厂家监造方法及步骤 ······································ 114

第7章　电客车现场调试前的工作及流程 ························ 119

7.1　出厂验收（PSI） ·· 119

7.1.1 出厂验收概述 ··· 119
7.1.2 出厂验收目的 ··· 119
7.1.3 出厂验收项目 ··· 119
7.1.4 出厂验收前准备 ··· 129
7.1.5 出厂验收方法和步骤 ··· 129
7.1.6 其他需求 ··· 131
7.2 开箱检查概述 ··· 133
7.2.1 开箱检查概述 ··· 133
7.2.2 开箱检查的目的 ··· 133
7.2.3 开箱检查项目 ··· 134
7.2.4 开箱检查前准备 ··· 154
7.2.5 开箱检查方法及步骤 ··· 155
7.3 查线核图 ··· 157
7.3.1 查线核图概述 ··· 157
7.3.2 查线核图的目的 ··· 157
7.3.3 查线核图项目 ··· 157
7.3.4 查线核图准备 ··· 157
7.3.5 查线核图方法及步骤 ··· 158
7.3.6 查线核图问题总结 ··· 159
7.3.7 查线核图总结 ··· 160
7.4 厂家再调试 ··· 161
7.4.1 厂家再调试概述 ··· 161
7.4.2 厂家再调试的目的 ··· 161
7.4.3 厂家再调试项目 ··· 161
7.4.4 厂家再调试前准备 ··· 172
7.4.5 厂家再调试方法及步骤 ··· 172
7.4.6 厂家再调试问题总结 ··· 174

第8章 电客车预验收（PAC） ··· 175
8.1 电客车预验收试验检查 ··· 175
8.1.1 电客车预验收试验检查概述 ··· 175
8.1.2 电客车预验收试验检查的目的 ··· 175
8.1.3 电客车预验收试验检查管理 ··· 175
8.1.4 电客车预验收试验检查项目 ··· 176
8.1.5 电客车预验收试验检查前准备 ··· 177
8.1.6 电客车预验收试验检查方法及步骤 ··· 177
8.2 电客车预验运营检查 ··· 219
8.2.1 电客车预验收运营检查概述 ··· 219
8.2.2 电客车预验收运营检查的目的 ··· 219
8.2.3 电客车预验收运营检查项目 ··· 220

8.2.4 电客车预验收运营检查前准备 ·· 222
8.2.5 电客车预验收运营检查方法及步骤 ·· 223

第9章 电客车的系统调试及分析总结 ··· 224
9.1 车体及贯通道系统 ·· 224
9.1.1 车体及贯通道系统概述 ··· 224
9.1.2 车体及贯通道系统主要部件介绍 ·· 227
9.1.3 车体及贯通道系统调试项点 ·· 233
9.1.4 车体及贯通道系统调试数据及分析总结 ······································ 237
9.2 车门系统 ··· 239
9.2.1 车门系统概述 ··· 239
9.2.2 车门系统主要部件介绍 ··· 243
9.2.3 车门系统调试项点 ··· 250
9.2.4 车门系统调试数据及分析总结 ··· 252
9.3 转向架及车钩系统 ·· 253
9.3.1 转向架 ··· 253
9.3.2 车钩系统 ·· 263
9.3.3 转向架车钩系统调试数据及分析总结 ··· 268
9.4 辅助系统 ··· 269
9.4.1 辅助电源箱 ··· 269
9.4.2 蓄电池箱 ·· 271
9.4.3 辅助系统调试及分析总结 ·· 271
9.5 空调系统 ··· 272
9.5.1 空调系统概述 ·· 272
9.5.2 空调系统主要部件介绍 ··· 273
9.5.3 空调系统调试项点 ··· 277
9.5.4 空调系统调试数据及分析总结 ··· 279
9.6 牵引系统 ··· 281
9.6.1 牵引系统概述 ·· 281
9.6.2 受流器 ··· 282
9.6.3 牵引逆变器 ··· 290
9.6.4 牵引特性 ·· 294
9.7 控制系统 ··· 296
9.7.1 控制系统概述 ·· 296
9.7.2 主要模块功能和原理 ··· 297
9.7.3 控制系统调试内容及标准 ·· 299
9.7.4 控制系统调试数据及分析总结 ··· 305
9.8 PIS系统 ·· 306
9.8.1 乘客信息系统概述 ··· 306
9.8.2 乘客信息系统主要部件介绍 ·· 306

    9.8.3 乘客信息系统调试项点ꞏꞏꞏ 307
    9.8.4 乘客信息系统数据及分析总结ꞏꞏꞏ 307
  9.9 制动系统 ꞏꞏ 311
    9.9.1 制动系统概述ꞏꞏꞏ 311
    9.9.2 制动系统主要部件介绍ꞏꞏ 311
    9.9.3 制动系统调试项点ꞏꞏꞏ 316
    9.9.4 制动系统调试数据及分析总结ꞏꞏꞏ 318

第10章 电客车调试整体总结 ꞏꞏ 320

  10.1 首列车和调试阶段性总结报告 ꞏꞏ 320
    10.1.1 首列车总结报告ꞏꞏꞏ 320
    10.1.2 车辆调试阶段性总结报告ꞏꞏꞏ 322
  10.2 试运行日常检修验证总结 ꞏꞏ 325
  10.3 电客车调试的整体总结及展望 ꞏꞏ 329
    10.3.1 电客车调试整体总结ꞏꞏ 329
    10.3.2 总结与展望ꞏꞏꞏ 342

附录一：某地铁项目及引用标准 ꞏꞏꞏ 345

附录二：某地铁项目及引用标准 ꞏꞏꞏ 354

附录三：某地铁某号线工程电客车监造工作日报 ꞏꞏꞏꞏꞏꞏꞏꞏꞏꞏꞏꞏꞏꞏꞏꞏꞏꞏꞏꞏꞏꞏꞏꞏꞏꞏꞏꞏꞏꞏꞏꞏꞏꞏꞏꞏꞏꞏ 365

附录四：某地铁电客车监造工作周报 ꞏꞏꞏ 367

附录五：车辆监造管理办法 ꞏꞏ 371

专业英文词汇缩写 ꞏꞏꞏ 374

参考文献 ꞏꞏ 376

第1章 电客车调试的总体概述

1.1 电客车调试的意义

引导语

地铁电客车调试是地铁运营前重要一环,合理组织电客车调试具有重要意义。电客车是轨道交通系统中完成乘客运输任务的直接工具,电客车是城市轨道交通工程中最重要、最关键的系统。电客车调试是检验电客车的稳定状态,实现相关系统设备系统运转最佳匹配。电客车调试是验证各个系统运行匹配度是否满足电客车安全可靠性、稳定可靠性、突发情况适应性,调试电客车必须严谨、科学、规范,满足地铁的安全通行。

1.1.1 城市轨道交通车辆的类型

常规地铁车辆按单节车载客数量的多少,车辆分为A型车和B型车,区分的主要依据是车体的尺寸,根据《地铁车辆通用技术条件》GB/T 7928-2003,参数如表1.1-1。

车辆参数　　　　　　　　　　　　　　　表1.1-1

序号	名称		A型车(四轴车)	B型车(四轴车)
1	车体基本长度*(mm)		22000	19000
2	车体基本宽度(mm)		3000	2800
3	车辆最大高度(mm)	受流器车	3800	
		受电弓车(落弓高度)	3810~3890	
		受电弓工作高度	3980~5410	
4	车内净高(mm)		≥2100	
5	地板面高(mm)		1130	1100
6	轴重(t)		≤16	≤14
7	车辆定距(mm)		15700	12600
8	固定轴距(mm)		2200~2500	2000~2300
9	每侧车门数(对)		4~5	3~4

* 带司机室的车可适当加长。

(1) 直线电机车辆

直线电机车辆改变了长期以来依靠轮轨之间的粘着作用传递牵引力的传统技术,其工作原理和旋转电机的原理相似。它可以看成是将旋转电机的转子和定子沿着轴向的方向剖开,定子以悬挂的方式安装于车辆转向架的下方,转子沿轨道铺设在两条轨道中间,一般由铝合金或者铝板制成。定子与转子的气隙距离保持8~10mm,当定子线圈通过三相交流电，由于磁场的相互作用产生牵引力或制动力。驱动车辆的运行或制动。国内用这种车辆的较少，主要以广州地铁的4号线、5号线和6号线为代表。

（2）磁悬浮列车

磁悬浮列车是一种没有车轮的陆上无接触式有轨交通工具，时速可达500km/h，适合于城市间的长距离快速运输。它的原理是利用常导或超导电磁铁与感应磁场之间产生相互吸引或排斥力，使列车"悬浮"在轨道上面或下面，作无摩擦运行，从而克服了传统列车轮轨粘着限制、机械噪声和磨损等问题，并且具有启动快、停车快和爬坡能力强等优点。

本书以国内的常规车辆为主要研究对象。

1.1.2 城市轨道交通电客车各部分调试的意义

1. 车顶

（1）受电弓

受电弓是列车电力的受流部件，从接触网获得电能供给列车其他系统使用。调试工作中检查受电弓的外观，紧固件按照原扭力值的85%校核，保证安装紧固。测量升降弓的时间和高度。检查1500V电缆与受电弓的列检可靠度。弓网匹配度在常规电气化铁路中矛盾突出，在低净空的隧道内更加突出，调试能尽可能增加弓网的匹配度，减小离线率，提高受流质量。

（2）空调系统

空调作为车辆中一个独立的系统，调节客室的温度、湿度、洁净度，保证客室空气的流通，实现旅客最佳的体感温度，提高乘客旅行的舒适度。调试可以检验空调的性能是否达到设计和使用标准。

2. 车体贯通道和客室内装

车体采用大型铝合金型材或不锈钢焊接而成。车体的底架、侧墙、车顶、端墙分别焊接后再在总焊台上焊接成整个车辆的外壳。

客室内装包括地板、预制成型的顶板、侧墙板、端墙板、侧顶盖板、车窗、空调系统进排气口等，客室内一般安装有乘客座椅、照明灯、立柱扶手、灭火器、乘客信息显示器和/或图像显示屏、广播扬声器、乘客司机对讲装置、紧急开门装置及车门状态指示灯、安全监控摄像头、电气控制柜等。

（1）车体

在电客车到达车辆段后，调试人员对组编连挂好的列车进行内装车体以及检查。可以及时地发现车体的缺陷，包括运输中的车体的外观剐蹭、碰撞等造成的损坏。车体作为其他设备的承载主体，尤为重要。静态调试期间，发现的如车体的焊缝缺陷、紧固件扭力值不足等问题可以反馈给厂家或供应商，及时处理，为后续工作的顺利展开做准备。

贯通道是连接车辆的重要组件。贯通道连接车辆，满足乘客在不同车厢内的自由通行，可以使列车顺利的通过弯道。地铁车辆在调试中要着重检查。保证列车连接可靠和人员的安全通行。

（2）客室内装

客室主要是车门的扭力校核、尺寸测量和内装的外观及紧固情况检查。

车门扭力校核包括上滑道与车顶组件连接螺栓、携门架与直线轴承、携门架与门扇连接、平衡轮固定螺栓、下挡销固定螺栓等。扭力校核可以检验车门组件安装配合的合格度，确保各个部件都安装到位。车门在整个车辆系统中有着重要的地位，而且是运动最多的部件之一。调试中对车门各个参数进行测量，保证所有的尺寸都在合格的范围内，减小车门系统的装配误差，以提高车门多次开合的可靠程度。

内装主要检查车内的座椅、车窗玻璃、扶手立柱、广告框、LCD 和 LED 屏幕、摄像头、客室照明等安装是否紧固，以及各种组件和功能是否齐全，及时发现问题及时整改，消除后期的安全隐患。

司机室作为列车的控制中枢。调试中检查司机台；司机台前窗（包括遮阳帘、刮雨器、装饰胶条）；两侧车门（包括门窗、锁、门槛）；两侧门控板；顶板、侧墙板；地板；设备柜（包括门、锁、壁柜灯及行程开关）；继电器柜；司机室通道门；接地电缆；通风装置；灭火器，足部取暖器，司机脚踏板，司机室座椅；司机室内标识。各个开关、旋钮电器柜的状态、操作手柄、验证是否达到设计标准和使用的要求。

3. 车底设备

走行部是车辆中的一个关键系统，涉及车辆的运行品质及乘客运输安全，是列车牵引力、车辆载荷和轨道外力的直接承受者。对转向架上的紧固件扭力校核，其他附件的外观检查和尺寸测量。验证各个部件的匹配度，走行部的好坏直接影响列车的运行品质和平稳性。

车钩及缓冲装置装在底架牵引梁上，是车辆的一个安全部件，其作用是：将车辆互相连挂，联结成为一组列车；传递纵向牵引力和冲击力；缓和车辆之间的动力作用；实现电路和气路的连接。车钩可保证列车安全通过线路的最小半径曲线和竖向曲线。

牵引及电制动系统是列车运行的核心装置，由高速断路器、牵引逆变器及其控制单元、牵引电动机、联轴节、齿轮箱、制动电阻组成，其作用是将从电网输入的电能经转化后控制牵引电机的运转，牵引电机输出的功率传给轮对驱动列车运行，列车制动时将列车的动能转化成电能反馈回电网或送到制动电阻上变为热能散发出去。调试时校核电机、联轴节及其他关键部分的扭力，检查线缆的连接情况。验证牵引和电制动功能是否正常。

车辆制动系统的作用是用以产生制动力，使列车减速或及时停车，对保证列车安全和正点运行具有极其重要的作用。在目前城市轨道车辆所采用的制动方式中，制动力的动力源主要为压缩空气的压力。调试期间检查空气压缩机安装、风管连接以及基础制动装置是否可靠。验证各种制动模式是否正常，保证列车运行的安全性。

1.2 电客车调试的必要性

1.2.1 实现车辆的最佳整体匹配

电客车调试的目的是验证车辆设计的正确性和产品性能，是否符合合同文件条款，列车在制造完成后投入使用前，应在首列车上完成合同所有规定的试验。除合同规定的外，试验应在制造商工厂和用户现场共同确定的地点进行。试验应由制造商和用户共同确定的、具有承担车辆试验资质的第三方承担。试验前应根据相关国家标准制定试验大纲，包括例行试验和型式试验大纲。首列车型式试验完成后，需提交试验报告。试验报告至少应包括原始数据、试验方法、试验设备、评定标准、计算公式、图标、试验结果与技术规格书中规定容许值得比较、误差分析和结论等。根据供货商提供的电客车到货时间表及工程进度情况，参考制定完整的调试计划。调试计划需根据各系统设备特点适当考虑余量，考虑特殊情况下的应对措施。电客车调试主要包括电客车到货及开箱检查、车辆各系统调试、型式试验、例行试验、综合联调、验收、电客车交接等，专业人员需把控调试进度和调试质量。

1.2.2 实现车辆系统的安全分析

城市轨道交通车辆中涉及学科多、专业多、设备多，运载旅客的安全性高的一项系统工程。因此，在各个城市轨道交通线路的开通运营前，都必须进行车辆的调试工作。电客车运营前的调试，愈发先显示它的重要性。为从系统的角度检验设备，并实施严格的质量控制，车辆的调试在整个联调联试中作为一个独立的环节。车辆系统的调试可以确保整车系统的最佳匹配，为大系统的开展奠定基础。

车辆的调试是在调试好的所有子系统的基础上，启动各个系统，使他们在类似正常运营状态下工作，以检验各个子系统之间的接口、性能、逻辑关系是否达到设计的要求，运行后是否兼容。检验是否可以满足预设的不同情况的性能需求，从整体上检验车辆系统的可用性、稳定性、安全性和可靠性。

1.2.3 实现车辆的系统目标

通过车辆的调试实现车辆的各个系统的"协同运作"，车辆相关的子系统的设备出厂前都按照相关的技术条件和参数指标进行严格地检测和试验。但是，符合各项指标的子系统组合在一起，不一定能顺利地实现各个系统的"协同运作"，或构成一个高性能、完全符合设计标准的大系统。因此，需要在车辆的调试中，由整体到部分的多次反馈与调整，才能认定各个系统的合理性、兼容性和完整性。在车辆设备中存在众多的接口关系，借助各个系统的接口实现不同系统之间的动态调整，完成整个车辆的"协同运作"。调试的目的就在于通过对单个系统的条件和目标进行调整和变换，逐步在整个车辆系统上实现最优。

1.2.4 为运营提供技术服务

车辆系统的调试是系统验证和测试的过程的重要组成。一系列的电客车测试，包括车辆的各个系统的监测，数据的测量与采集都在调试的过程中完成。这些测试将为后期的运营能按计划运营提供可靠的保证。调试过程中所采取的措施，为后期的维护积累经验，同时验证系统技术的成熟度和可靠性。

1.2.5 保证国产化地铁的顺利开通

城市轨道交通设备的国产化是未来的发展方向，只有掌握核心的技术才是唯一的出路。随着地铁设备的国产化技术愈发的成熟，地铁电客车的各种设备国产化率要求高，有些设备是首次运用在地铁车辆中。各个设备组成的系统的兼容性，有待验证。因此，较多的国产化设备组合在一起，存在大系统可能无法"协同运作"的风险。因此，必须进行车

第 1 章 电客车调试的总体概述

辆的调试，保证国产化地铁顺利开通。

1.2.6 为地铁的运营提供技术服务

（1）车辆的调试时各设备在接近正常工作状态下运行，及时的发现设备的缺陷或隐患，同时测试设备的功能和稳定性。

（2）根据需要对各个设备的参数和性能进行调整，以实现后期运营的实际需求。

（3）车辆调试工程中，调试人员可以积累工作经验，为后期的正式运营提供技术保障

（4）检验调试期间各个部门的协调能力，促进后期工作的效率和运营质量。

车辆的调试是城市轨道交通工程运营阶段的关键环节，其成功与否直接影响到开通运营的目标，是城市轨道交通运营前期的重要环节。

1.3 电客车调试的依据

电客车调试从车辆部件验收、整车组装、功能调试至车辆供求双方签署 FAC。城市轨道车辆的调试是一门分步骤、分阶段进行的系统工作。除了各系统调试前的准备工作存在差异外，对调试期间的技术工作和调试人员的工作流程有更详细的要求。调试涉及车辆功能的验证，必然要求调试技术人员在验证过程中，能够熟练地拆卸和组装部分连接器，以及能够熟练地查线核图。地铁调试是一项系统的工作，所涉及的专业很广泛，要求综合性高，不能出现技术错误，各部门、各系统之间的衔接都不允许出现偏差。其中有许多条件需要满足。在地铁建设过程中，列车调试是一个非常重要的独立环节，越来越受到公众的重视，通过对各系统功能的验证和调试，确定电动客车满足运营标准，这为系统综合联调的成功奠定基础，确保了系统的正常运行。

1.3.1 电客车基本技术条件标准要求

（1）列车振动与冲击的测量应根据《机械振动与冲击 人体处于安全振动的评价 第 1 部分：一般要求》ISO2631-1-1997、《铁路车辆内旅客振动舒适性评价标准》UIC513 及《铁路应用 机车车辆设备冲击和振动试验》IEC61373 标准。轨道交通车辆的电气设备的振动试验应按《铁路应用 机车车辆设备冲击和振动试验》IEC61373 标准执行。

（2）车辆应能满足《地铁限界标准》CJJ/T96-2018 中关于城市轨道交通车辆限界的要求。为满足回送需要，应同时满足《标准轨距铁路限界 第 1 部分：机车车辆限界》GB146.1-2020 的要求。

（3）车辆在 AW0 的载荷下，重量平衡符合《铁路设施-铁路车辆-车辆组装和运行前的整车试验》IEC61133-1992 标准。

（4）动力学性能试验应满足《机车车辆动力学性能评定及试验鉴定规范》GB/T5599 标准中相关规定，按照 GB/T5599 规定的测试方法，列车在任何载荷和速度下，垂向及横向列车运行平稳性指标不劣于 2.5，经过 150000km 运行后，其垂向和横向平稳性指标应不大于 2.7。

（5）车辆的设计制造及所选用的材料、部件的防火、阻燃及毒性要求符合《材料及元件的防火要求》EN45545-2 或《载客列车设计与构造防火通用规范》BS6853 标准的相应

等级。

（6）车体和安装在车体外电器箱的防水满足《铁路设施-铁路车辆-车辆组装和运行前的整车试验》IEC61133 标准。

（7）地板下的设备外罩箱的 IP 等级，根据功能的不同满足国际电工委员会《机壳提供的防护等级（IP 代码）标准》IEC60295。

（8）辅助逆变器应符合国际电工委员会《轨道交通 安装在铁路机车上的电力变流器 第 1 部分：特性和试验方法》IEC61287-1 的规定。

（9）列车通信网络应满足国际电工委员会《列车通信总线（TCN）协议》IEC61375 的规定《轨道交通电子设备 列车通信网络（TCN）第 3-1 部分：多功能车辆总线（MVB）》GB/T28029.9。

（10）电客车设计、制造和试验以及所使用的材料均应符合有关国际标准及现行国家标准和现行行业标准。车辆所使用的材料、部件或产品必须满足国家强制性执行的标准和强制性产品认证等。

（11）车辆能通过中华人民共和国铁路机车车辆限界（不过驼峰）。

（12）车辆应符合 IEC、UIC、DIN、JIS、EN 和 ISO 等有关的国际标准。

（13）车辆应符合中华人民共和国《地铁车辆通用技术条件》GB/T7928-2003 等标准。

（14）电气设备的外部配线的防火性能应符合《材料及元件的防火要求》EN45545 或《载客列车设计与防火通用规范》BS6853 标准的相应等级。

（15）电磁兼容应满足《铁路应用-电磁兼容性》EN50121 或其他相关国际标准的要求。

1.3.2 电气牵引和电制动系统的技术要求

（1）振动和冲击条件，满足《轨道交通 机车车辆用电气设备》IEC60077 和/或《轨道交通 全部车辆用电子设备》IEC60571/61373 或其他相关国际标准的要求。

（2）VVVF 逆变器应满足 IEC61287-1 或其他相关国际标准的要求。输入电压（根据 IEC60850 或《轨道交通 牵引供电系统电压》GB/T1402 标准）。

（3）根据 IEC61287-1，在装入逆变器整机之前，逆变器所有元件和部件均应承受有关 IEC 标准（IEC60747，IEC60571，IEC60310，IEC60384-4，IEC61881）或其他相关国际标准规定的型式试验和例行试验。

（4）DCU 型式试验和例行试验应按《铁路机车车辆电子装置》IEC60571 要求进行。

（5）牵引电动机应符合国际电工委员会《电力牵引铁路机车动车和公路车辆旋转电机 第 2 部分：电子变流器供电的交流电动机》IEC60349-2 的规定。

（6）滤波电抗器试验按《轨道交通 铁路车辆用牵引变压器和电感器》IEC60310 的规定进行。

（7）滤波电容器试验按 IEC60384 的规定进行。

（8）受电弓满足《轨道交通机车车辆受电弓特性和试验 第 2 部分：地铁与轻轨车辆受电弓》GB/T21561.2-2018/IEC60494-2：2002 的要求。

（9）避雷器试验按《避雷器》IEC60099 规定进行。

（10）牵引和电制动系统需考虑信号系统、无线通信系统与车辆谐波电流干扰的电磁兼容性，应符合《电磁兼容器》IEC61000 和《轨道交通 电磁兼容器》IEC62236-3 标准的要求。

1.3.3　辅助电源系统的技术要求

（1）辅助电源装置（SIV）本身产生的电磁辐射应受到抑制，不得影响司机室信号、ATP 系统、有线及无线通信设备、牵引和制动控制系统等的正常工作，也不得影响各种线路设施的正常工作。同时应能抵御外界的电磁干扰，符合《铁路应用-电磁兼容性》EN50121 或相应标准等级的要求。

（2）辅助电源系统应按《轨道交通 安装在铁路机车上的电力变流器 第 1 部分：特性和试验方法》IEC61287-1-2014 进行。如进行湿热试验应按《环境试验 试验循环湿热试验》IEC60068-2-30（第二版）要求，对辅助系统进行湿热试验 12＋12h 两个周期，然后考核辅助系统的电气性能和表面处理。

1.3.4　列车控制及监控系统的技术要求

（1）牵引和制动的列车控制、列车运行信息及主要设备状态监视和列车诊断系统采用分布式总线控制方式，各总线系统应符合有关列车通信网络 IEC61375 标准的最新版本及《轨道交通电子设备 列车通信网络（TCN）第 3-1 部分：多功能车辆总线（MVB）》GB/T28029.9 标准或其他国际标准。

（2）列车总线系统应符合相应的列车通信网络 IEC61375 标准的最新版本及《轨道交通电子设备 列车通信网络（TCN）第 3-1 部分：多功能车辆总线（MVB）》GB/T28029.9 标准或其他国际标准

（3）数据通过列车通信网络传输的方式应满足相关列车通信网络 IEC61375 标准的最新版本及《轨道交通电子设备 列车通信网络（TCN）第 3-2 部分：多功能车辆总线（MVB）一致性测试》GB/T28029.10 标准或其他国际标准。

（4）模块应符合，相应的 IEC61375 标准的最新版本及《轨道交通电子设备 列车通信网络（TCN）第 1 部分：基本结构》GB/T28029.1 标准（带总线接口的模块）或其他国际标准。电磁兼容符合 EN50121-3-2 或相应的国际标准。车辆上使用的电气设备符合《铁路设施-机车车辆-电子设备》EN50155 或相应的国际标准。

（5）各种电子印刷线路板应能在第 2 章所规定的地区自然环境要求下正常、安全、可靠的工作，其温度范围满足《铁路设施-机车车辆-电子设备》EN50155 或相应的国际标准，种类 T3：－25～＋85℃环境温度。

（6）司机台上应该有模拟式速度表，气压表（指示总风缸压力和制动缸压力），其指示范围应符合《地铁车辆通用技术条件》GB/T7928-2003 的要求。

（7）列车监控系统应符合 IEC60571、ISO/IEC2382-9 及相关国际标准。

（8）列车控制系统试验应按照国家或等同国际标准进行（如《铁路设施-机车车辆-电子设备》EN50155）。

1.3.5　制动系统和风源系统的技术要求

（1）空气系统的气密性应符合《铁路设施-铁路车辆-车辆组装和运行前的整车试验》

IEC61133 的要求。

（2）所有风缸应满足 EN286T4A 或相关国际标准的要求，试验压力为 1.5 倍最大工作压力。

1.3.6　车用空调机组及其控制装置的技术要求

（1）电客车空调系统按照 UIC553、EN14750、《材料及元件的防火要求》EN45545-2、《载客列车设计与防火通用规范》BS6853、EN378、IEC60077、GB/T13274、GB/T13275 等相关国际和国家标准进行设计和试验。

（2）空调机组绝缘介电强度应满足 IEC60310-2004 或 JIS6602 标准的要求。

（3）空调系统所用隔热材料的阻燃性、不吸水性及烟密度等级应符合《材料及元件的防火要求》EN45545 或《载客列车设计与防火通用规范》BS6853 标准相应等级的规定，隔热层应粘贴牢固、平整。

（4）单元式空调机组应完成包括下述项目在内的测试试验，以证明设计满足使用需要和达到相关的技术要求。试验方法按 EN14750-2、《铁路客车及动车组空调装置运用试验方法》TB/T2433-2019、《铁道车辆空调 空调机组》TB/T1804-2017 或 JISE6602 标准执行，也可采用其他经过验证的国际相关标准。

（5）例行试验按《铁路客车及动车组空调装置运用试验方法》TB/T2433-2019、《铁道车辆空调 空调机组》TB/T1804-2017 或 JISE6602 标准执行，须对每台空调机组做出厂试验。

1.3.7　车体及内装设备的技术要求

（1）车体材料采用铝合金。车体主体结构采用铝合金大断面挤压型材及板材制造。其化学成分、机械性能等质量等级均符合 EN573 标准或欧洲标准 EN755-2 或中国国家有关标准的规定，热处理应满足 EN515 或相应的欧洲或国际标准的规定。

（2）用于车体上的材料应还需符合《材料及元件的防火要求》EN45545-2 或《载客列车设计与防火通用规范》BS6853 标准中有关难燃、阻燃、无毒或低毒材料的各项规定要求。符合标准《机车车辆非金属材料及室内空气有害物质限量》TB/T 3139-2021 标准的相应等级的要求。

（3）车体挠度数据具体按《地铁车辆通用技术条件》GB/T7928-2003 标准执行。

（4）车体内装与车体结构间空隙除预留风道处外，应合理设置防火阻挡层，防火阻挡层材料须符合《材料及元件的防火要求》EN45545-2 或《载客列车设计与防火通用规范》BS6853 标准相应等级要求。

（5）所使用的材料和制品必须符合《材料及元件的防火要求》EN45545-2 或《载客列车设计与防火通用规范》BS6853 标准相应等级规定防火和安全要求。

（6）通道须进行水密性试验，确保无水侵入，水密性试验应符合《铁路设施-铁路车辆-车辆组装和运行前的整车试验》IEC61133 规定的要求。通道所选用的材料须经防腐和阻燃处理，应符合《材料及元件的防火要求》EN45545-2 或《载客列车设计与防火通用规范》BS6853 标准相应等级规定的防火安全要求。

（7）客室车窗内层玻璃有防晒措施（对无线信号的衰减不得超过 6dB），符合《中空玻璃》GB/T11944-2012 中的高温高湿、气密性要求，满足 ANSIZ26.1 的破裂、冲击和光稳定度要求，穿透试验满足《铁道车辆用安全玻璃》GB18045-2000 的规定。K 值试验满足 ISO10292 标准。

（8）客室车窗为钢化安全玻璃，按 GB15763.1~4-2009 和《铁道车辆用安全玻璃》GB18045-2000 执行。所使用的安全玻璃上应印有安全合格标记，并能从车内看到标记内容。窗户安全玻璃的合格证需提交给用户。

（9）座椅应满足《材料及元件的防火要求》EN45545-2 或《载客列车设计与防火通用规范》BS6853 标准相应等级的防火要求。座椅形状应满足人体工程学的要求，应具有良好的可清洗性能和防滑性能。每个座位承受 150kg 的载荷。

（10）扶手所采用的不锈钢管，应符合《结构用不锈钢无缝钢管》GB/T14975-2012 及《机械结构用不锈钢焊接钢管》GB/T12770-2012 标准的规定，直径为 32~38cm。

（11）客室门口区座椅两侧挡风板玻璃，挡风玻璃强度符合《轨道车辆司机室》UIC651 或者《机车、动车前窗玻璃》TB/T1451-2017 标准。

（12）客室内老、幼、病、残、孕专席，座椅采用醒目颜色进行区分，并设相应的标识，满足《运送坐轮椅残疾人用客车的设备技术》UIC565-3 标准要求。

（13）司机室驾驶台布置应符合人机工程学的要求，并应符合身材范围从 5％女性到 95％男性的分布率或有关对驾驶人员规定的《中国成年人人体尺寸》GB10000 标准。

（14）供暖装置表面温度符合《地铁车辆通用技术条件》GB/T7928-2003 标准要求。

（15）底架、车顶、侧墙、端墙隔热、隔声材料符合《材料及元件的防火要求》EN45545-2 或《载客列车设计与防火通用规范》BS6853 标准相应等级的防火和安全要求，并在使用和检修过程中对人身无危害。

1.3.8 转向架的技术要求

（1）车辆脱轨系数应满足《地铁车辆通用技术条件》GB/T7928-2003 标准的要求。

（2）在合格轨道上，车辆在任何载荷和速度工况下，其运行平稳性的指标应满足《地铁车辆通用技术条件》GB/T7928-2003 标准的要求。

（3）按照《地铁车辆通用技术条件》GB/T7928-2003 要求，在一个转向架内，空气弹簧承受对称负载时所允许的最大轮重偏差为 2％。车体落到转向架后（车辆准备投入运行），最大轮重偏差为相关转向架平均轮重的 4％。

（4）转向架构架采用无缝钢管或钢板组焊的焊接构架。构架应采用箱型设计全钢焊接结构，钢板质量标准按照《热轧等边园弧根 T 型钢尺寸和形状及尺寸公差》EN10055 或《热轧碳素结构钢》EN10025 或其他相当的标准要求。

（5）X射线探伤符合《焊接无损检验 熔化焊接透视检查》EN1435，探测按照 EN12517，或其他相当标准。超声波探伤符合 EN1714，探测按照 EN1712，或其他相当标准。

（6）焊缝质量应达到 DIN54109 或相应的 EN 和 DVS0704 或其他相当的标准要求。

（7）焊缝的磁粉探伤检查应符合 DIN54130 或其他相当的标准；着色探伤应符合 DIN54152/ISO3879 或其他相当的标准。

（8）车轮采用全加工车轮并有降噪措施，符合《铁路货车用辗钢整体车轮》TB/T2817、EN13262 标准，为整体辗钢车轮，滚动圆直径为 840mm，轮辋宽度为 135mm。轮对内侧距为1353±2mm。踏面形状采用符合国家铁路局《机车车辆车轮轮缘踏面外形》TB/T449-2016标准中的LM型磨耗形踏面，车轮硬度要与钢轨相匹配。

(9) 车轴设计应符合EN13103和EN13104标准要求。

(10) 车轴加工后，应根据EN13261-2003进行磁粉和超声波探伤进行检查。

(11) 车轴符合EN13261标准，材质为EA1N。

(12) 构架疲劳强度试验按照UIC515和UIC615标准进行。

第2章　电客车调试的相关法规要求

2.1　城市轨道交通法律法规及标准

为了验证城市轨道交通的设施及设备的性能，确保其处于安全、可靠和正常的状态。车辆在调试时其基本性能指标、技术要求、车辆的试验及验收要求应符合有关安全的法律、法规、国家及行业有关标准的规定。通过相关法律法规及标准的规定和要求，规范城市轨道交通车辆的设计、制造和试验，实现城市轨道交通车辆资源的合理配置和列车功能的合适设置与保证运营和服务的基本需要，使之达到技术先进、经济合理、安全可靠的要求，满足城市轨道交通发展的需要。

2.1.1　通用标准

1. 基本标准

（1）《城市轨道交通技术规范》GB 50490-2009

第三章基本规定中要求，车辆在设计使用年限内，应确保正常使用时的安全性、可靠性、可用性、可维修性的要求；应采用质量合格并符合要求的材料与设备；应配备必要的消防设施；车辆和机电设备应满足电磁兼容要求，投入使用前，应经过电磁兼容测试并验收合格；车辆相关设施应符合乘轮椅者、拄盲杖者及使用助行器者的通行与使用要求。

第五章规定了车辆的一般要求，包括车体静态、动态荷载、车门的高度、客室侧门应具备的功能、客室车窗的结构；牵引和制动系统的规定包括列车具备故障运行的能力、牵引与制动的控制要求、列车应设置独立的紧急制动按钮，在牵引制动主手柄上应设置警惕按钮、列车基本负载的供电要求等内容；车载设备和设施包括蓄电池的容量、保护接地措施、通风、空调和供暖设施、车辆应具备的通信设施和功能、应急设施及功能等相关要求。

（2）《地铁设计规范》GB 50157-2013

《地铁设计规范》中第四章规定了地铁车辆的一般规定，包括主要技术规格、车辆使用条件、车辆形式与列车编组、车体、转向架、电气系统、制动系统、安全与应急设施等要求。

（3）《地铁车辆通用技术条件》GB/T 7928-2003

本标准规定了地铁车辆的使用条件、车辆类型、技术要求、安全设施、试验与验收、标志、运输与保证期限等方面内容。

2. 防火标准

（1）《轨道交通机车车辆防火第1部分：总则》EN 45545-1-2013；

（2）《轨道交通机车车辆防火第2部分：材料和零件的防火性能要求》EN 45545-

2-2013；

（3）《轨道交通机车车辆防火 第3部分：防火隔板阻燃要求》EN 45545-3-2013；

（4）《轨道交通机车车辆防火 第4部分：机车车辆防火要求设计》EN 45545-4-2013；

（5）《轨道交通 机车车辆防火 第5部分：无轨电车、轨道车辆和磁悬浮车辆车载电气设备的防火要求》EN 45545-5-2013＋A1-2015；

（6）《轨道交通 机车车辆防火 第6部分：防火控制和管理系统》（EN 45545-6-2013）。

3. 车内环境标准（表 2.1-1）

车内环境标准　　　　　　　　　　　　　　　　　　表 2.1-1

标准代号	标准名称
GB 37487-2019，GB 37488-2019	《公共场所卫生管理规范》《公共场所卫生指标及限值要求》
GB/T 18883-2002	《室内空气质量标准》
TB/T 3139-2021	《机车车辆非金属材料及室内空气有害物质限量》

4. 电磁兼容标准（表 2.1-2）

电磁兼容标准　　　　　　　　　　　　　　　　　　表 2.1-2

标准代号	标准名称
IEC 61000-4-1-2006	电磁兼容性(EMC)第 4-1 部分:试验和测量技术 IEC 61000-4 系列综述
IEC 61000-4-2-2008	电磁兼容性(EMC)第 4-2 部分:试验和测量技术 第 2 节:静电放电抗扰度试验
IEC 61000-4-3-2010	电磁兼容性(EMC)第 4-3 部分:试验和测量技术 辐射、射频和电磁场的抗扰性试验
IEC 61000-4-4-2012	电磁兼容性(EMC)第 4-4 部分:试验和测量技术 电快速瞬变/脉冲群抗扰度试验
IEC 61000-4-5-2009	电磁兼容性(EMC)第 4-5 部分:试验和测量技术 电涌抗扰试验
IEC 61000-4-6-2013	电磁兼容性(EMC)第 4-6 部分:试验和测量技术 对射频场产生的传导干扰的抗扰性
IEC 61000-4-8-2009	电磁兼容性(EMC)第 4-8 部分:试验和测量技术 第 8 节:工频磁场抗扰度试验
IEC 61000-4-11-2004	电磁兼容性 第 4-11 部分:试验和测量方法 电压暂降、短时中断及电压变化抗扰度试验
EN 50121-1-2015	铁路设施 电磁兼容性 总则
EN 50121-2-2015	铁路用途 电磁兼容性 第 2 部分:全铁路系统对外界的发射
EN 50121-3-1-2015	铁路用途 电磁兼容性 第 3-1 部分:车辆-列车和完整车辆
EN 50121-3-2-2016	铁路用途 电磁兼容性 第 3-2 部分:车辆-装置
EN 50121-4-2016	铁路设施 电磁兼容性 信号设备和电气设备的辐射和抗干扰
EN 50121-5-2017	铁路设施 电磁兼容性 固定供电设备辐射和抗干扰
EN 55011-2016	对工业、科学和医学无线频率设备的无线干扰特征进行测量的方法和极限值
EN 55022-2010	信息技术设备 无线电干扰特性 限值和测量方法

5. 电子设备通用标准

（1）《铁路应用-机车车辆电气设备 第 1 部分：一般服务条件和一般规则》IEC 60077-1-2017；

（2）《铁路应用-机车车辆电气设备 第 2 部分：电工器件-通用规则》IEC 60077-2-2017；

6. 冲击和振动标准

(1)《机械振动 在恒定（刚性）状态下转子的平衡质量要求 第1部分：平衡公差的规范和检定。》ISO 1940-1-2003；

(2)《机械振动与冲击 人体处于全身振动的评价 第1部分：一般要求》ISO 2631-1-1997；

(3)《轨道交通 机车车辆设备 冲击和振动试验》IEC 61373-2010。

2.1.2 专业系统标准

1. 总体标准

限界标准：

(1)《标准轨距铁路限界 第1部分：机车车辆限界》GB 146.1-2020；

(2)《地铁限界标准》CJJ/T 96-2018。

2. 牵引系统标准

(1)《城市轨道交通直流牵引供电系统》GB/T 10411-2005

(2)《轨道交通 司机控制器》GB/T 34573-2017

(3)《城市轨道交通直线电机车辆通用技术条件》GB/T 32383-2020

3. 辅助系统标准

《轨道交通车辆用铅酸蓄电池 第1部分：电力机车、地铁车辆用阀控式铅酸蓄电池》GB/T 7404.1-2013

4. 车门系统标准

《城市轨道车辆客室侧门》GB/T 30489-2014。

5. 照明标准

《城市轨道交通照明》GB/T 16275-2008。

6. 线路标准

《轨道交通 机车车辆布线规则》GB/T 34571-2017

7. 转向架系统标准

《客车从轮转向架走行部 转向架、构架结构强度试验》UIC 515-4-2003。

8. 试验标准

《城市轨道交通车辆组装后检查与试验规则》GB/T 14894-2005

9. 电气标准

(1) 供电系统-主变压器

1)《铁路设施 牵引系统的供电电压》IEC 60850-2014。

2)《铁路设施 安装在铁路机车上的电力变流器 第1部分：特性和试验方法》IEC 61287-1-2014。

3)《轨道交通 铁路车辆 牵引系统的联合测试方法》IEC 61377-2016。

(2) 牵引系统-牵引电机

1)《电力牵引轨道机车车辆和公路车辆用旋转电机 第1部分：除电子变流器供电的交流电动机之外的交流电机》IEC 60349-1-2010。

2)《电力牵引 铁路机车车辆和公路车辆用旋转电机 第2部分：电子变流器供电的交

流电动机》IEC 60349-2-2010。

3)《铁路设施 安装在铁路机车上的电力变流器 第 1 部分：特性和试验方法》IEC 61287-1-2014。

(3) 牵引系统-电池

1)《电子设备用固定电容器 第 1 部分：总规范》IEC 60384-1-2016。

2)《电子设备用固定电容器 第 4 部分：子规范-有固体（二氧化锰）和非固体电解质的铝电解电容器》IEC 60384-4-2007。

2.2　企业内部规章制度

2.2.1　规定内容

城市轨道交通是现代化大城市广泛采用的一种安全、快速、舒适、环保的大运量有轨运输工具，城市轨道交通的迅速发展，对改善群众出行条件、解决城市交通拥堵、节约土地资源、促进节能减排、推进产业升级换代、引导城市布局调整、推动城市经济发展，有重要的作用。

车辆在整个城市轨道交通系统设备中占据着重要地位，是城市轨道交通系统中最关键也是最复杂的设备，它是多专业综合性的产品，涉及机械、电气、计算机、控制、材料等多领域。为了保证车辆安全，顺利完成运送旅客任务，满足城市轨道交通的需要，除了对车辆进行精心使用外，还必须按照规定对车辆进行检修维护，对运营中的故障及时排除，对疑难故障进行攻关，对存在的问题进行改造，最终为城市轨道交通运输提供数量充足和技术状况良好的车辆。车辆专业的合同文件应满足规范性的标准文本，结合洛阳轨道交通及广州地铁合同文本分析，具体标准及项目详见附录一、附录二。

结合以上地铁车辆系统数据引用标准对比总结如下：

（1）车辆基本技术条件是根据各个地区的自然环境、车辆使用要求、线路主要参数、供电条件、车辆轮廓与车辆限界等，对车辆种类、列车编组、车辆轮廓尺寸、载客能力、车辆自重、列车速度、起动平均加速度、制动平均速度等主要技术参数和技术指标提出要求。

（2）在满足车辆性能条件下，广州地铁车辆国产化率已达到 70% 以上。其中电气牵引系统国产化率不低于 40%。

（3）除维修手册中指出的易损易耗件以外，车辆主要结构部件设计寿命为 35 年。

（4）所有安装在车辆上的设备均应在安装环境中良好工作，且能耐强风、高温、高湿、振动、噪声、腐蚀及清洁剂污染。

（5）车辆使用条件满足高架及地下线路运行。风力小于或等于 8 级时，列车能够安全正常运营；风力为 9 级时，列车可以缓行；风速为 12 级时应保证列车在正常条件且负载为 AW0 情况下，停在线路上能保持在车辆限界内。

列车运行采用 ATO 自动驾驶方式，特殊情况下采用人工手动驾驶方式。值乘方式采用单司机制，特殊情况下采用正副司机制。

列车采用自动折返方式，特殊情况下采用人工折返方式。

(6) 供电方式

车辆段内均为柔性架空接触网。

广州地铁 21 号线正线为：下部受流接触轨。

洛阳地铁 1 号线正线为：刚性接触网。

(7) 电气牵引系统

广州地铁 21 号线：采用微机控制的矢量控制或直接转矩控制方式。列车控制采用总线控制方式，网络系统具有较高冗余，预留接口可实现无线上传功能。

洛阳地铁 1 号线：采用直接转矩控制方式（DSR），并应具有完备系统的监控和保护功能。列车控制采用总线网络＋后备列车导线控制方式，网络系统具有较高冗余。

(8) 辅助电源系统

广州地铁 21 号线：蓄电池组采用碱性镉-镍蓄电池或铅酸蓄电池，免维护型。容量应满足 6 辆编组列车在任何工况时的需要，紧急通风、照明等按 45min 考虑。

洛阳地铁 1 号线：蓄电池组采用碱性蓄电池。容量满足 6 辆编组列车在任何工况时的需要，内部紧急照明、外部照明、紧急通风、车载安全设备、广播、部分显示屏、通信系统等按照不低于 45min 考虑，并应保证列车开关一次车门，网压恢复时能保证辅助电源启动及应急升弓。

(9) 列车控制及监控系统

广州地铁 21 号线列车采用列车总线控制方式，列车通信网络满足 IEC61375 或其他国际标准以及中国交通运输协会轨道交通委员会发布的《城轨车辆车载控制网络数据传输规范》（第 2 版）的相关要求。具有监视功能，网络具有部分控制功能，网络控制部分有冗余，预留接口可实现无线上传功能。

洛阳地铁 1 号线列车采用列车总线网络＋后备列车导线控制方式，列车通信网络满足 IEC61375 及《轨道交通电子设备 列车通信网络（TCN）第 3-1 部分：多功能车辆总线（MVB）》GB/T28029.9 标准或其他国际标准的相关要求。

(10) 列车广播及乘客信息显示

广州地铁 21 号线：客室内设高亮度 LED 电子动态地图、列车运行方向指示和本侧车门开启预告提示装置。客室及司机室配有监控摄像系统。客室监控应保证无盲区，司机室监控应可监视司机台及司机可操作的所有按钮及开关。

洛阳地铁 1 号线：在每节车的客室内设置 8 个 21″LCD 可视显示单元（暂定），具体数量设计阶段确定。播放高质量的视频图像和对图解图像进行显示，并留有接口空间实现即时公共信息的播放。司机室外部前端设高亮度 LED 终点站显示器，客室两端设镜面 LED 显示屏，每个客室内门区应设置 8 块不小于 37″等级加长型、高亮度、高寿命、超高清异形 LCD 电子动态地图、列车运行方向指示和本侧车门开启预告提示装置，显示内容应与列车广播同步。客室及司机室配有监控摄像录音系统。客室监控无盲区，在每节车客室设 4 个具有防爆功能的高清摄像头；司机室外采用前置摄像头，司机室内监控采用红外全景监控，开关机间壁门。该系统按两级监视及控制设计，即控制中心和列车司机的监视和控制。具有控制中心监视功能、司机监视功能、录像功能、上传功能等。

(11) 空调系统

广州地铁 21 号线：空调机组采用单冷形式空调。空调机组采用顶置式安装，由于受车辆限界限制，应采用薄型单元式空调机组。当一台辅助电源故障时，空调机组的制冷能力应自动调整。每列车设一套空调，集控装置。控制装置采用微机控制，具有自诊断功能和空调机组分时启动功能。全列车各空调机组在车辆运行时由司机集中控制；在维修时可由维修人员单独控制。新风量可以根据载客量控制。

洛阳地铁 1 号线：空调机组采用单冷式定频空调。列车采用车体顶置单元式空调机组，每辆车的车顶设置两台空调机组。每台空调机组具有预热、制冷、通风和紧急通风功能和两个独立的制冷回路，实现多级控制。当 1/2 容量辅助电源故障时，空调机组的制冷能力应自动减半。每列车设一套空调、电热集控装置。控制装置采用微机控制，具有自诊断功能和空调机组分时启动功能。

（12）空气制动和风源系统

采用微机控制的模拟式电-空制动系统，内设监控终端，具有自诊断和故障记录功能。它能在司机控制器、ATO 或 ATP 的控制下对列车进行阶段或一次性的制动与缓解。

列车常用制动优先采用电制动，当电制动不足时由空气制动补充。

广州地铁 21 号线基础制动采用盘式制动单元，至少 50％盘式制动单元带有停放制动功能。

洛阳地铁 1 号线基础制动为单元式踏面制动装置，其中至少 50％带有停放制动功能。

（13）车体及内装设备

广州地铁 21 号线：车体材料为轻型、整体承载的铝合金，采用全焊接或部分铆接结构。每辆车客室每侧设 4 套电动双开客室门，采用塞拉门，列车两端不设紧急疏散门，灾害时乘客可以通过客室车门进入隧道的疏散平台快速进行疏散。车辆的客室门应具备人工紧急开门的功能。

洛阳地铁 1 号线车体为鼓形车体，材料采用铝合金。每辆车客室每侧设 4 个双扇电动塞拉门。司机室两侧设手动内藏门。司机室内设置单独的全列客室车门电源控制开关客室内设置适量的电热供暖装置，司机室内设足部取暖器。司机驾驶台位于司机室正前方，司机台台面应采用耐磨、耐用的材料并易于清洗。司机室的设备布置应科学合理，符合人体工程学，满足便于使用和维修的要求。按列车编组规定，Tc 车司机室端设全自动车钩，Tc 车另一端为半永久牵引杆。车钩后部设可复原的能吸收能量的缓冲器。

（14）转向架

广州地铁 21 号线：齿轮箱为平行轴式齿轮箱，采用铸钢箱体或更优形式。采用齿式联轴节或其他成熟形式。车辆可装有一定数量的轮缘润滑装置。关于为便于安装设备，在其中两列车预留集电靴监控装置机械安装接口及预留接线。转向架橡胶弹性元件缓冲件与减振件应采用天然/氯丁橡胶；空气弹簧的外表层应采用耐磨天然/氯丁橡胶；

洛阳地铁 1 号线：齿轮箱为平行轴式齿轮箱，采用球墨铸铁箱体。采用 WN 齿式联轴节。车辆应装有一定数量的轮缘润滑装置。列车装有自动驾驶装置 ATO，行车安全自动防护设备 ATP 等，列车装有无线电台通信设备。列车装有 PIS 系统设备。

通过洛阳轨道交通及广州地铁合同文本的分析对比，地铁车辆根据南北地区自然环境和使用要求的不同，对车辆的设计、制造和试验以及所使用的材料均提出了不同的国际、国内标准。车辆基本技术条件是根据各个地区的自然环境、车辆使用要求、线路主要参数、供电条件、车辆轮廓与车辆限界等，对车辆种类、列车编组、车辆轮廓尺寸、载客能力、车辆自重、列车速度、起动平均加速度、制动平均速度等主要技术参数和技术指标提出要求。在满足车辆性能条件下，车辆国产化率已达到70%以上，其中电气牵引系统国产化率不低于40%。

车辆在整个城市轨道交通系统设备中占据着重要的地位，是城市轨道系统最复杂的设备，是多专业综合性的产品，涉及机械、电气、计算机、控制、材料等多领域。为保证车辆安全可靠，顺利完成运送旅客的任务，同时满足城市交通的需求，对车辆的精心使用，必须按照技术规程进行检修维护、对运营中的故障及时排除，对存在的问题进行攻关解决，最终为城市轨道交通提供数量充足和技术状态良好的车辆。

城市轨道交通作用的发挥，依靠系统的安全和高效运营，随着城市轨道交通事业的蓬勃发展，运营可靠性、检修维护便捷性等要求不断提高，从车辆自身出发，不断提升车辆可靠性和对外部环境的适应性，从而缓解运营压力，是车辆新技术不断前进的动力。

2.2.2 电客车试验大纲

1. 型式试验大纲

型式试验大纲共44项（表2.2-1），试验地点分为厂内和业主线路，厂内试验尽量安排在同一列车进行。其中牵引和电制动性能试验（AW0/AW3）、供电中断试验由供应商完成，空气制动试验由供应商完成。

型式试验项点　　　　　　　　　　　　　　　表2.2-1

序号	型式试验名称	型式试验目的	试验地点
1	车辆静态机械试验	证明车辆部件在组装完成后的完整性、正确性，包括车辆外部尺寸是否符合技术规格书要求、车体与转向架在极端情况下的干涉检查、车体的起吊提升能力等，保证组装完成的车辆满足技术合同及安全可靠的运行要求	ZELC
2	车辆称重试验	为了检测车辆整备状态下重量的分布、重心的位置，并核对轴重载荷、轮重载荷满足车辆轴重及轮重设计要求	ZELC
3	车辆淋雨试验	为证明列车或车辆在制造、安装和调试后，是否满足设计密封性能要求，而需要完成的试验	ZELC
4	限界检查试验	用于校验车辆的外形在规定的限界内，避免地铁车辆营运时与建筑物、隧道或相邻的设备发生碰撞	ZELC
5	客室侧门系统试验	客室侧门系统试验为达到验证客室侧门系统正确安装调试的目的	ZELC
6	绝缘耐压试验	绝缘耐压试验是为了验证本项目车辆电路的绝缘完整性	ZELC
7	辅助系统试验	检验辅助供电系统电路的正确性与辅助系统各设备的功能	ZELC
8	主电路电气设备操作试验	对主回路电气部件的操作进行检查	ZELC
9	噪声试验	验证整车的噪声测试结果满足车辆采购合同及相关标准的要求	ZELC及业主试运线
10	制动系统静态调试试验	电空制动控制设备和整个空气制动系统的静态调试是为动态调试（如牵引制动测试，减速度测量，电制动和气制动配合，防滑保护和最终验收测试）进行准备。试验需要静态检查制动单个元件和系统功能该部分试验必须在动态调试之前完成	ZELC

续表

序号	型式试验名称	型式试验目的	试验地点
11	工作条件和舒适性检查试验	检验司机室的工作条件和舒适度	ZELC
12	空调与通风系统整车气候试验	为了验证空调与通风系统的性能是否满足洛阳地铁1号线项目的有关规定和要求	ZELC
13	空调系统电气调试试验	检验空调系统的硬件是否满足要求,与控制系统的联动是否满足合同及相关标准的要求,确保空调系统装车后正常、准确地工作	ZELC
14	安全措施和安全设备检查试验	对涉及车辆的安全问题进行检查	ZELC
15	牵引和电制动性能试验	验证牵引和制动设备在设计温升限值内按规定的负载周期运行的能力,以及验证再生制动、电制动的性能	ZELC
16	制动系统动态调试试验	用于检验列车运行过程中空气制动系统的制动性能	ZELC
17	受电弓试验	检查列车静止时受电弓在不同工作高度下的静接触压力、受电弓上升和下降时间、ADD自动降弓功能以及受流性能	ZELC
18	整车辐射试验	确保车辆电磁辐射对周边环境的影响在可接受范围内	ZELC
19	磁场试验	验证车载设备与心脏起搏器的兼容性,确保车辆不影响带心脏起搏器乘客的人身安全	ZELC
20	静电放电抗扰度试验	验证本项目车辆司机室及客室内部车载电气设备具备抗静电放电干扰的能力	ZELC
21	射频电磁场辐射抗扰度试验	验证本项目车辆司机室及客室内部车载电气设备具备抗射频电磁场辐射干扰的能力	ZELC
22	电快速瞬变脉冲群抗扰度试验	为评估电气和电子设备的供电电源端口:信号、控制盒接地端口在受到电快速瞬变抗干扰的能力	ZELC
23	整车传导试验	测量整辆车在各个工况下主电路中的传导发射,确保其不会干扰信号系统,也不会干扰到供电系统	业主线路
24	接地和回流试验	为了检验车辆正常的工作接地回流以及安全可靠的保护接地	ZELC
25	供电中断试验	在AW3载荷下,进行高速断路器通、断试验	ZELC
26	乘客信息系统试验	检查乘客信息系统功能是否正常	ZELC及业主线路
27	第一列列车运行试验	对列车整车运行状态进行试验,对列车重要部件进行检查	业主线路
28	保护装置动作正确性试验	检查各保护环节动作的正确性,验证保护的有效性	ZELC
29	照明系统试验	对照明系统的功能进行验证	ZELC
30	列车故障运行和救援能力试验	检测列车的坡道起动、救援能力及联挂功能	业主线路
31	空气质量测试试验	检测本项目车辆车内的空气质量是否满足车辆合同的要求。根据车辆合同的要求,对车内空气中的菌落总数、甲醛含量和总有机挥发物的含量进行检测	ZELC

续表

序号	型式试验名称	型式试验目的	试验地点
32	列车连挂和解钩试验	证明列车自动车钩在有弯道和坡道的线路上的连挂功能。车钩在不同曲线上的通过能力	业主线路
33	M车车体静强度试验	验证车体的强度和刚度是否满足相应的标准以及设计要求	ZELC
34	Tc车车体静强度试验	验证车体的强度和刚度是否满足相应的标准以及设计要求	ZELC
35	制动系统管路泄漏测试试验	空气管路系统气密性的满足情况	ZELC
36	司机室侧门试验	验证列司机室侧门系统正确安装调试	ZELC
37	车辆转向架构架强度试验	车辆转向架构架(简称构架)的静强度和疲劳强度试验	ZELC
38	城轨转向架轴箱温升试验通用试验	(1)试验中轴箱温度不得高于80℃(温升不得大于30℃)通过对转向架进行运转试验,检查轴箱体温度上升情况。(2)验证轴箱最大温升是否在要求的范围内。检查驱动单元各驱动部件的运转情况,是否有异常噪声。(3)检查齿轮箱、联轴节及其密封件的渗漏情况	ZELC
39	城轨车辆动力学性能试验	检验被试车辆在用户线路上的运行安全性是否满足合同和有关标准规定的要求	业主线路
40	城轨转向架空载跑合通用试验	(1)观察和检查整个驱动单元组装后各部件状态是否正常,并进行磨合性试运转。(2)检查驱动单元各驱动部件的运转情况,是否有异常噪声。(3)检查齿轮箱、联轴节及其密封件的渗漏情况	ZELC
41	转向架均衡性试验	通过测试车轮的卸载来验证转向架的脱轨安全性能	ZELC
42	转向架动应力测试试验	(1)通过测试某地铁1号线车辆在实际运营当中转向架的关键承力部件,如构架、牵引拉杆、齿轮箱吊杆等的动应力,分析转向架构架等关键承力部件的疲劳强度并估计其寿命是否满足该地铁车辆设计条件及相关标准规定的强度要求和运用里程(年限)要求,评定车辆运营中转向架的安全可靠性。(2)对应力较大且应力梯度也较大的动应力测点,经过数据处理后给出关键危险测点的应力谱,进行该部位疲劳寿命评估。(3)对应力较大但应力梯度较小的动应力测点,经数据处理及相应的分析计算后,给出牵拉杆、齿轮箱吊杆和相关减振器座的载荷谱	业主线路
43	整车功能试验	(1)测试列车级的控制功能。辅助电源、空气制动系统、乘客信息系统、火灾报警、空调、轮缘润滑、刮雨器、运输功能、照明系统、门系统等系统本身的功能测试在其专门的试验大纲中描述。(2)测试牵引制动控制功能。但牵引制动管理功能不在本文件中测试,如混合制动、制动分配、保持制动等。(3)测试网络控制系统I/O模块、牵引箱硬线信号等的有效性	ZELC
44	列车组网试验	用人为造成故障的方法,检查所有列车组网情况、冗余性和网络通信功能	ZELC

2. 型式试验与例行试验介绍

(1) 型式试验

型式试验指的是在产品设计完成后,对试制出来的新产品进行的定型试验。是为了验证产品能否满足技术规范的全部要求所进行的试验。它是新产品鉴定中必不可少的一个环节。只有通过型式试验，该产品才能正式投入生产，然而，对产品认证来说，一般不对再设计的新产品进行认证。为了达到认证目的而进行的型式试验，是对一个或多个具有代表性的样品利用试验手段进行合格性评定。型式试验的依据是产品标准。试验所需样品的数量由检验机构确定，试验样品从制造厂的最终产品中随机抽取。

(2) 例行试验

例行试验是在生产的最终阶段对产品的关键项目进行的100%检验，例行试验后除进行包装和加贴标签外，一般不再进行加工。其目的是剔除产品在加工过程中可能对产品产生的偶然性损伤，以确保成品的质量满足规定的要求，是在国家标准或行业标准的规定下进行的出厂检验、现场进行的交接试验，以及运行中定期进行的试验。例行试验也称为预防性试验。

(3) 型式试验与例行试验的区别

型式试验用于考核指定产品的设计是否符合有关产品标准和验证产品是否满足设计要求。例行试验则是为了防止产品在生产过程所存在的由偶然因素所引起的不合格所进行的检验，是对批量制作完成的每件产品进行的交付试验，以确定其是否符合有关标准中产品交付的要求。

型式试验与例行试验相比，它往往要作诸如寿命试验、耐压试验等。

型式试验项目比例行试验项目多，而且更加严格和苛刻，用户对刚出厂的新产品也可以要求制造厂进行出厂试验时增加一些型式试验项目（一般这些项目是事先甲乙双方协商后写进技术协议中）。

在产品标准中需要注意例行试验和型式试验的项目和试验条件。具体的产品标准中都有型式试验的规定，至于例行试验则在中国强制性产品认证细则中或在一些补充的规定中有规定。

2.2.3 电客车调试管理办法

电客车调试管理办法规定车辆专业对电客车供应商管理的组织机构、职责、会议制度、责任划分、考核及奖惩制度等。调试管理办法适用于车辆专业进行电客车相关供应商管理工作。

电客车调试管理办法涉及的供应商为电客车采购合同涉及的供应商，包含主机厂、牵引、制动、车门、PIS、空调、贯通道等系统或部件的供应商。要求供应商履行约定，供应商依据合同等共同确认事项行使自己的权利和义务。

加强供应商管理工作，强化供应商在合同执行、项目管理、技术支持、售后服务、廉洁从业等方面的履约意识，进一步提升供应商管理水平，依据合同文件、相关规章制度制定本管理办法。

按照供应商管理要求，制定、完善供应商管理制度；落实供应商管理日常工作，对管理中发现的问题进行梳理、分类并安排相关供应商跟踪落实、限期整改；汇总评价结果，对供应商管理指定负责人审核后的结果进行公示。

合同执行后，车辆主机厂需将该项目的组织架构、公司管理架构、负责人电话、邮箱等信息及牵引、制动、空调、车门、PIS、网络控制等厂家负责人信息列明清单发至机电设备部及车辆部，同时需将负责接收业主投诉的联系电话及邮箱发车辆专业。

供应商管理主要评价项点包括：故障处理情况、整改完成情况、现场服务情况、合同执行情况、配套服务情况及现场售后服务人员安全管理、质量管理、纪律管理等。

建立健全供应商管理机制，每月召开1次供应商管理例会（专题会等形式），讨论供应商近期整体表现。

建立供应商服务情况月报制度，每月对主机厂、牵引、制动、车门、空调、PIS供应商月度表现进行总结、反馈。各室/车间工程师和质量安全工程师每月将供应商上月故障处理情况、整改完成情况、现场服务情况等汇总至指定负责人。经审核后，指定负责人将供应商月度表现情况以月报形式发送至供应商售后主管部门。同时每月召开供应商管理例会，通报供应商近期表现情况，并讨论现存质量等问题。

每年底结合故障处理情况、整改完成情况、现场服务情况等，对主机厂及二级供应商（牵引、制动、车门、空调、PIS等）进行综合评价，并得出年度评价得分。召开年度供应商管理大会，并将评价结果以年报形式发送至供应商售后主管部门。

第3章 电客车调试管理制度及组织架构

3.1 电客车组织架构

电客车组织架构见图3.1-1。

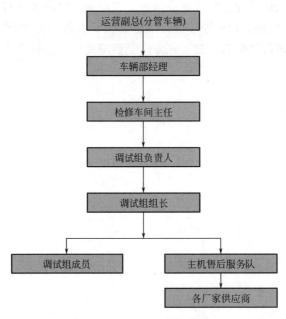

图 3.1-1 电客车组织架构

3.2 电客车调试职责分工

3.2.1 分公司副总职责

(1) 根据分公司各项工作时间节点,整体部署车辆调试工作,对调试工作及调试质量提出要求;

(2) 对调试工作进行阶段性评价,并对下一步调试工作提出改进意见。

3.2.2 车辆部经理职责

(1) 结合分公司对调试工作的要求,协调综技室制定调试管理办法;

(2) 安排综技室进行调试作业标准编制,并对调试标准进行审核;

(3) 督促本部门各车间（室）之间协调联动，提高工作效率，保障调试进度；

(4) 定期组织召开调试工作协调会，帮助检修车间协调难点问题，提高调试作业效率。

3.2.3 车间主任职责

(1) 作为车间安全第一责任人，对调试作业安全进行整体把控；

(2) 对分公司及部门提出的调试工作要求及整改建议进行督促、落实，确保调试工作的可控性；

(3) 对调试作业中遇到的需要跨单位、跨部门、跨专业进行协调的难点问题，进行沟通与协调，保证调试作业的顺利进行；

(4) 每周主持调试工作例会，听取当周调试作业进度，并传达车间对调试工作的建议。

3.2.4 调试组工作职责

(1) 根据供货商提供的试验计划进行整合，落实车辆试验有关条件；

(2) 配合供货商调试人员进行电客车的现场试验工作，并提供能力范围内的各种支持；

(3) 负责组织现场作业安全、工作场所恢复、防护工作；

(4) 负责车辆技术问题的归口汇总；

(5) 根据每日的试验情况，形成调试日报、周报。

3.2.5 调试负责人职责

(1) 做好车辆调试的统筹安排计划；

(2) 与各车辆供货商沟通，处理车辆调试过程中所出现的问题；

(3) 与车辆供货商售后服务站沟通，协调安排车辆调试进度，处理车辆调试出现的问题；

(4) 负责申报电客车调试计划；

(5) 负责监督调试组的车辆调试工作；

(6) 负责撰写每周的调试周报；

(7) 参与组织签署车辆PAC；

(8) 负责定期向领导汇报调试情况。

3.2.6 调试组长职责

(1) 提前一天了解生产作业计划和作业当班人员情况，有问题时及时调整和汇报；

(2) 每天早上上班之前到DCC，了解当天作业计划，与DCC检调确定联系方式；

(3) 每天早上召开作业组早班会，布置当天生产任务，明确作业分工，包括安排再调试人员、作业请、销点人员和计划内的电客车转轨人员等；

(4) 对静调库各作业节点进行控制，如静调柜DC1500V操作送、断电，作业请点、销点，电客车的有电作业、无电作业、动态作业和安全防护标志的设置和取消；

(5) 对静调库作业现场进行管理,如现场作业安全管理,外来人员进静调库作业的管理,厂家作业的协调配合管理,分公司内部培训人员的控制,现场场地秩序和卫生管理;

(6) 上级检查工作时,应主动汇报工作;有关部门联系工作时,应积极接洽工作;

(7) 参加每日下午下班之前召开调试例会,汇总当日存在的问题,提出问题处理意见,掌握厂家对问题的解决方案;汇总再调试中的问题,交由专人存档;

(8) 掌握厂家当天调试进度,并向DCC和调试组负责人汇报;

(9) 做好其他作业安全控制和作业安排,如电客车转轨作业,运用库、正线、试车线送、断电、请、销点作业等;

(10) 负责处理作业过程中其他的各类事件,重要事情及时按程序汇报;

(11) 负责填写每日的《调试日志》。

3.2.7 调试组组员职责

为保证电客车调试的安全,提高电客车调试质量和效率,调试组内另设安全员、质量员、培训员、物资员和宣传员辅助调试组组长对班组进行管理,各岗位具体职责如下:

(1) 安全员职责

1) 辅助调试组长做好班组的管理工作,在组长不在时履行班长职责,对班组安全生产负责。

2) 坚持对班组现场作业进行巡查并做好记录,发现问题及时上报及提出有效整改措施。

3) 负责班组相应的安全管理台账的建立,完善个人安全档案,定期对班组进行安全教育及主持召开班组安全会议每月1次。

4) 定期组织全体班组成员进行安全案例学习,提高员工安全责任意识。

5) 定期组织班组员工学习安全生产规章制度,并对执行情况进行检查考核。

6) 负责对各项关键点作业及各类整改进行检查确认。

(2) 质量员职责

1) 辅助调试组长对各项生产工作质量进行全面监控,把好班组级质量最后一道关。

2) 督促员工对工艺卡的学习,定期进行工艺卡抽查。

3) 定期组织班组员工学习技术操作规程,并对执行情况进行检查考核。

4) 认真监督员工执行"自控""互控""他控"作业制度,防止安全事故发生和各项漏检漏修。

5) 负责对各项关键点作业及各类整改进行检查确认。

6) 协助工班长召开班组质量安全准备会,落实各项重点工作。

(3) 培训员职责

1) 认真做好收文的登记和组织文件的传阅学习。

2) 在收文后两个工作日内利用班前会、班后会10～15min,组织班组全员学习,做好文件处理表并全员签名。

3) 培训员在班前会针对上级文件组织学习,利用人人都是培训师培训机制对近期的故障处理、维修经验进行交流并做好学习台账记录。

4) 班组学习台账记录本每周要做好班组学习签名,有培训异常情况的需在相应栏中注明原因，并及时做好缺席人员的补学并签名。

5）根据日常班组实际情况如实填写好培训异动项（如缺勤、休假人员记录），班组培训考核，班组内部有相关技术讨论的要做好记录。

（4）物资员职责

1）工器具的配置管理：负责班组公用及个人工器具的领用归还管理工作，建立工器具配置台账（文字及电子版），按照实际配置情况，对应台账中的条目逐一进行填写。当个人及班组公用工器具配置数量、品种发生变化时于一周内办理领用、归还手续，同时完成台账的相应变更。负责每日对配置的公用工器具进行点检，每周督促班组员工对个人工器具进行点检。

2）工器具的借用管理：负责班组公用工器具的借用管理，公用工器具存放柜要求上锁，钥匙由工器具管理员进行管理。工器具借用必须征得管理员同意，同时在借用台账上进行登记后方可使用。

3）工器具的存放管理：负责按照 6S 要求进行放置［6S 是指"整理（Seiri）""整顿（Seiton）""清洁（Seiketsu）""清扫（Seiso）""素养（Shitsuke）""安全（Safety）"，是实现现场精细管理的有效手段，目标是建立一个安全、清洁、高效、友好的生产工作环境］，具体要求为：逐层在柜门上张贴该层存放明细表，每一层分区域进行摆放，各区域粘贴工具名称、数量的标签。

4）工器具定期检验和报修：按照分公司有关规定，对需要定期进行检定的工器具按照检验周期组织完成送检、领用工作。对出现损坏的情况协助办理报修、报废手续。

5）消耗配件、物料领用：负责按照车间管理规定的品种完成班组消耗配件、物料的领用，每周盘点一次，保障各类物品数量控制在可控范围之内，保障各项生产都运作。建立电子台账，以便于今后的统计分析。

6）消耗配件、物料存放：负责物料柜内部的整理工作，按照 6S 要求存放，具体要求参照工器具的要求进行。

7）消耗配件、物料使用：存放柜上锁，由物资员进行管理，使用人在征得物资员同意后并填写物资卡后方能领用。

8）统计工作：每月统计配件，物资消耗情况，定期把统计结果报给车间。

9）定期与车间进行沟通，了解物资到货时间，及时领取或清点。

10）文具及临时性用品的管理：负责班组内文具申领计划的汇总、办理领用、发放手续。建立电子台账进行管理。

11）劳保用品的管理：负责劳保用品申请、发放，按照规定定期进行送检，建立电子台账进行管理。

（5）综合员职责

1）负责班组 6S 工作，每天督促保洁打扫班组地面卫生，清洁柜顶、桌面、电脑灰尘，及时清理垃圾。

2）在早班会或班后会定期对员工进行 6S、节能管理的宣传与教育。

3）每天检查并督促组员工按 6S 管理要求整理班组公共物品和个人用品。

4）每月配合上级进行 6S 检查，对发现的问题及时组织整改。

5）每天作业完毕后需检查并关闭班组调试车地沟灯、顶灯、风机。

6）高温天气需开启空调时，每天必须检查班组空调固定调至 26℃。

7）组织班组的文体活动，丰富员工的业余文化生活。

8）协助调试组长日常管理，包括班组的考勤、考评、工时、休假信息统计等管理。

9）管理考勤、工时、休假及人员基本信息管理台账，并根据上级相关标准及规章细化制定工班相应的管理制度。

（6）调试组其他员工职责

1）服从调试组长和调试负责人的安排，及时完成每日车辆调试任务和故障处理。

2）按规定及时向领导汇报调试过程中发现的问题。

3.2.8 主机售后服务队及各供应商职责

（1）负责到段接车工作，并将车辆按需求转入库内；

（2）及时完成车辆防护措施拆除，及车底设备、贯通道等；

（3）配合调试人员完成车辆调试工作；

（4）对调试发现的开口项，按照规定时间要求进行关闭，对于不能及时关闭的开口项要给予情况说明，并保证不影响列车正常运行；

（5）对于调试中发现的影响列车功能或者列车运行安全的故障，要配合出具故障分析报告，并及时处理；

（6）对动态调试列车及正线调试列车进行跟车保障；

（7）对列车出厂开口项，列车到段后尽快组织处理；

（8）列车到段后提出的整改项要积极响应，及时协调人员及物料进行整改解决。

3.3 电客车调试会议制度及故障管理

3.3.1 电客车调试会议制度

会议地点、组织人员、参会人员、会议常规内容，所有参会人员无特殊原因均需参加会议，特殊原因请假需要向组织人员报备，会议组织人员对参会人员实际情况，向部门汇报。会议期间要做好会议记录。会议要做到专人记录和管理会议记录人负责会议议定事项的督办。

1. 会议类型：调试组日例会

会议地点：每个工作日在 DCC 会议室进行早晚日例会（早上 8:30；下午 18:00）。

组织人员：调试组日例会由调试组长主持。

参会人员：分公司调试人员、调度人员、售后服务人员等。

会议常规内容：早例会宣贯当日的安全注意事项、工作内容，晚例会总结当日的工作情况和遗留问题，对第二天的作业任务做出安排，涉及责任分工内的内容由相关责任人落实，超责任分工外的内容由会议主持人指定落实责任人。形成日常工作例会记录向组长汇报，例会记录表格形式将在再调试工作开始前经讨论确定。若日试验计划与周试验计划产生冲突时，需要提前一天通知调试组负责人，进行试验变更。

2. 会议类型：调试组周例会

会议地点：每周星期五下午 17:00 在 DCC 会议室进行。

组织人员：调试组周例会由组长或副组长主持。

参会人员：分公司调试人员、调度负责人、乘务车间人员（动调期间）、供货商现场经理、技术工程师等。

会议常规内容：主要内容为收集、整理车辆实验进展情况和相关质量问题，并进行总结归纳，对在调试工作中不断发现的问题进行整理，对供货商提出改进要求，并以周报方式汇总每周的整改项目及进度，便于在预验收前备查，并对下一周的调试方案做出安排。单周试验计划，由电客车厂家对试验内容进行细化，明确各操作步骤、提出计划实施中要使用的设备（平台、地沟、车间电源柜、试车线、动车需要）、工器具仪表、配合需求等，并提以书面形式在调试组周例会上提交，通过会议讨论予以确定能否满足调试所提需求，并作相应的调整。

3. 会议类型：调试组月度技术例会

会议地点：月度技术例会每月最后一个工作日 15:00 在 DCC 会议室召开。

组织人员：调试组月度技术例会由调试负责工程师主持。

参会人员：供货商、调试领导小组成员、现场调试人员、车辆项目负责人及客运部相关人员等。

会议常规内容：会议主要针对本月工作完成情况、下月工作计划、需协调及外部门配合事项、调试过程中发现的问题及跟踪问题的回复。会议重点讨论调试过程中的技术、管理问题，商定出解决方案。

4. 会议类型：技术沟通协调会

会议地点：调试现场

组织人员：调试组负责工程师组织。

参会人员：机电设备部相关人员，分公司调试组人员，供货商洛阳现场经理和其他部门相关人员等。

会议常规内容：由负责调试工程师组织车辆部和机电设备部相关人员开展协调会，解决车辆调试计划执行过程中部门之间需协调事项，在调试过程中需要解决的所有技术问题，由专人负责记录，并形成专题会议纪要，并在会后传达并落实至所有调试作业人员。

5. 会议类型：调试组班会

会议地点：调试工班办公室。

组织人员：调试负责人。

参会人员：调试组全员。

会议常规内容：班前会，为使每位调试组人员熟悉当天的任务安排和掌握车辆最新的调试状况，每天早上调试负责人必须清楚、正确地向项目负责人（或本组员）传达当天的调试任务和次日调试计划，指明是否与昨天安排存在差异，把作业安全作为重点内容，生产安全要放在第一位。指出工作中的安全关键点，所有调试作业人员要清楚自身工作的风险源，做好劳动防护；必须清楚地了解每天作业任务安排。作业中，没有得到调试负责人允许，不得干超出计划外任务，不得进行交叉作业，不得私配高/低压电器柜钥匙私自进行检修作业等。班后会，每天下午下班，调试负责人负责组织调试组所有组员一起开当日调试总结会,会议主要包括以下内容:调试负责人介绍当天车辆调试进度、任务完成情况、所发现的车辆问题和处理情况。负责车辆调试技术人员介绍次日和后续的车辆调试计划、需注意事项。所有组员一起对当日车辆调试过程中所发现的问题进行交流,商讨解决办法。

6. 会议类型:部门协调会

会议地点:调试工班办公室。

组织人员:调试负责人。

参会人员:部门领导、调试组、供应商等。

会议内容:遇有重大问题需部门之间协调配合时,由调试负责人向部门进行问题反馈,由部门组织召开扩大范围的协调会,主要由调试组、供货商和其他相关部门参会,解决电客车调试计划执行过程中部门之间需协调事项,并形成专题会议纪要。

3.3.2 调试故障管理以故障问题为导向

设备故障管理的目的是在故障发生前通过设备状态的监测与诊断,掌握设备情况,以期发现故障的征兆和隐患,及时进行预防维修,以控制故障的发生;在故障发生后,及时分析原因,研究对策,采取措施排除故障或改善设备,以防止故障的再发生。要做好设备故障管理,必须认真掌握发生故障的原因,积累常发故障和典型故障资料和数据,开展故障分析,重视故障规律和故障机理的研究,加强日常维护、检查和预修。做好宣传教育工作,使操作工人和维修工人自觉地遵守有关操作、维护、检查等规章制度,正确使用和精心维护设备,对设备故障进行认真地记录、统计、分析。完善故障记录制度。故障记录是实现故障管理的基础资料,又是进行故障分析、处理的原始依据。记录必须完整正确。调试人员在现场检查和故障修理后,应认真记录故障数据。

调试中发现故障问题需包含问题汇总及分类、重点问题,已解决问题需包含问题汇总及分类、重点问题,待解决或跟进问题需包含遗留主观原因、遗留客观原因、后续改进优化措施。以故障统计、故障处理及跟踪、故障分析为措施。

电客车故障分类,根据其对行车和客运服务的影响程度大小,分为C类(一般)故障、B类(较大)故障和A类(重大)故障。A、B、C类故障定义。其中A类故障,包含涉及安全(如设备设施着火、设备设施撞坏损伤)的故障,或造成15min以上列车晚点的故障;B类故障,包含设备、设施出现问题后,该问题造成设备所在系统降级使用,或造成清客、5~15min的列车晚点;C类故障,包含对行车和客运服务影响较小的故障(含5min以下晚点)。

1. 故障统计

设备故障的发生受时间、环境条件,设备内部外部等多方面因素的影响,有时是一种原因起主导作用,更多的是多种因素综合作用的结果。在展开故障原因分析前,必须对故障原因种类的划分应有统一的标准。因此,首先应将设备故障原因种类规范化,明确每种故障原因所包含的具体内容。划分故障原因种类时,必须结合拥有的设备类型和故障管理的实际需要。其准则应是根据故障原因的种类划分,可以很容易判断出每种故障的主要原因。当每种故障原因所包含的内容有明确规定时,便不难发现设备故障的主要原因。

现场调试人员在现场对列车进项检查和调试时发现的问题及时记录,调试负责人在当天调试工作完成后进行统计，统计要分门别类，记录好故障的属性，包括所属的系统、故障的现象、问题部件供应商、发生的原因、时间以及故障的类型。故障统计要能够真实有效的反映出来调试过程，对于各关键部件的数据清晰录入。

将故障对系统性能指标，功能的影响等作出判断和估计，给出故障的程度、大小以及故障发生的时间等参数。对于重大和较大故障，需由调试负责人报告车间主任，并由车间主任向部门汇报。

2. 故障处理及跟踪

调试过程中要及时处理或者督促厂家或供应商处理发现的问题，处理一条记录一条。若遇到不能及时处理的问题，须要求厂家明确时限，并给出主观原因、遗留客观原因、后续改进优化措施，特殊问题无法关闭问题需上报部门，以厂家给出说明文件为准，做好记录后期继续跟进。在故障处理过程中要不断细化故障的处理和跟踪流程，不断的完善各个环节，确保发现的问题都能一个不漏的处理，保证调试质量。

3. 故障分析

每列车调试完成后要对整列车调试期间的问题做数据透视分析，实现故障类型、原因、处理结果、设备供应商等可视化。从中分析出哪一个系统或供应商的设备问题最多，总结出一套完整的故障处理体系，对容易发生故障的部位做好记录。当特定故障的出现频率超出预期，要提高对于此故障的关注度，讨论故障频率上升的原因，必须要彻查原因并最终解决故障。要求报告其详细的排查方法与过程的记录，故障分类，故障特征（如故障代码、表现状况、持续状态），故障的解决方案、发生故障的时间、人为故障或是正常生产时发生故障。为以后调试工作找到重点方向，保证后续列车调试的顺利进行。

3.3.3 新线电客车调试总结

新线电客车调试包括电客车接管前调试和电客车接管后调试。

电客车接管前车辆部调试负责人负责全面协调对外接口问题，与建设部门接口负责人沟通调试计划和方案的制定、调试中发现问题的汇总及处理、调试例会时间、调试内容讨论等工作。

结合洛阳地铁1号线的调试做如下总结：

（1）人员分工：明确人员分工及负责项目，安全管理人员做好现场安全教育及风险源梳理。

（2）工作流程：调试人员全程参与电客车的验收及调试工作，包括电客车出厂验收、电客车到货及开箱检查、单系统调试、型式试验、例行试验、综合联调、验收、电客车交接等工作，并负责把控调试进度和调试质量。进行每日工作总结，并以日志的形式定期向部门反馈调试情况。

（3）计划制定：根据供货商提供的电客车到货时间表及工程进度情况，调试组制定完整的调试计划。调试计划需根据各系统设备特点考虑适当余量，考虑紧急情况下的补救措施。

（4）进度控制：调试过程中须严格按照调试计划进行调试，确保调试顺利进行，如遇特殊情况要及时汇报并采取相应的补救措施，以保证调试进度受控，发现调试进度受到重大问题制约时应及时向上级部门反馈，通过专业接口部门进行协调，统筹解决。

（5）质量管理：调试过程要严格执行调试文本要求，发现问题要督促供应商及时整改并做好记录，调试组要对相关问题及整改情况进行汇总计入电客车履历中，调试过程中发现遗漏项目、错误测试、数据记录偏差等问题时，通过调试负责人协调进行再次测试。

（6）技术管理：调试组设专人负责整理、保管随车交接的车辆履历簿、检验计划和调试过程中的《开箱检验记录》《电客车问题清单》《调试数据记录》《开口项清单》等相关文件。

（7）外部人员管理：调试组以外的人员参与电客车调试时，须在调试负责人处登记，获得许可后方可登车作业，作业完成后由调试负责人确认。

（8）交接管理：洛阳地铁 2 号线调试时间安排紧张，可根据工作的实际需要，可将调试组划分为两个或多个小组配合调试工作，实行小组制，各小组建立工作交接制度。主要交接内容为当天试验发现的问题、试验进度及下步试验计划。调试负责人无法参加调试时，调试负责人须提前指定代理调试负责人，并做好调试工作内容交接。

第 4 章 电客车调试工作机制及流程

4.1 会议及协调机制

4.1.1 会议目的

会议的目的是为了有效加强调试任务的有序推进，加强对会议的管理，规范会议程序，明确出席会议各部门的职责和分工。确保会议起到公司决策、统筹协调、信息交流和总结的作用，促进调试工作的快速有序进行。

为了统一思想，面对调试项目中遇到的各种问题，落实各方责任，从根本上预防问题的发生，本着高效务实、民主商定的原则，会议的组织者与参会者按照既定会议程序和流程进行信息沟通交流，确定问题的原因，商讨问题举措，将任务责任落实到各方单位，明确完成时间以及质量要求，形成会议决议及工作任务单，以解决问题为根本目的。

4.1.2 会议适用范围

本协调机制适用于电客车调试协调会议。

4.1.3 会议定义

本会议是指调试组以及各调试相关人员参与，通过集体讨论的形式工作，及时落实上级领导的工作指示，制定政策和措施促进调试项目，讨论调试工作中的主要瓶颈和焦点问题，决定重大事项，部署并任务汇报的执行程度，并监控和跟踪项目。

4.1.4 会议管理

会议组织方组织各调试相关人员对会议召开前准备、会议过程、会后跟进督导进行相关的管理工作。

（1）会议应遵循务实、节俭、高效、有效反馈的原则；会议规模保证应到尽到、严格把控会议时间、开会前应做好充足准备、会中高效决策、会后快速反映。

（2）"首办责任制"原则：根据会议的责任范围和决定，承担会议任务，认真处理，注重实效，对会议安排的所有工作负全责，派专人实时跟踪，确保调试工作的完成质量，不得以任何理由转移责任或延误工作进度。

（3）力求解决电客车的调试计划执行过程中部门之间需要协调的事项，并形成专题会议纪要。

4.1.5 管理职责

(1) 会议的召集及主持。
(2) 会议召开时间：以每月一次或每两周一次的周期召开。
(3) 会议地点：调试组办公室。
(4) 参会人员：所有电客车调试作业人员及协同部门，如：电客车调试人员、调度负责人、乘务车间人员（动调期间）、供货商现场经理、技术工程师等。
(5) 会议组织者负责整理会议议题，通知会议时间和地点，准备会议所需的相关资料，准备会议考勤表，会议中的记录任务以及编写会议纪要，并保存会议的相关资料，协助项目组长监督跟进工作的实况。
(6) 会议组织者应保持会议室的卫生状况、网络和必要设备的正常使用。
(7) 签发会议纪要流程：会议由发起人统一进行整理编排，最终定稿经项目组组长审核后，会议纪要由项目组统一发给各部门。会议纪要纸质版发给参与调试工作的各部门现场人员并签收。

4.1.6 会议主要议题

(1) 要参考部门项目整体进度情况与工作落实是否存在偏差，汇报本月项目进度、质量以及设备状态，并对下个周期的工作进行安排。
(2) 检查上次协调会议的工作安排，任务部署和记录的执行情况，对未完成的任务进行责任追究，对未完成的部门进行考核和处罚。
(3) 协调解决调试部门与各协同部门在调试作业中交叉、衔接、相互协作等方面的问题。
(4) 最后，由会议组织方负责人就现场问题和会议内容做总结发言。

4.1.7 会议纪律

(1) 参与会议者需提前 10min 到达会场，并在会议签到表上签到。
(2) 遵循会议主持人对议程的流程控制和调整。
(3) 会议发言要求言简意赅、清晰明了，紧扣会议议题，不得讨论与会议及项目无关的内容。
(4) 会议期间，要将手机设置为静声或关闭状态。原则上，会议期间不允许通话。如果必须接电话，应该离开会议室后接听。
(5) 所有参会人员无特殊原因均须参加会议，特殊原因请假需要向组织人员报备，会议组织人员对参会人员实际情况，向部门汇报。对无故缺席会议的部门和个人，按照集团和组织单位的有关规定进行处罚。

4.1.8 会议记录

(1) 会议纪要内容：会议签到表、会议纪要正文、会议任务单。
(2) 协调会议的记录由会议组织方指定专人负责整理。最终定稿经项目单位主管和集团项目组主管审核完毕后，将纸质版会议纪要发给各部门驻场人员手中并签收。

(3) 由记录会议纪要的人负责原始资料及任务跟踪考核记录的存档备份工作。

4.2 安全保障机制

4.2.1 通用安全保障机制

(1) 作业前调试人员必须按规定正确穿戴好劳动防护用品。

(2) 作业前，清点所需工具和配件，作业过程中正确使用并保管好工具、配件，作业完成后清点工具、配件是否齐全，做好工完场清工作。

(3) 调试负责人应保证所有调试人员的作业和人身安全。

(4) 所有参与调试作业人员必须服从调试负责人的统一指挥，严禁交叉或多头接受任务。

(5) 新线电客车调试每个项目设1名安全员，负责作业开工前的安全检查评估，调试人员作业过程的安全检查监护，发现问题立即阻止并重新组织评估风险控制在允许范围内才能同意开工。

(6) 对高于220V电压的设备进行检修作业时，必须断电，任何情况下不允许带电检修作业。

(7) 调试过程中注意用电安全，防止触电伤亡，注意警示标语，不要随意进入带电作业区域，禁止靠近电气设备的裸露部分；远离电焊作业现场，防止烧伤烫伤。

(8) 车顶作业人员须佩戴安全带，车顶平台端部须设置防护。

(9) 调试人员须以安全的方式上下电客车、穿越地沟，不得从电客车直接跳跃至地面，不得从非检修车下部穿越。

(10) 检修车间安全主办负责对管辖的外单位人员进行安全培训教育和管理。

(11) 所有参与调试人员进入隧道、轨行区时必须穿好荧光衣。

(12) 电客车调试任务结束后，调试负责人和安全员共同确定列车卸载、安全措施到位。

4.2.2 调试安全保障机制

1. 人员保障

车辆部设立新线电客车调试组，调试组由技术室组织，检修车间安排人员参与，调试组包括调试负责人1名（由技术室人员担任），安全员1名，电气技术人员1名，机械技术人员1名，具有断送电资格的车辆检修人员2名。

2. 工器具管理

新线电客车和既有线路电客车调试时，车辆部的调试组根据调试内容选择相关调试工具，调试工具由调试组负责人统一管理。

3. 库区安全保障

(1) 用电管理

1) 如调试作业需要接触轨断、送电，调试负责人提前向检修调度提出申请，检修调度批准后安排专业人员按《电客车检修停送电管理规定》进行隔离开关断送电操作。接触轨送电前，调试负责人须确认现场人员、工具、物料等已经撤离，接触轨无负载。

2）如调试作业需要车间电源断、送电，调试负责人须提前向检修调度申请，检修调度批准后安排专业人员按《电客车车间电源停送电管理规定》进行车间电源停送电操作。

3）车间电源向电客车供电时，允许对辅助系统、空调系统进行功能检查，禁止闭合牵引高速断路器，须在高速断路器闭合控制的开关、按钮或屏幕上挂牌提示禁止闭合高速断路器，检查试验时须采取严格的安全防护措施。

4）当列车采用车间电源或接触轨供电时，禁止打开高速断路器箱、高压箱、辅助逆变器箱等箱盖，禁止车底作业。

5）滑触线供电牵引列车时，地面须设置专门的防护人员。

（2）用火管理

调试中如需动火，须到安全技术部办理《临时动火作业许可证》，无《临时动火作业许可证》不允许进行动火作业。动火时，调试负责人负责对电客车设备等采取必要的防护措施。

4. 动态调试注意事项

（1）所有电客车动态调试必须通过检修调度向车厂调度请点，车厂调度批准后方可进行。

（2）调试过程中如出现列车牵引、制动异常，调试负责人应立即终止高速测试，待原因查明后方可按调试负责人的要求按逐步提速相关要求进行后续测试工作。

（3）调试过程中如发现列车抖动、晃动、异声以及有闲杂人员跨越线路情况时，可中断调试作业，待专业人员判断确认，解除隐情后方可进行作业。

（4）正线调试人员不得随意出入站台，未经行调确认，不得擅自动车。

（5）调试电客车只能在批准的区域里进行动调，严禁超范围动调。

（6）列车在正线进行首次热滑、加载试验时，至少有 1 辆状态良好的电客车或工程车在运用库内作救援备用。

（7）调试过程中，调试人员严禁协助司机操作，避免意外发生。

（8）调试过程中，调试人员严禁擅自开关车门及上下车。

（9）调试人员必须严格执行已批准的调试时间，严禁超时间调试。需延长调试时间时，调试负责人须提前 30min 向检修调度申请，检修调度根据相关流程向厂调或行调申请和审批，得到厂调或行调同意后才可以继续调试。

（10）调试人员在进入轨行区时必须严格遵守分公司有关安全管理规定。

（11）需要工程车配合调车时，调试负责人应提前一天通知检调，由检调组织实施，调试负责人在调车前确认电客车状态符合技术要求。

5. 静态调试安全注意事项

（1）客室无电检查作业安全提醒

1）列车两端挂好"严禁动车""严禁升弓"指示牌。

2）作业前确认列车已降弓，处于非激活状态。

3）电客车停在有平台和地沟股道，做好防溜措施。

4）作业前电客车处于降弓状态，断开两端蓄电池闸刀开关。

5）打开侧顶板时，须一手托住侧顶板，用另一只手拿 7 号方孔钥匙打开侧顶板方孔锁，防止侧顶板突然掉下砸伤作业人。

6）作业完成后检查所打开柜门已锁闭。

7）无平台侧车门作业时必须戴好安全带。

8）有平台侧作业完成后，确认平台的推拉门处于关闭状态。

9）车门作业结束后，由班长或安全员对侧顶板、柜门锁闭情况进行检查。

10）作业完成后清理现场，确认所携带的检修工具齐全，未遗留在作业现场。

（2）列车两侧作业安全提醒

1）列车处于断电模式、列车停在有地沟股道上。

2）列车两端挂好"严禁动车""严禁升弓"指示牌。

3）作业前确认列车已降弓，处于非激活状态。

4）作业过程中注意地板上的积水、油污、障碍物，防止滑倒、绊倒。

5）作业者按照要求穿戴好劳保用品。

6）作业完成后清理现场，确认所携带的检修工具齐全，未遗留在作业现场。

（3）列车车底作业安全提醒

1）列车处于断电模式、列车停在有地沟股道上。

2）列车两端挂好"严禁动车""严禁升弓"指示牌。

3）作业前确认列车已降弓，处于非激活状态。

4）车底作业注意地沟油污、格栅，防止滑倒、绊倒。

5）作业者按照要求穿戴好劳保用品。

6）作业完成后清理现场，确认所携带的检修工具齐全，未遗留在作业现场。

（4）车顶空调作业安全提醒

1）作业前确认相应接触网已办理断电手续且无电，并挂好接地线，断开两端蓄电池闸刀开关，并将两端高压箱闸刀开关打至接地位。

2）列车两端挂好"严禁动车""严禁升弓"指示牌。

3）列车停放制动施加。

4）作业时必须佩戴安全带，且高挂低用。

5）作业后确认各空调盖板锁闭良好，确认平台门锁闭。

6）作业完成后清理现场，确认工具、材料未遗留在作业现场。

7）作业完成后必须将三位置开关恢复"运行位"，作业需2人进行操作并形成互控。

（5）车顶受电弓作业安全提醒

1）作业前确认受电弓已降弓，相应接触网已办理断电手续且无电，并挂好接地线。

2）两端蓄电池闸刀开关，并将两端高压箱闸刀开关打至接地位。

3）列车两端挂好"严禁动车""严禁升弓"指示牌。

4）作业前确认相应股道，并挂好接地线。

5）作业前确认列车无车间电源供电。

6）作业时必须佩戴安全带，且高挂低用。

7）对受电弓弓头作业时，不能用手直接拉起受电弓弓头部分，必须两人以上拉起受电弓上框架。

8）受电弓垂向移动时，必须与受电弓保持安全距离，手拉受电弓垂向移动时，必须两人以上提起受电弓上框架。

9) 升降弓过程中需注意避让，防止磕碰。
10) 严禁在升弓状态下钻进上框架及弓头下部进行作业。
11) 作业完成后清理现场，确认平台门锁闭。
12) 操作兆欧表摇把时禁止触摸触头，预防触电。
13) 作业完成后必须将三位置开关恢复"运行位"，作业需2人进行操作并形成互控。

4.3 质量控制制度

自第一辆车辆入段后，便需要对车辆进行调试作业。通常质量验收手段比较单一，无法完全保证车辆安全、高效利用的需求。因此，有必要建立一套完整、规范的电动客车总体质量控制体系，将较为先进的质量管理体系应用到电动客车的质量控制中去，使电客车调试质量问题能够从亡羊补牢及时过渡至预控预防，防患于未然。

4.3.1 设置独立的职能岗位

电客车的调试工作，主要是通过计划预防的调试作业的方式来实现。调试作业主要分为：静态无电调试（车辆车体外装检查、车顶开箱检查、车底设备检查、车辆各类数据测量等），静态有电调试（司机室功能检查、车门防夹测试、各类LED及LCD屏检查、各类车辆设备冗余功能检查等），动态有电调试（制动力测试、列车加速度测试、限速条件测试、各类车辆设备冗余功能检查等）。

为了更有效地监测和实施某市轨道交通集团有限责任公司运营分公司企业标准中的《运营分公司电客车调试管理办法》Q/LGYF-GL-JS-222，针对问题记录并反馈，分析和评估调试过程，实施和跟踪电客车调试当中遇到的质量问题，抽查车辆调试工作的质量，发现调试作业中的问题，促进电客车调试的效率和效果，建立一个独立的电客车质检员及监督功能的职位，负责调试的总体质量。该职位是部门指派的，具有极强的责任心、原则性，精通电客车技术和质量管理专业知识。具备现场工作经验，具备一定的沟通技巧的业务骨干员工担任。

4.3.2 明确质量目标与控制范围

电客车调试质量控制围绕人、机、料、法、环这五点来开展，这五点全面质量管理理论中的五个关乎产品质量的主要因素。人：合理的分配调试作业人员，实行定人定岗定责任的方式，所有测试项目须有2人或2人以上同时参加。并确保有专人控制、记录、检查和监督，以保证所有测试项目的质量可靠和可控。机：调试工作将集中在关键系统和项目的操作电动公交干线，并注意调试中的不稳定性和关键项目，增加调试项目的测试次数，反复测试，提高测试的可靠性和稳定性。料：要及时配齐作业所需的辅助测试仪器以及专用的工、器具，保障调试工作的硬条件。法：严格按照调试标准和流程，对关键环节的测试程序不遗漏，确保调试作业的完整性和可靠性。环：每项调试工作开始前必须具备安全可执行工作条件，保证人员设备安全。

4.3.3 编制完整的体系制度

要编制一套完整全面的质量控制管理体系,明确体系当中涉及岗位的职责,认真梳理工作流程,平滑的与各环节对接,使质量管理体系的落实更加全面、有序。使质量管理有相对的规则制度来规范。

4.3.4 质量节点控制

节点一:车辆调试作业的"质量关键点"。

以确保列车的验收质量为目的,结合调试过程中时常出现的故障,梳理确定《列车调试技术规程》中的"质量关键点",再结合零件所在的部位、重要程度、故障率等因素,制定相适应的《列车调试验收规范》。

节点二:作业人员资质

调试作业前,质量管理岗位人员需同技术部门共同商定确认调试人员对调试规程的执行情况,避免因调试人员理解标准不同、不掌握调试工序而产生质量问题,确保调试人员具备相应的作业资质后,才能展开正常的检修作业。

节点三:调试过程记录

全过程真实记录调试作业过程,根据调试规程的指导,贯彻工作要求,完善调试作业记录表单,使作业表单真实有效的反映出调试过程及内容。并进行记名制调试制度,使调试作业具备可追溯性。在调试作业表单中,清晰记录各部件状态,要对调试关键质量点进行状态记录,对关键的部件数据清晰录入,反映在验收报告中,由专人负责对比验收,确保工作的准确性和可靠性。

4.3.5 质量调查

质量控制岗位必须深入监测数据以及现场,对质量问题展开研究,取得资料,要敢于质疑,方可跳出"思维定式"的圈子,敲定平稳可行的质量控制方案。

在节点控制的过程中发现任何质量问题,均认定为不应出现的问题,质量控制人员会追溯调试执行与技术等各个节点,找出质量问题产生的原因,跟踪实施质量改进措施,严格预防,防止质量问题的发生,使调试程序的必要性和可行性有机统一。面对已经发生的质量问题,要由质量控制人员主持调查,把握事件跟踪方向并落实事件的主要责任,避免因为个人的看法而不深入分析事件的原因,导致事件处理不准确、迅速。制定有效的改善方案,尽快完成质量控制从纠正到预防的平稳过渡。

4.3.6 分析评估

全面质量管理的严谨性和科学性体现在数据,而不是靠调试人员的主观臆断来确定。只有用最真实可靠的统计数据,如车辆调试故障数量、部件故障率等,反映出电客车调试质量整体的优劣。应该一个周期形成一份《电客车调试质量评估报告》,该报告应根据电动客车的实际调试质量,并在电动客车验收过程中收集的实时数据中体现出来。从统计学方面进行量化分析,数形结合,更直观地反映电客车调试质量。为今后调试作业,不断优化调试工序,乃至是部门整体决策,提供有效地参考,现已成为电客车调试质量控制的必要举措。

4.3.7 质量跟进

在电客车调试质检验收以及后续运营中的故障及问题一般都较为简单、琐碎、问题时常重复，很容易出现麻痹大意、忽视遗忘、处理得缓慢且不够恰当，极易产生"思维定式"，造成质量事件的出现。所以，质量管理部门要在制度中不断的细化并跟进质量控制流程，以"质量跟进表"的方式，把电客车的质量问题汇报至相关科室，并要求整改，同时密切关注跟进整改执行情况，直至完成所以环节，达到质量稳定的状态。

此后仍要根据安全形势以及运营实际需求，从根源入手，深入开展全面质量控制体系，使电客车调试的质量控制体系更加完善。

4.4 进度控制制度

4.4.1 进度控制简介

地铁电客车调试是地铁运营前重要一环，涉及许许多多调试项目，调试进度控制至关重要。特别是涉及重点试验项目，时间要求比较紧迫，调试组进度压力非常大。数百天连续调试，甚至连续全天不间断调试，不是正常有序调试，盲目赶进度难免导致调试质量问题和调试安全问题出现。调试进度控制不仅关系调试进度目标完成，还直接关系调试质量和人力成本。在调试实际工作中，必须树立和坚持基本工作原则，即是在确保调试质量和调试安全为基本的前提下，控制调试进度。

为了有效地控制调试进度，可以摆脱进度压力而造成的实际工作中管理与组织被动，调试管理人员应掌握理解基本几个要素：

（1）整个调试计划进度目标怎样确定；

（2）影响整个调试进度目标实现的主要因素；

（3）如何正确处理影响进度和调试质量的关系；

（4）为完成调试计划目标，调试人员在整个调试作用；

（5）调试方法的基本理论、方法、措施。

4.4.2 调试计划进度设计

电客车调试计划是由多个相互关联项目组成，调试进度控制也是依据各个项目进度开展。由于各种项目进度计划编制所需要的相关资料是在项目进展过程中逐渐形成，所以总计划进度完善也需要时间，它是逐步完善的。（1）总体电客车调试总目标；（2）设计时间进度计划-电客车供应商生产进度-电客车型式试验、电客车调试总体进度计划-电客车调试准备工作计划；（3）电客车调试总体计划包含：厂家监造、电客车现场调试前的工作及流程、出厂验收（PSI）、开箱检查（OCI）、查线核图、厂家在调试、电客车预验收（PAC）、电客车综合联调。

1. 电客车调试总目标

电客车调试总目标是指整个项目的进度目标（图 4.4-1），它是在项目决策阶段项目定义时明确的,进度管理控制主要任务是在项目的实施阶段对项目的目标进行控制。拟定电客车调试总目标前,首先论证和分析目标实现可实施性,若项目总进度不可以实施,则调试管理者应对项目总进度目标给出修改建议,提交决策者审议。

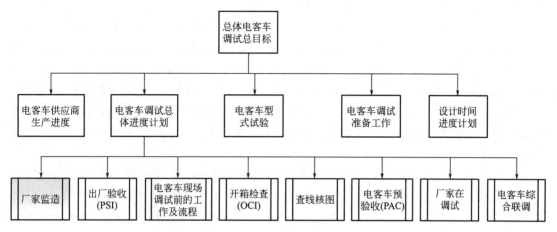

图 4.4-1　电客车调试总目标

2. 设计时间进度计划

由于电客车调试项目作用不同,计划制定者应与各负责项目方协调编制不同时间段进度计划,即:(1)由多个相互关联的不同计划功能的计划组成;(2)由多个相互关联的不同计划深度的计划组成;(3)由多个相互关联的不同项目参与方的进度计划组成;(4)由多个相互关联的不同计划周期进度计划组成。

在项目进度时间计划系统中各子系统计划编制和调整必须注意其相互间的联系和协调,既保证调试工作合理开展,又避免调试人员空档期,无作业项目等。时间进度计划设定,是确保进度任务可实施,但是控制目标时间是不同的。进度控制必须在一种动态管理过程,收集资料和调研进行编制进度计划,定期跟踪、检查所编制计划进度执行情况,如若执行偏差,分析问题后进行纠正措施,并视情况必要时调整进度计划,图 4.4-2 为电客车调试时间进度计划。

ID	任务名称	开始时间	完成时间	持续时间
1	第1-2列调试和预验收	2020/7/20	2020/9/30	73d
2	列车正线动车调试	2020/9/10	2020/9/10	0d
3	第3-4列车调试和预验收	2020/8/1	2020/10/31	92d
4	第5-7列车调试和预验收	2020/9/1	2020/11/30	91d
5	第8-9列车调试和预验收	2020/10/1	2020/12/31	92d
6	第10-12列车调试和预验收	2020/11/1	2021/1/31	92d
7	第13-14列车调试和预验收	2020/12/1	2021/1/31	62d
8	首列车5000km,批量车,2000km运行试验	2020/8/1	2021/1/31	184d

图 4.4-2　电客车调试时间进度计划

3. 电客车各项调试进度控制

进度控制主要目的是通过计划的编制与实施，以对调试所规定的进度目标进行再论证，并对进度目标进行分析，确保总目标原则，并确定为实现目标的里程碑列车调试项目的为控制节点的进度目标，设为进度控制参考依据。

兹以某地铁公司为例，采购初、近、远期配车数分别为 22 列/132 辆、31 列/186 辆、44 列/264 辆，编组方式为 4 动 2 拖编组。2021 年 6 月底地铁 1 号线工程全线开通。总进度目标 2021 年 1 月 10 日完成 14 列车调试，2020 年 7 月成立电客车调试组，2020 年 7 月编制调试总体方案，2020 年 7 月 20 日首列车到段。预验收标准；适用于某地铁 1 号线电客车的预验收工作，对于影响电客车安全功能和电客车运行服务质量的功能缺陷，必须在整改完毕后才能签字验收。其他缺陷可作为开口项进行有条件验收，但必须在限定的时间内整改完毕。

根据总体目标计划将进行主要调试作业，实际工作量、工作持续时间、所需工作内容、各项目作业天数安排，以及各调试项目顺序。针对一个项目目的，每一个作业名称、工种、每天出勤人数、工作班次、工效、工作持续时间、所需工具等，以及具体调试条目顺序。

电客车调试进度必须控制在时间进度计划内，保证完成调试总目标是进度控制的基础，从而促进各项调试进度顺利开展。依据调试总目标，以首列车到达车辆段 2020 年 7 月 20 日至 2021 年 1 月底调试结束大约 7 个月，共需调试 14 列电客车，依据时间进度计划，以时间为节点同步调试 2~3 列电客车，依次进行保证完成各项进度同步进行，首列车调试人员由于技能熟练程度等原因，调试计划时间可适当增加，随着调试人员技能熟练程度增加，可适当减少所需调试时间。以前两列电客车为例，编制的电客车调试进度见图 4.4-3。

任务名称	开始时间	完成时间	持续时间	2020年06月	2020年07月				2020年08月				2020年09月
				6/28	7/5	7/12	7/19	7/26	8/2	8/9	8/16	8/23	8/30	9/6
0101车出厂验收PSI	2020/7/15	2020/7/17	3天											
0101车开箱检查OCI	2020/7/20	2020/7/20	1天											
0101车查线核图	2020/7/21	2020/7/25	5天											
0101车预验收PAC	2020/7/21	2020/8/9	20天											
0101车厂家在调试	2020/7/31	2020/8/9	10天											
0102车出厂验收PSI	2020/8/7	2020/8/9	3天											
0102车开箱检查OCI	2020/8/10	2020/8/10	1天											
0102车查线核图	2020/8/11	2020/8/15	5天											
0102车预验收PAC	2020/8/11	2020/8/25	15天											
0102车厂家在调试	2020/8/16	2020/8/25	10天											

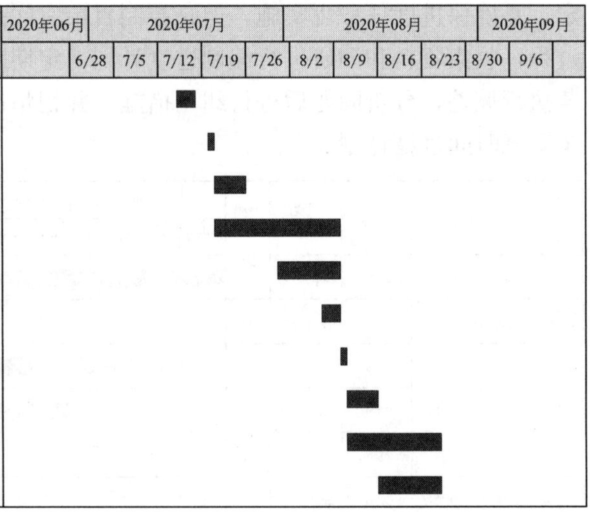

图 4.4-3　电客车调试进度

4.5 调试现场管理制度

电客车的调试是保证车辆正常运行的先决条件,也是必要程序。调试阶段是检验电客车构造和性能质量的至关重要环节。对调试现场的管理要分门别类、细致入微。

调试现场管理按类别分为调试人员现场管理、供应商现场管理、相关方现场管理,按作业内容分为安全管理、质量管理、纪律管理等。

4.5.1 调试人员现场管理办法

根据车辆段和正线运行的现场实际情况,制定相应的调试人员现场管理办法。管理办法中应含有现场人员的安全管理、纪律管理,以及作业后的现场出清等。

1. 生产管理

(1) 生产计划

生产计划分为日作业计划、周作业计划、正线与试车线作业计划。

1) 日作业计划:电客车厂家售后队长(负责人)负责将各级供应商(厂家)当天作业的遗留问题和实际遇到的问题情况进行汇总,在当天 16:00 的晚交班会前提交给带班小组长,同时电客车厂家售后队长(负责人)将各级供应商(厂家)第二天的作业任务在交班会上提交给带班小组长,小组长结合当天作业情况和完成的质量进行评估,然后根据提交的第二天的作业计划对第二天的日作业计划进行审核并修改完善,形成正式日计划并打印两份,株机和调试组各一份;

2) 周作业计划:电客车厂家售后队长(负责人)每周五根据本周的作业完成情况并结合实际情况(如物料、人力等)进行汇总,并在每周五 16:00 的晚交班会前提交给调试负责人,同时电客车厂家售后队长(负责人)将下周的作业任务在交班会上提交给调试负责人,调试负责人根据本周的作业情况和下周的作业任务进行审核并修改完善,形成正式周计划并打印两份,供应商和调试组各一份;

3) 涉及正线、试车线等作业:供应商(厂家)结合日作业计划或者周作业计划,需要对车辆进行动车调试的,需要至少 3 天向调试负责人提出需求,调试负责人就需求结合实际情况与专业工程师研究讨论后,形成书面报告进行申报。

(2) 现场生产要求

1) 作业开始前:每项作业的作业负责人必须去 DCC 请点,拿到作业令牌才能进入现场进行生产作业;作业负责人一定要检查好作业人员的劳保防护用品是否穿戴正确(如安全帽、荧光衣、工作服、绝缘鞋等);现场作业之前一定要清点好工器具、物料、人数,作业结束后方便出清现场;

2) 作业期间:一定要明确作业地点以及作业内容;每项作业一定要分工到人;作业人员一定要注意作业现场的秩序;不得串岗作业,必须经过作业负责人的同意方可进行;

3) 作业结束后:作业负责人一定要进行作业现场复查工作,人员、工器具、物料的出清,动用过的电气设备是否复位,作业现场的环境问题。

(3) 生产日报和周报

生产日报:带班工程师根据当天作业完成的情况,并结合当天汇总的问题,形成生产日报。

生产周报：工程师总负责人根据每周作业完成的情况，并结合汇总的实际情况，形成生产周报。

生产日报和周报以邮件形式及时发送到相关管理群，同时存档到电子文档指定位置。

2. 台账（包含电子台账）管理

要求所有文本台账均应有模板；要求所有文本台账都要填写规范并按时更新及存档；所有文本台账均分工到人；组长及其他台账负责人负责台账的审核和归档，要求组长每周四或者周五对台账进行一次全面检查，并向调试负责人汇报检查结果；调试负责人每周至少检查一次调试组台账。

（1）安全台账

安全台账包括早班会记录本、月度安全例会、安全培训、安全学习文件、安全检查记录表等。

（2）其他台账

包括作业表单、考勤表、作业计划、物资台账、预验收表单、生产看板等。

3. 班组管理

（1）设立小组长、安全员、民主生活员、物资员、宣传员、6S 管理员等岗位；

（2）班组卫生实行轮流值日制度，由带班小组长和 6S 管理员负责监督和检查，发现卫生不合格者，连续值日一周；

（3）带班小组长作为调试负责人的助手，负责协助管理调试日常工作；

（4）民主生活员及时关注调试组员工生活中出现的问题，包括思想、饮食、交通出行等问题，发现问题要及时上报；

（5）宣传员负责调试宣传工作，对调试组宣传稿件进行初审，至少保证没有错别字和格式正确；建立宣传台账，同时对各类稿件进行归档；对于大的宣传工作，要提前策划，牵头组织推进；

（6）物资员制定物资台账，每周对所有物资和台账进行一次检查，发现问题及时整改；对急需、紧缺物资及时汇报给小组长；

（7）6S 管理员负责班组 6S 工作，每周对班组 6S 工作进行一次全面检查，发现问题要及时整改；

（8）班组日常奖励，小组长与安全员根据组员实际工作表现，本着公平公正原则给予安全之星、绩效 A 等奖励，并将其作为班组内部学习标兵。

4. 物资管理

（1）建立物资台账，物资员每周对所有物资和台账进行一次检查，并将结果汇总，由小组长汇报给调试负责人。

（2）建立领用登记制度，外借一律做好登记（领用人的姓名、部门、电话、借用的时间、归还人的姓名及时间）。

4.5.2 供应商现场管理办法

根据电客车调试的需求，制定详细的供应商现场管理办法，管理办法中应详细规定供应商现场调试的配合方式方法，以及对供应商的相关要求等。

1. 供应商安全管理

（1）特殊情况下，外省或者外市的供应商需要进行特殊的医疗安全交底，无影响者方可进段、进场；

（2）凡是来现场作业的供应商，应按照公司及部门规定，参加岗前安全培训；

（3）对于首次违反安全规定的供应商，应及时上报并根据有关规定给予考核，对于再犯者，要求换人；

（4）一级供应商负责人对所有供应商负有安全管理的责任；对于关键作业和关键人员，一级供应商应做好监控及安全防护措施。

2. 出勤管理

凡是参与当天作业的供应商必须出席早班会，一级供应商要做好每日考勤管理，对于无故缺席者要按照相关规定考核。

4.5.3 相关方现场管理办法

根据现场实际情况，制定详细的相关方现场管理办法，管理办法中应详细规定对相关方人员的安全管理、现场纪律管理等内容。

第5章 电客车厂家试验的主要内容及意义

电客车厂家调试主要分为四大项：机械试验、单节车辆电气试验、静态有电功能试验、动态有电功能试验。机械试验分为限界试验、称重试验、落车机械安装等内容。单车辆电气试验分为：校线试验、绝缘耐压试验、接地回流试验。静态有电功能试验又分为整车功能试验、空调系统试验、门系统试验、乘客广播系统试验、辅助系统试验等20个试验。动态有电功能试验分为：动调前后状态检查、制动系统动调试验、牵引和电制动性能试验。

5.1 电客车厂家机械试验

电客车机械试验见图5.1-1。

5.1.1 电客车厂家机械试验概述

电客车厂家机械试验主要包含落车作业、调车作业、落车高度调节、车体水平调节、车辆称重、车辆外观尺寸测量、单车限界、单车辆最终泄漏等内容组成，其中落车作业需要完成牵装置、抗侧滚扭杆装置、高度阀连杆安装、横向减振器安装、空气弹簧安装、整体起吊装置安装等工序。调车作业需要按照对应工艺标准完成车辆尺寸测量、车钩高度调整、BTM天线高度调整、车辆限界试验等工序。在电客车设备的安装和调节过程中须符合对应工艺标准和尺寸要求，最终使电客车整体符合设计要求。

5.1.2 电客车厂家机械试验目的

电客车厂家机械试验主要完成车体与转向架、牵引装置的组装连接，进行车钩高度、地板面高度、轴重及轮重的测量调整，最终保障车辆部件在组装完成后的完整性、正确性，包括车辆外部尺寸是否符合技术规格书要求、车体与转向架在极端情况下的干涉检查、车体的起吊提升能力等，保证组装完成的车辆满足技术合同的要求及满足安全可靠的运行要求。

5.1.3 电客车厂家机械试验项目

电客车厂家机械试验项目（表5.1-1）。
1. 落车机械安装和试验项目朱对照
（1）作业前物料检查
1）部件铭牌清晰、外观完整、无明显损坏、无缺失；电机线、速度传感器、接地回流、BTM天线线缆无破损、压（折）痕迹；空簧安装面清洁干净、无异物、封堵到位；风管封堵到位；注意区分拖车转向架1和拖车转向架2、动车转向架1和动车转向架2的

第5章 电客车厂家试验的主要内容及意义

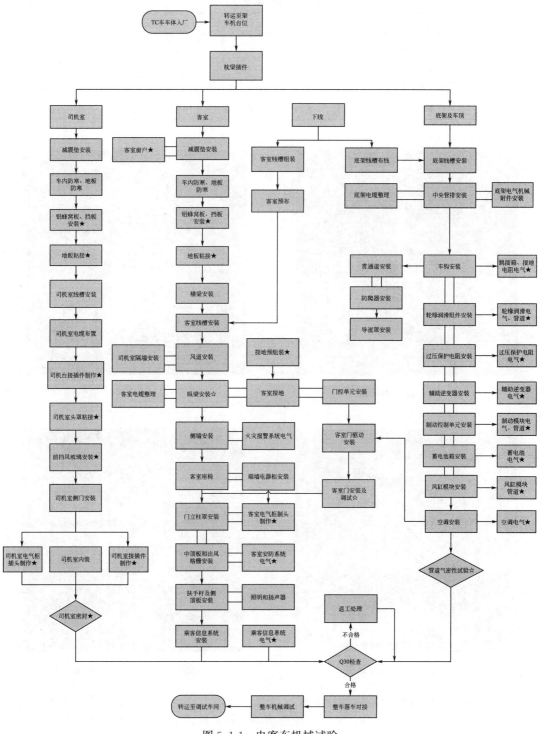

图 5.1-1 电客车机械试验

区别：拖车转向架1、动车转向架1有两个高度阀；拖车转向架2、动车转向架2只有一个高度阀（图 5.1-2～图 5.1-7）。

电客车机械试验项目　　　　　　　　　　　表 5.1-1

序号	机械试验项点	序号	机械试验项点	序号	机械试验项点
1	牵引装置安装	5	高度阀连杆安装	9	BTM 天线高度调整
2	横向减振器安装	6	整体起吊装置安装	10	车辆尺寸测量
3	抗侧滚扭杆安装	7	车钩高度调整	11	车钩卡环连接
4	空气弹簧安装	8	车辆限界试验	12	贯通道连接

图 5.1-2　高度阀杆调节

图 5.1-3　牵引座、牵引杆

图 5.1-4　空气弹簧

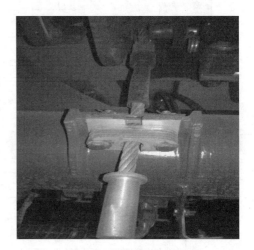

图 5.1-5　整体起吊装置

2）车体下部各部件安装面均涂装底漆，表面无磕碰伤，球头转动灵活、无渗油，各部件安装面油漆无流挂、异物、划伤，配重清单、缺失部件清单与车辆缺件状态一致。

（2）落车机械安装间隙检查

1）牵引座安装后与枕梁面间隙符合工艺标准，间隙不能延伸到安装螺栓位置；

2）抗侧滚扭杆安装后与安装面间隙符合工艺标准，间隙不能延伸到安装螺栓位置；拉压杆与抗侧滚扭杆安装座或与枕梁穿线线缆、软风管无干涉；

图 5.1-6 横向减振器

图 5.1-7 拖车转向架

3）螺栓使用正确，紧固牢靠；防松标记清晰、粗细均匀、平直；

4）螺栓涂抹防锈油，螺栓扭矩符合表 5.1-2，并填写记录表格。

电客车机械试验项目扭力　　　　　　　　　　表 5.1-2

序号	位置	螺栓名称	螺栓/螺母规格	螺栓等级	紧固力矩要求
1	牵引装置	牵引座紧固螺栓	M20×100	10.9	符合工艺标准
		牵引杆与牵引座连接的螺栓	M24×160	8.8	符合工艺标准
2	抗侧滚装置	抗侧滚扭杆安装座螺栓	M12×50	10.9	符合工艺标准
		拉压杆上球头紧固螺母	M30	自带	符合工艺标准
3	高度阀连杆	连杆上球头紧固螺母	M10	自带	符合工艺标准
4	横向减振器	横向减振器与牵引座连接的螺栓	M16×70	8.8	符合工艺标准
5	空气弹簧	空气弹簧安装螺栓	M16×75	10.9	符合工艺标准

（3）收尾

1）软管连接前仔细检查一下是否软管异常或有异物。将接头接至转向架接口上，检查一下软管是否与其他部件之间有摩擦或者相碰。若有相碰，调整软管接头的角度。

注意：角度的实际具体值，根据实际的安装情况进行调整。

2）收尾工作，检查各连接螺栓的扭矩是否完成，是否都已打上防松标记和防锈油。完成后，收好工具、工装，清洁落车台位。

2. 车辆称重调平

（1）车辆称重

1）检查车辆是否组装完成，尺寸合格无缺失项。

2）Tc 车设计空车质量：31.78t，最大质量≤32t。

3）Mp 车设计空车质量：33.57t，最大质量≤34t。

4）M 车设计空车质量：33.13t，最大质量≤34t。

(2) 轮重试验结果

1) 任何一侧测得的轮重与两侧测得的轮重平均值偏差不±4%。

2) 每个车轮上测得的轮重与该轴平均轮重值的偏差不得大于±4%。

3) Tc车（拖车）每根轴的轴重不能超过各自车平均重量的±6%、Mp车（动车）、M车（动车）每根轴的轴重不能超过各自车平均重量的±2%。

注：充气和放气两种工况均通过整个称重试验才通过。

(3) 车辆称重试验结果

1) 检查车辆的状态是否满足试验条件。

2) 记录充气及放气状态下的称重结果，一位端转向架、二位端转向架总重，放气状态下称重、充气状态下称重。

3) 记录两次称重结果平均值。

备注：附件为轮载试验的结果（充气和放气工况各一份），面朝一位端，车辆左侧为左。

3. 车辆限界

(1) 试验条件

1) 在进行静态限界检查时须保证受电弓处于落弓状态，车门处于关闭状态。

2) 在进行静态限界检查前，轮对应对中；场内、库内不考虑风压的影响。

3) 工具工装及计量要求参照标准《标准轨距机车车辆限界规检定规程》JJG（铁道）180-2004。

4) 单节车辆以低于3km/h速度通过限界。

(2) 试验结果（图5.1-8～图5.1）

单位：mm

部位	Tc车	Mp车	M车
地板高度	1100(+10/0)	1100(+10/0)	1100(+10/0)
车钩高度	660(+10/0)	660(+10/0)	660(+10/0)
车辆高度(不含天线,弓网检测)(基于测量点地面为理论值1100mm的高度)	Max. 3800(+5/-6)	Max. 3800(+5/-6)	Max. 3800(+5/-6)
车辆宽度(地板面高度处)	2800(0/-8)	2800(0/-8)	2800(0/-8)
车辆宽度(车辆最宽处)	2892(0/-8)	2892(0/-8)	2892(0/-8)
车体端部通道尺寸高度、宽度	1920(+5/-5) 1350(0/-50)	1920(+5/-5) 1350(0/-50)	1920(+5/-5) 1350(0/-50)
客室内地板至侧顶板高度	1880(+2/0)	1880(+2/0)	1880(+2/0)
客室内地板至中顶板高度	2100(+2/0)	2100(+2/0)	2100(+2/0)
车体长度(不带车钩和通道)	19634(+8/-6)	19000±10	19000±10
车辆长度(车钩连接面之间)	≤20354	≤19520	≤19520
一系弹簧止挡间隙	40±1	40±1	40±1

注：地板高度应测量位于空气簧正上方车门区域的地板面距轨面高度。

图5.1-8　试验结果

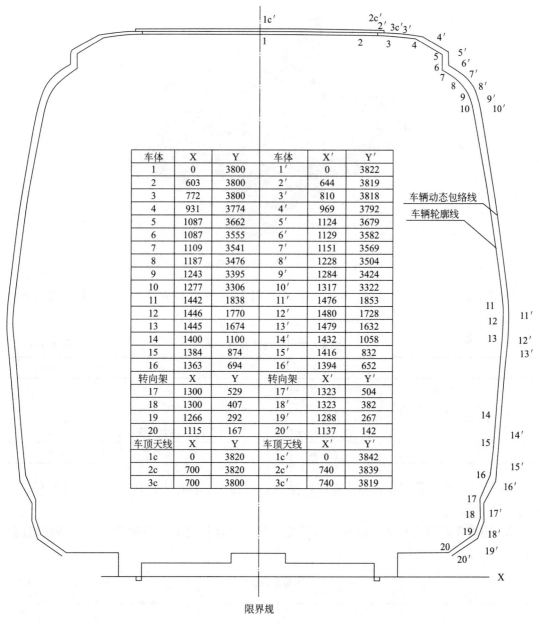

图 5.1-9 静态限界

4. 电客车车钩与贯通道连接试验

（1）电客车半永久牵引杆连接

连接前注意事项：

1）电客车部件已经组装完成，校线耐压试验已完成，车辆达到可连挂状态。

2）连挂前检查车辆的排序正确，编组形式为：＝Tc1－Mp1－M1－M2－Mp2－Tc2＝。

3）检查半永久牵引杆无堵物、无生锈现象；牵引杆凸锥涂抹 AUTOL-TOP2000 进行

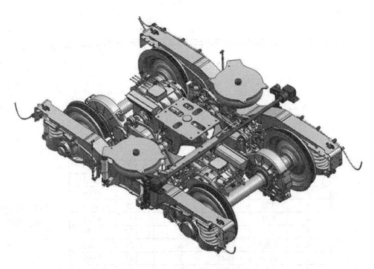

图 5.1-10 转向架间隙测量

防腐和润滑保护，检查连挂车辆半永久牵引杆在同一水平线对齐，防止连挂时偏离，半永久牵引杆连接物料工具见表 5.1-3。

半永久牵引杆连接物料工具　　　　　表 5.1-3

序号	名称	规格	序号	名称	规格
1	扭力扳手	40～200N·m	5	防卡剂	
2	内六方旋具	φ17mm	6	AUTOL-TOP2000	
3	扭力扳手	8～60N·m	7	卡环螺栓	自带
4	套筒	φ16mm	8	密封堵	自带

4）人工推车连挂时电客车速度控制在 3km/h 以下，操作人员应该注意自身安全，并采取好防溜措施。

5）电客车进行连挂是尽量在平直轨道上完成，连接完成后及时打开总风截断塞门，图 5.1-11 为电客车连接示意图。

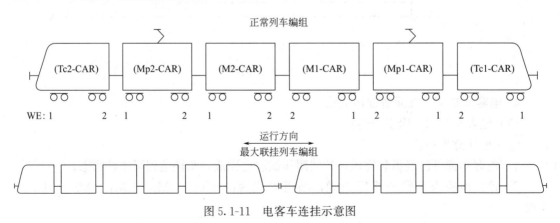

图 5.1-11 电客车连挂示意图

(2) 卡环安装连接

安装车钩卡环，装上螺栓后用扭力扳手交替拧紧卡环螺栓，螺栓紧固到位后画好防松标记。注意：螺栓需要涂抹抗咬合剂；螺栓按要求紧固到位，将密封堵头（1个）插入上部排水孔。卡环连接完成后间隙内涂抹 AUTOL-TOP2000 进行防护。下部的排水孔不能堵塞，如图 5.1-12～图 5.1-14。

图 5.1-12 半永久车钩

图 5.1-13 车钩卡环连接

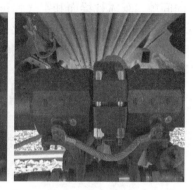
图 5.1-14 车钩卡环安装完成

(3) 电客车贯通道连接试验

1）贯通道连接准备

贯通道连接在电客车挂完成后进行，连接前检查各部件安装完好，折棚锁全部在打开位并记录贯通道编号。

2）贯通道连接

将贯通道折棚与车体连接框对应接触，锁闭车体框上所有折棚锁。连接贯通道渡板，渡板包括上踏板、踏板支撑、下踏板，将上踏板与下踏板进行搭接。安装贯通道顶板首先安装好顶板安装座，将顶板四个接头全部放入安装座的槽内，再将紧固螺钉紧固到位。

进行贯通道侧护板安装时拉出锁闭销将锁闭机构的锁把头拉至可接近位置；从锁闭手柄贮袋中取出锁闭手柄（贮袋体连接在左侧可锁闭的盖板中）；将可连接锁闭手柄插入锁闭机构的锁把头上；向下推手柄，直到固定销到达相应位置（确保通过松弛点）。必须将转轴机构体侧部的连接面转到（可进入）位；用螺钉将侧护板固定在转轴机构体侧部；完成侧护板固定后重复操作行数步骤完成侧护板安装并将锁闭手柄放回锁闭手柄贮袋中。

3）贯通道连接后检查、跨接电缆连接

检查连接完成的贯通道折棚与螺钉框贴合到位，检查贯通道渡板、顶板、侧护板均处于正确位置，贯通道锁闭到位、无损坏，确认无误后连接车间跨接电缆，连接时检查插头无异物、插针无歪斜、密码针正确、模块无破损后方可连接，跳接电缆连挂完成后，将跳接盖板端部保护盖放于活动端收藏座，供解编时再次使用。

5.1.4 电客车厂家机械试验项目前准备

电客车完成设备组装及单车试验且无缺失项。现场作业准备工艺文件、作业物料、工装设备正常、人员符合工艺要求，需持有资质证。同时注意现场作业安全，禁止跨越地沟，工卡量具正确使用，正确穿戴劳动保护用品等。

5.1.5 电客车厂家机械试验方法及步骤

车辆进入落车台位后使用架车机将车辆缓慢架起并进行安全防护。架车到位后安装牵引座、抗侧滚扭杆、整体起吊装置等设备。将转向架推入车体，分别对应好车体连接位置。车辆缓慢落下过程中观察转向架空簧进气口与车体的配合情况。查看起吊钢丝绳及横向间隙。车体枕梁面和空气弹簧安装面即将接触时停止落车。进行牵引杆、空气弹簧、横向油压减振器、制动软管等设备与转向架连接安装。检查各连接螺栓的扭矩并划防松标记和涂抹防锈油。完成后将车辆转运至调车台位，进行车辆称重调平，车辆限界测试。

5.2 电客车厂家单节车辆电气试验

5.2.1 电客车厂家单节车辆电气试验概述

车辆调试是一个系统性、专业性很强的工作，需要充分考虑安全、效率、质量等多方面因素，是检验和评定电工设备绝缘耐受电压能力的一种技术手段。一切电工设备的带电部分与接地部分之间，或与其他非等电位的带电体之间，都需要采用绝缘结构使它们互相隔离，以保证设备正常运行。校线工序在电工接线工序完成后进行，耐压试工序在校线工序完成后进行，一般在列车编组连挂前进行接地回流工序，工作区域要求有良好接地防护。

5.2.2 电客车厂家单节车辆电气试验目的

为预防车辆在电连接过程中发生接线错误、线缆防护不到位、违反工艺作业造成绝缘破损情况的发生，进行单节车电气试验。校线试验主要是检查接线的正确性及可靠性。绝缘耐压试验主要是为了测试车辆各电压等级电路与车体间的绝缘性能，确保布线质量及可靠性。接地回流试验是为了检验车辆正常的工作接地回流以及安全可靠的保护接地。

5.2.3 电客车厂家单节车辆电气试验项目

单车试验项点明细见表 5.2-1。

单车试验项点明细　　　　表 5.2-1

序号	试验项点	关键重要工序	物料工装工具	生产周期
1	校线工序	重要	校线器、电工常用工具、温湿度计	6h
2	耐压工序	关键	绝缘测试仪、耐压机、连接线	2h
3	耐压后恢复	重要	电工常用工具、扭力扳手	4h
4	接地回流	重要	低电阻测试仪、电工常用工具、扭力扳手	2h

1. 校线试验与上表名称未对照

校线工作分为客室对客室、客室对车底、客室对车顶校线以及网络校线四部分。校线工序配备六人分两组，一人报线号和点位，另外两人分别进行校线操作。根据校线文件，测量每根电缆正常导通。对于插头类的校线，除了点位和通断以外还要测试插头点位与外壳不导通，插芯无缩芯现象。插接式端子必须保证每根电缆与端子接触良好，不能存在毛刺以及插接不到位的情况。

2. 绝缘、耐压测试

使用绝缘胶皮将各电压等级的电缆与电气设备、柜体隔离，断开电缆与电气设备的连接，确保测试电压不能进入测试电路的设备。同一等级的电缆通过主连接线和多头夹连接在一起，在连线过程中要确保各电压等级的电路不能连通、不接地，同电压等级的电缆全部接入被测回路。绝缘耐压试验由高到低、先绝缘后耐压的顺序，绝缘耐压试验按回路电压等级分为主电路、辅助电路、控制电路、通信信号电路四个回路，用绝缘测试仪施加工艺标准电压，持续1min进行绝缘检测要求前后两次绝缘值不能偏差过大同时符合工艺标准。耐压试验按照主电路、辅助电路、控制电路、电子电路进行耐压测试，用耐压机分别施加工艺标准电压，持续1min进行耐压测过程中无绝缘击穿、闪络情况即为合格。

3. 接地回流试验

接地回流装置，其作用是实现网侧电路从接触网到钢轨的接地回流，同时起保护轴承的作用，能有效地改善电客车导电性能和预防轴承电蚀，提高电客车运营的可靠性。断开电客车每节车轴端接地装置、逆变器的负极连接线并做好防护，保持轮轨接触面清洁且无电压存在。低电阻测试仪使用恒定电流，测量各轴端接地装置与轮对间的接地电阻符合工艺要求，测量完毕后恢复连线并记录数值。

5.2.4　电客车厂家单节车辆电气试验项目前准备的物品

可以工作在总列一个装工序表完成且电气连接无开口项方可进行。绝缘耐压试验应在校线工作完成后进行，做好现场安全警示防护工作。接地回流试验一般在列车编组连挂前进行，相关轨道、设备要有良好接地。开工前准备校线文件、耐压文件、校线器、万用表、温湿度计、绝缘测试仪、耐压机、连接线、警示灯、扭力扳手、低电阻测试仪、电工常用工具、胶皮、工作区域带有AC220V电源。

5.2.5　电客车厂家单节车辆电气试验方法及步骤

1. 单车试验注意事项

（1）需要断开所有电气设备外接插头，插接件电缆挑出校线要求核对点位、线号线表一致；电缆点对点通、对外壳不通。

（2）如需重复耐压试验，为不破坏绝缘，试验电压应比前一次的试验值减少20%，最多可减至初始值的60%。

（3）耐压试验必须做好安全监护工作，防止发生人身伤害事故。

2. 绝缘耐压具体操作步骤如下：

（1）在各回路连线过程中分清各回路电压等级由高到低连线；各回路不能有串接情况。

（2）绝缘耐压试验时不同电压等级回路分别进行试验，未进行试验的回路必须进行接地处理，防止试验电压进入电路中。

（3）绝缘耐压试验设备持续1min的试验电压，绝缘电阻值执行工艺文件标准，过程中无击穿和闪络发生，记录试验结果。

（4）绝缘、耐压试验后，回路中的残余电压需要进行放电处理；完成测试回路将其主线与地相连。

（5）各回路完成绝缘耐压试验后，将主连线、防护胶皮、多头夹全部拆除，恢复所有设备连接并进行自检。

3. 接地回流具体操作步骤如下：

（1）用数字万用表确认轮对与钢轨之间无电压，断开汇流排上电源负极线。

（2）拆除接地装置上的连线，低电阻测试仪测连接在接地装置和轮对上。测量电阻值应符合工艺标准。

（3）拆除接地电阻与车体间的接地线，低阻测试仪连接到接地线上和任一轮对上。测量电阻值应符合工艺标准。

（4）接地回流试验完成后，恢复相应电缆连接，符合扭力要求。

5.3 电客车厂家列车静态有电功能试验

5.3.1 电客车厂家列车静态有电功能试验概述

电客车厂家列车静态有电功能试验也是预防性试验，可以在试验的过程中发现可能存在的功能及质量方面的问题，从而及时加以纠正。静态有电功能试验主要包括整车功能、受电弓静态调整、照明、车门系统、空调系统等 20 项试验内容。车辆静态调试人员需要具备电气、制动及机械等相关专业知识，能够独立处理车辆调试过程中出现的一般问题，并要熟知检修规程及地铁车辆相关技术参数要求，要能熟练使用各相关设备、仪表、工具，要能熟练识别下图中所有电器元件及其作用，明细电气原理图试图规则、电路走向、电器件动作原理。每调试完成一项都要对调试后的参数进行记录并签字以便存档，图 5.3-1 为电客车电器元件图示。

元件	说明	元件	说明	元件	说明	元件	说明
DC1500V +206 =11-X11	受电弓		继电器		自复位旋钮	○	端子
	接地		接触器		自锁旋钮		连接器
	避雷器		电磁阀		指示灯		导线
	熔断器		失电延时继电器		自复位按钮		导线交叉但不连接
	电阻		得电延时继电器		自锁旋钮		导线连接点
	二极管		NO触点		行程开关	110151	线号
	汽笛		NC触点		钥匙开关	110151 辅助电源箱750+	交互参考(导线旋转)
	发光二极管		失电延时		蘑菇按钮(紧急)		
	变压器		温度传感器		三位置旋钮		
	微型断路器		电压表		凸轮开关(或以凸轮表示的复杂旋钮)		
	带过载释放的接触器触点		压力表		天线		

图 5.3-1 电客车电器元件图示

5.3.2 电客车厂家列车静态有电功能试验目的

电客车厂家列车静态有电功能试验的目的是为了验证列车的控制功能、空气制动系统、乘客信息系统、火灾报警、空调、照明系统、门系统等系统本身的功能正确性。测试牵引控制功能、网络控制系统、网络输入输出模块、制动控制系统、牵引箱硬线信号等的有效性。最终符合产品的设计要求和满足客户的需求。

5.3.3 电客车厂家列车静态有电功能试验项目

列车静态有电功能试验见图 5.3-2，电客车厂家静态有电功能试验项点工具物料明细见表 5.3-1。

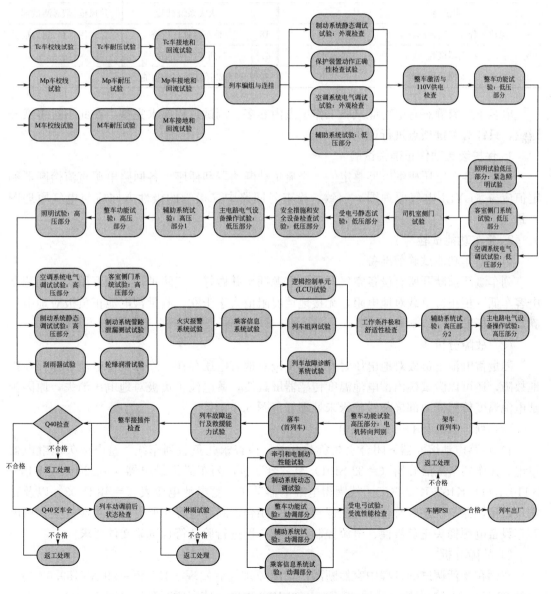

图 5.3-2 列车静态有电功能试验

电客车厂家静态有电功能试验项点工具物料明细　　　　　　　　表 5.3-1

序号	试验项点	工装工具	序号	试验项点	工装工具
1	乘客信息系统试验		11	列车故障诊断试验	内六方
2	安全措施和安全设备试验	万用表	12	工作条件舒适度试验	
3	辅助系统试验	万用表、相序仪	13	制动系统静态试验	万用表、精密压力表
4	主电路电气设备操作	万用表、卷尺	14	制动系统管路泄漏试验	精密压力表
5	受电弓试验	卷尺、秒表、推拉力计、开口扳手	15	门系统试验	障碍物、门夹力测试计
6	空调系统试验	万用表、钳形电流表、相序仪	16	整车功能试验	万用表、短接线、螺丝批
7	照明试验		17	火灾系统试验	热风枪、烟雾测试剂
8	保护装置动作正确性试验		18	整车接插件检查	电工常用工具、扭力扳手
9	刮雨器试验	玻璃水	19	列车组网试验	
10	维护以太网系统试验	内六方	20	列车故障运行与救援能力	

电客车厂家静态有电功能试验工作项点内容多、调试过程要求完整，在此不过多展开讨论，只针对关键项点进行说明。

1. 保护装置动作正确性试验

检查电客车空压机继电器整定值、交流负载断路器和插座、各回路电源直流熔断器额定值应与《LYL1电气原理图》一致。检查各回路中二极管的极性方向应与电气原理图一致。

2. 整车功能试验

（1）整车功能试验前准备

列车激活前断开所有设备空气开关及电源插头并做好电气防护，使用万用表分别测量电客车低压柜正常负载对地电阻，无接地情况阻值大于千欧。测量蓄电池正负极对地电压满足工艺标准。

（2）故障分析

测量蓄电池正负极对地电压时发现正负极对地有电压存在，除怀疑蓄电池单体存在接地故障，还可以尝试挑出蓄电池温度传感器屏蔽线，蓄电池正负极对地电压消失，原因为蓄电池温度传感器内部屏蔽线绝缘未处理好（图5.3-3）。

（3）列车激活和DC110V供电

1）将蓄电池熔断器、闭合永久负载开关。检查永久负载列车线、蓄电池欠压继电器得电。操作列车激活旋钮（=32-S101）至"合"位，列车激活继电器（=32-K101/K109/K110/K111/K102/K02/K03）线圈得电继电器动作，蓄电池电压表（=48-P103）以及正常负载接触器等状态应符合原理图逻辑。逐一闭合、断开电客车所有设备电源开关，对电客车设备电源插头正负极性、电源控制对应唯一性进行验证符合试验文件要求。

2）故障分析

车辆在激活调试的过程中突然断激活，故障排查后发现＋159柜＝99-XT159.02端子排的32-V03的A1点松动导致32-K02，32-K03失电，使车辆断激活（图5.3-4）。

第 5 章　电客车厂家试验的主要内容及意义

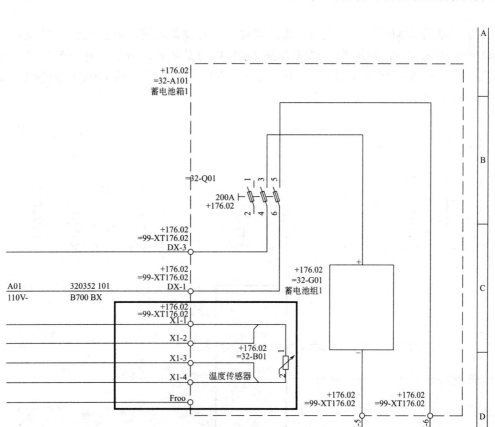

图 5.3-3　充电机和蓄电池电路（部分）

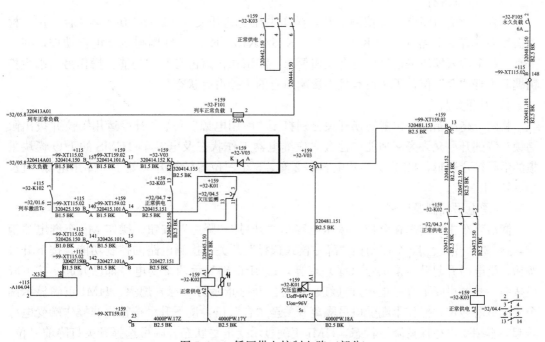

图 5.3-4　低压供电控制电路（部分）

车辆激活后对 Mp/M 车设备进行电源测量,所有设备的测量电压只有 50V 左右,Tc 车测量车辆电源正常,测量 Mp/M 车车辆 110V 电源总线正常电压只有 50V 左右,依据电气原理图检查 Mp/M 车车辆 110V 电源总线,发现 Mp/M 车车辆 110V 电源总负线缺少连接线(图 5.3-5)。

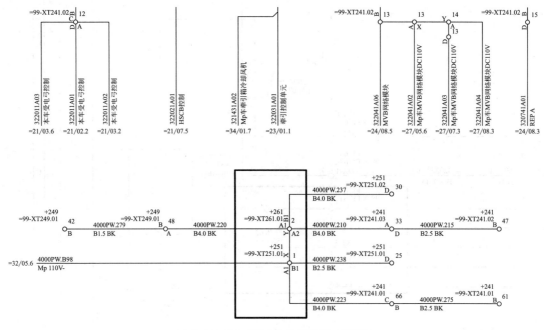

图 5.3-5　Mp 车正常负载电路(部分)

3)司机室占有

电客车激活后闭合列车控制空开,操作主控钥匙开关(=22-A101)至"合"位,检查操作端占有继电器(=22-K101/K151/K152/K153/K154)线圈得电继电器动作,列车占有、数字输入模块采信号应符合逻辑要求。测试司机室占有互锁功能,操作另一端主控钥匙开关至"合"位,无法占有且不影响原有的主控占有状态。

4)刀开关监视

将两个高压箱的三位置转换开关分别打至"库用电源"位、"升弓运用"位并拔出限制锁,测试升弓允许旁路功能,检查对应继电器工作状态及电客车 TCMS 的 I/O 模块采集的信号符合逻辑,HMI 上显示电客车 2 车、5 车三位置转换开关处于"库用电源"位、"升弓运用"位。

5)受电弓控制及监视

激活列车主控钥匙在合位,按压电客车"升弓""降弓"按钮、操作 Mp 车继电器柜"本弓隔离"开关、Tc 车控制柜"降弓模式选择"开关,检测电路的控制功能。按下升弓按钮,受电弓升起升弓指示灯(绿)点亮,HMI 正确显示两个受电弓都已升起。按下降弓按钮,受电弓降下降弓指示灯(红)点亮、升弓指示灯(绿)熄灭,HMI 正确显示两个受电弓落弓位。操作本端受电弓隔离开关至"合"位,按下升弓按钮,非操作端受电弓升起,本端受电弓保持降弓状态,HMI 正确显示受电弓状态。降弓选择开关打至前弓位,操作端受电弓降下、非操作端受电弓保持升起状态(开关打降后弓位与其动作相反)。所有受电弓升起后,按下紧急停车按钮,受电弓落下,降弓指示灯(红)点亮,检查操纵台指示灯、对应继电器工作状态及电客车 TCMS 的 I/O 模块采集的信号符合逻辑要求(此功能需换端操作验证)。

6)高速断路器 HSCB 控制与监视

列车激活主控在闭合位,测试高速断路器 HSCB 分合指令电路的控制功能,测试紧急停车按钮参与高速断路器控制的功能正常,检查操纵台指示灯、牵引箱采集的列车线信号及电客车 TCMS 的 I/O 模块采集的信号符合逻辑要求,HMI 上显示对应高速断路器图标处于正常状态。

注意:在测试高速断路器控制与监视时应先升起受电弓,否则高速断路器动作条件不满足无法闭合。HSCB 不能连续分合操作应间隔 10s 以上,操作过于频繁牵引逆变器、HMI 会提示故障信息。

7)电客车工况信号测量

激活列车任一司机室占有,司控器分别在打至"0""前""后""牵引""制动""快制""紧急牵引"位置,按压"MVB 复位",测试牵引逆变器、辅助逆变器、网关阀、智能阀等设备对应插头点位,在司控器上述位置测量相关列车线状态及电客车 TCMS 的 I/O 模块采集的信号符合逻辑要求。

故障分析:

电客车方向手柄向前后紧急制动不缓解,经检查司机室占有、紧急停车、EGWM 紧急制动、紧急牵引超速、总风压力可用、ATC 切除继电器均正常,对应原理图检查继电器柜 115.02 端子排 15 点,发现 15C 点线缆错接其他点位(图 5.3-6)。

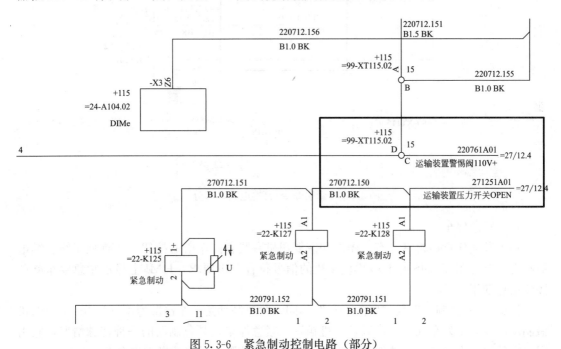

图 5.3-6 紧急制动控制电路(部分)

8)操作模式

列车激活任一司机室占有,分别操作慢行模式、拖动模式、ATC 切除模式,检查对应模式功能、列车线状态及电客车 TCMS 的 I/O 模块采集的信号符合逻辑要求。HMI 上显示慢行模式、拖动模式、ATC 切除（手动驾驶）模式信息处于正常状态。

9）警惕

列车激活任一司机室占有，方向向前牵引手柄在非"0"位，测试警惕电路、警惕旁路电路功能，检查警惕电路 4s 延时功能及电客车 TCMS 的 I/O 模块采集的信号符合逻辑要求，HMI 上显示警惕按钮、警惕旁路信息处于正常状态。

故障分析：

电客车正线信号调试时，车辆启动按压信号发车按钮后，司机松开牵引手柄 4s 后车辆上紧急制动，经确认为车辆动车后警惕继电器失电后产生紧急制动，有原理图分析按压信号发车按钮后，警惕继电器由信号系统供电，检查线路发现 43-K152ATO 模式继电器 7 点缺失一根导线（图 5.3-7）。

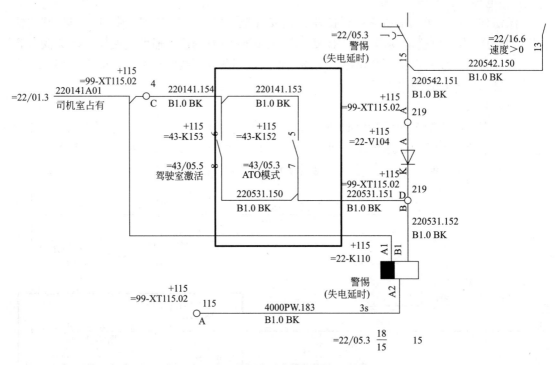

图 5.3-7 牵引命令/警惕电路（部分）

10）紧急停车

列车激活任意司机室占有，操作和恢复司机台紧急停车蘑菇按钮，检查列车线、继电器状态及电客车 TCMS 的 I/O 模块采集的信号符合逻辑要求，HMI 上显示紧急停车蘑菇按钮信息处于正常状态。

注意："紧急制动"与"紧急停车"不同。紧急制动是一个高减速度（1.3m/s²）的机械制动，可以由列车几个系统以及司机触发。紧急停车是紧急制动的一种特殊情况，它由司机室任何一个紧急停车按钮触发，紧急停车将导致降弓及高速断路器分断。

11）制动控制与制动状态监视

依次操作"停放制动施加""停放制动缓解""停放缓解旁路"按钮，测试停放制动控制和监视功能，检查停放制动监视列车线和指示灯的状态及电客车 TCMS 的 I/O 模块采集的信号符合逻辑要求，HMI 上显示停放制动功能信息处于正常状态（图 5.3-8）。分别将每节车的两个转向架截断塞门打至"导通位""截止位"（图 5.3-9），检查每个截断塞在对应位置时电客车 TCMS 的 I/O 模块采集信号符合逻辑要求，HMI 上显示截断塞门信息处于正常状态。

图 5.3-8 HMI 制动系统显示界面

图 5.3-9 转向架截断塞门

12) 蓄电池欠压监视

试验前蓄电池电压必须大于 96V 并且两个 Tc 车蓄电池组要分别进行测试。单独合上任意 Tc 车的蓄电池组保险，欠压继电器吸合，开启放电设备车辆蓄电池组电压低于 84V，列车欠压继电器功能和电客车 TCMS 的 I/O 模块采集信号符合逻辑要求。

13) 空气压缩机控制与监视

列车激活送高压启动辅逆，使用相序表测量空气压缩机相序、电压，检查空气压缩机控制与监视电路的功能，检查相关接触器、继电器、列车线状态和电客车 TCMS 的 I/O 模块采集的信号符合逻辑要求，HMI 上显示空气压缩机控制与监视信息处于正常状态。

14) 轮缘润滑的控制

轮缘润滑装置仅 T01～T04、T11～T14 列安装，检查轮缘润滑装置安装、接线正常，管路连接无误，油箱注满油脂。静态测试需要开启装置的测试模式，轮缘润滑装置可以正常喷油（动态测试时要求方向向前、速度大于 5km/h），检查电客车 TCMS 的 I/O 模块采集的信号符合逻辑要求。

15) 旁路开关

依据电气原理图，依次操作车钩监视旁路、门零速旁路、警惕旁路、停放制动缓解旁路、所有制动缓解旁路、总风压力可用旁路、允许升弓旁路、库用插座监视旁路旋钮，检查所有旁路开关对相应电路、指示灯的功能和电客车 TCMS 的 I/O 模块采集的信号符合逻辑要求，HMI 上显示空气压缩机控制与监视信息处于正常状态。

16) 拓展供电及监视

列车激活送高压启动辅逆，待辅逆正常工作后再分别切除两个 Tc 车辅逆电源空气开关模拟电客车故障，进行拓展供电及监视功能测试。检查拓展供电继电器功能和电客车 TCMS 的 I/O 模块采集的信号符合逻辑要求，HMI 上显示拓展供电与监视信息处于正常状态（图 5.3-10、图 5.3-11）。

图 5.3-10　HMI 正常供电界面　　　　图 5.3-11　HMI 拓展供电界面

17）ATC 外围接口信号

依据电客车调试大纲 ATC 车载设备输入输出信号的有效性，检测 ATC 外围接口信号输入输出是否到位。

特别注意：ATC 外围接口信号测试需要强制吸合相关继电器、短接相关电路，试验过程中要特别注意作业方法，严禁带电插拔线缆及端子排接线有毛刺情况。

3. 安全措施和安全设备检查试验

（1）检查电气设备柜/箱的接地情况（表 5.3-2）

电气设备柜/箱的接地线明细表　　　　表 5.3-2

序号	车型	位置
1	拖车（Tc 车）	电气设备柜、箱都安全接地（含高压线管、高压线槽、箱体）
2	动车（Mp 车）	电气设备柜、箱都安全接地（含高压线管、高压线槽、箱体）
3	动车（M 车）	电气设备柜、箱都安全接地（含高压线管、高压线槽、箱体）

（2）检查安全功能

电路接入情况见表 5.3-3。

电路接入情况表　　　　表 5.3-3

序号	工况状态	被接入电路的部件	未被接入电路的部件
1	运行位（受电弓位）	受电弓、牵引逆变器、辅助逆变器	车间电源
2	车间电源位	车间电源、辅助逆变器	受电弓、牵引逆变器
3	切除位（接地位）	无	受电弓（受流器）、辅助逆变器、牵引逆变器、车间电源

（3）检查危险警告标记

目视检查车辆所有设备［高压电器箱 HV01、高压电器箱 HV02、电抗器箱、牵引逆变器箱、制动电阻箱（高温警示）、辅逆箱、低压柜等］上的危险警告标记标志清晰、正确、完整。

（4）速度计、风压设备和灭火装置检查

检查 Tc 车速度表、里程计与 HMI 实际显示数值基本一致，检查 Tc 车双针压力表与 HMI 显示的制动缸压力是否正常。检查司机室和客室灭火器，防止到位且压力正常，灭火器附近有明确的灭火器指示标记。

(5)检查制动控制与门控制的安全回路

制动控制回路检查

列车激活主控占有,列车施加、缓解停放制动,操纵台停放制动监视和指示灯正常。确认列车左右侧客室车门全部关好,任意手动打开一扇门,检查 Tc 车操纵台门关好指示灯及车门安全回路状态。

(6)试验完成后收尾工作

将高压箱单位制转换开关都恢复到运行位(受电弓位)。清理作业现场,严禁高压箱内遗留工具、电缆等,并恢复锁闭车下所有盖板。

4. 主电路电气设备操作试验

(1)检查牵引逆变器的控制信号(输入、输出信号)

按照某地铁 1 号线电气原理图(11.21.22.23.24.27 部分)检查 Mp、M 车牵引逆变器输入、输出硬线信号,检查 Mp 车高压箱输入、输出硬线信号(图 5.3-12、图 5.3-13)。

图 5.3-12 HMI 高断显示界面

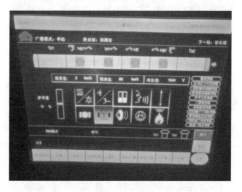

图 5.3-13 HMI 牵引逆变器显示界面

(2)检查线路滤波器的充电时间和放电时间

滤波器的充电时间与放电时间可通过分合一次高速断路器就可以实现,HMI 上没有报故障,试验就算通过(图 5.3-14)。

图 5.3-14 HMI 牵引逆变器数据界面

(3) 检查各种保护设备

检查 Tc 车：=11-R101、R102，MP 车：=11-R202、R203，M 车：=11-R302、R303 的接地电阻值为 30mΩ。高压箱中各熔断器的标称值 315A，1D01 二极管安装方向跟原理图中一致（图 5.3-15、图 5.3-16）。

图 5.3-15　接地电阻　　　　　　　　　图 5.3-16　1D01 二极管

(4) 检查 DC1500V 电缆的固定情况，检查电气间隙和爬电距离

检查电客车 DC1500V 电缆的固定情况，检查电气间隙和爬电距离。电缆连接紧固，防松标记正确有效，电气间隙、爬电距离符合欧洲标准化协会《轨道交通　绝缘协调　基本要求　所有电气和电子设备的余隙距离和爬电距离》EN50124-1-2017。

5. 受电弓、刮雨器试验

(1) 受电弓测试

任意车司机室占有，电客车主风管压力 0.9MPa，为预防升降弓过程中对接触网和车顶产生有害冲击，需要调整升弓时间和接触压力。按下升弓按钮弓头动作计时，升弓到位停止计时，时间小于 8s，按下降弓按钮弓头动作计时，降弓到位停止计时，时间小于 7s，分别测量两个受电弓在最小工作位、最大工作位时与接触网的接触压力不小于 110~130N·m。

为预防弓网问题，某地铁 1 号线受电弓加装 ADD 自动降弓装置，升起受电弓检查 ADD 自动降弓装置无明显漏风，打开试验阀手柄受电弓迅速脱离接触网至降弓到位。辅助压缩机安装在 Mp2 车升弓柜内，脚踏泵安装在 Mp1 车升弓柜内，在电客车有电无气（无电无气）情况下使用电动升弓泵（脚踏泵），达到要求受电弓升起目的（图 5.3-17~图 5.3-20）。

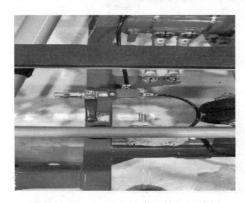 

图 5.3-17　ADD 自动降弓装置试验阀　　　图 5.3-18　ADD 自动降弓装置截断阀

第 5 章 电客车厂家试验的主要内容及意义

图 5.3-19 ADD 自动降弓装置差压阀

图 5.3-20 ADD 自动降弓装置布置图

注意：ADD 自动降弓装置测试时测试人员禁止站在受电弓下方，防止受电弓快速下降时砸伤人员，严禁受电弓升起过高测试 ADD 自动降弓装置，防止受电弓快速下降时人员受伤及损坏受电弓碳滑板。

（2）故障分析

受电弓控制功能试验时，按压受电弓升弓按钮受电弓能够正常升起，按压受电弓降弓按钮操作端受电弓可以实现降弓功能，非操作端受电弓不能实现降弓功能，经排查继电器柜 115.02 端子排 273B 点至 115.01 端子排 19B 点线缆缺失，造成受电弓降弓功能不能实现（图 5.3-21）。

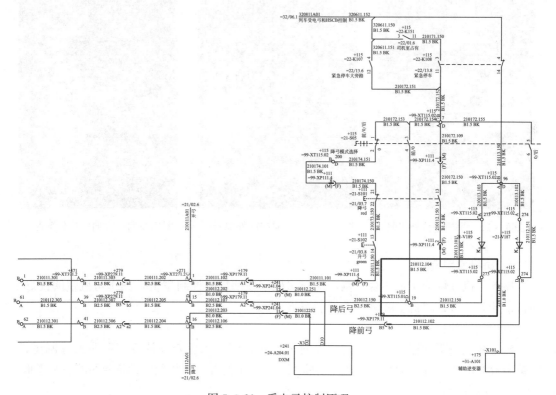
图 5.3-21 受电弓控制原理

(3) 刮雨器试验

合刮雨器空开上电后检查水箱缺水时水灯状态，水箱加满水后满水灯亮。打到"间歇挡""高速挡""低速挡""洗车挡"刮雨器正常工作符合设计要求，"停止"挡位时，刮片自动停靠在前窗玻璃左侧。按压喷淋按钮检查喷水角度，应覆盖整个刮片范围不能超过前窗玻璃目视范围，且整体基本对称。

6. 照明试验、乘客信息系统试验、火灾系统试验

(1) 照明控制

某地铁 1 号线照明功能全部通过硬线控制。按照照明设备安装位置分为：司机室照明、客室照明、外部照明、屏柜照明。其中内部照明以工作方式又可分为：正常照明和紧急照明。

1) 外部照明

任意司机室占有后检查头灯及近远光转换、尾灯、运行灯在列车激活、司机室占有、方向以及头灯控制旋钮的不同状态下的控制逻辑。列车激活后列车两端头灯（白色）、运行灯（白色）不亮，标志灯（红色）、运行灯（红色）亮。方向向首端前头灯（白色）、运行灯（白色）亮，标志灯（红色）、运行灯（红色）不亮，尾端前头灯（白色）、运行灯（白色）不亮，标志灯（红色）、运行灯（红色）亮。方向向后首端前头灯（白色）、运行灯（白色）亮，标志灯（红色）、运行灯（红色）亮，尾端前头灯（白色）、运行灯（白色）亮，标志灯（红色）、运行灯（红色）亮（图 5.3-22～图 5.3-24）。

图 5.3-22 手柄零位外部照

图 5.3-23 方向向前外部照明

图 5.3-24 方向向后外部照明

2) 司机室照明

操作司机室灯旋钮至"合"位，检查司机室顶棚灯的控制逻辑，操作司机室阅读灯上的自带开关，检查司机室阅读灯的控制逻辑。

3) 客室照明

操作客室照明旋钮至"合"位，查看客室正常照明无色差确认客室照明的控制逻辑。模拟两台充电机无输出的状态，检查客室照明比正常情况下变暗确认紧急照明的控制逻辑。

4) 屏柜照明

打开安装屏柜照明的柜门，屏柜检修照明灯点亮，关闭屏柜门屏柜照明灯熄灭。

(2) 乘客信息系统

乘客信息系统按照广播方式分为自动广播、半自动广播、人工广播、紧急广播等方式，试验前需要完成设备编码工作。乘客信息系统上电后，司机室广播主机、广播控制盒、监控触摸屏、客室广播主机、动态地图、目的地显示器、媒体显示屏均能正常工作或显示相关信息。自动广播有广播地面系统和信号系统共同完成不在试验范围。人工广播、半自动广播是在 HMI 上选择起始站、终点站、下一站，半自动广播依据车辆速度计算距离来触发广播。人工广播在 HMI 上人工触发进站广播、离站广播及人工选择上一站或下一站来实现离站和到站信息广播，紧急广播也是通过触发 HMI 上选择相应紧急信息触发对应紧急广播。目的地显示器、端部信息显示屏、动态地图、媒体显示屏是在 HMI 上设置好线路起始站、终点站、下一站后，在报站触发时显示对应到站、下站、开门信息与报站同步（图 5.3-25）。

图 5.3-25　HMI 乘客广播设置界面

按压本端司机室对讲按钮另一端司机室对讲按钮闪烁，按下手持话筒可以发起两端司机室通话。为紧急状态下乘客与司机沟通安装紧急对讲装置，任意端占有在客室按下乘客紧急对讲上的报警按键，乘客紧急对讲装置上的金属按键指示灯点亮并闪烁，占有端司机台上的"紧急对讲"按键指示灯闪烁，蜂鸣器发出报警提示音，HMI 上显示对应车厢紧急报警（呼叫、接通、故障、待机）状态。占有端司机室按下"紧急对讲"按键，接通乘客紧急对讲，按下手持话筒可以与乘客对讲，司机室扬声器能清晰的听到乘客对讲内容。占有端司机按下"紧急对讲"按键，指示灯熄灭，紧急报警器"通信"指示灯熄灭通话结束（图 5.3-26～图 5.3-29）。

(3) 火灾系统

试验前完成所有火灾报警探头编码工作，火灾报警控制器上电后进行探头工作状态确认、主机时间调整、主机自检、复位功能测试，自检、复位功能测试时由报警开关控制蜂鸣器会发出声音。使用热风枪、烟雾测试剂进行火灾报警试验，HMI 上显示对应节车火警图标，若确定对应电客车无火灾发生可通过 HMI 上设置界面进行火灾远程复位操作，复位后相应火灾或故障信息显示电客车恢复正常（图 5.3-30、图 5.3-31）。

图 5.3-26　LCD 动态地图

图 5.3-27　LCD 媒体屏

图 5.3-28　紧急报警装置

图 5.3-29　广播控制盒

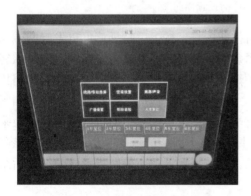

图 5.3-30　HMI 火灾复位界面

图 5.3-31　HMI 火灾显示主界面

7. 客室侧门系统和司机室试验

（1）客室侧门系统试验

1）试验前准备

检查工作使用工具万用表、拉力计、门夹力测试仪、秒表、障碍物、方孔钥匙等均在检验有效期内外观良好无破损，检查每扇门页上门控器地址编码符合文件要求。

2) 开关门时间、同步性检查

客室侧门的控制可以通过硬线信号或软件实现。操作"网络硬线开关门"旋钮开关检查列车线状态。分别测试网络硬线开关门旋钮开关置于"合""分"位时车门的控制功能,"合""分"分别对应网络、硬线开门功能,司控器钥匙开关、ATC切除至"合"位,按压左右侧开关门按钮,电客车客室侧门能正常开关动作,并有开关门橙色指示灯闪烁及关门提示音,开关门动作时间为3.5±0.5s。同侧所有门执行开关门指令时,动作状态完成时间间隔不能超过1s。

3) 车门夹力测试

为防止车门产生防夹力量过大夹伤乘客,需要进行客室侧门关门力的测量,第一次关门过程关门有效力不超过150N,第二次关门过程关门有效力不超过180N,第三次关门过程关门有效力不超过200N。使用门夹力测试计分三次测量关门力有效值最大值不超过200N允许10N正偏差,关门力的峰值不大于300N。

4) 门零速信号检查

闭合列车车门控制、门控单元及门控器供电空气开关,司控器钥匙开关、门零速旁路至"合"位,零速继电器不吸合,车门正常开关符合逻辑。司控器钥匙开关、门零速旁路至"合"位,强制零速继电器吸合,打开的车门自动关闭,按压开门按钮车门无法开启,模块采集点的状态应符合逻辑。

5) 障碍物探测功能检查

进行客室侧门开、关门障碍物检测,在客室侧门底部、中间和顶部进行验证,最小障碍物尺寸为25mm×60mm。在关门的过程中检测到障碍物后,关门力持续0.5s后,车门重新打开门200mm,1s左右再重新关门。障碍物出清,车门将自然关闭并闭锁。客室侧门防夹重复三次后将保持全开状态,同时HMI上显示提示信息和对应节车车门防夹图标。

6) 手动解锁车门检查

客室侧门内、外紧急解锁装置是发生紧急情况进行操作的设备,在车门通电的情况下,内部及外部紧急解锁装置复位后,操作内、外紧急解锁装置解锁,客室侧门自动打开,可手动开门至最大宽度。HMI显示对应车门紧急解锁图标信息。

7) 手动隔离车门检查

客室侧门故障切除装置是发生车门故障情况进行操作的设备,每个车门配有一个故障切除装置,可在车内、外进行操作,操作后客室侧门无法正常开关车门;红色指示灯亮,绕过本门安全互锁回路,HMI显示对应车门切除图标,不再接受列车的开关门指令,车门紧急解锁后,门仍然无法打开(图5.3-32～图5.3-37)。

(2) 司机室门试验

在车内操作把手可进行开关门操作,开关灵活顺畅。开门到位时司机室门能实现缓冲且定位。将内侧操作锁锁闭并关门,车门能关闭并锁闭到位。内侧保险锁(外侧钥匙锁)锁闭到位,操作内外侧把手车门不能打开。

8. 列车组网、故障诊断、工作条件和舒适度试验

(1) 列车组网试验

1) 列车组网试验准备

通过HMI查看各设备工作正常、网络功能正常,A、B通道未跨接,正负极未跨接A

图 5.3-32　HMI 车门界面

图 5.3-33　门隔离指示灯

图 5.3-34　开门指示灯

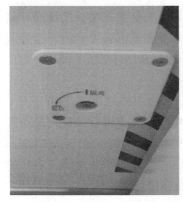

图 5.3-35　车门隔离装置

图 5.3-36　开关门按钮

图 5.3-37　车门门控器

通道连接 REPA-X1，B 通道连接 REPB-X2。关断列车激活。拆除电客车网络终端设备的 MVB 插头（图 5.3-38、图 5.3-39）。

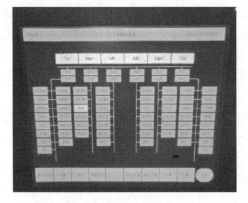

图 5.3-38　HMI 车辆网络拓扑图

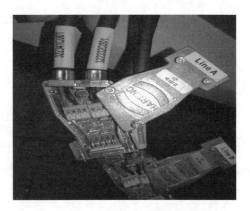

图 5.3-39　M 车主门控器网络插头

第5章　电客车厂家试验的主要内容及意义

列车网络测量工作：

A通道，测量Tc车REPA模块X1插头的1点对2点，其阻值应为60Ω左右，1点对所有点和屏蔽层应为不导通；2点对所有点和屏蔽层应为不导通。

B通道，测量Tc车REPB模块X2插头的4点对5点，其阻值应为60Ω左右，4点对所有点和屏蔽层应为不导通；5点对所有点和屏蔽层应为不导通。

车辆网络测量：

A通道，测量每节车继电器柜中REPA模块X3插头的1点对2点，其阻值应为60Ω左右，1点对所有点和屏蔽层应为不导通；2点对所有点和屏蔽层应为不导通。

B通道，测量每节车继电器柜中REPB模块X4插头的4点对5点，其阻值应为60Ω左右，4点对所有点和屏蔽层应为不导通；5点对所有点和屏蔽层应为不导通。

2）网络的传输通道冗余性

电客车进行网络的传输通道冗余性试验的设备有：车辆控制单元（EGWM）、数据记录模块（EDRM）、中继器（REP）、IO数据模块（AXMe、DIMe、DXMe）、车门控制单元（MDCU）、显示器（HMI）、空调控制单元（HVAC）、牵引控制单元（VVVF）、辅逆（SIV）、制动系统（BCU）、乘客信息系统（PIS）等。拔下设备其中一个网络连接器，网络系统正常功能完整，无通信故障信息显示。拔下设备的两个网络连接器，观察列车网络控制系统的变化试验设备是中继器（REPs），两个列车级或是车辆级的MVB连接器，整个一节车辆所有设备的通信故障网络功能丧失，其他车辆系统网络正常控制正常。试验设备为除中继器（REPs）以外的设备，则对应设备的MVB通信故障，系统其他设备通信正常，对应设备的网络功能丧失。

3）TCMS网络设备MVB通信指示灯状态（表5.3-4、图5.3-40）

TCMS网络设备MVB通信指示灯状态　　表5.3-4

序号	模块名称	指示灯状态	
1	EGWM	ST为常亮	BA为常亮(主)或者闪烁(从)
2	EDRM	ST为常亮	BA为闪烁
3	REPS	L2灯闪烁	
4	DIMe/DXMe(1/2/3)	SM灯闪烁	
5	AXMe	L4灯闪烁	

4）MVB网络单通道（通道A或通道B）工作

MVB网络单通道（通道A或通道B）工作是验证单通道工作功能，分别断开整列车6个REP模块的A通或B通道连接器（或REPA、REPB的电源空开），检查MVB网络是否工作正常，HMI显示及电客车功能正常。

5）故障分析

列车组网试验时发现HMI显示器上的网络全部报出网络通信故障，检查后发现是整车的DXM1/DXM2内部地址码短接线未做导致网络瘫痪（图5.3-41）。

（2）列车故障诊断

司机显示屏故障显示：如果电客车发生故障，故障信息将通过EGWM传输到HMI显示屏，在HMI显示屏主界面以文字提示驾驶员注意。部分故障信息在HMI显示屏事件

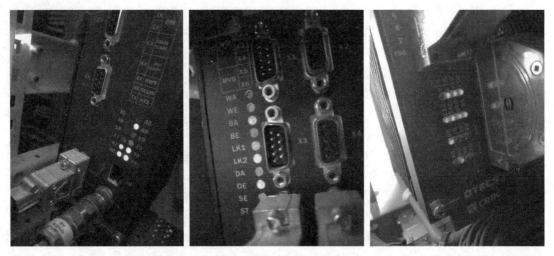

图 5.3-40　TCMS 网络设备 MVB 通信指示灯状态

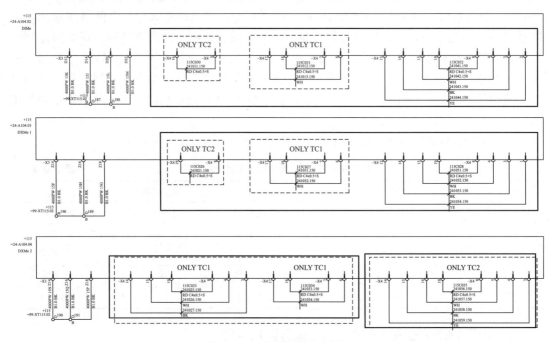

图 5.3-41　网络模块地址码

界面弹出故障提示框，会有对故障的现象描述和故障处理办法。模拟新增不同等级故障，使显示屏上显示出故障及该故障信息，并符合设计文件要求。

维护人员诊断：车辆维护人员可以通过 HMI 的二级维护界面进行列车号、轮径、日期、时间、车门参数的修正，同时可进行软件版本、数据记录、I/O 数据、参数明细、设备能耗数据的查询，电客车加速度、制动距离、密码的测试和更改。另外还可以通过事件记录仪故障下载及解析事件记录仪（EDRM）记录的数据，可用 PTU（装有维护软件的电脑）通过运行 PTU 程序读出这些数据并解析显示这些信号，包括故障数据和事件数据（图 5.3-42、图 5.3-43）。

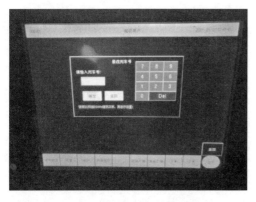

图 5.3-42　HMI 列车号更改界面　　　　图 5.3-43　HMI 故障履历界面

（3）工作条件与舒适度

电客车所有车内的设备应能轻松地操作，司机室内设备应被安装在让司机轻松监视的位置。司机座椅能轻松调整便于观察车窗外的各种信号，以满足舒适性。照明时灯具能正常点亮满足操纵台上阅读、记录的要求，前照灯和运行灯的亮、灭应符合控制逻辑的要求。司机室面板、仪表和指示灯在不同光线条件下清晰显示，所有的按钮、旋钮和控制手柄应能被轻松地操作。司机室侧门应能轻松地开启和关闭。司机室辅助设备功能应运行良好。

9. 制动系统静态、管路泄漏试验

（1）制动系统静态试验

1）准备工作：制动系统静态试验需要干净和干燥的风源，准备万用表，数字压力表、管路图、试验记录、带有制动软件的笔记本电脑，电客车做好防溜措施。

2）设备安装、管路连接检查

电客车制动系统设备安装、管路连接检查按照管路图进行，检查制动单元、辅助控制模块、悬挂系统、升弓模块管路、各类阀、各类塞门、测试接头与设备和塞门的连接走向的正确性，检查所有管径的正确性，管路之间无摩擦、无干涉。管路的走向无产生积水的区域，无过度弯曲变形的管路。风源装置还要检查润滑油位大于油尺 3/4 以上才能启动空压机，空压机风扇转动方向应与指示箭头方向一致且与其他部件碰撞，主风管压力上升。

3）空压机功能检查

启动空压机确认转向正确，测量空压机启动至自动停止时工作所用的时间；空压机应在压力开关或列车控制系统设置的压力上限值停止工作。降低主风管压力至指定压力时，一台空压机应开始工作；继续降低主风管压力至指定压力时，另一台空压机也应开始工作；停止排风，当主风管压力升至某一指定压力时，所有空压机均应停止工作；手动修改 HMI 时间，测试两台空压机应隔日（或单双日）运行模式。可通过 HMI 二级界面操作实现空气压缩机强迫泵风功能（图 5.3-44、图 5.3-45）。

4）电气信号接口检查

电客车制动系统网关阀、智能阀要接收来自电客车的牵引、快速制动、紧急牵引、制动、紧急制动命令电信号，要依据电气原理图对应到插头点位进行信号测量，通过 Tc 车继电器柜下部制动维护端口检查轮径、防滑功能，软件版本、内部 CAN 网络无故障功能正常（图 5.3-46、图 5.3-47）。

图 5.3-44　HMI 空压机主界面

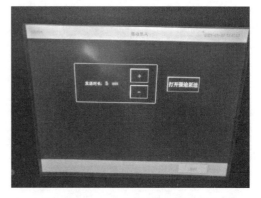

图 5.3-45　HMI 空压机强迫泵风界面

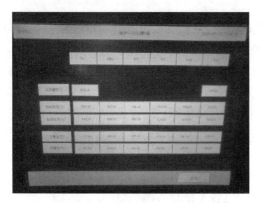

图 5.3-46　HMI 制动系统压力界面

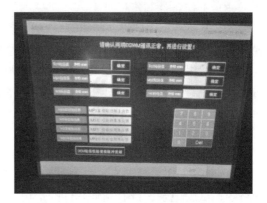

图 5.3-47　HMI 轮径调整界面

5）制动压力值检查

紧急制动压力测试，按下紧急停车按钮（或双手柄零位）；在 HMI 上制动界面读取制动缸压力值。

常用制动压力测试，方向手柄向前，按下警惕按钮，牵引手柄置于最大常用位；在 HMI 上制动界面读取制动缸压力值。

快速制动压力测试，方向手柄向前，按下警惕按钮，牵引手柄置于快速制动位；在 HMI 上制动界面读取制动缸压力值。

保压制动压力测试，方向手柄向前，按下警惕按钮，牵引手柄置于"0"位；在 HMI 上制动界面读取制动缸压力值。

压力表功能测试：检查压力表计量标签在有效期内；用压力表连接总风管测试接口、一轴制动缸测试接口，读取压力表数值与从操纵台风压表总风指针、制动缸指针显示对比基本一致。

6）制动自检测试

确认当总风压力大于 0.7MPa 以上、电客车停放制动缓解、方向手柄向前，牵引手柄置于常用制动位；才能进行制动自检功能测试，在司机室显示器制动自检界面点击开始按钮；每个单元均显示自检开始；待自检完成后，每个单元均显示成功，表示列车自检已通过。制动自检功能是对电客车制动系统进行完整的预防检测，24～26h 未进行制动自检，

HMI会进行故障信息提示，成功完成制动自检后故障信息消失（图5.3-48）。

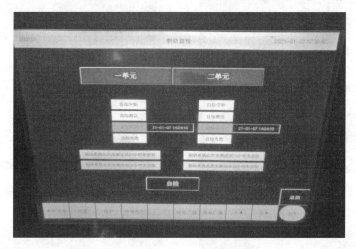

图 5.3-48　HMI制动自检界面

(2) 制动系统管路泄漏测试

1) 泄漏测试准备工作

电客车停在平直轨道上确认车钩、软管、塞门、连接完好正确，试验过程中严禁人员上车走动，总风压力在0.9MPa左右，压力稳定后开始试验，使用压力表进行测量。

2) 整车泄漏试验：

在Tc车使用压力表通过B15压力测试口测量总风压力值，读取双针压力表总风压力值对比后记录文件，在辅助制动模块压力测试口测量空气悬挂供风压力，在网关阀测试口测量制动缸压力、智能阀测试口测量停放制动缸压力并记录，列车断激活待压力稳定后在B15压力测试口测量总风压力值，等待10min后重新测量总风压力值并计算压力差，泄漏量应符合工艺要求。

10. 列车空调系统试验

按下操纵台"空调开"按钮，电客车所有的空调机组处于自动运行状态；HMI空调显示界面正常，"空调开"按钮绿色指示灯亮。按下操纵台"列车空调关"按钮，电客车空调机组停止自动运行，HMI空调显示界面正常。按下操纵台"Tc车空调开"按钮，Tc车空调机组处于自动运行状态，HMI空调显示界面正常，"Tc车空调开"按钮绿色指示灯亮。按下操纵台"列车空调关"按钮，Tc车空调机组停止自动运行，HMI空调显示界面正常。开启列车空调，点击HMI制暖模式机组电加热启动，操纵台电加热绿色指示灯点亮。点击HMI上座椅电加热"半暖""全暖"按钮，座椅电加热半暖、全暖运行，点击HMI上座椅电加热"关"按钮，座椅电加热关闭运行。在司机室按下操纵台"空调开"按钮，电客车空调运行在"自动"模式，断开两个辅逆电源或者降下受电弓，空调系统应进入紧急通风模式（图5.3-49、图5.3-50）。

司机室通风单元风速控制开关挡位不同，风速也不同，司机室通风单元模式设定选择相应挡位时，通风单元工作在相应模式，例如通风、停机、半暖等模式。足部取暖器功能开关挡位不同，吹出的风温不同（图5.3-51、图5.3-52）。

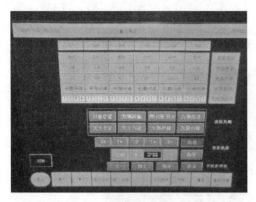

图 5.3-49　HMI 空调控制界面

图 5.3-50　HMI 空调主界面

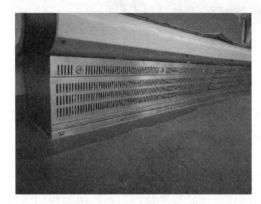

图 5.3-51　客室座椅加热器

图 5.3-52　司机室足部取暖器

11. 整车接插件检查

（1）带接线头连接的电缆

对螺柱型接线端子，在紧固过程中用手扶持导线，避免接线座、安装轨道变形。依据文件进行接线扭力校核，查后使用蓝色记号笔在原防松标记处平行划上防松标记。

（2）端子排、类连接器、设备接线扭矩值

插头与插座之间的缝隙完全贴合，插拔端子排要卡到位，短接片插到位并有标记。确认电缆已可靠连接轻拔电缆不能脱出，检查无露芯、毛刺、压到线缆绝缘层现象。

5.3.4　电客车厂家列车静态有电功能试验项目前准备

列车完成单车电气试验所有项目（校线、耐压、接地回流试验），无影响列车静态有电功能试验项点的未安装缺件，无影响列车静态有电功能试验项点的校线故障，完成六节车辆的编组。通用电工工具，通用机械工具，笔记本电脑，万用表等。

5.3.5　电客车厂家列车静态有电功能试验方法及步骤

车辆编组连挂完成后可同时进行空气制动静态试验管路检查部分、低压电器整定值检查、空调的系统试验外观检查、辅助系统试验低压部分，无电检查完成后进行列车激活列车功能测试低压部分、列车照明试验完成后可同时进行安全措施和安全设备试验的低压部分、受电弓静态试验低压部分、主电路电气设备操作试验低压部分。上述实验完成后对车辆进行电缆连接和设备状态确认进行下一步车辆 1500V 高压有电功能验证。

5.4 电客车厂家动态有电功能试验

5.4.1 电客车厂家列车动态有电功能试验概述

电客车应按照工艺文件的规定进行牵引制动性能、安全回路联锁等功能试验,并在规定载荷状态下相应的车速要求,得到相关加速操作的具体参数。车辆在操作过程中应平稳加速,如出现异常牵引现象,则试验参数不应作为评判依据。牵引试验应尽可能在平直轨道进行。试验应测量车辆从一个规定的速度(包括最大规定速度)减速到另一个规定的速度所需的行驶距离(例如停车制动距离),或测量包括了最大规定速度的各种速度范围内的减速情况。试验应检测制动是否平稳。若出现异常制动减速现象,则试验参数不应作为评判依据。

5.4.2 电客车厂家列车动态有电功能试验目的

试验应按产品工艺文件的规定检验车辆在不同制动方式(例如紧急制动、常用制动、快速制动、纯空气制动或电空混合制动)下的性能。制动系统动态试验的试验步骤(紧急制动、常用制动、快速制动、停放制动、故障模拟、防滑试验等),用于检验列车运行过程中空气制动系统的制动性能。

5.4.3 电客车厂家列车动态有电功能试验项目

电客车厂家动态调试流程图见图 5.4-1,电客车动态试验项点见表 5.4-1。

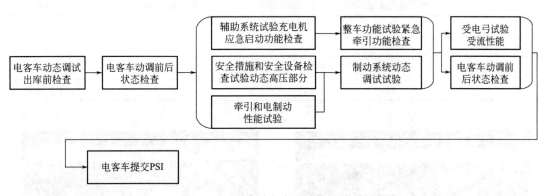

图 5.4-1 列车动态有电功能试验项目

电客车动态试验项点　　　　　表 5.4-1

序号	试验项点	备注
1	列车动调前后状态检查	
2	制动系统动调调试试验	
3	牵引和电制动性能试验	

1. 列车动调前后状态检查

(1) 车辆日常拖车检查项点

强制缓解车辆制动,车上所有电气柜、拐角顶板、所有门全部关好。车下所有设备盖板锁好。检查所有车钩、贯通道和跳接电缆全部连接好。全自动车钩的电气钩头盖板应关闭。所有物品应平躺放置于地板上并防护,未连接的电缆应绑扎固定好。

(2) 车辆动调前后拖车检查项点

紧急停车按钮在正常位,车下所有气路塞门打到正常位,车下所有设备内的 MCB 开关打到正常位,高压箱三位置开关打到受电弓位,司机室辅助设备功能正常,车辆外部照明已经安装好且功能正常。

2. 制动系统动态调试试验

(1) 电客车紧急停车按钮功能、警惕按钮功能测试(表 5.4-2)

电客车紧急停车、警惕按钮功能测试 表 5.4-2

试验内容	合格标准
车辆加速到 5km/h 后按紧急停车按钮	车辆上紧急制动且降弓
车辆加速到 5km/h 后释放警惕按钮	检查车辆是否延时后上紧急制动

(2) 电客车常用制动

开启测试设备,包括测量加速度的特殊设备,100% 牵引至 20km/h、40km/h、60km/h、80km/h 施加 100% 常用制动,测量 20km/h、40km/h、60km/h、80km/h 到 0km/h 的平均减速度、制动距离(表 5.4-3、图 5.4-2、图 5.4-3)。

电客车常用制动 表 5.4-3

制动初速度 (km/h)	电空混合常用制动		纯空气常用制动	
	平均减速度(m/s^2)	制动距离	平均减速度(m/s^2)	制动距离
20	N.A	N.A	N.A	N.A
40	N.A	N.A	N.A	N.A
60	N.A	N.A	N.A	N.A
80	≥1.0	符合工艺要求	≥1.0	符合工艺要求

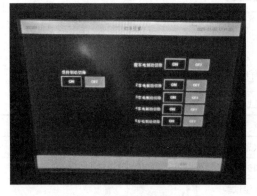

图 5.4-2 HMI 电制动切除界面

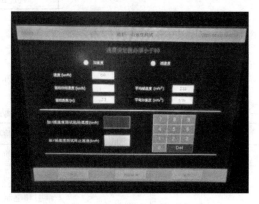

图 5.4-3 HMI 制动数据采集界面

(3) 电客车快速制动

开启测试设备,包括测量加速度的特殊设备,100%牵引至20km/h、40km/h、60km/h、80km/h 施加 100% 快速制动,测 20km/h、40km/h、60km/h、80km/h 到 0km/h 的平均减速、制动距离(表 5.4-4)。

电客车快速制动　　　　　　　　　　　表 5.4-4

制动初速度 (km/h)	电空混合快速制动		纯空气快速制动	
	平均减速度(m/s^2)	制动距离	平均减速度(m/s^2)	制动距离
20	N.A	N.A	N.A	N.A
40	N.A	N.A	N.A	N.A
60	N.A	N.A	N.A	N.A
80	≥1.2	符合工艺要求	≥1.05	符合工艺要求

(4) 电客车紧急制动

开启测试设备,包括测量加速度的特殊设备,100%牵引至20km/h、40km/h、60km/h、80km/h 施加紧急制动,测量 20km/h、40km/h、60km/h、80km/h 到 0km/h 的平均减速度、制动距离(表 5.4-5)。

电客车紧急制动　　　　　　　　　　　表 5.4-5

制动初速度(km/h)	平均减速度(m/s^2)	制动距离
20	N.A	N.A
40	N.A	N.A
60	N.A	N.A
80	≥1.2	符合工艺要求

3. 牵引和电制动性能试验

(1) 电客车 40km/h、80km/h 平均加速度功能试验

开启测试设备,包括测量加速度的特殊设备,100%牵引至40km/h、80km/h,测量 0km/h 到 40km/h、80km/h 的平均加速度(表 5.4-6)。

电客车平均加速度功能试验　　　　　　　　　　　表 5.4-6

序号	试验内容	平均加速度(m/s^2)
1	测量 0km/h 到 40km/h 的加速度	≥$1.0m/s^2$
2	测量 0km/h 到 80km/h 的加速度	≥$0.6m/s^2$

(2) 电客车警惕按钮功能试验

车辆加速到 5km/h 后释放警惕按钮 4s 之后施加紧急制动。

(3) 电客车反向运行功能试验

方向手柄"向后",操作司控器牵引手柄,加速至列车速度 10km/h,继续推手柄至列车速度无法再提高为止。

(4) 电客车慢行模式功能试验

慢行牵引可以用于列车编组连挂、列车慢行或洗车。方向手柄在"向前"或"向后",操作"慢行旋钮"在合位时,功能试验限速3km/h。

(5) 电客车紧急牵引模式功能试验

方向手柄在"向前"或"向后",操作"紧急牵引"在合位时,限速30±0.5km/h。

(6) 电客车门关好旁路功能试验

使用紧急解锁打开任意一个客室车门,电客车无法牵引;闭合Tc车控制柜门关好旁路旋钮,电客车可以正常牵引,车门将自动关闭。

(7) 电客车司机室门关好旁路功能试验

打开任一司机室门,电客车无法牵引;闭合司机室控制柜司机室门关好旁路旋钮,电客车可以正常牵引。

(8) 动调完成后检查里程计数据

检查Tc1车控制柜里程计动作正常,HMI二级界面显示输出正常。里程计显示数据与HMI数据基本一致。

(9) 轮喷检查

检查轮缘润滑动作,要求车辆方向向前,速度大于5km/h间隔120s(直线段)操作端Tc车喷油6s一次。

(10) 牵引封锁功能测试(表5.4-7)

牵引封锁功能测试 表5.4-7

序号	牵引封锁条件	试验方法
1	"零速信号"有效时,有"方向错误和不一致故障"	非操作端继电器柜115.02端子排90、91点引入110V电源
2	通信正常时,司机室占有端的"列车门关好左"和"列车门关好右"无效且"客室车门关好旁路"无效;或者占有端"司机室车门关好"无效且"司机室门关好旁路"无效	打开客室左右侧任一车门或打开操作端司机室车门
3	在列车相应的模块通信正常情况下,任一车的"本车停放制动缓解"无效且占有端的"停放制动缓解旁路"无效	断开操作端继电器柜115.02端子排163点
4	3个及以上DCU故障	关断3个动车的DCU电源
5	"零速信号"有效时,"总风管压力"小于600kPa牵引封锁,大于700kPa时解除牵引封锁	操作总风排风塞门,将总风压力排至小于600kPa
6	6个以上转向架摩擦制动失效	切除6个以上转向架截断塞门
7	零速时,"两端司机室同时占有"故障,即司机室联锁故障	非操作端继电器柜115.02端子排24点引入110V电源
8	单元内,BCU两个网关阀同时通信故障	断开单元内两个BCU网关阀电源
9	任意Mp车"库用位(允许库用)"有效	
10	Mp1或Mp2车IO信号"库用插头插上"有效且无"库用插座监视旁路"信号	

(11) 限速条件测试（表 5.4-8）

限速条件测试　　　　　　　　　　　　　　　表 5.4-8

序号	限速条件	限速值	序号	限速条件	限速值
1	慢行模式	3km/h	7	1 个转向架制动失效	70km/h
2	退行模式	10km/h	8	2~3 个转向架制动失效	60km/h
3	拖动模式	30km/h	9	4~6 个转向架制动失效	35km/h
4	紧急牵引模式	30km/h	10	所有 DCU 电制动可用无效	55km/h
5	1 个 DCU 故障	70km/h	11	占有端停放制动缓解旁路	10km/h
6	2 个 DCU 故障	65km/h	12	占有端所有制动缓解旁路	10km/h

5.4.4　电客车厂家列车动态有电功能试验项目前准备

1. 试验条件

车辆完成 Q40 交检及淋雨试验，车辆所有静态试验已完成，无缺失项，静态试验结果符合产品工艺文件规定的项点。车辆辅助设备、座椅、电笛、外部照明等无缺失且功能正常，乘客广播系统视频监控系统及回放功能正常，车辆警惕、紧急停车、安全回路功能应正常，车辆的载荷状态应符合产品工艺文件的规定，车辆的牵引、制动及网络等所有软件均为最新发布的正式软件，车辆应配备消防器材灭火器。

2. 工具、设备要求

（1）动态试验携带电气原理图、模块起子、短接线、万用表。

（2）动调人员应配有对讲机 3 台。

（3）所有的试验和测量设备应有合格证明，所有检测工具应在检测有效日期内。

5.4.5　电客车厂家列车动态有电功能试验方法及步骤

动调拖车出库前检查，动调车辆的停放位置、人工巡道及登车要求，动调通电前静态检查，车辆带电静态检查、巡道，电客车动态有电试验［牵引性能试验、检测加速性能、制动试验、检测制动性能、速度表、里程计检查、轮缘润滑动作、警惕功能测试、慢行（洗车/连挂）试验、反向运行试验］。电客车动态有电试验完成后电客车施加停放制动，放置好止轮器后关闭转向架供风塞门，拉停放制动缓解拉绳缓解电客车，等待电客车回库。拖车回库后进行列车故障运行与救援能力测试。

第6章 电客车型式试验和厂家监造

6.1 电客车型式试验

电客车型式试验是验证列车在正线运行能力和舒适性指标的关键工作。型式试验的完成，标志着车辆性能已具备正线运营载客能力，能够实现各种载客需求以及处理突发情况的能力。

6.1.1 电客车型式试验目的

型式试验（type test）即是为了验证产品能否满足技术规范的全部要求所进行的试验。它是新产品鉴定中必不可少的一个环节，也是鉴定是否符合上线运营标准，满足列车载客需要的重要环节。只有通过型式试验，电客车才能正式投入运营。为了达到认证目的而进行的型式试验，是对一个或多个具有代表性的样品利用试验手段进行合格性评定。对于通用产品来说，型式试验的依据是产品标准。对于特种设备来说，型式试验是取得制造许可的前提，试验依据是型式试验规程或型式试验细则。

6.1.2 电客车型式试验项目概述

电客车型式试验共有 43 项，其中按系统可以分为 6 大类，如表 6.1-1 所示。

型式试验分类　　　　　　　　　　　　　　　　　　表 6.1-1

序号	名称
1	整车特性型式试验
2	机械系统型式试验
3	网络通信型式试验
4	电磁兼容性测试型式试验
5	牵引系统型式试验
6	环境检测型式试验

1. 整车特性型式试验

整车特性型式试验共包含 9 项，如表 6.1-2 所示。

整车特性型式试验　　　　　　　　　　　　　　　　表 6.1-2

序号	名称
1	安全措施和安全设备检查试验
2	牵引和电制动性能试验(时代)(AW0/AW3)

续表

序号	名称
3	空气制动试验(克诺尔)
4	供电中断试验(时代)
5	保护装置动作正确性试验
6	耐压试验
7	车体静强度试验 Tc 车
8	车体静强度试验 M 车
9	功能试验

(1) 安全措施和安全设备检查试验（表 6.1-3）

目的：对涉及车辆的安全问题进行检查。

检测项点及判定标准　　　　表 6.1-3

序号	检测项点	判定标准
1	电气设备柜/箱安全接地检查	接地良好,接地线连接螺栓连接紧固,有防松标记,接地线与其他设备及电缆无干涉
2	警惕按钮装置功能检查	警惕按钮装置功能正常,相应点位电平正确,HMI 显示信息正确
3	紧急制动功能检查	列车均应正常施加紧急制动
4	三位置刀开关安全功能检查	刀开关位置在"运行"位时,受电弓、牵引逆变器、辅助电源接入电路,车间电源不接入电路;刀开关位置在"车间"位时,车间电源、辅助电源接入电路,受电弓、牵引逆变器不接入电路;刀开关位置在"接地"位时,受电弓、牵引逆变器、辅助电源、车间电源均不接入电路
5	设备危险警告标记检查	高压箱、牵引逆变器、辅助逆变器、制动电阻设备上均应牢固地标有危险警告标记
6	速度表和气压表功能检查	速度表示值应与实际速度相符;气压表示值应与实际制动缸压力、总风缸压力相符
7	灭火装置功能检查	列车所有司机室和客室均应配备灭火装置,灭火装置压力应正常,应有明确的灭火标记
8	制动控制与门控制的安全回路功能检查	列车制动和车门控制功能正常,制动状态和车门状态显示正确
9	牵引封锁功能检查	下列车均应牵引封锁

(2) 牵引和电制动性能试验（AW0/AW3）（表 6.1-4）

目的：在车辆组装完成后，在现场对主牵引系统及其电气装置进行检查、功能调试和电气性能试验，以验证与牵引系统相关的整车性能指标是否满足合同要求和相关标准要求。

(3) 空气制动试验（表 6.1-5）

目的：用于检验列车运行过程中（紧急制动、常用制动、快速制动、停放制动、故障模拟、防滑试验等）空气制动系统的制动性能。

牵引和电制动性能试验　　　　　　　表 6.1-4

序号	试验内容
1	静态试验
2	辅助电源系统静态试验
3	切除一台辅助电源的供电试验
4	辅助电源系统负载突变试验
5	牵引、制动等一般性试验
6	牵引一般性能试验
7	电制动性能试验
8	牵引/制动性能试验
9	启动加速度性能试验
10	最高运行速度试验
11	平均旅行速度试验
12	冲动试验
13	电-空配合试验
14	电制动能力试验
15	电制动减速度试验
16	再生负荷中断试验
17	防空转/滑行性能试验
18	故障运行能力试验
19	列车在损失 1/4 和 1/2 动力爬坡试验
20	列车在损失 1/4 动力爬坡试验
21	列车在损失 1/2 动力爬坡试验
22	救援坡道起动试验
23	安全设备检查、试验
24	技术速度/旅行速度试验
25	电力中断试验

空气制动试验　　　　　　　表 6.1-5

序号	试验内容
1	紧急制动测试
2	纯空气常用制动测试
3	常用制动带电制动
4	纯空气的快速制动测试
5	快速制动带电制动
6	停放能力试验
7	故障模拟测试
8	防滑测试
9	风缸容量测试
10	制动响应时间测试
11	保持制动测试

(4) 供电中断试验（图 6.1-1、图 6.1-2、表 6.1-6）

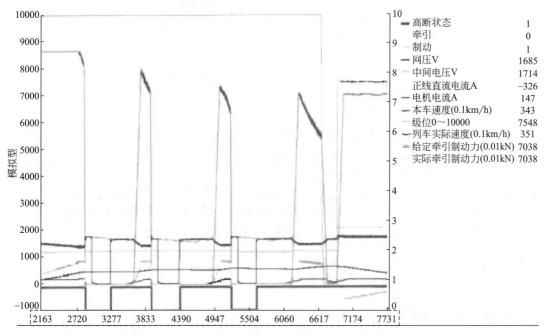

图 6.1-1　最大输出电流电力中断数据

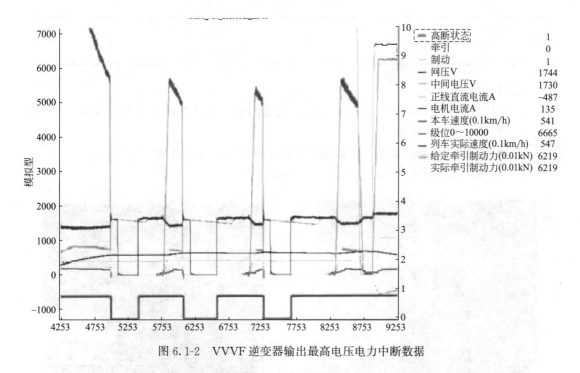

图 6.1-2　VVVF 逆变器输出最高电压电力中断数据

目的：验证电客车在 AW3 载荷下，进行高速断路器通、断试验，检查电客车在电力中断情况下运行的可靠性。

85

供电中断试验　　　　　　　　　　　　　　　　　　　表 6.1-6

序号	试验内容
1	最大输出电流电力中断试验
2	VVVF 逆变器输出最高电压电力中断试验
3	最高运行速度电力中断试验

(5) 保护装置动作正确性试验（表 6.1-7）
目的：检测列车各保护环节动作的正确性，验证保护的有效性。

保护装置动作试验　　　　　　　　　　　　　　　　　表 6.1-7

序号	试验内容
1	欠压继电器、时间继电器、交流电机断路器整定值及动作检查
2	微型断路器和熔断器额定值及型号检查
3	二极管极性方向检查

(6) 耐压试验（表 6.1-8）
目的：为了验证本项目车辆电路的绝缘完整性。

耐压试验　　　　　　　　　　　　　　　　　　　　　表 6.1-8

序号	试验内容
1	耐压试验
2	绝缘阻抗试验

判定标准：
1) 耐压试验过程中不得出现绝缘击穿、表面闪络、绝缘介质显著发热或接入电路的电压表读数突然下降等现象。
2) 耐压试验后测得的阻抗值不能比耐压前测试值减少超过 10%。
(7) 车体静强度试验 Tc 车（图 6.1-3～图 6.1-6）

图 6.1-3　横向位移传感器

图 6.1-4　边梁垂向位移传感器

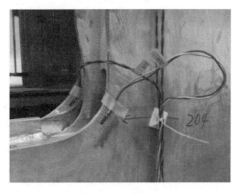
图 6.1-5　单向片

图 6.1-6　三向片

目的：车体作为车辆设备及运营载荷的主要承载部件，必须具有足够的强度和刚度，为验证车体的强度和刚度是否满足相应的标准以及设计要求，特进行本次试验。

判定标准：

强度评判标准：每个测点在各试验工况下的应力值不应超过其许用应力值。

刚度评价标准：在各项载荷试验中，被试车体的各部分均不应产生屈曲或任何形式的永久变形，每种工况下的试验后，车体结构的测量挠度值应恢复到原来状态。AW3 载荷时边梁垂向变形不超过定距的千分之一。

（8）车体静强度试验 M 车（图 6.1-7～图 6.1-10）

图 6.1-7　门角位移传感器

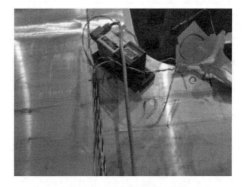
图 6.1-8　窗角位移传感器

图 6.1-9　客室配重图

图 6.1-10　车顶配重图

目的：车体作为车辆设备及运营载荷的主要承载部件，必须具有足够的强度和刚度，为验证车体的强度和刚度是否满足相应的标准以及设计要求，特进行本次试验。

判定标准：

强度评判标准：每个测点在各试验工况下的应力值不应超过其许用应力值。

刚度评价标准：在各项载荷试验中，被试车体的各部分均不应产生屈曲或任何形式的永久变形，每种工况下的试验后，车体结构的测量挠度值应恢复到原来状态。AW3载荷时边梁垂向变形不超过定距的千分之一。

（9）功能试验

目的：

1）测试列车级的控制功能。

2）测试牵引控制功能。

3）测试网络控制系统 I/O 模块、牵引箱硬线信号等的有效性。

2. 机械系统型式试验

机械系统型式试验共包含17项，如表6.1-9所示。

机械系统型式试验　　　　　　　　　　　表 6.1-9

序号	试验内容
1	架车试验
2	限界试验
3	转向架间隙试验
4	车钩和跨界电缆间隙试验
5	扰性系数（AW0/AW3）
6	称重试验（AW0/AW3）
7	转向架均衡试验
8	轮重减载试验
9	车钩连挂和解钩试验
10	噪声试验
11	车体和外部设备箱的密封性试验
12	动力学试验（AW0/AW3）
13	动应力试验
14	轮缘润滑装置试验
15	受电弓试验
16	转向架空转跑合试验
17	转向架轴箱温升试验

（1）架车试验（图6.1-11）

目的：使用桥式吊车或起重器，验证车辆在预设架车点被架起的能力。

图 6.1-11 电客车架车试验

（2）限界试验（图 6.1-12）

图 6.1-12 电客车限界试验

被检测物品被试车辆所有设备都应已安装完整，空气弹簧充气，车体地板高度调整到规值，悬挂系统已经调整完成，且完成称重调簧例行试验的车辆。

目的：本试验用于校验车辆的外形在规定的限界内，避免地铁车辆营运时与建筑物、隧道或相邻的设备发生碰撞。

（3）转向架间隙试验（图 6.1-13、图 6.1-14）

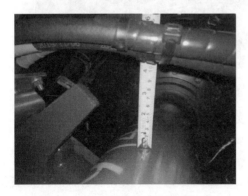

图 6.1-13 电机线缆垂向间隙检查　　　　　图 6.1-14 空簧放气垂向间隙检查

目的：验证车体与转向架在极端情况下的干涉检查。

判定标准：

所有从转向架到车体的连接间隙（电缆、风管、软管）应当：①防止相互的干涉；②防止与车体部件的干涉或挤压；③竖直和水平方向的间隙需足够。

（4）车钩和跨接电缆间隙试验（图6.1-15）

图6.1-15 车钩和跨接电缆间隙试验

目的：验证车钩和跨接电缆在极端情况下的干涉检查。

判定标准：

车钩与电缆、空气管道或塞门的所有间隙应该满足：①没有相互干涉；②没有干涉或挤压车钩零件；③有足够的垂向间隙。

电缆连接间隙、空气管道与塞门应该满足：①跳接电缆长度满足最大拉伸要求，电缆不存在明显拉扯现象；②没有相互干涉；③没有干涉或挤压车钩零件；④垂向间隙距轨面不小于183mm。

（5）扰性系数（AW0＼AW3）（图6.1-16）

图6.1-16 扰性系数（AW0＼AW3）

目的：对电客车的转向架构架的静强度和疲劳强度进行测试。

判定标准：柔度系数应不大于0.4。

（6）称重试验（AW0/AW3）（图6.1-17）

目的：为了检测车辆整备状态下重量的分布、重心的位置，并核对轴重载荷、轮重载荷满足车辆轴重及轮重设计要求。

图 6.1-17 称重试验（AW0/AW3）

判定标准：

Tc 车设计空车重量：31.78t，最大重量≤32t。

Mp 车设计空车重量：33.57t，最大重量≤34t。

M 车设计空车重量：33.13t，最大重量≤34t。

最大允许的车辆轴重（包括 AW0 不平衡重量）是 14t（已考虑了乘客载重的影响）。

在任一侧测得的轮重与两侧测得的轮重平均值之差不得大于±4%。

对于给定的轴，每个车轮上测得的轮重与该轴两轮的平均轮重之差不得大于±4%。

拖车测得的每根轴的轴重不能超过各自车平均重量的±6%。动车测得的每根轴的轴重不能超过各自车平均重量的±2%。

（7）转向架均衡试验（图 6.1-18）

图 6.1-18 转向架均衡试验

目的：通过测试车轮的卸载来验证转向架的脱轨安全性能。

判定标准：

车辆车轮不能与钢轨脱离接触，即所有轮重>0kg。

车辆的任何一个车轮的减载率不得超过 0.7。

（8）轮重减载试验

目的：为了检测车辆整备状态下重量的分布、重心的位置，并核对轴重载荷、轮重载荷满足车辆轴重及轮重设计要求。

判定标准：

车辆空气簧充气状态，车轮减载率不大于 0.55。

车辆一个转向架的空气簧放气，车轮减载率不大于 0.60。

车辆所有转向架的空气簧放气，车轮减载率不大于 0.65。

（9）车钩连挂和解钩试验（图 6.1-19）

图 6.1-19　车钩连挂和解钩试验

目的：证明列车自动车钩在有弯道和坡道的线路上的连挂功能，车钩在不同曲线上的通过能力。

判定标准：

列车按照要求进行自动车钩连挂和解钩试验，连挂和解钩功能正常。车辆通过困难曲线无部件干涉和磨损，即符合要求。

（10）噪声试验（图 6.1-20）

图 6.1-20　噪声试验

目的：验证整车的噪声测试结果满足车辆采购合同及相关标准的要求。

判定标准：

1）隧道外车辆内部噪声限值

静止车辆试验，试验列车客室内部测量所得的等效连续 A 声级为：$L \leqslant 68dB$（A）；试验列车空调回风口下方测量所得的等效连续 A 声级为：$L \leqslant 70dB$（A）。

运行车辆试验，列车在 60km/h（允差±5%）的速度下运行时，车辆客室内部噪声等效连续 A 声级为：$L \leqslant 73dB$（A）。

2）隧道内车辆内部噪声限值

隧道线路上，列车以 60km/h（允差±5%）的速度运行时，车辆客室内部噪声等效连续 A 声级为：$L \leqslant 83$dB（A）；隧道线路上，列车以 60km/h（允差±5%）的速度运行时，车辆司机室内部噪声等效连续 A 声级为：$L \leqslant 80$dB（A）。

（11）车体和外部设备箱的密封性试验（图 6.1-21）

图 6.1-21　车体和外部设备箱的密封性试验

目的：为证明列车或车辆在制造、安装和调试后，是否满足设计密封性能要求，而需要完成的试验。

判定标准：

当淋雨试验完成以后，应检查所有的开孔、门、孔盖和覆盖条，要确保水的浸入不会对电缆、电气设备和其他装置带来有害的后果。

（12）动力学试验（AW0/AW3）（图 6.1-22）

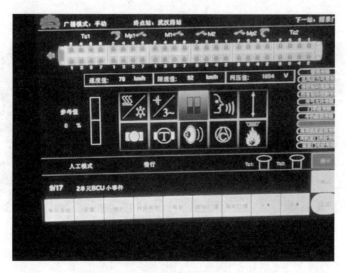

图 6.1-22　动力学试验（AW0/AW3）

目的：检验被试车辆在用户线路上的运行安全性是否满足合同和有关标准规定的要求。

（13）动应力试验（图 6.1-23）

图 6.1-23　动应力试验

目的：通过测试车辆在实际运营当中转向架的关键承力部件，如构架、牵引拉杆、齿轮箱吊杆等的动应力，分析转向架构架等关键承力部件的疲劳强度并估计其寿命是否满足该地铁车辆设计条件及相关标准规定的强度要求和运用里程（年限）要求，评定车辆运营中转向架的安全可靠性。

对应力较大且应力梯度也较大的动应力测点，经过数据处理后给出关键危险测点的应力谱，进行该部位疲劳寿命评估。

对应力较大但应力梯度较小的动应力测点，经数据处理及相应的分析计算后，给出牵引拉杆、齿轮箱吊杆和相关减振器座的载荷谱。

（14）轮缘润滑装置试验（图 6.1-24、表 6.1-10）

 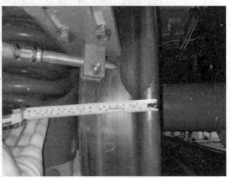

图 6.1-24　轮缘润滑装置试验

目的：对轮缘润滑系统本身的功能进行测试。

轮缘润滑装置判定标准　　　　　　　表 6.1-10

序号	试验项点	评判标准
1	左、右喷嘴电气路连接正确试验	左喷嘴正常喷油
2	喷嘴位置试验	在轮缘上出现大小相似的油痕迹
3	油箱渗漏试验	油箱无渗漏。对油箱内部充气加压，保压 10min，观察油箱箱体无漏气现象
4	管路渗漏试验	管路无渗漏
5	时间控制试验	按设定的参数时间喷射，且在轮缘上应该出现大小相似的油痕迹
6	流量分配测试	单个喷嘴的喷射量误差不超过 10%，即重量范围在 8.73～10.67g（需排除保鲜袋的重量）

（15）受电弓试验（图 6.1-25）

图 6.1-25　受电弓试验

目的：检查列车静止时受电弓在不同工作高度下的静接触压力、受电弓上升和下降时间、ADD 自动降弓功能以及受流性能。

判定标准：

受电弓静置试验：

1）受电弓标准静接触压力为 120N，静压力调节范围 110～130N。测量的静态接触压力在工作高度 120～2000mm 的范围内应满足图 6.1-26 的要求。

2）工作气压：额定工作气压为 550kPa，工作气压范围为 400～1000kPa，受电弓在最小工作气压应能升至最大工作高度。

3）升弓时间：≤8s。

4）降弓时间：≤7s。

5）降弓位置传感器正常工作。

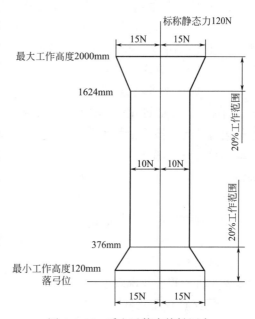

图 6.1-26　受电弓静态接触压力

6）受电弓自动降弓。

受流性能试验：

受电弓正常受流时受电弓或供电电源无损伤或异常磨耗。

（16）转向架空转跑合试验（图6.1-27）

图6.1-27 转向架空转跑合试验

目的：为了观察和检查整个驱动单元组装后各部件状态是否正常，并进行磨合性试运转；检查驱动单元各驱动部件的运转情况，是否有异常噪声；检查齿轮箱、联轴节及其密封件的渗漏情况。

判定标准：

1）试验中各轴箱最高温度不得大于80℃、温升不得大于30K。

2）试验中不得有异声；观察各驱动部件工作情况，不得有碰撞和卡滞现象。

3）试验结束后，检查各驱动部件，不得有损坏；各连接螺栓不得有松动现象，齿轮箱及密封件不得有渗漏现象。

（17）转向架轴箱温升试验（图6.1-28）

目的：为了验证试验中轴箱温度不得大于80℃（温升不得大于30℃）。通过对转向架进行运转试验，检查轴箱体温度上升情况，验证轴箱最大温升是否在要求的范围内；检查驱动单元各驱动部件的运转情况，是否有异常噪声；检查齿轮箱、联轴节及其密封件的渗漏情况。

判定标准：

1）试验中各轴箱最高温度不得大于80℃、温升不得大于30K。

2）试验中不得有异声；观察各驱动部件工作情况，不得有碰撞和卡滞现象。

3）试验结束后，检查各驱动部件，不得有损坏；各连接螺栓不得有松动现象，齿轮箱及密封件不得有渗漏现象。

3. 网络通信型式试验

网络通信型式试验共包含6项，如表6.1-11所示。

图 6.1-28 转向架轴箱温升试验

网络通信型式试验   表 6.1-11

序号	试验内容
1	车门试验（AW0/AW3）
2	辅助系统试验
3	主回路电气设备操作试验
4	乘客信息系统试验
5	故障诊断系统试验
6	维护以太网系统功能试验

（1）车门试验（AW0/AW3）（表 6.1-12）

目的：为了验证客室侧门系统和司机室侧门系统是否正确安装调试。

车门试验检测项目   表 6.1-12

序号	试验项点
1	开关门时间鉴定
2	整车开关门同步性试验
3	测定车门关紧力
4	"零速"保护功能试验
5	整车车门操作试验
6	障碍物探测功能试验
7	手动解锁功能试验(车内、外)
8	车门信号显示试验
9	微动开关动作试验
10	车门隔离功能试验
11	开关门噪声测量

续表

序号	试验项点
12	顺次开门功能
13	车门无故障连续开关试验（AW0/AW3）
14	整车车门淋雨试验
15	司机室侧门开关门功能及锁功能试验
16	司机室侧门开关门力大小测量试验

（2）辅助系统试验（图 6.1-29、表 6.1-13）

图 6.1-29　辅助系统试验

目的：检验辅助供电系统电路的正确性与辅助系统各设备的功能。

辅助系统试验检测项目　　　　表 6.1-13

序号	试验项点
1	检查辅助系统所有的熔断器和空开的标称值
2	检查二极管的连接方向是否与原理图一致
3	检查辅助逆变器的输入/输出信号
4	测量辅助逆变器正常工作时的输出电压、相序和频率
5	蓄电池最高充电电流与充电电压的检查
6	对照蓄电池正极与蓄电池负极，确认所有的直流 110V 回路的电压下降情况
7	检查交流负载的输入电压和相序
8	检查方便插座变压器的输出电压和频率
9	检查负载的启动功能
10	辅助逆变器和空调负载的启动
11	扩展供电试验
12	一台辅助逆变器故障空调负载的启动和运行
13	两台辅助逆变器故障空调负载的启动和运行
14	执行蓄电池紧急负载
15	蓄电池充电机紧急启动功能

(3) 主回路电气设备操作试验（表 6.1-14）

目的：对主回路电气部件的操作进行检查。

主回路电气设备操作试验检测项目　　　　　表 6.1-14

序号	试验项点
1	检查高速断路器、线路接触器与预充电接触器的动作顺序
2	检查线路滤波器的充电时间和放电时间
3	检查各种保护设备
4	检查 DC1500V 电缆的固定情况，检查电气间隙和爬电距离

(4) 乘客信息系统试验（图 6.1-30）

图 6.1-30　乘客信息系统试验

目的：检查乘客信息系统功能是否正常。

(5) 故障诊断系统试验（图 6.1-31）

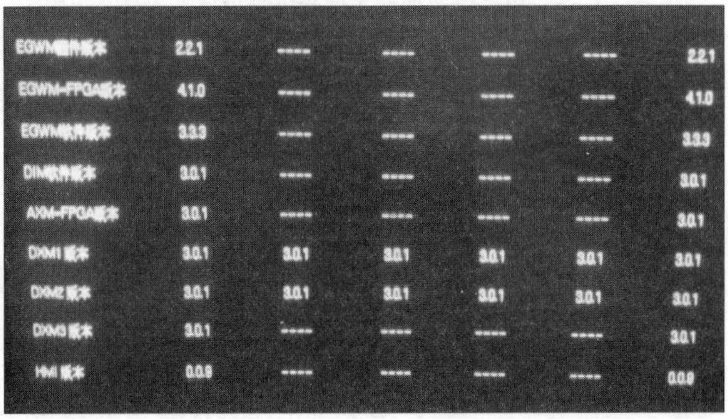

图 6.1-31　故障诊断系统试验

目的：用人为造成故障的方法，检查所有列车组网情况、冗余性和网络通信功能。

（6）维护以太网系统功能试验（图6.1-32、表6.1-15）

入网设备	Tc1	Mp1	M1	M2	Mp2	Tc2
ECN（交换机）	192.168.1.100	192.168.2.100	192.168.3.100	192.168.4.100	192.168.5.100	192.168.6.100
无线AP	192.168.1.104					192.168.6.104
EGWM	192.168.1.105					192.168.6.105
HMI	192.168.1.106					192.168.6.106
乘客信息系统PIS	192.168.1.107					192.168.6.107
辅助控制器SIV	192.168.1.108					192.168.6.108
EDRM	192.168.1.109					192.168.6.109
制动事件记录仪	192.168.1.110					192.168.6.110
司机室LCD工业以太网交换机	192.168.1.111					192.168.6.111
空调控制器HVAC	192.168.1.112	192.168.2.112	192.168.3.112	192.168.4.112	192.168.5.112	192.168.6.112
车门控制器EDCU1 各车1#主门控	192.168.1.113	192.168.2.113	192.168.3.113	192.168.4.113	192.168.5.113	192.168.6.113
车门控制器EDCU2 各车2#主门控	192.168.1.114	192.168.2.114	192.168.3.114	192.168.4.114	192.168.5.114	192.168.6.114
牵引控制器DCU		192.168.2.115	192.168.3.115	192.168.4.115	192.168.5.115	

图6.1-32 以太网系统功能试验

目的：检验列车以太网系统功能完整性、可靠性。

以太网系统功能试验检测项目 表6.1-15

序号	试验项点
1	入网设备IP地址检查
2	MAC地址核查
3	交换机端口限速检查
4	交换机广播风暴抑制检查
5	交换机流量检查

4. 电磁兼容性测试型式试验

电磁兼容性测试型式试验共包含6项，如表6.1-16所示。

电磁兼容性型式试验检测项目 表6.1-16

序号	试验内容
1	整车辐射试验
2	磁场试验
3	静电放电抗扰度试验
4	射频电磁场辐射抗扰度试验
5	电快速瞬变脉冲群抗扰度试验
6	传导试验

（1）整车辐射试验（图6.1-33）

目的：为了验证车辆对外辐射是否满足标准要求。

图 6.1-33　整车辐射试验

该项试验检测车辆使用过程中对周边环境的电磁辐射，主要测试的频率范围为 150kHz～1GHz，目的在于确保车辆电磁辐射对周边环境的影响在可接受范围内。

（2）磁场试验（图 6.1-34）

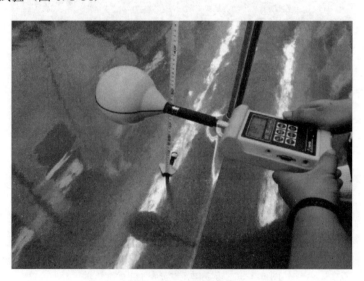

图 6.1-34　磁场试验

目的：为了验证车辆所有的车载设备在车辆的电磁环境中能可靠工作，功能和性能不受影响，而且不得影响沿线其他设备系统。更重要的是，车辆产生的电磁环境不得对人体形成危害。验证车载设备与心脏起搏器的兼容性，确保车辆不影响带心脏起搏器乘客的人身安全。

（3）静电放电抗扰度试验（图 6.1-35）

目的：为了验证本项目车辆司机室及客室内部车载电气设备具备抗静电放电干扰的能力。

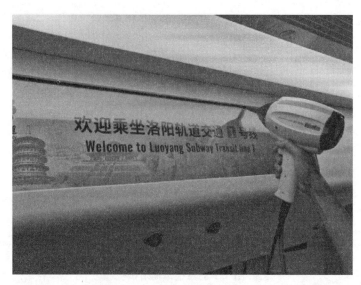

图 6.1-35 静电放电抗扰度试验

（4）射频电磁场辐射抗扰度试验（图 6.1-36）

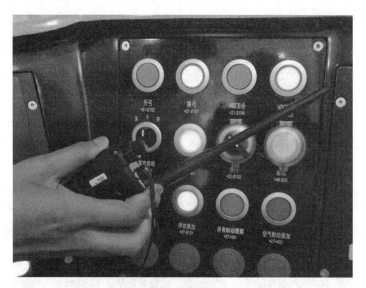

图 6.1-36 射频电磁场辐射抗扰度试验

目的：为了验证本项目车辆司机室及客室内部车载电气设备具备抗射频电磁场辐射干扰的能力。

（5）电快速瞬变脉冲群抗扰度试验（图 6.1-37）

目的：为评估电气和电子设备的供电电源端口、信号、控制盒接地端口在受到电快速瞬变抗干扰的能力。

（6）传导试验（图 6.1-38）

在 Mp2 车车顶受电弓主电路电缆安装电流传感器，用来测试 2-Mp2-Tc2 车辆单元网流，在主电路电缆和车体地之间安装电压传感器，用来测试车辆网压。

图 6.1-37　电快速瞬变脉冲群抗扰度试验

图 6.1-38　传导试验

目的：验证车辆的电磁兼容性满足合同要求及相关标准要求。该试验测量整辆车在各个工况下主电路中的传导发射，确保其不会干扰信号系统，也不会干扰到供电系统。

5. 牵引系统型式试验

牵引系统型式试验共包含 2 项，如表 6.1-17 所示。

牵引系统型式试验项目　　表 6.1-17

序号	试验内容
1	列车故障性能验证试验（AW0/AW3）
2	第一列车运行试验（5000km）

（1）列车故障性能验证试验（AW0、AW3）（图 6.1-39、表 6.1-18）

目的：检测列车的坡道起动、救援能力及联挂功能。

图 6.1-39 列车故障性能验证试验

列车故障性能试验项目　　　　　　　　　　表 6.1-18

序号	试验项点
1	坡道启动
2	慢行、联挂功能
3	司机室对讲
4	司机室客室广播
5	拖动模式
6	紧急停车
7	停放制动控制
8	救援运行
9	解钩功能

（2）第一列列车运行试验（5000km）（图 6.1-40）

图 6.1-40 第一列列车运行试验

司机驾驶被试车在运营正线进行一趟往返运行。列车运行模式为人工模式，运行方式为最大加速度牵引、惰行和最大减速度制动。列车在线路末端换向时采取换端操作。在运行试验过程中，记录空压机的工作小时和停机小时数，通过事件记录仪下载空压机的工作小时、停机小时数、总风缸压力和制动风缸空气压力数据。

目的：对列车整车运行状态进行试验，对列车重要部件进行检查。

判定标准：

1）经 5000km 运行试验后，在齿轮箱的分合面，不应发现任何可见的油渗出。

2）车辆的运动不受限制或约束，跨接电缆、连接风管、牵引电机连线和回流用连接线等活动电缆均有合适的长度，由车轴带动的机构工作自如。

3）列车能以买方规定的速度（站场限速）通过规定的最小半径（150m）曲线。

4）列车在 AW0 负载条件下，能以线路允许的最高速度通过规定 35‰ 的最大坡度。

5）列车通过 S 型曲线的道岔时，牵引缓冲装置和贯通道不受束缚或破坏。

6）在试验的时候，重要设备不应有"严重故障"发生。严重故障是指要求拆换主要部件、零件的故障。

6. 环境检测型式试验

环境检测型式试验共包含 3 项，如表 6.1-19 所示。

环境检测型式试验项目　　　　　　表 6.1-19

序号	试验内容
1	空调通风系统整车气候试验
2	照明系统试验
3	空气质量检测试验

（1）空调通风系统整车气候试验（图 6.1-41、表 6.1-20）

图 6.1-41　空调通风系统整车气候试验

目的：为了验证空调与通风系统的性能是否满足项目的有关规定和要求。

空调通风系统整车气候试验项目　　　　　　　表 6.1-20

序号	试验项点
1	Tc2 车舒适性试验
2	Tc2 车气候试验
3	M2 车舒适性试验
4	M2 车气候试验

（2）照明系统试验（图 6.1-42、表 6.1-21）

图 6.1-42　照明系统试验

目的：对照明系统的功能进行验证。

照明系统试验项目　　　　　　　表 6.1-21

序号	试验项点
1	客室照明
2	司机室照明
3	外部照明

（3）空气质量检测试验（图 6.1-43、表 6.1-22）

目的：检测本项目车辆车内的空气质量是否满足车辆合同的要求。根据车辆合同的要求，对车内空气中的菌落总数、甲醛含量和总有机挥发物的含量进行检测。

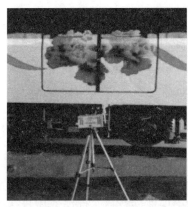

图 6.1-43 空气质量检测试验

空气质量检测试验项目　　　　　　　　　表 6.1-22

序号	试验项点	标准值
1	甲醛(mg/m³)	≤0.10
2	TVOC(mg/m³)	≤0.60
3	菌落总数(cfu/m³)	≤2500

6.1.3 电客车型式试验前准备

型式试验的前提条件是电客车和电客车运行的区域完工达到交付状态（与试验相关的领域），不光验证车辆是否满足技术要求，还需验证给电客车运行提供保障的相关设施如弓网、轨道、供电等满足技术要求。

6.1.4 电客车型式试验方法及步骤

型式试验的方法及步骤是根据研发方出具的型式试验大纲，试验方根据大纲提出试验需求，试验相关方根据试验需求确认试验条件满足后组织试验方开展相关试验，试验方根据试验结果出具试验报告，型式试验的步骤见图 6.1-44。

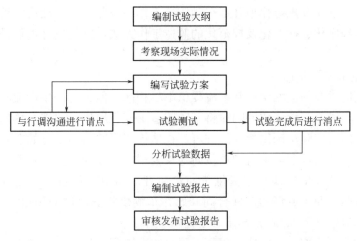

图 6.1-44 型式试验的步骤

6.2 厂家监造

6.2.1 厂家监造概述

监造工作是保证地铁车辆质量的重要措施。在地铁车辆生产过程中，运营分公司车辆部派驻监造人员到车辆供货商处开展现场监造工作。监造人员根据有关标准、规范、合同、会议纪要、技术文件等资料，对车辆生产全过程（包括加工、制造、组装、调试试验、包装、发运等）进行持续监督、检查，确保地铁车辆从设计到质保期结束的各环节均在有关标准、规范、规章及制度要求内进行，确保部件及整车性能、质量达到车辆采购合同要求。

地铁车辆设计和制造是一个大系统集成工程，需要相关单位在地铁车辆生产各环节更加程序化、标准化及规范化地开展车辆监造工作。

6.2.2 厂家监造目的

为保证车辆监造工作系统化、规范化、程序化，严格督促制造厂家履约，努力实现地铁车辆制造项目预期的质量、工期控制目标。

地铁车辆监造的总目标是通过对地铁车辆制造计划的编制、原材料的采购、主要部件的加工、组装、调试、试验、包装、发运等关键环节进行跟踪检查和监控，确保地铁车辆的质量符合采购合同的要求，并且按照合同规定的日期交货。

6.2.3 厂家监造项目

适用于某轨道交通集团有限公司采购的所有地铁电客车的材料、工艺、质量、进度、试验等内容。

6.2.4 厂家监造前准备

地铁车辆设计和制造是一个大系统集成工程，需要相关监理单位在地铁车辆生产各环节更加程序化、标准化及规范化地开展车辆监造工作。因此，考虑在后续地铁车辆生产过程中采取统一的程序化、标准化及规范化的监造工作方式，以便更好地促进车辆生产工作顺利进行。

1. 车辆监造工作程序化

各地铁车辆供货商的车辆生产基本流程虽不尽相同，但关键的生产流程大体一致。监理单位可考虑在车辆生产程序化的同时将车辆监造工作程序化。地铁车辆监造工作开始的前提是取得业主的授权和车辆供货商的许可。在地铁车辆监造项目开始前，地铁车辆供货商初步具备开工生产条件下，由监理单位向地铁公司提出车辆监造项目开始的申请。取得业主单位授权后，监理单位即与车辆供货商沟通开展监造工作事宜。经过车辆供货商许可，监理单位按照与业主签订的监理合同开始在车辆供货商提供的场地筹建监造项目部，并按照监造工作流程（图6.2-1）逐步开展监造工作。

（1）组建监造项目部。总监造工程师下属总监造工程师代表和总监办主任。总监工程师代表在总监造工程师授权下开展监造工作,在职权范围内行使权利。总监办主任主要负责监造项目部办公室的日常事宜。各专业监理工程师按照其岗位职责开展日常的现场监造工作。资料管理员负责处理监造过程中产生的文件资料,并时刻保持与各专业监造工程师的沟通和协调,确保现场工作与文件工作一致。

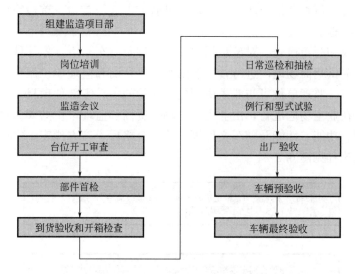

图 6.2-1 地铁车辆监造工作主要流程

(2)岗位培训。监造人员到岗后,由项目部组织有资质、经验丰富的监造工程师对新进员工进行岗前培训,培训内容包括:了解与监造有关的相关规章、制度、规范等;初步了解地铁车辆相关基础知识及地铁车辆监造基本流程、工作内容和方法等。岗位培训结束后,监造项目部组织监造人员深入学习、掌握与项目有关的合同;合同谈判及设计联络产生的有关会议纪要、往来文件等;地铁车辆监造合同、规划、细则等;地铁车辆设计图纸及生产中所涉及的相关文件等;有关法律、法规、规范、标准等资料。便于熟练开展监造工作。

(3)监造会议。监造会议形式主要包括:监造工作例会、专题会议、监造项目部会议等。监造工作例会是上述会议中最为重要、最常召开的一种,主要目的是解决车辆生产过程中出现的各种质量问题。地铁公司业主、车辆供货商和监理单位定期组织召开,首次车辆监造工作例会标志着整个监造项目的正式开始。会议一般由业主主持召开,车辆供货商和监理单位参加。专题会议是为了解决生产中突发的重点、难点问题。对于生产中出现的一些紧急或突发状况,定期召开的监造工作例会来不及解决,需通过专题会议这种临时召开的方式解决。监造项目部会议是监造项目部内部组织召开的会议。会议由总监或总监代表主持,主要是听取监造项目部各成员一段时间来的工作总结,并对下一步工作进行安排和部署。

(4)台位开工审查。对各车间生产台位进行人、机、料、法、环、测(简称 5M1E)"六要素"开工审查。人:对主要生产人员的资质、职名等进行审查;机:对重要设备、工夹具等使用状态、功能、性能方面进行审查;料:对物料、半成品、配件、原料等数量、品名等进行审查;法:对生产中所涉及的文件资料(包括工艺指导书、标准工序指引、生产图纸、生产计划表、产品作业标准、检验标准、各种操作规程等)等进行合理性审查;环:工作环境的符合性审查;测:测量、试验设备、方法、记录等进行审查。

(5) 部件首检。地铁车辆部件首检包括内部首检和外部首检两部分。内部首检指对车辆供货商生产的零部件进行的首件检查;外部首检是对车辆供货商以外的企业所生产的零部件进行的首件检查。首检前,监造项目部组织有关人员对车辆供货商提供的首检计划、首检大纲进行审查,审查合格报业主批准,通过后方可进行首检。首检完成后,监理单位对首检报告进行审查。

(6) 到货验收和开箱检查。对象包括主、零部件及整车。主、零部件的到货验收和开箱检查工作在车辆供货商场地内进行,一般由车辆供货商和监理单位派员参加。因车辆所涉及的零部件较多,监理单位可与业主协调确定必检的主、零部件项目。整车的到货验收和开箱检查工作在业主场地进行,由业主、车辆供货商和监理单位共同派员参加。检查对象包括整车外观、功能、性能及随车文件等。检查合格后,三方代表签字确认。到货验收和开箱检查主要流程见图 6.2-2。

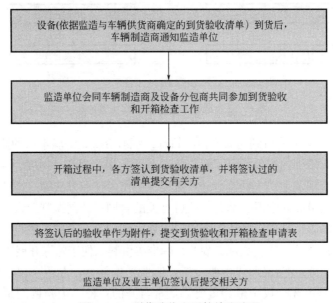

图 6.2-2　到货验收和开箱检查流程

(7) 日常巡检和抽检。日常巡检和抽检工作既包括关键工序、关键部件的旁站监理,也包括主、零部件的抽检等。关键工序是主、零部件制造、加工的关键生产过程。关键部件是影响车辆行车安全及性能的关键设备。关键工序、关键部件的旁站监理是根据车辆监造实施细则的规定对上述过程、产品所进行的必要监理工作。巡检和抽检工作既包含如关键工序、关键部件旁站监理等必要性工作,也包含对现场所有生产过程、零部件进行随时抽检的随机性工作。

(8) 出厂验收。列车出厂验收包括对列车和随车资料的检查,即对列车外观及相关功能进行检查并对车辆生产过程中所涉及的重要文件资料等进行审查。检查合格后,监理单位代表在出厂合格证明文件上签字确认。列车出厂验收主要流程见图 6.2-3。

(9) 车辆验收。列车运输到业主场地后,业主、监理单位、车辆供货商对列车进行预验收,包括资料检查和车辆检查。资料检查对象包括出厂合格证明、质量问题整改记录

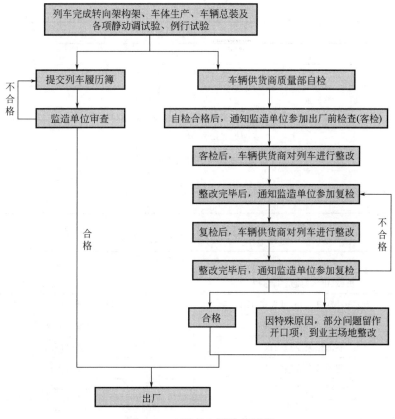

图 6.2-3 列车出厂验收流程

等；车辆检查对象包括车辆设备外观、相关功能及出厂时质量问题遗留项整改情况等。监理单位派员参加整个预验收过程，并会同业主、车辆供货商进行签认。

2. 车辆监造工作标准化

车辆监造工作标准化主要是监造工作方法的标准化。在开展现场监造工作时可采取以下方法：

（1）详细划分监造人员分工。针对每位现场监造人员分别制定详细的工作内容（见表6.2-1～表6.2-3），让每位监造人员一入职即明晰自己的工作范围及工作内容。

总监造工程师工作划分　　　表 6.2-1

序号	工作内容
1	负责现场总体监造工作
2	主持召开各种监造会议
3	编制、审查通知单、联系单
4	主持编制监造规划、监造细则
5	往来文件审阅
6	主持编写、审查监造周报、月报、年报及其他专项报告
7	编写工作日志
8	……

监造组长工作划分　　　　　　　　　　　　　　　　　　　　　表 6.2-2

序号	工作内容
1	配合开展现场总体监造工作
2	参加、主持相关监造会议
3	编写通知单、联系单
4	编写监造规划、监造细则
5	编写、审查相关文件
6	编写监造周报、月报、年报及其他专项报告
7	编写监造日志
8	……

机械（电气）监造工程师工作内容　　　　　　　　　　　　　表 6.2-3

序号	工作内容	
	机械（电气）监造工程师	资料管理员
1	现场机械（电气）专业监造工作	编制、整理、归档相关资料
2	编写、审查相关专业资料	收发往来文件
3	参加相关监造会议	办公用品
4	现场影像资料取证	日常报销
5	编写个人监造日志	办公室后勤
6	……	……

（2）明确各阶段的工作重点。因地铁车辆生产周期长、影响因素多，难免在生产过程中阶段性地出现问题，因此，在特殊生产阶段均应根据其特殊的生产状况制定不同的监造工作重点，并要求现场监造人员根据这些重点开展工作。既减少了工作盲目性和单一性，又增加了工作的针对性、灵活性和高效性。某地铁车辆监造项目某一阶段的工作重点内容见表 6.2-4。

某地铁车辆监造项目某一阶段工作重点　　　　　　　　　　表 6.2-4

序号	工位	工作重点	备注
1	车体	牵枕缓焊接质量	持续跟踪
2		车体组焊后尺寸	持续跟踪
3	车体总装	制动风管布设	持续跟踪
4		电气线缆铺设	持续跟踪
5	转向架焊接	齿轮箱吊座铸造质量	持续跟踪
6		制动导管定位焊接质量	持续跟踪
7	转向架组装	制动风管布设	持续跟踪
8	……	……	……

（3）制定具体的个人工作计划。监造项目部负责人应为每位监造人员制定具体的个人工作计划。表 6.2-5 为总监造工程师个人工作计划范例。各岗位工作人员根据个人工作计

划，定期查看、定期开展相关工作。

通过制定详细且具体的个人工作计划，防止整个项目开展过程中发生缺项、漏项情况，减少和避免出现疏忽和失误。

总监造工程师个人工作计划 表 6.2-5

序号	工作内容	频次
1	收发电子邮件	每天
2	监造工作例会	每月2次
3	专题会议	不定期
4	监造项目部会议	每周
5	监造周报	每周
6	监造月报	每月
7	监造年报	每年
8	专题报告	不定期
9	编制联系单、通知单	不定期
10	监造日志	每天
11	……	……

（4）制定明确的监造工作思路。①安排经验丰富的机械及电气监造工程师每天进行现场巡检和抽检，对关键工序、工位进行有针对性的旁站监理。②现场发现的问题争取做到现场解决；解决不了的重点难点问题拿到监造例会上解决；遇紧急、突发问题，通过立即召开专题会议的方式解决。③与车辆供货商有关人员建立良好地沟通和协调机制，处理质量问题时便于开展工作。

（5）熟练使用监造用表并及时归档。①熟练使用地铁车辆监造用表。要求项目部每位成员熟悉《地铁监造细则》中监造用表的使用方法，并在监造过程中能熟练使用各种监造表格。②要求项目部资料管理人员对地铁车辆监造用表等文件进行及时签认、归档、上传和下发。

3. 车辆监造工作规范化

规范化地开展地铁车辆监造工作需注意以下几点：

（1）规范、有序、熟练使用监造用表，及时整理、归档。监造用表是贯穿整个监造过程的指导性文件。生产中的每个过程、阶段都会涉及。因此，在工作过程中可通过表格的使用统领整个监造工作。此外，也可通过表格的使用对地铁车辆生产过程加以约束和规范，确保生产过程在可控范围内。因此，在项目执行过程中务必要求项目部每位监造人员熟练掌握每个监造用表的使用时间、频次和方法，并做到及时整理、归档。同时，配合监造用表的使用，也可编制监造用表使用登记表。

（2）处理现场问题应做到事前、事中、事后控制。现场问题的发生和发展是质量控制的关键。为避免事态扩大化，必须采取"事前发现、事中处理、事后跟踪"的方式。让事件的整个发生、发展和结束都在可控范围内，并采用闭环方式加以处理。

（3）合理分配人员分工，提高工作效率。人员是监造工作开展的主体。人员完成工作的好坏直接关系到监造工作的质量和水平。因此，从项目管理角度出发，科学、合理地安排人员职能和分工，提高工作效率，让每位员工都能把监造工作开展好、执行好，这样才能取得更加满意的工作效果。

（4）协调好与业主、车辆供货商三方关系，为工作开展打下良好基础。工程项目的开展与各参建方息息相关。每家参建单位都是工程建设的利益攸关方，都有责任和义务做好配合和协调工作。监理单位作为第三方，更应起到灵魂和纽带作用，做好三方协调和配合工作，确保车辆生产顺利进行。

（5）责任明晰，不折不扣。每个参与地铁车辆生产的企业和个人都是责任相关方，都应在自己职责和权限范围内开展工作。监理单位是受业主委托并为保证地铁车辆质量、投资和进度而提供监理服务的第三方，应时刻铭记自己的职责和权限所在，严格遵守法律、法规、职业道德和守则，严格执行标准、规范、规章等要求，严禁做有违以上条例的事。

4. 车辆监造工作关键控制点

为保证车辆监造工作程序化、标准化及规范化的执行效果，地铁车辆监造工作应遵循"一个中心、两个基本点"的原则。

"一个中心"是严把质量、投资、进度控制关。质量是关系工程好坏的第一要务；投资是平衡工程质量与进度的纽带，可以用投资这一杠杆去协调质量与进度间的矛盾；进度是确保工期节点的关键因素，在保证质量的前提下，努力确保工程按工期节点完工。

"两个基本点"：(1) 质量问题的发现和处理。发现并会同有关方及时有效地解决工程中的质量问题是所有监造人员的职责，也是监理单位监造能力和效率的体现。(2) 资料的整理和归档。资料是监理单位实施监理工作的过程依据，也是车辆监造工作的唯一成果。因此，在整个监造过程中均应合理、有序、适时地使用有关监造资料，并对所产生的结果文件进行准确编辑和恰当处理。同时，为便于今后查阅和提交，也要对上述文件进行及时归档。

6.2.5 厂家监造方法及步骤

1. 监造具体内容（表6.2-6）

监造具体内容　　　　　　　　　　　　　　　　　　　　　表6.2-6

序号	内容
1	对车辆制造商的程序、过程、文件编制以及原始记录进行监督
2	对车辆制造商所采用的工艺文件的完整性和有效性进行审查
3	对车辆制造商所采用的工装设备、试验方法进行审查
4	对车辆制造商特殊工种的生产人员资质进行审查
5	对车辆制造商主要零部件加工、组装的关键工序进行巡检，严格控制质量
6	对车辆总装全过程进行监督，对关键工序进行旁站监督
7	对车辆制造商厂内型式试验进行监督：审核型式试验大纲、审核承担型式试验单的资质、跟踪监理型式试验全过程、确认型式试验的结果和报告
8	监督车辆制造商按修改后的施工设计生产第二列及以后的车辆，对第一列车进行整改
9	审查车辆制造商提出的车辆出厂试验大纲，对试验所采用的设备、仪器、仪表等进行审验，监督调试和试验，对试验的数据和报告进行确认
10	参加车辆在厂内试运线进行的各种调试和性能试验

	续表
11	对车辆制造商提出的阶段生产进度计划及实施措施进行审查
12	对车辆制造商生产进度计划执行情况进行跟踪检查督促进度计划的实施,核批修正计划
13	对车辆制造商采购的重要原材料和关键外购件的质量进行检查,对于不符合有关规定和标准的原材料和外购件,有权拒绝进入生产流程
14	参加供应商提供的主要部件的开箱检查与确认:检查部件外观、数量、合格证、技术资料等是否齐全
15	参加车辆的出厂检验
16	审查列车的出厂、运输计划、对出厂列车的回送整备状态数量进行检查,包括合同规定的备品备件、技术文件及图纸等。对车辆装运过程中的吊装、紧固、防护等方案进行核实
17	审查车辆制造商的质量保证体系

2. 监造流程

目前,对于地铁车辆监造过程中质量问题的处理方式大多是发现并提出问题,监造例会上会,会后按会议纪要执行。不可否认其中相当数量的问题得到了有效处理和解决,但由于整改周期长、整改难度大、所涉及人员协调不利等原因,导致很多质量问题后续处理并未完全按照会议纪要执行,甚至有些问题处理起来拖沓冗长,有些问题半途而废,还有些问题直至项目结束仍未解决。

对于上述处理过程及处理结果的不可控甚至失控,呈现为输出偏差较大的开环控制系统,输入后因为没有反馈环节,导致输出结果难以保证。要做到处理过程可控、输出结果可靠,就需要寻找更加可靠的控制方法。为此,提出输出精度更高、过程更可靠的闭环控制系统。闭环控制系统在组织形式上增设了一个反馈机构,能把造成偏离目标的原因以及干扰因素及时地反馈给控制者,随时修正目标,排除难以预料或不确定的因素,使校正行动更准确、更有力。

借鉴闭环控制系统的原理,整理出一套适合地铁车辆监造过程中质量问题的处理方案(SBCC法),能从根本上改善质量问题处理过程中存在的诸多问题,提高处理效率,增强处理的及时性和准确性,达到更好的监造效果。

(1) 闭环控制方案要素

1) "事前分析",质量问题分类

为什么对质量问题进行分类,主要是考虑地铁车辆生产过程的复杂性、重复性和周期长等特点,所产生的质量问题必然存在多样性。这些问题有轻有重、有缓有急、有偶然有经常,不能简单地采取一种模式(例如:监造例会)去处理,必须有针对性、有目的性地采取多种方式灵活地加以解决,才能获得最佳的处理效果。

根据地铁车辆监造经验及地铁车辆生产的特点,可以从发生时间、空间和轻重程度上考虑分类问题。时间上,按照质量问题发生频率的高低,可分为:偶发和惯性;空间上,按照质量问题发生部件(部位)的不同,可分为:个性和共性;轻重上,按照质量问题发生的轻重程度,可分为:一般和严重。

偶发问题是指不经常发生,即发生频率较低的质量问题。如头灯不亮、客室座椅划伤等。惯性问题指经常发生,虽几次提出解决但一直未彻底改正的质量问题。车下线缆干涉、车下风管干涉、车下走线不合理等。

个性问题是指发生在某一部件或某一部位的质量问题。如联轴节漏油、门解锁钢丝绳走向不合理等。共性问题指发生在不同部件或不同部位的同一性质的质量问题。如车下风管干涉问题,部位有牵引缓冲枕梁下方、轮对上方、线槽附近等,发生的部位不同但都属于风管干涉问题,属共性问题。

一般问题是指对车辆安全性能影响甚微的质量问题。如油漆刮伤、门角打胶外观差等。严重问题指对车辆安全性能影响较大,必须加以解决的质量问题。如风管干涉、车体焊缝焊接质量等。

从上面举例不难查出,某些问题(如车下风管干涉问题)可以是惯性问题,也可以是共性问题,还可以是严重问题,所以,对于某一质量问题的分类,不能简单地用一种方式来描述,而应全面考虑,从多个方面对质量问题的分类加以定义。如果把质量问题看作是三维空间中的事物,时间、空间和轻重程度分别看成是构成这个三维空间的3个坐标,那么质量问题就是构成这个三维空间的无数个点。假设1个质量问题为1个事件A,X、Y、Z为其3个特征,那么表示这个事件的集合为:A{X,Y,Z}。因每个特征均存在2个元素,依据排列组合的原理,质量问题的类型最终可用8种形式来表现(图6.2-4)。

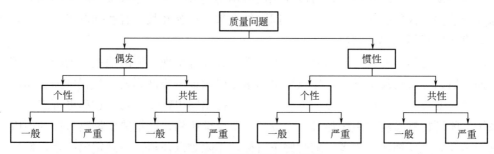

图6.2-4 质量问题8种类型

2)"事中处理",质量问题处理

目前,质量问题的处理一般方式为:监造方将一定时期内所发现的质量问题汇总成议题,并在定期召开的监造例会上与车辆供货商研究处理。这一方式,对于一般性、不太紧急的质量问题来说,可以称得上不错的解决方式。但是对于那些急需解决的重、特、急问题,显得过于死板、不够灵活。因此,必须采取能够随时召开的专题会议方式加以处理。这样,在地铁车辆监造过程中既可以通过定期召开的监造例会解决紧急程度适中的质量问题,也可以通过随时召开的专题会议解决重、特、急质量问题。8类质量问题的具体处理方式如下。

① 偶发、个性、一般。属现场影响程度最小、但发生频率最高的质量问题。一般采取现场发现、现场处理的方式解决。

② 偶发、个性、严重。该类问题虽然是偶发和个性问题,但影响较大,属重、特、急问题,应通过专题会议的方式解决。现场发现问题后,及时编制议题,并尽快通知车辆供货商召开会议,研究解决。

③ 偶发、共性、一般。因其具有共性特点,需要累积一段时间提出,因此,适宜通过定期召开的监造例会的方式解决。问题发生初期,先通过现场发现、现场处理的方式;重复2~3次后,立即编制议题在监造例会解决。

④ 偶发、共性、严重。这类问题虽属偶发，但是因其共性和严重2个特征，所以被视为重、特、急质量问题，适合通过随时召开专题会议的方式解决。发现问题后，及时编制议题，并尽快通知车辆供货商召开会议，研究解决方案。

⑤ 惯性、个性、一般。这类问题虽然是个性和一般问题，但是发生概率较高，适合在定期召开的监造例会中研究解决。

⑥ 惯性、个性、严重。该类问题发生频率较低。惯性问题的跟踪具有周期性，严重问题的解决不能拖延，2个特征同时具备的概率较低，偶有发生。视问题轻重，一般的可通过专题会议解决；如情况较严重，可通过编发监理工程师通知单的方式解决。

⑦ 惯性、共性、一般。对发生频率较高、涉及部件（部位）较多但性质一般的质量问题，应进行汇总并编制成议题，通过召开专题会议的方式统一研究、统一解决。这样做，有利于增强解决问题的系统性、针对性、提高认知程度和处理效率。

⑧ 惯性、共性、严重。该类问题是8种问题中影响最为严重的。但是，因其具有特征综合性最大的特点，所以，发生概率也较小。有些问题在一个特征最大化时已基本处理完毕，更不用说3个特征同时最大的情况。该类问题一旦出现，应立即签发监理工程师通知单给车辆供货商，要求其立即制定整改计划和方案并尽快完成整改。

需要特别指出：上述8类问题中如含有"严重"特征的质量问题严重程度较大，应立即签发监理工程师通知单或暂停令，责令车辆供货商及时采取措施整改，避免造成更大的影响。

3) "事后跟踪"，质量问题跟踪反馈

"事后跟踪"即闭环控制的反馈环节，也是质量问题处理的关键过程。问题已经开口了，什么时候关闭，就看该环节如何操作。该环节操作难度较大，处理不好将直接影响监造效果。基于此，提出SBCC法。

(2) 实施步骤及方法

1) 定期组织车辆供货商有关人员讨论问题处理进展情况（周期可根据实际需要拟定）。

2) 将车辆供货商有关人员获得的和现场监造人员确认过的质量问题最新处理情况填写到"质量问题处理情况跟踪表"中（图6.2-5）。

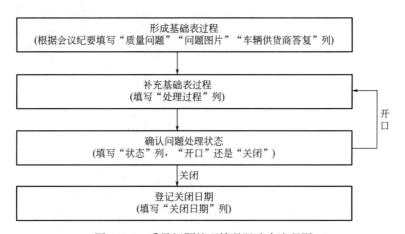

图6.2-5 质量问题处理情况跟踪表流程图

"处理过程"应按照实际工作与文件资料相结合的方式填写。两方面都处理完毕后,有些问题仍需要后续跟踪一段时间或几列车的生产,直至该问题不再发生亦或因客观原因极少再发生后关闭。

该过程相当于闭环控制的反馈环节,每次登记质量问题处理情况都要与会议纪要中敲定的处理内容做比较,确保质量问题处理结果彻底、完善、有效。

3)各方确认问题已处理完毕,则关闭该问题,否则仍为开口。

3. 编制监造工作总结

监造工作结束后,需编写监造工作总结。车辆监造过程中,应注意及时填写有关记录,如开箱检验、巡检、质量见证、监造日志等。

第7章 电客车现场调试前的工作及流程

7.1 出厂验收（PSI）

主要对电客车出厂验收的过程量把控，对电客车在生产过程中质量验收，对问题开口项进行梳理及厂家整改，督促关闭等，保证电客车的出厂质量，保证后续调试的顺利进行。

7.1.1 出厂验收概述

电客车出厂预验收工作是依据电客车采购合同在主机生产基地对电客车进行验收，是电客车整改验收的一部分，也是对电客车各系统质量把关的重要一环，是制约地铁后期调试工作开展及现场生产质量水平提升的关键，做好电客车预验收工作，提高开通运营前的调试质量成为各地铁公司最为关注的问题。本节通过对电客车预验收准备工作、方法和步骤等方面的论述，为今后新开线路的地铁电客车预验收工作提出建议。

7.1.2 出厂验收目的

电客车入段前对车辆的外观、设备及设备安装工艺进行检查，并针对不合格检查项点提出意见，双方共同形成开口项，主机公司在落定时间内将开口项关闭，提升主机生产水平，保证电客车质量。

7.1.3 出厂验收项目

1. 外观检查

外观检查是列车在未通电状态下的目测检查，主要检查车体和各设备的外观、接线和安装等情况。

（1）检查设施、设备及工具

地沟、地沟灯、手电筒、安全帽、工作人员用升降平台或梯子等。

（2）列车状态

处于无电状态，而且有接地保护。对以下部分的机械、电气接口以及接线进行检查，重点检查部件是否完整，外观是否存在损坏。

需要的工具：地沟、地沟灯、手电筒、安全帽、工作人员用升降平台或梯子等。

（3）检查内容

出厂验收外观检查包括受电弓，空调单元及废排，转向架，抗侧滚扭力杆，供风与制动系统，车钩，贯通道，车底及车体，司机室，客室，线管及线槽，标识，车辆外观，盖板等项点的检查。具体详细内容如表7.1-1所示。

电客车出厂验收外观检查项目 表 7.1-1

编号	项目	技术要求	检查位置
1	受电弓	检查电缆、接地线及机械结构,要求器件齐全、无缺陷。活动件活动灵活,固定件无松动,防松标记清晰。受电弓底部绝缘漆平整,无起泡及破损现象	Mp1、Mp2
1.1	避雷器	检查电缆、接地线及避雷器安装,要求器件齐全、无缺陷,固定件无松动	Mp1、Mp2
1.2	受电弓弓网监测设备(部分车)	检查弓网监测设备安装,固定件无松动	Mp1、Mp2
2	空调单元及废排	检查电缆、接地线及空调安装,要求器件齐全、无缺陷,固定件无松动,防松标记清晰	整车
3	转向架		
3.1	转向架和车体连接(包括机械、电气和气路连接)	部件无缺陷,安装正确,固定螺栓连接牢固,固定件无松动,防松标记清晰,高度阀连杆螺母及紧固螺母无松动;扭臂无变形,球形阀转动灵活	整车
3.2	牵引电机	与构架的连接牢固,无松动,电机电缆连接紧固,无烧焦异味。检查铭牌固定是否牢靠。接线盒安装牢固,防松标记清晰,接线旋紧件紧固	Mp1、M1、Mp2、M2
3.3	电机吊挂	与构架的连接牢固,无松动	Mp1、M1、Mp2、M2
3.4	齿轮箱	紧固标识清晰;支撑橡胶应无老化、破损情况;安装件紧固良好、箱体无异常变形、损伤;无渗漏润滑油情况,油面应在上下线之间	Mp1、M1、Mp2、M2
3.5	联轴节	连接紧固,防松标记清晰;无渗漏润滑油情况	Mp1、M1、Mp2、M2
3.6	构架	检查无损坏,无锈蚀,构架上各安装件安装牢靠	整车
3.7	接地装置及其电缆	检查固定螺钉是否紧固,防松标记清晰;电缆线是否完好易于活动	整车
3.8	一系悬挂	检查表面油漆有无破损,安装有无松动,防松标记清晰;检查一系钢簧完好,对位标示完整、清晰	整车
3.9	二系悬挂	检查气囊有无损伤、破裂;导板与车体是否连接紧固;组件有无空气泄漏现象。检查紧急弹簧橡胶有无异常变形,与构架的连接紧固有无松动情况,防松标记清晰	整车
4	抗侧滚扭力杆	检查紧固标识清晰可见;连杆有无变形、开口销有无损伤、丢失;铰接处的塑料密封有无破损,检查铭牌是否牢固	整车
4.1	轴箱	检查轴箱端盖有无损伤、脱漆、锈蚀;安装件有无松动;紧固螺母有无松动,防松标记清晰;开口销有无损伤、丢失	整车
4.2	牵引座	检查无损坏,无锈蚀	整车
4.3	牵引杆	连接螺母紧固无松动,防松标记清晰;橡胶关节无破伤	整车
4.4	速度传感器	固定螺栓连接牢固,电缆线固定在正确的位置且易于活动	整车
4.5	轮对(包括车轴)	踏面及轮缘无变形及损伤现象,安装有减振环。车轴无表面损伤,车轴用油漆喷涂轴号无误,轴颈涂有密封胶	整车

第7章 电客车现场调试前的工作及流程

续表

编号	项目	技术要求	检查位置
4.6	转向架上制动装置	停放制动手动装置无损伤、变形,工作性能良好	整车
4.7	轮缘润滑装置	部分列车安装轮缘润滑装置。螺栓连接牢固,检查润滑油液面高度,管路及控制系统连接良好	整车
5	供风与制动系统		
5.1	空气压缩机与干燥器	检查空压机油液面高度,管路和阀的连接良好,各部件无缺陷,螺栓紧固无松动,紧固标识清晰	M1、M2
5.2	制动机单元	检查所有螺钉及锁紧垫片是否安装齐全、紧固;制动器与管路接头的连接部位是否漏气;开口销是否完好,安装紧密、完整;检查制动、缓解动作灵活,功能良好;停放制动能手动紧急缓解	整车
5.3	制动控制单元	箱体外观正常,固定螺栓连接牢固,密封条是否安装牢固,内外电气接口插接牢固	整车
5.4	管路系统(管路和阀的连接以及位置,电气、机械和气动系统安装)	部件无缺陷,安装正确,固定螺栓连接牢固,固定件无松动	整车
6	车钩		
6.1	全自动车钩	无损伤、变形、锈迹,紧固件连接牢固、无松动。确认接地柱表面无油漆,电缆安装正确	Tc1、Tc2
6.2	半永久牵引杆	确认风管和电缆安装牢固,不发生干涉。相对运动表面、连接环组成下半环与螺栓接触处是否充分涂抹 AUTOL-TOP2000 润滑脂	整车
6.3	跨接电缆	电缆螺栓连接无松动、波纹管无破损、电缆线完好易于活动,线缆布置牢固无松动,不与周围运动部件发生干涉。车钩接线盒外观完好、无锈迹,紧固件扭力标识清晰可见、电缆布置牢固无松动	整车
7	贯通道	各部件安装牢固、棚布无破损	整车
8	车体及车底(除转向架)		
8.1	车间电源供电插座	(1)固定件无松动,防松标记清晰; (2)外表无损伤; (3)机械部件开关动作顺畅	Mp1、Mp2
8.2	高速断路器(高压箱内)	(1)固定件无松动,防松标记清晰; (2)外表无损伤	Mp1、Mp2
8.3	辅助逆变器	(1)检查柜体无损伤、变形; (2)检查各器件及部件的安装齐全; (3)检查紧固件有无短缺松动,器件及线号标识完整、清晰; (4)检查内外电气接口插接牢固; (5)检查门盖板的密封条是否牢固	Tc1、Tc2
8.4	牵引逆变器箱	(1)检查柜体无损伤、变形; (2)检查各器件及部件的安装齐全; (3)检查紧固件有无短缺松动,器件及线号标识完整、清晰; (4)检查内外电气接口插接牢固; (5)检查门盖板的密封条是否牢固	Mp1、M1 Mp2、M2

续表

编号	项目	技术要求	检查位置
8.5	蓄电池箱	电池端子相互位置符合产品图纸要求,极性正确;箱体内部整洁无污物,单体外观无变形、裂纹和污迹	Tc1、Tc2
8.6	高压电器箱	(1)检查柜体无损伤、变形; (2)检查各器件及部件的安装齐全; (3)检查紧固件有无短缺松动,器件及线号标识完整、清晰; (4)检查内外电气接口插接牢固; (5)检查门盖板的密封条是否牢固	Mp1、Mp2
8.7	低压箱	(1)箱体无损伤、变形现象,箱体内部整洁无污物; (2)紧固件无松动,防松标识清晰; (3)低压箱内设备位置正确,标号清楚、正确; (4)铭牌字迹清晰、内容正确;警示标牌内容清晰、安装位置正确	Tc1、Tc2
9	司机室	设备齐全且安装正确	Tc1、Tc2
9.1	司机室设备柜(包括门、锁)	(1)标志符合,器件齐全、无缺陷; (2)活动件活动灵活,固定件无松动; (3)按钮、旋钮开关安装整齐,标示清晰,手动顺畅无卡滞; (4)地板布平整、无气泡等缺陷,表面无污染,相邻地板布间敛缝均匀,边缘密封到位; (5)刮雨器工作范围适当,摆臂均匀; (6)司机室座椅应被完好安装,并能依据司机的要求进行调整:高度调节、前后调节、靠背调节满足要求; (7)司机室前窗、侧窗玻璃完整,无裂纹,无污迹; (8)外露件无锋利边缘 (9)端子排线号标识清晰可辨	Tc1、Tc2
9.2	司机室操作台(含两侧门控面板)		Tc1、Tc2
9.3	司机室侧门及锁		Tc1、Tc2
9.4	司机室内装(包括前窗、窗帘)		Tc1、Tc2
9.5	司机室通道门		Tc1、Tc2
10	客室	设备齐全且安装正确	整车
10.1	电器和设备柜(包括门、锁)	(1)标志符合,器件齐全、无缺陷; (2)活动件活动灵活,固定件无松动; (3)按钮、旋钮开关安装整齐,标示清晰,手动顺畅无卡滞; (4)地板布平整、无气泡等缺陷,表面无污染,相邻地板布间敛缝均匀,边缘密封到位; (5)每节车安装吊环数量 Tc 车 20 个,Mp、M 车 22 个; (6)客室侧窗、门页玻璃完整,无裂纹及污迹标志符合,器件齐全、无缺陷。活动件活动灵活,固定件无松动; (7)外露件无锋利边缘 (8)端子排线号标识清晰可辨	整车
10.2	空调控制柜		整车
10.3	客室内装		整车
11	所有的线管、线槽	安装正确并能保证用电安全	整车
12	标签	文字、图案清晰、安装牢固	整车
13	内部标识	文字、图案清晰、安装牢固	整车
14	车辆外观	油漆无脱落、起泡、刮花、污染等表面缺陷。阻尼浆无脱落、破损等表面缺陷	整车

第7章 电客车现场调试前的工作及流程

续表

编号	项目	技术要求	检查位置
15	盖板锁闭装置(含盖板二次防护)		
15.1	司机室及客室电气柜、设备柜门锁闭装置(包括客室门立柱罩检修口锁)	(1)方孔锁能正常开关,转动顺畅,对位标示清晰; (2)带内环的方孔锁能正常回弹; (3)二次防护锁正常开关,转动顺畅	整车
15.2	司机室顶板、司机台下方盖板锁闭装置		整车
15.3	车顶空调及废排盖板锁闭装置(含二次防护)		整车
15.4	车底设备箱锁闭装置(含二次防护)		整车

2. 静态通电检查

静态通电检查是列车在通电状态下（静态不能动车）的一些功能试验。列车应由车间受电弓或车间电源供电。

(1) 检查设施、设备及工具

手电筒、秒表、压力计、障碍物检测木块、工作人员用升降平台或梯子等。

(2) 检查内容

出厂验收静态通电检查包括司机室，客室车门，照明，辅助系统，空调单元，PIS系统，制动系统，受电弓等项点的检查。具体详细内容如表7.1-2所示。

静态通电检查项目 表7.1-2

序号	检查项目	检查要求	检查位置
1	司机室		
1.1	HMI显示器	任何光线条件下显示屏的所有信息必须清晰可读,能正确反映故障信息,蜂鸣器正常,能够准确记录故障	Tc1、Tc2
1.2	指示灯测试	按"测试按钮",司机室内除与ATC相关灯外,其他所有灯示按钮都应该亮	Tc1、Tc2
1.3	功能按钮、旋钮、紧急按钮	所有相应的功能都可操作(包括受电弓升、降),动作顺畅、无卡滞无异响	Tc1、Tc2
1.4	旁路开关	所有的旁路开关动作无卡滞	Tc1、Tc2
1.5	遮阳板	手动拉至适当位置,遮阳板保持该位置不动,释放后返回原始正常位置	Tc1、Tc2
1.6	雨刷及喷水装置	摆动均匀,范围适当。喷水装置安装牢固,水壶完好无漏水,喷水功能正常	Tc1、Tc2
1.7	汽笛	声音正常	Tc1、Tc2
1.8	通风控制	空气流量的4个调节位置正常,0～Ⅲ挡调节时通风量有明显递增现象	Tc1、Tc2
1.9	停放制动	操作停放制动施加和缓解按钮可施加和缓解停放制动	Tc1、Tc2

续表

序号	检查项目	检查要求	检查位置
1.10	司机室侧门	关门/开门顺畅,门锁功能正常,HMI主界面显示侧门图标开关正常	Tc1、Tc2
1.11	司控器	手柄推拉顺畅,能正常缓解快速制动、施加制动。警惕按钮不出现卡滞	Tc1、Tc2
1.12	非激活司机室	除以下功能外的其他功能都是不可操作的: (1)两个紧急制动打击按钮; (2)司机室与司机室的通信; (3)司机室灯、阅读灯控制; (4)照明控制	Tc1、Tc2
2	客室车门		
2.1	正常开门	开门时间为3±0.5s,门开启时每个门橙色指示灯常亮	整车
2.2	正常关门	车门橙色指示灯开始闪烁,关门报警开始鸣响,门关闭到位后橙色指示灯熄灭,关门报警停止鸣响。所有门必须在3±0.5s内关闭	整车
2.3	关门障碍物探测	以尺寸为25mm×60mm的障碍物探测。如果关门时碰到障碍物后,车门保持关门力0.5s后重新打开200mm,1s后再重新关门,而其他已关车门不需重开。如果反复3次以后障碍物仍然存在,若障碍物还存在,司机室显示屏HMI将显示对应车门"门检测到障碍物"状态,则车门打开到最大位置并保持。司机室内门指示灯按钮的"所有门关闭"灯不能亮,该门内侧黄色指示灯亮。按重开门按钮,未关闭的门应该重新关闭。移出障碍物后,门应该重新关闭	整车
2.4	门紧急解锁功能	当列车速度为零时,解锁车门紧急解锁手柄时,拉到13°左右,车门被解锁,能够用手推动门页,门开后,门的开门指示灯应该亮,司机室内的"所有门关闭"的指示灯应该不亮,且HMI显示紧急解锁类的文字提示;非零速时,解锁车门紧急解锁手柄时,只能拉到13°左右,车门无法打开,司机台面板"解锁禁止按钮"指示灯闪烁;且HMI显示"某侧客室车门有紧急解锁请求"	整车
2.5	门切除功能	门切除后,车门红灯应亮,此时门不能被打开。按司机室内的"开门"按钮,切除的门不会打开,其余的门都开。并且HMI显示示切除门图标为锁闭状态	整车
2.6	紧急开门	通过钢丝绳手动操作对门进行解锁,可通过手动进行开关门;通过门控单元向HMI发送"车门已解锁"信号并显示"紧急解锁"图标,"安全互锁回路"断开	整车
3	照明		
3.1	客室正常照明及调节功能	当客室正常照明旋钮开关旋到"ON"位,照明灯亮,亮度均匀;关灯时,照明灯熄灭	整车
3.2	紧急照明	降下受电弓后正常照明自动转为紧急照明,亮度均匀	整车
3.3	电气柜维修照明	打开屏柜门,屏柜照明灯亮	整车
3.4	司机室照明	速度表、气压表的背景灯亮,司机台阅读灯亮,司机室顶部照明灯亮	Tc1、Tc2

续表

序号	检查项目	检查要求	检查位置
3.5	头灯	白色,分远光和近光两种模式。将方向手柄置于"向前"位时,占有端头灯亮。将方向手柄置于"向后"位时,两个司机室端的头灯都亮。将方向手柄置于"零位"时,头灯灭	Tc1、Tc2
3.6	尾灯(标志灯)	红色。将方向手柄置于"向前"位时,非占有端的标志灯亮。将方向手柄置于"向后"位时,两个司机室端的标志灯都亮。将方向手柄置于"零位"时,两个司机室端尾灯都亮	Tc1、Tc2
3.7	运行灯	分白色和红色。将方向手柄置于"向前"位时占有端白色运行灯亮,非占有端红色运行灯亮。将方向手柄置于"向后"位时,两个司机室的运行灯(白色和红色)都亮。将方向手柄置于"零位"时,两个司机室端运行灯红灯都亮	Tc1、Tc2
4	辅助系统		
4.1	AC380V 输出	各种风机正常运转	Tc1、Tc2
4.2	DC110V 输出	辅助逆变器工作后,电压表应为:107～137.5V	Tc1、Tc2
5	空调通风系统		
5.1	空调单元	全列车每个空调机组通风制冷功能正常	整车
5.2	紧急通风	断开 1500V 电源,全列车每个空调机组都有紧急通风	整车
5.3	降级运行(扩展供电)	单元内:当一个 DC/AC 不工作,相邻车辆进行扩展供电,切除整列车每个空调机组一半的压缩机,列车损失 50%制冷。故障车单元 AC380V 输出故障时,扩展接触器闭合,由另一单元 SIV 进行扩展供电。扩展供电时,全列车每个空调机组压缩机有一半停止工作。AC380V 输出故障恢复后,扩展供电取消	Tc1、Tc2
6	PIS 系统		
6.1	司机室对讲	按下"司机室对讲"并且通过麦克风讲话,在另一个司机室也能实现该功能。双工对讲且无回声	Tc1、Tc2
6.2	紧急广播	能从司机台显示屏上选播广播内容	Tc1、Tc2
6.3	客室广播	包括人工广播和手动广播。按手持按钮对麦克风讲话,客室每个扬声器均有广播,司机室喇叭也有广播,实现监听功能。能手动选择进行报站广播。人工广播优先级高于手动广播	Tc1、Tc2
6.4	客室紧急通话	所有客室紧急通话功能正常,指示灯正确,可双工对讲且无回声	整车
6.5	LED 动态地图	LED 屏显示正常,当播放客室广播和紧急广播时,LED 屏显示对应广播站点信息或紧急广播信息	整车
6.6	LED 终端显示屏	LED 贯通道终端显示屏外观良好,功能正常	整车
7	制动		
7.1	气密性	管路无明显泄漏,关断截断塞门保压 10min,主风管最大泄漏量≤0.015MPa/10min	M1、M2
7.2	100%常用制动压力(纯空气)	AW0 工况下,在 HMI 上观察气压值,各节车最大常用的压力值均为 0.267±0.02MPa	整车
7.3	紧急制动压力	AW0 工况下,在 HMI 上观察气压值,Tc 车压力值为 0.291±0.02MPa,Mp 车压力值为 0.326±0.02MPa,M 车压力值为 0.326±0.02MPa	整车

续表

序号	检查项目	检查要求	检查位置
7.4	快速制动(纯气制动)	AW0工况下,在HMI上观察气压值,Tc车 0.279±0.02MPa, Mp车 0.313±0.02MPa, M车 0.313±0.02MPa	整车
7.5	保压制动压力(级位≤70%)	AW0工况下,在HMI上观察气压值,各节车 0.144±0.02MPa	整车
7.6	停放制动	停放制动施加和缓解功能正常,包括手动缓解停放制动	整车
7.7	空气压缩机	测试一个空压机启动时总风缸压力值,0.75±0.02MPa。测试两个空压机同时启动时总风缸压力值,0.7±0.02MPa。测试空压机停止工作时,总风缸压力,0.9±0.02MPa。测试一端故障时的自动切换的启动能力,关闭主空压机空开,确认辅空压机是否启动,功能是否正常	M1、M2
7.8	空气干燥器	检查活塞阀的工作状态,每1min排泄油污一次,2min一个循环	M1、M2
8	制受电弓		
8.1	升降弓要求	升弓时间7~8s,两端受电弓升弓同步,降弓时可迅速脱离接触网并有明显缓冲	Mp1、Mp2
8.2	脚踏泵(无电无气)	可通过脚踏泵进行升弓	Mp1
8.3	电动泵(有电无气)	操作电动泵可进行升弓	Mp2

3. 动态检查

动态检查是在卖方动调线上的动态功能试验。

(1) 检查设施、设备及工具

列车、手电筒、相关图纸文件等。

(2) 列车状态

在动调线上,接触网供电。对气候条件和轨道工况有要求试验线最高速度80km/h。

(3) 检查内容

出厂验收动态检查包括紧急制动、车门、制动测试、牵引运行、旁路功能的项点验证等。具体详细内容如表7.1-3所示。

电客车动态检查项目　　　　　　表7.1-3

序号	检查项目	检查要求
1	紧急制动	
1.1	紧急停车按钮	当列车达到80km/h时,按下紧急制动按钮,此时列车应该:高速断路器(HSCB)断开,受电弓下降;列车施加紧急制动,制动减速度≥1.2m/s^2,制动距离应≤205+5%(m)
1.2	警惕按钮	列车运行时,松开警惕按钮,HMI蜂鸣器响,4s后列车施加紧急制动
2	车门	
2.1	车门未关闭引起牵引封锁	在列车静止时将一障碍物置于两门页中间,然后关门,该车门启动防夹,HMI有对应图标,司机室内"所有门关闭"指示灯不亮。将司控器置于牵引位,列车不能启动。取走障碍物,按下对应侧的"重开门"后,对应车门关闭,"所有门关闭"指示灯点亮,此时列车可以牵引
2.2	车门旁路牵引	有一障碍物置于两门页之间,此时列车不能启动牵引,车门旁路开关置于"合"位,列车可以动车

续表

序号	检查项目	检查要求
2.3	车门切除牵引	切除列车上任意一个门后,HMI上显示对应图标,列车能够启动牵引
3	制动测试	
3.1	紧急制动	当列车达到80km/h时,按下紧急制动按钮,此时列车应该:高速断路器(HSCB)断开,受电弓下降;列车施加紧急制动,制动减速度≥1.2m/s^2,制动距离应≤205+5%(m)
3.2	快速制动(正常)	当列车达到80km/h时,拉动牵引手柄到"快速制动"位,列车施加快速制动,制动减速度≥1.12m/s^2,制动距离应≤220+5%(m)
3.3	快速制动(电制动切除)	当列车达到80km/h时,拉动牵引手柄到"快速制动"位,列车施加快速制动,制动减速度≥1.12m/s^2,制动距离应≤206+5%(m)
3.4	常用制度(正常)	当列车达到80km/h时,拉动牵引手柄到"最大常用制动"位,列车施加常用制动,制动减速度≥1.0m/s^2,制动距离应≤247+5%(m)
3.5	常用制度(电制动切除)	当列车达到80km/h时,拉动牵引手柄到"最大常用制动"位,列车施加常用制动,制动减速度≥1.0m/s^2,制动距离应≤247+5%(m)
4	牵引运行	
4.1	正常牵引	方向手柄向前,牵引手柄最大牵引位,从0加速至试车线最高速80km/h,平均加速度应≥0.6m/s^2,相关变量的运行曲线需记录并打印为附件
4.2	故障牵引	当一节动车无力时,运行速度限速70km/h速度。当两节车无动力时,运行速度限速65km/h速度
4.3	列车倒行	100%牵引时,运行速度在10±0.5km/h
4.4	列车慢行	在"慢行"模式下,列车速度保持在3±1km/h
4.5	停放制动牵引封锁	动车前司机室施加停放制动,列车应不能牵引
4.6	紧急牵引	紧急牵引功能正常,限速≤30±0.5km/h
5	旁路功能	
5.1	气制动旁路	断开某一节车气制动缓解继电器电源,气制动缓解灯不亮,操作气制动旁路开关,可以动车,限速10km/h
5.2	停放制动旁路	断开某一节车停放制动缓解继电器电源,停放制动缓解灯不亮,操作停放制动旁路开关,可以动车,限速10km/h
5.3	安全回路旁路	合上安全回路旁路时,车辆限速60km/h
5.4	主风管压力不足旁路	将两个空压机电源开关切除,把主风管气放到0.6MPa以下,0.55MPa以上,列车将会出现牵引封锁/气压不足,将主风缸压力不足旁路开关打至合位,列车能正常牵引,限速60km/h
5.5	门零速旁路	将列车两端的门零速继电器回路接点断开,列车无法开门,激活门零速旁路后可正常开关门
5.6	升弓允许旁路	断开允许闸刀开关受电弓位监测回路中的接点,操作允许升弓旁路后能够正常升弓
5.7	车钩监控旁路	断开半自动车钩联挂好继电器,列车两端均无法激活,打开本端车钩监视旁路后,列车可被激活,HMI显示对应的信息提示
5.8	车门旁路	将一个车门打开,列车不能牵引,再打开车门旁路,列车能够正常牵引

4. 文件检查

文本审查主要包括4部分：（1）列车状态；（2）组装过程检验文件；（3）列车调试文件；（4）转向架文件。具体检查内容及数量如表7.1-4。

文件审查内容   表 7.1-4

序号	文件名称	数量
第一部分	列车状态	
1	合格证	1
2	列车编组	1
3	整车出厂开口项整改措施表	1
4	出厂未完工作和缺失项清单	1
5	配置清单	1
第二部分	组装过程检验文件	
1	车体检验记录	6
2	车体水平性试验记录	6
3	落车高度调节试验记录	6
4	车辆轮载及称重试验记录	6
5	车辆外观和尺寸测量试验	6
6	单车静态限界试验记录	6
7	单车最终泄漏试验记录	6
8	淋雨试验记录	1
第三部分	列车调试文件	
1	绝缘耐压试验记录	1
2	接地回流试验记录	1
3	车钩和贯通道连接试验记录	1
4	保护装置动作正确性试验记录	1
5	列车功能试验记录	1
6	安全措施和安全设备检查试验记录	1
7	主电路电气设备操作试验记录	1
8	辅助系统试验记录	1
9	乘客信息系统试验记录	1
10	客室侧门系统试验记录	1
11	空调试验记录	1
12	制动系统静态试验	1
13	制动系统管路泄漏试验	1
14	制动系统动调试验	1
15	牵引和电制动性能试验记录	1

续表

序号	文件名称	数量
第四部分	转向架文件	
1	转向架总成配置清单	12
2	转向架称重调簧报告	12
3	转向架构架尺寸检测记录	12
4	轮对及轴箱出厂记录	12

7.1.4 出厂验收前准备

电客车预验收准备工作主要包括设备设施准备、人员准备和物资准备三类,这些工作也是电客车调试工作前期准备的重点。

1. 设备设施条件

预验收是在主机生产基地开展,提出的设备设施条件应由主机公司进行提供。场段内设备设施条件包括限界门、试车线、工程车、卸车线、洗车线、检修股道、架车机、静调电源柜及受电弓受流装置等,场段内这些设备设施满足电客车动、静调和问题处理用到的主要设施。而试车线则用于牵引、制动和功能试验等动态测试,应满足列车最高速度动调的需要。

2. 人员条件

电客车预验收工作开展前宜尽早成立工作组,确保人员精干、固定。在电客车预验收前选调检修人员成立预验收组,由预验收组专职负责电客车预验收作业的整个过程,在所有电客车预验收结束后,相关人员返回各自工班,或成立定修班开展三月检(半年检)以上修程作业,此种组织方式有利于集中力量开展预验收作业,避免人员兼职造成的影响。预验收组由技术骨干人员组成,人员安排 7 人以上,分为三个小组,分别负责电客车预验收中的相关工作。筹备首条线路的地铁公司,由于新员工较多,经验不足,应在预验收组配置更多的人员。

3. 物资准备

电客车预验收所需物料包含画线笔、酒精、棉布、螺纹紧固剂、扎带、油漆等,各类物资应按需求准备充足。所需工器具包括万用表、手电筒、安全带、测漏仪等。

7.1.5 出厂验收方法和步骤

由于试运行供车计划是电客车调试工作的目标节点,而电客车预验收又是电客车调试的前置条件,因此,电客车预验收计划应以电客车调试计划、试运行供车计划为目标,结合主机生产计划、车辆段工期计划综合制定,充分利用资源,提高效率。

1. 出厂验收流程

(1)出厂验收申请

列车在生产调试完后,主机厂书面正式通知监理公司及业主方参加发运前检查(PSI),并由业主和主机厂双方授权代表在发运前检查报告上签字。

注:主机厂某基地提交出厂验收申请前应完成所有监造及监理过程中开口项的关闭。

（2）作业审批

由业主方与监理方对检查报告审核完毕后确认出厂验收时间，然后业主方安排人员参与出厂验收作业（图 7.1-1）。

图 7.1-1　出厂验收通知书

（3）人员申报

参与人员是由业主人员、监理公司、主机厂人员三方提供名单，所有参与人员明确出厂验收时间及作业安排。

（4）出厂验收过程

按顺序完成列车外观检查、静态通电检查、动态检查、文件、记录检查。

检查过程中由主机厂提供作业工具及劳保用品，作业前要对全部参与人员进行安全交底并签字确认。在出厂验收检查期间，主机厂应准备列车履历簿文件（CHB）供查阅（图 7.1-2～图 7.1-7）。

图 7.1-2　客室无电检查

图 7.1-3　车底检查

图 7.1-4 外观检查

图 7.1-5 有电功能验证

图 7.1-6 动态调试

图 7.1-7 文本审核

（5）开口项关闭

出厂验收过程中所有发现与技术规格不符的功能和车辆设备都要在该列车交付之前改正，重新试验和重新检查。改正工作应该在发运之前进行。如果有对车辆的功能和外观影响很小的不合格项点（不超过三项），经业主同意后，主机厂人员可以在场段售后现场再做整改工作。

（6）出厂验收报告提交

所有的不合格和故障都要记录在 PSI 报告中。PSI 报告也应该包括缺件清单，缺失项将来可以在场段售后现场安装。PSI 报告由主机厂、监理公司、业主三方签字确认后方可发运。

2. 作业安排流程表

作业验收时间通常为两天，具体安排流程如图 7.1-8 所示。

7.1.6 其他需求

除了做好预验收人员、物资、计划方面的准备以外，预验收还应该重视制度建设、员工培训、技术管理、协调机制建设和问题处理等工作，才能确保高效优质的完成电客车预验收工作，具体需求如下：

1. 制度建设

提前制订好电客车预验收相关的管理制度，如安全制度、对外联络制度、会议制度等，并在实际运作过程中加以修改完善，从而满足调试的要求。

2. 员工培训

除了要按计划完成电客车预验收工作外，还要兼顾人员的培养。电客车预验收是很好的培训机会，尤其是对于开通首条线路的地铁公司来说，在预验收初期就应制定培训计划，结合工作开展，并持续对培训工作进行总结。引导员工主动学习，不断地提升自身的整体素质和业务技能。

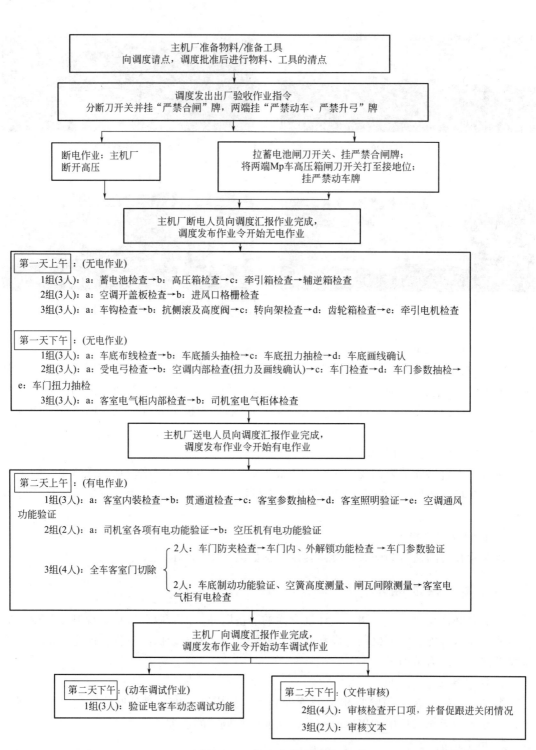

图 7.1-8 作业安排流程图

3. 技术管理

预验收工作应全过程重视技术管理工作，包括对技术资料、相关记录的管理和对提高预验收人员技术的管理，确保整个预验收工作安全、可控。

4. 协调机制建设

预验收工作涉及与厂家的沟通，为了预验收工作的顺利开展，应建立一套可行、高效的协调机制。

5. 以问题处理为核心

及时发现并处理问题，接收质量良好的列车是电客车预验收工作的核心任务，因此，对于预验收过程中发现的问题，应制定专门的电客车开口项台账进行跟进，实行动态消项管理，定期与厂家沟通整改目标，并将问题整改情况作为签署电客车预验收文件的先决条件，督促厂家严格按照目标落实问题整改责任。

7.2 开箱检查概述

7.2.1 开箱检查概述

电客车开箱检查工作是依据电客车采购合同在电客车到达车辆段后进行的初步检查，是电客车预验收的前置部分，也是对电客车各系统质量把关的重要一环，是制约地铁后期调试工作开展及现场生产质量水平提升的关键。开箱检查主要是针对车顶、车体、车内和车底4个部位的外观、设备及设备安装工艺的检查以及对随车文件进行的检查。检查设备是否有损伤、运输过程是否保护良好，针对不合格检查项点提出意见，对检查过程中发现的问题形成记录，双方共同形成开口项，并及时关闭。

做好电客车开箱检查工作，能使后续的预验收工作开展得更为顺利。本节通过对电客车开箱检查目的、项目、准备工作、方法和步骤等方面的描述，为今后新开线路的地铁电客车开箱检查工作提供参考（图7.2-1）。

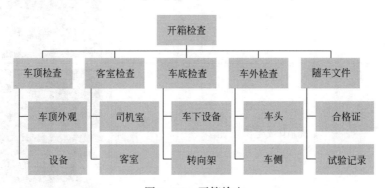

图 7.2-1 开箱检查

7.2.2 开箱检查的目的

开箱检查的目的是确定列车运输过程中状态良好、保护设施完善、设备及安装状态无损坏，车辆上各种设备的标牌名称、数量、规格型号、生产商、系列号、出厂日期等符合设计及合同要求，随车资料齐全，合格证和各种试验检查记录无问题，试验记录完整，文件完好，无缺页，避免不合格及不齐全的设备进入现场。

7.2.3 开箱检查项目

1. 车顶检查

车顶检查包括整体的外观和主要设备的检查，主要的检查项目及检查标准如表 7.2-1 所示。

车顶检查项目及检查标准　　　　　　　　　表 7.2-1

序号	检查项目	检查标准	图片
1.1	车顶	车体颜色均匀，油漆无脱落	
1.2	受电弓系统	受电弓各部件无损坏或变形、无缺陷，防松线清晰无错位；转动灵活、固定件无松动	
1.3	空调系统	安装牢固，盖板锁闭正常；空气过滤器应是可更换的，并方便更换，应能清洗和重复使用；压缩机无漏油；风机运转正常；过滤网清洁无破损；回风道无漏水	
1.4	废排	无损坏或变形、无缺陷，防松线清晰无错位	
1.5	避雷器	无损坏或变形、无缺陷	
1.6	天线(Tc车车顶)	无损坏或变形、无缺陷，打胶均匀	
1.7	贯通道(折棚顶部)	无损坏或变形、无缺陷	

2. 司机室检查

司机室检查项目很多，按照检查项目及检查标准如表 7.2-2 所示。

司机室检查项目及检查标准　　　　　　表 7.2-2

序号	检查项目	检查标准	图片
2.1	司机台	无损坏或者变形、无缺陷、油漆无缺损	
2.2	司机台前窗	无损坏或变形、无缺陷、油漆无缺损	
2.3	左车门	车门关闭时，门板面与车体外表面平齐；内、外装饰与侧墙内、外的装饰相协调；车门装饰带与车体装饰带高度一致	

续表

序号	检查项目	检查标准	图片
2.4	左侧门控面板	无损坏或变形、无缺陷,油漆无缺损	
2.5	内顶板	不允许使用木材、胶合板;油漆无磕碰,不允许有毛刺;颜色统一协调	
2.6	地板	无损坏或变形、无缺陷	
2.7	右车门	车门关闭时,门板面与车体外表面平齐;内、外装饰与侧墙内、外的装饰相协调;车门装饰带与车体装饰带高度一致	
2.8	右侧门控面板	无损坏或变形、无缺陷,油漆无缺损	
2.9	电子柜	安装配合好;无损坏或变形、无缺陷;活动件活动灵活、固定件无松动;颜色均匀	

续表

序号	检查项目	检查标准	图片
2.10	设备柜	安装配合好；无损坏或变形、无缺陷；活动件活动灵活、固定件无松动；颜色均匀	
2.11	侧墙板	不允许使用木材、胶合板；金属装饰带表面应光滑，不允许有毛刺；颜色统一协调	
2.12	司机室间隔门	无损坏或变形、无缺陷，油漆无缺损，能灵活开关门	
2.13	司机室通风机	无损坏或变形、无缺陷，油漆无缺损，挡位转动灵活	

续表

序号	检查项目	检查标准	图片
2.14	灭火器	安装牢固;位置正确;日期有效;无变形、无缺陷	
2.15	司控器	司机控制器两手柄机械互锁,活动良好不卡滞,警惕按钮安装正确	
2.16	HMI/ATO 显示器	安装牢固;位置正确;无变形、无缺陷	
2.17	麦克风	安装牢固;位置正确;无变形、无缺陷	

续表

序号	检查项目	检查标准	图片
2.18	司机室阅读灯	安装牢固;位置正确;无变形、无缺陷	
2.19	司机台各指示灯、仪表、按钮	安装牢固;位置正确;无变形、无缺陷;无缺陷;表内照明;显示清楚;检验证未过期	
2.20	司机室照明	安装牢固;位置正确;无变形、无缺陷	
2.21	司机座椅	外观应完好;座椅可前后分级调节位置;整个座椅连同旋转座可搬动前后两个位置;座椅高度可自由调节;座椅可左右转动;椅背角度可连续调节;座椅可以调节至前后倾斜一定角度	
2.22	司机室内附属设备	安装牢固;位置正确;无变形、无缺陷	

续表

序号	检查项目	检查标准	图片
2.22	司机室内附属设备	安装牢固;位置正确,无变形、无缺陷	
2.23	刮雨器	安装配合好;无损坏或变形、无缺陷;活动件活动灵活、固定件无松动	

3. 客室检查

客室检查项目及检查标准如表 7.2-3 所示。

客室检查项目及检查标准　　　　　　　　表 7.2-3

序号	检查项目	检查标准	图片
3.1	内顶板	不允许使用木材、胶合板;金属装饰带表面应光滑,不允许有毛刺;颜色统一协调	
3.2	扬声器	无损坏或变形、无缺损	
3.3	侧墙板	不允许使用木材、胶合板;金属装饰带表面应光滑,不允许有毛刺;颜色统一协调	
3.4	扶手、立柱、吊环	不允许使用木材、胶合板;金属装饰带表面应光滑,不允许有毛刺;颜色统一协调;吊环数量齐全	
3.5	门立柱盖板	不允许使用木材、胶合板;金属装饰带表面应光滑,不允许有毛刺;颜色统一协调	
3.6	紧急对讲装置	无损坏或变形、无缺陷,油漆无缺损	
3.7	LED动态地图屏及地图贴膜	无损坏或变形、无缺陷,油漆无缺损,屏幕清晰,贴膜完好、字迹清晰	

第7章 电客车现场调试前的工作及流程

续表

序号	检查项目	检查标准	图片
3.8	拐角顶板	不允许使用木材、胶合板;金属装饰带表面应光滑,不允许有毛刺;颜色统一协调	
3.9	通风格栅	无损坏或变形、无缺陷,油漆无缺损	
3.10	回风格栅	无损坏或变形、无缺陷,油漆无缺损	
3.11	左侧座椅	安装牢固;无损坏或变形、无缺陷,表面光滑无毛刺	
3.12	右侧座椅	安装牢固;无损坏或变形、无缺陷,表面光滑无毛刺	
3.13	灭火器	安装牢固;位置正确;日期有效;无变形、无缺陷	

续表

序号	检查项目	检查标准	图片
3.14	左、右车窗	内、外装饰与侧墙内、外的装饰相协调,粘胶光洁	
3.15	客室灯保护罩板	无损坏或变形、无缺陷,表面光滑无毛刺	
3.16	地板	无损坏或变形、无缺陷	
3.17	警示标识	齐全、显示清晰,无损坏或变形、无缺陷	
3.18	设备柜	标识正确清晰,零部件齐全,安装配合好;无损坏或变形、无缺陷;活动件活动灵活、固定件无松动;颜色均匀	
3.19	电器柜	标识正确清晰,零部件齐全安装配合好;无损坏或变形、无缺陷;活动件活动灵活、固定件无松动;颜色均匀	
3.20	接地电缆	电缆护套良好、无破损、无断股、接触良好,无虚接	
3.21	照明	安装牢固、紧凑;无损坏、整体统一美观	

续表

序号	检查项目	检查标准	图片
3.22	升弓脚踏泵	位置正确；安装牢固；无变形、无缺陷，拆取、踩踏方便	
3.23	电动升弓泵	位置正确；安装牢固；无变形、无缺陷	
3.24	贯通道	无损坏或变形、无缺陷，渡板平整	

续表

序号	检查项目	检查标准	图片
3.25	左车门及解锁装置	安装牢固,无损坏或变形、无缺陷,油漆无缺损;车门关闭时,门板面与车体外表面平齐;内、外装饰与侧墙内、外的装饰相协调;车门装饰带与车体装饰带高度一致	
3.26	右车门及解锁装置	安装牢固,无损坏或变形、无缺陷,油漆无缺损;车门关闭时,门板面与车体外表面平齐;内、外装饰与侧墙内、外的装饰相协调;车门装饰带与车体装饰带高度一致	
3.27	LCD显示屏	位置正确、安装牢固,无损坏或变形、无缺陷,油漆无缺损,屏幕清晰	
3.28	端墙LED显示器	位置正确、安装牢固,无损坏或变形、无缺陷	
3.29	取暖装置	位置正确、安装牢固,无损坏或变形、无缺陷	
3.30	车上气制动切除装置	位置正确、安装牢固,方便操作,无损坏或变形、无缺陷	

4. 车体外部检查

车体外部检查的检查项目及检查标准见表7.2-4所示。

车体外部检查项目及检查标准　　　　　　表 7.2-4

序号	检查项目	检查标准	图片
4.1	头部正面	美观、大方、LOGO 标识清晰	
4.2	油漆质量	平整光滑、无脱落、无色差	
4.3	头灯/尾灯	安装牢固；位置正确；无变形、无缺陷	
4.4	运行灯	安装牢固；位置正确；无变形、无缺陷	
4.5	全自动车钩	安装牢固；位置正确；无变形、无缺陷，防松线清晰	
4.6	半永久牵引杆	安装牢固；位置正确；无变形、无缺陷，防松线清晰	
4.7	防爬装置	安装牢固；位置正确；无变形、无缺陷	
4.8	登车扶手(左)	安装牢固；位置正确；无变形、无缺陷，油漆无缺损	
4.9	登车脚蹬(左)	安装牢固；位置正确；无变形、无缺陷，油漆无缺损	
4.10	左侧侧墙	无损坏或变形、无缺陷，油漆无缺损	

续表

序号	检查项目	检查标准	图片
4.11	贯通道折棚	无损坏或变形、无缺陷	
4.12	右侧侧墙	无损坏或变形、无缺陷,油漆无缺损	
4.13	登车扶手(右)	安装牢固;位置正确;无损坏或变形、无缺陷,油漆无缺损	
4.14	登车脚蹬(右)	安装牢固;位置正确;无损坏或变形、无缺陷,油漆无缺损	
4.15	车门紧急解锁装置	位置正确、安装牢固,方便操作,无损坏或变形、无缺陷	

5. 车底检查

车底检查的检查项目及检查标准有：

车底检查项目及检查标准　　　　表 7.2-5

序号	检查项目	检查标准	图片
5.1	车体	无损坏或变形、无缺陷,油漆无缺损	
5.2	跳接电缆	安装牢固,无损坏、缺陷	
5.3	低压箱	位置正确、安装牢固,无损坏或变形、无缺陷,油漆无缺损	

第7章 电客车现场调试前的工作及流程

续表

序号	检查项目	检查标准	图片
5.4	制动控制模块	位置正确、安装牢固,无损坏或变形、无缺陷,油漆无缺损	
5.5	蓄电池箱	位置正确、安装牢固,无损坏或变形、无缺陷,油漆无缺损	
5.6	网关阀、智能阀	安装牢固,管路连接牢固,插头连接牢固	
5.7	接地电阻	位置正确、安装牢固,无损坏或变形、无缺陷	
5.8	线槽	位置正确、安装牢固,无损坏或变形、无缺陷	
5.9	电抗器	位置正确、安装牢固,无损坏或变形、无缺陷,油漆无缺损	

147

续表

序号	检查项目	检查标准	图片
5.10	高压箱	位置正确、安装牢固,无损坏或变形、无缺陷,油漆无缺损	
5.11	牵引箱	位置正确、安装牢固,无损坏或变形、无缺陷,油漆无缺损	
5.12	辅助逆变器箱	无损坏或变形、无缺陷,油漆无缺损	
5.13	空气压缩机	无损坏或变形、无缺陷,油漆无缺损	
5.14	管路系统	管道安装紧固到位,防松标记无错位,管道无明显划痕	

续表

序号	检查项目	检查标准	图片
5.15	ATC天线	无损坏或变形、无缺陷	
5.16	安全标示及铭牌	无损坏或变形、无缺陷,文字清晰可见	
5.17	空调紧急逆变器	无损坏或变形、无缺陷	

6. 转向架检查

转向架检查的检查项目及检查标准有：

转向架检查项目及检查标准　　　　表 7.2-6

序号	检查项目	检查标准	图片
6.1	车轮	踏面及轮缘无异常磨损,踏面擦伤深度小于0.5mm,擦伤长度小于40mm	
6.2	一系弹簧	无异常变形、裂纹、破损及剥离	
6.3	轴箱	轴箱端盖无裂纹、损伤、脱漆、锈蚀;安装件无松动;紧固螺母无松动	

续表

序号	检查项目	检查标准	图片
6.4	抗侧滚扭杆	螺母无松动,螺栓连接牢固,摇臂呈水平状态,连杆无变形,表面无锈蚀,活动关节处橡胶无损坏	
6.5	空气弹簧	气囊无损伤、破裂;导板与车体连接紧固;组件无空气泄漏现象,紧急弹簧应无变形,与构架的连接应牢固	
6.6	传感器电缆	固定螺钉紧固,电缆线固定在正确的位置且易于活动	
6.7	接地碳刷电缆	固定螺钉紧固;电缆线固定在正确的位置且易于活动	
6.8	垂向减振器	连接螺钉及垫片完好无松动;检查橡胶衬套应无破裂;无渗漏润滑油情况	
6.9	横向止挡	橡胶件完好无损,与构架连接紧固	

续表

序号	检查项目	检查标准	图片
6.10	车轴	表面无裂纹、损伤	
6.11	齿轮箱(动车)	检查安装螺钉及调整螺钉的紧固情况,检查支撑橡胶应无老化、破损;安装件紧固完好、箱体无异常变形、损伤;无渗漏润滑油情况,油面应在上下线之间	
6.12	联轴节(动车)	连接紧固;无渗漏润滑油情况	
6.13	牵引电机(动车)	与构架的连接牢固,无松动,电机电缆连接紧固,无烧焦异味	
6.14	牵引杆	连接螺母紧固无松动;橡胶关节无破伤	

续表

序号	检查项目	检查标准	图片
6.15	转向架构架	无裂纹、损伤、变形	空气弹簧 抗侧滚扭杆 高度阀 垂向油压减振器
6.16	横向减振器	连接螺钉及垫片完好无松动；检查橡胶衬套应无破裂；无渗漏润滑油情况	
6.17	起吊钢丝拉绳组件	紧固螺母无松动，标识清晰、准确	
6.18	高度阀	连杆螺母及紧固螺母无松动；扭臂无变形，球形阀转动灵活	
6.19	停放制动手动装置	无裂纹、损伤、变形，工作性能良好	
6.20	轮缘润滑装置	工作性能良好、螺栓连接牢固，检查润滑油液面高度，管路及控制系统连接良好。轮缘润滑装置安装在 T1～T4,T11～T14 共 8 列车拖车转向架 1 的 1 位端	
6.21	防腐蚀措施	对规定必须采取防腐蚀措施的部位（紧固件、无油漆部分）采取了措施	

续表

序号	检查项目	检查标准	图片
6.22	踏面单元制动器	外观完好,所有的螺钉及锁紧垫片安装紧固并完整;制动器连接部位及与管路接头的连接紧密,无漏气;闸瓦缓解时,闸瓦无裂损;开口销完好,制动、缓解动作灵活,功能良好;能手动紧急缓解停放制动	瓦背 / 瓦托 / 开口销

7. 随车文件检查

随车文件包括合格证和各种试验检查记录表、合格证等,检查项目及检查标准如表 7.2-7 所示。

随车文件检查项目及检查标准　　　　表 7.2-7

序号	检查项目	检查标准
7.1	合格证	文件完好,无缺页;有质量负责人签字及公司专用章
7.2	列车编组	文件完好,无缺页
7.3	整车出厂开口项整改措施表	文件完好,无缺页
7.4	出厂未完工作和缺失项清单	文件完好,无缺页
7.5	配置清单	文件完好,无缺页
7.6	车体检验记录	文件完好,无缺页;试验记录完整
7.7	车体水平性试验记录	文件完好,无缺页;试验记录完整
7.8	落车高度调节试验记录	文件完好,无缺页;试验记录完整
7.9	车辆轮载及称重试验记录	文件完好,无缺页;试验记录完整
7.10	车辆外观和尺寸测量试验	文件完好,无缺页;试验记录完整
7.11	单车静态限界试验记录	文件完好,无缺页;试验记录完整
7.12	单车最终泄漏试验记录	文件完好,无缺页;试验记录完整
7.13	淋雨试验记录	文件完好,无缺页;试验记录完整
7.14	绝缘耐压试验记录	文件完好,无缺页;试验记录完整
7.15	接地回流试验记录	文件完好,无缺页;试验记录完整
7.16	车钩和贯通道连接试验记录	文件完好,无缺页;试验记录完整
7.17	保护装置动作正确性试验记录	文件完好,无缺页;试验记录完整
7.18	列车功能试验记录	文件完好,无缺页;试验记录完整
7.19	安全措施和安全设备检查试验记录	文件完好,无缺页;试验记录完整

续表

序号	检查项目	检查标准
7.20	主电路电气设备操作试验记录	文件完好,无缺页;试验记录完整
7.21	辅助系统试验记录	文件完好,无缺页;试验记录完整
7.22	乘客信息系统试验记录	文件完好,无缺页;试验记录完整
7.23	客室侧门系统试验记录	文件完好,无缺页;试验记录完整
7.24	空调试验记录	文件完好,无缺页;试验记录完整
7.25	制动系统静态试验	文件完好,无缺页;试验记录完整
7.26	制动系统管路泄漏试验	文件完好,无缺页;试验记录完整
7.27	制动系统动调试验	文件完好,无缺页;试验记录完整
7.28	牵引和电制动性能试验记录	文件完好,无缺页;试验记录完整
7.29	转向架总成配置清单	文件完好,无缺页
7.30	转向架称重调簧报告	文件完好,无缺页;试验记录完整
7.31	转向架构架尺寸检测记录	文件完好,无缺页;试验记录完整
7.32	轮对及轴箱出厂记录	文件完好,无缺页;试验记录完整

7.2.4 开箱检查前准备

开箱检查前准备工作主要分为基本前提条件、作业准备工作、电客车准备工作。

1. 基本前提条件

确认电客车已经完成车辆厂内型式试验和例行试验,车辆厂质量部门开具了出厂质量证明文件,电客车符合合同要求。

车辆在车辆段完成了卸车、重新编组等工作。

确认供货方售后服务文件及计划,其供货方的售后团队已经进驻车辆段并完成准备工作。

确认列车到段检查、调试详细计划、操作工艺文件和质保期服务方案(包括合同中要求的内容)。

电客车开箱检查工作小组成立。

2. 作业准备工作

作业者按照要求穿着工作服,佩戴防护用具。准备好作业工具及材料,主要是方孔钥匙、安全带、手电筒、抹布、人字梯等。

车辆段临管前到联合调度室请点,临管后到DCC请点,明确作业车辆编号及作业时间。

做好安全防护工作,两端挂"禁止动车"牌。

3. 电客车准备工作

电客车停在有平台和地沟股道,做好防溜措施;作业前电客车处于降弓状态,断开两端蓄电池闸刀开关;将两端高压箱闸刀开关打至接地位,防止作业时触电;断开作业股道接触网隔离开关并挂好接地线。

7.2.5 开箱检查方法及步骤

电客车开箱检查的具体内容按照《LYL1 项目电动客车开箱检查报告(OCI)》执行,按照外观检查的方法、具体的项目和要求如章节 7.2.3 所述,可以整体分为车顶、车内、车侧、车底 4 个部分,需要注意的是部分部件需要测试其无电状态下活动件的状态等(表 7.2-8)。

开箱检查方法及步骤　　　　　　　　　表 7.2-8

部位	部件	检查方法
车顶	受电弓	摇动或提动测试弓头、上框架、下臂杆、底架等连接处是否转动灵活
车内	司机室间隔门	测试把手转动灵活,锁舌相应伸缩,转动门页铰链
车内	司机室通风机	挡位转动灵活
车内	司控器	司控器活动控制手柄在各个挡位之间应转动灵活,挡位明显,无机械卡滞、松动现象。两手柄机械互锁:当方向手柄在"0"位时,牵引手柄被锁定;当方向手柄在"向后"或者"向前"位时,牵引手柄可以在"牵引""制动"和"快速制动"位移动;当方向手柄在"0"位时,机械锁应转动灵活,机械锁在锁定位置的时候,钥匙方可拔出;当主控钥匙在断开位时,方向手柄和牵引手柄均无法动作;方向手柄在非"0"位时,主控钥匙无法拔出
车内	司机座椅	外观应完好;座椅可前后分级调节位置;整个座椅连同旋转座可搬动前后两个位置;座椅高度可自由调节;座椅可左右转动;椅背角度可连续调节;座椅可以调节至前后倾斜一定角度
车内	电器柜	活动件活动灵活
车内	升弓脚踏泵	升弓柜检查脚踏泵拆取方便、脚踏运动灵活
车底	高度阀	手握住连接杆摇动测试球形接头转动是否灵活
车底	踏面单元制动器	测试踏面单元制动器能够手动缓解停放制动,需要在客室座椅下方切除 B05 球阀,然后在车下拉动停放制动缓解拉绳,观察闸瓦离开踏面

除此之外,在车顶、车侧、车底转向架附近要格外注意起吊过程中受力处是否有损伤、是否与吊绳干涉造成油漆损伤和部件变形。

为了保证各个部位的检查进度同步,结束时间基本一致,可以把检查项目较少的车顶和车外分为一组、车内一组、车底一组,三组同时开展开箱检查工作,如果人员充足,还可以从车的两侧同时往中间开展。具体的步骤为车内作业者同时从司机室开始,向 M 车方向检查;车下作业者从 Tc 车全自动车钩下方地沟处开始,同时向 M 车检查;车顶作业者从 M 车开始向两端 Tc 车检查,车顶检查结束后检查车头正面、车钩,然后每组分别进行车辆一侧的检查。

开箱检查报告示例如图 7.2-2 所示。

图 7.2-2　开箱检查报告

7.3 查线核图

为保证电客车接线质量以及后期运营的稳定性，现针对 LYL1 项目中已完成电客车调试作业的车辆进行查线核图作业。现场核实电客车实物与电气原理图、接线图的差异并进行优化整改，为后续的安全运营及车辆检修工作打下良好的基础。

7.3.1 查线核图概述

通过全面核查线路接线，根据技术工艺完善和修正设备对应的电路图和配线图，使 LYL1 项目电客车接线质量、设备布置、线号路径与设计的一致性得到保证。

7.3.2 查线核图的目的

查线核图的目的是使 LYL1 项目电客车接线质量、设备布置、线号路径与设计的一致性得到保证，为后续的安全运营及车辆检修工作打下良好的基础。

7.3.3 查线核图项目

普查范围：114 柜、客室端子排、车门 EDCU、司机台、继电器柜、空调柜、低压柜等电连接作业项点，重点检查设备所有低压接线的压接质量、与原理图、配线图的吻合程度，检查设备低压电气小元件的接线质量，各部件规格型号安装正确。

线排、电气元件（继电器、断路器、二极管）接线检查标准。

外观：检查各接线外观无异常，无散股、断股、导线外露等异常现象；整体布线整齐，转角处留有弧度，线束捆扎固定整齐美观。

紧固：检查各接线应连接紧固，各短接片应紧固无松动；用手轻轻试拔接线，检查是否紧固，确保无虚接、漏接；检查继电器、断路器、开关等各类电气元件接线脚接线紧固、无松脱。

线号：检查二极管及短接片位置正确；各接线线号正确，无断点、污点，清晰、无异常，检查实际接线是否与配线图设计一致。

接线：线缆应完好无损、无裸露；控制电缆与开关信号电缆现场应分开线槽布局；线缆的规格应与图纸上要求一致；线缆的连接端应紧固无松脱；元器件、接线端子的接线情况应与图纸一致。

连接器检查。

外观：检查各插头等连接器外观无异常，无破损等异常现象；整体布线整齐，转角处留有弧度，线束捆扎固定整齐美观。

紧固：检查各连接器紧固无松动。

线号：检查线束号、线号、插头标签等无污迹、不清晰、断点等异常，实际接线是否与配线图设计一致。

7.3.4 查线核图准备

核查人员已考取车辆部上岗证，了解熟悉待核查电客车内部接线原理及布线分布，具体参加查线核图人员由车间决定。

作业时必须遵守现场相关制度规定与要求；

作业要求车辆无电，且取出蓄电池熔断器，115 柜永久负载空气开关断开；

作业时发现不符合项记录在查线核图作业问题记表中。

查线核图方法步骤：

（1）作业前由负责人统筹安排，由作业负责人宣贯安全注意事项，与作业人员签订安全交底书。

（2）作业前清点好工器具，作业完成后核对作业内容及工器具，做到工完场清。

（3）作业时双人作业，做好互检互控，保证作业质量。

（4）作业中做好安全防护，确保员工人身安全。

（5）箱体检查后恢复设备时做好双确认，工班长或负责人必须对盖板锁闭情况进行确认，确保所有盖板锁闭到位。

（6）作业完成后，工班长或负责人必须核实所有设备已恢复，熔断器安装，微动开关位置正确。

7.3.5 查线核图方法及步骤

查线核图按照作业检查表进行接线检查，主要包含客室控制柜、继电器柜，作业人员两人一组，1 人检查线号，1 人核对检查表，查看是否一致，若检查实物与检查表不符合，则进行问题统计，电客车查线核图作业完毕后进行问题检查并由厂家进行故障处理，形成 PDCA 循环，保障电客车的正常运营（图 7.3-1～图 7.3-4）。

图 7.3-1 作业前安全交底

图 7.3-2 早交班会

图 7.3-3 115 柜查线核图

图 7.3-4 门控器接线检查

7.3.6 查线核图问题总结

为确保车辆及工艺设备接线质量,车辆部分阶段对电客车开展查线核图作业,目前已完成 0101、0102、0105、0106、0108、0109、0110、0111、0113、0114、0115、0116、0117、0118、0119 共 15 列车。0107 车完成约 50%,目前正在进行 0107 车查线核图作业,累计发现故障 167 条。累计检查完 128061 个项点。发现的主要故障有以下几个方面:

问题分类	线号缺失	线号模糊	点位接错	线码错误	缺件	标签错误	线号错误	线号点错	接线错误	点位松动
数量	22	38	7	6	1	1	65	12	12	3

(1)目前发现的主要问题是检查发现线号方面的问题,检查发现主要是线号缺失(图 7.3-5)、线号模糊、线号错误,结合电路图和接线表发现此类问题相对比例较高,对此类问题主要是重新核对线号和种类后,对故障点进行线号更换并确保接线质量。

图 7.3-5 线号缺失

(2)接线错误也相对较多,主要是包含线号对端子排插接错误,且前期生产车辆故障点较多,主要原因是前期生产车辆存在技术整改类文件较多,0101 车和 0102 车和后期车辆存在差异较大,针对此类问题,因涉及拆改线路较多,需认真仔细核对线路图后进行整改(图 7.3-6)。

(3)查线核图检查过程中发现有部分部件缺失,重新安装部件后,功能恢复正常,并对查线核图检查发现的问题进行统一检查,避免其他车辆发现类似问题。

(4)查线核图发现部件有松动现象,此类问题主要涉及厂家在安装过程中未将部件安装到位,导致现场有松动的痕迹,此项问题也是查线核图的一项重要工作,避免因为在运营过程中因为振动等因素造成部件脱落,进而影响到列车的正线运营(图 7.3-7)。

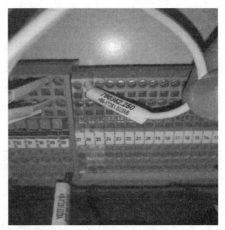

图 7.3-6　线号接错

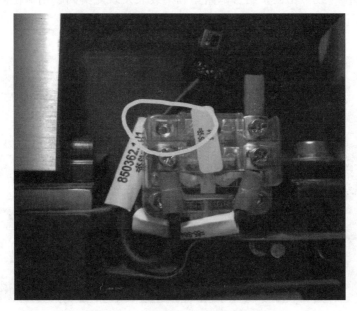

图 7.3-7　部件缺失导致零部件松动

7.3.7　查线核图总结

（1）某地铁 1 号线电客车查线核图作业，前期存在的主要问题是班组员工对电客车掌握了解度不够，作业手法生疏，造成工作时间周期长，班组员工由于工作原因，不定期更换，流动性较大，由于轮值班的分工调整，作业角色逐步由经验丰富的员工到订单班的角色转换，后期查线核图作业主要由计划班进行，作业工时逐步趋于稳定，人员相对固定，作业效率得到有效提高。

（2）前期查线核图检查发现的主要问题是线号错误、线号模糊、接线错误等，针对班组发现的接线问题，要求厂家立即对问题进行核对检查，并于当日进行问题整改、形成闭环，防止对正线行车造成影响，针对线号错误、线号缺失、线号模糊等问题，要求厂家对发现的问题及时准备物料工器具，限期一周之内进行整改，形成 PDCA 循环。

（3）针对查线核图发现的问题进行总结，查找共通性，目前，查线核图作业共性问题基本为线号错误、线号缺失、线号模糊和接线错误等问题，每列电客车接线错误点不同。一方面对发现的问题及时通知班组人员进行学习，并要求班组员工在后期检查时着重关注，另一方面，将此类问题反馈给厂家，后期在生产过程中加强作业质量检查，将类似问题从源头遏制，同时将问题反馈至监造工程师，加强现场作业质量检查，减少此类故障的发生。

（4）班组员工应加强电客车电气原理学习，根据检查内容做查线核图分析，分享查线核图过程中的经验教训，优化检查步骤，提高工作效率，保质、保量完成电客车查线核图作业。

（5）目前查线核图作业人员已固定化，主要为计划班开展作业，1 列电客车作业工时约为 140 小时/人，按照目前作业计划每月计划开展 4 列电客车查线核图作业。

7.4 厂家再调试

7.4.1 厂家再调试概述

厂家根据再调试文件在现场进行车辆调试，车辆到段后首先进行车辆连挂试验，包含无电检查和有电检查，保证电客车在运营线路上的质量安全。做好电客车再调试工作，能使后续的预验收工作开展得更为顺利。本节通过对电客车再调试检查的目的、项目、准备工作、方法和步骤等方面的描述，为今后新开线路提供借鉴。

7.4.2 厂家再调试的目的

厂家再调试的目的是在列车到段后通过进行车辆连挂、无电检查、有电检查、软件版本号确认、车辆动态调试，保证电客车到段后的质量，再调试是电客车生产的最后一步检查，是厂家在业主现场进行的最后检查，检查完成后交由信号进行调试，因此，保证电客车再调试质量至关重要。

7.4.3 厂家再调试项目

1. 电客车重新连挂试验

电客车连挂试验项目及合格标准见表 7.4-1，电客车接车连挂见图 7.4-1。

电客车连挂试验项目及合格标准　　　　表 7.4-1

序号	试验项目	合格标准
1	列车连挂前，去除车钩风管、软管封堵物，括胶带纸，管堵头等，检查车钩机械钩头是否生锈	封堵物均被清除且机械钩头无生锈现象
2	安装车钩卡环，装上螺栓，用扭力扳手对 4 个螺母交替施加 110N·m 的拧紧力矩，开始时以建议扭矩值的 30%（35N·m）来拧紧；然后增加到 60%（65N·m）的建议扭矩值；最后采用 100%（110N·m）的建议扭矩值拧紧。并画好防松标记	卡环螺栓为全新螺栓，螺栓按要求紧固到位

续表

序号	试验项目	合格标准
3	将密封堵头(15)1个插入上部排水孔。将密封堵头(16)4个插入内六角头螺钉(3)的头部	防松板按要求折边
4	半永久车钩连接卡环和半永久车钩钩头表面填充AUTOL-TOP2000,以进行防腐和润滑保护。注意筒套卡环下部的排水孔不能被油脂堵塞	已涂抹
5	连接两车之间的跳接电缆,线卡与插头之间不留余量,并紧固	跳接电缆已安装好。跳接电缆间无干涉
6	连接车体之间的接地线,紧固扭矩31N·m	地线已连好
7	连接接地线。两个车钩接地线扭矩值31N·m	地线已连好

图7.4-1 电客车接车连挂

电客车到达车辆段后对电客车进行接车连挂,按照试验要求确认好每一步工作,电客车连挂后通过工程车牵引至有接触网股道进行后续电客车调试作业。

2. 贯通道连接试验

贯通道连接试验内容及合格标准见表7.4-2。

贯通道连接试验内容及合格标准　　　　表7.4-2

序号	试验内容	合格标准
1	贯通道连接在车钩连挂完成后进行	车钩连挂已完成
2	检查车体框、贯通道折棚、渡板连杆、踏板、侧护板,安装支座、顶板安装座是否安装完好	各部件安装完好
3	将贯通道折棚另一端与车体连接框密封胶条对应接触,然后关闭车体框上所有折棚锁,锁闭好	贯通道折棚连接锁闭好
4	将渡板连杆销轴与车体另一端踏板支撑连接完成,然后安装渡板,将渡板连杆两个销轴完全插入渡板销孔内,完成渡板安装	渡板安装完成
5	安装顶板:首先安装好顶板安装座,将顶板四个接头全部放入安装座的槽内,再将销轴插入销孔进行锁闭	顶板安装完成

续表

序号	试验内容	合格标准
6	安装侧护板:使侧护板倾斜,下支撑点插入护板下安装座转轴,以下支撑点为旋转轴推动护板到安装位置,将侧护板上安装座销孔和侧护板上部销孔对齐,再将销轴插入销孔进行锁闭	侧护板安装完成
7	检查连接后的贯通道周边是否接合到位,检查贯通道渡板、顶板和侧护板是否处于正确位置,贯通道是否锁闭良好,贯通道是否有破坏,上述事项确认无误后贯通道连挂完成	各部件结合锁闭到位,安装完好,无破坏
8	跳接电缆连挂完成后,将跳接盖板端部保护盖放于活动端收藏座,供解编时再次使用	符合要求

3. 静态调试

静态调试项目及合格标准见表7.4-3。

静态调试项目及合格标准　　　　表7.4-3

序号	调试项目	合格标准
1	车钩状态	无生锈现象,解钩功能正常
2	车辆外观	车顶整洁,无杂物
3	空调单元	无积垢,无脱漆,冷凝风扇与周围无干涉
4	客室内部	内装正常,美观,无脱漆
5	转向架	螺栓和设备无松动,无脱漆,防松标记正确,齿轮箱油位正常
6	受电弓	受电弓扎带解开,安装固定正常
7	空气压缩机	空压机油位在正常范围
8		散热风扇自由转动,无干涉
9	司机室侧门、贯通道门	开关门顺畅,门锁功能正常
10	遮阳帘	遮阳帘安装完好稳固,拉下和恢复时顺畅灵活,锁紧功能良好
11	+115=22-K110(警惕/失电延时/状态B)3s	设定正确,划标记
12	+149=32-K01(欠压继电器/延时时间:5s/欠压脱扣:84V/得电导通:96V)	设定正确,划标记
13	无负载时蓄电池电压	接近+110V
	测量蓄电池+165=32-Q01的6点对地电阻	导通
	合蓄电池保险前,先测量正常/永久负载对地有无短路测量Tc1和Tc2车:+159=32-F101的1点对地+159=32-V03:K点	无短路现象,且阻值至少为千欧级
14	将列车激活按钮旋转至合,列车可以正常激活	功能正常
15	将司控器钥匙占用	HMI上相应端显示占有,在另一端用钥匙占有无效
16	车辆显示屏(HMI)	任何光线条件下显示屏的所有信息必须清晰可读,能正确反映故障信息,蜂鸣器正常

续表

序号	调试项目	合格标准
17	Tc1 车司机室占有,合整车 21－F101、21－F201 检查所有紧急停车按钮未按下,按下受电弓升弓按钮:+111=21－S102	升弓指示灯=21－S102(绿)点亮,HMI 正确显示两个受电弓都已升起
18	按下受电弓降弓按钮:+111=21－S101	降弓指示灯=21－S101(红)点亮、升弓指示灯=21－S102(绿)熄灭、HMI 正确显示两个受电弓的都未升起
19	将 Mp1 车的本弓隔离开关+241=21－S205 打到"合"位,按下受电弓升弓按钮+111=21－S102	2 单元受电弓升弓升起,1 单元受电弓保持降弓状态,HMI 正确显示每个受电弓的状态
20	将 Mp2 车的本弓隔离开关+241=21－S205 打到"合"位,按下受电弓升弓按钮+111=21－S102	1 单元受电弓升弓升起,2 单元受电弓保持降弓状态,HMI 正确显示每个受电弓的状态
21	升双弓,降弓模式开关+115=21－S05 降弓选择开关打降前弓位	1 单元受电弓降下; 2 单元受电弓保持升起状态
22	降弓模式开关+115=21－S05 降弓选择开关打降后弓位	2 单元受电弓降下
23	Tc2 车司机室占有,合整车 21－F101、21－F201 检查所有紧急停车按钮未按下,按下受电弓升弓按钮:+111=21－S102	升弓指示灯=21－S102(绿)点亮,HMI 正确显示两个受电弓都已升起
24	按下受电弓降弓按钮:+111=21－S101	降弓指示灯=21－S101(红)点亮、升弓指示灯=21－S102(绿)熄灭、HMI 正确显示两个受电弓的都未升起
25	将 Mp1 车的本弓隔离开关+241=21－S205 打到"合"位,按下受电弓升弓按钮+111=21－S102	2 单元受电弓升弓升起; 1 单元受电弓升弓保持降弓状态; HMI 正确显示每个受电弓的状态
26	将 Mp2 车的本弓隔离开关+241=21－S205 打到"合"位,按下受电弓升弓按钮+111=21－S102	1 单元受电弓升弓升起; 2 单元受电弓升弓保持降弓状态; HMI 正确显示每个受电弓的状态
27	升双弓,降弓模式开关+115=21－S05 降弓选择开关打降前弓位	1 单元受电弓降下; 2 单元受电弓保持升起状态
28	降弓模式开关+115=21－S05 降弓选择开关打降后弓位	2 单元受电弓降下
29	所有受电弓升起后,按下任一紧急停车按钮	受电弓落下,降弓指示灯=21－S101(红)点亮
30	Tc1 司机室占有,紧急停车按钮没有按下,按下 HSCB 合按钮+111=21－S04	HSCB 合指示灯=21－S104(绿)点亮 HMI 正确显示每个 HSCB 的状态
31	按下 HSCB 分按钮+111=21－S03	HSCB 分指示灯=21－S103(红)点亮; HSCB 合指示灯=21－S104(绿)熄灭; HMI 正确显示每个 HSCB 的状态
32	合上所有 HSCB,按下任一紧急停车按钮	所有 HSCB 断开 HSCB 分指示灯=21－S103(红)点亮
33	Tc2 司机室占有,紧急停车按钮没有按下,按下 HSCB 合按钮+111=21－S04	HSCB 合指示灯=21－S104(绿)点亮; HMI 正确显示每个 HSCB 的状态
34	按下 HSCB 分按钮+111=21－S03	HSCB 分指示灯=21－S103(红)点亮; HSCB 合指示灯=21－S104(绿)熄灭; HMI 正确显示每个 HSCB 的状态

续表

序号	调试项目	合格标准
35	合上所有 HSCB,按下任一紧急停车按钮	所有 HSCB 断开 HSCB 分指示灯=21－S103(红)点亮
36	司机室照明、阅读灯	将司机室灯旋钮打到"合"位时,顶棚灯点亮。开开阅读灯自身按钮开关,阅读灯点亮
37	主照明控制+111=52－S01 打"开"位,查看客室正常照明	客室照明正常,观察无色差
38	切除两台充电机,模拟两台充电机故障(降弓状态)	客室照明进入紧急照明状态,亮度变暗,无色差
39	主照明控制+111=52－S01 打"关"位	客室内所有灯灭
40	检查各电器柜检修灯	打开电气柜门,检修灯点亮
41	Tc1 司机室占有方向手柄在"0"位	Tc1 车尾灯亮 Tc2 车尾灯亮;所有前照灯运行等灯都不亮
42	Tc1 司机室占有方向手柄在"向前"位	Tc1 车白色运行灯亮尾灯不亮前照灯亮;Tc2 车红色运行灯亮尾灯亮前照灯不亮
43	Tc1 司机室占有方向手柄在"向后"位	Tc1 车红、白色运行灯亮尾灯前照灯亮;Tc2 车红、白色标识灯亮尾灯前照灯亮
44	Tc2 司机室占有方向手柄在"0"位	Tc1 车尾灯亮 Tc2 车尾灯亮;所有前照灯运行等灯都不亮
45	Tc2 司机室占有方向手柄在"向前"位	Tc2 车白色运行灯亮尾灯不亮前照灯亮;Tc1 车红色运行灯亮尾灯亮前照灯不亮
46	Tc2 司机室占有方向手柄在"向后"位	Tc2 车红、白色运行灯亮尾灯前照灯亮;Tc1 车红、白色标识灯亮尾灯前照灯亮
47	方向手柄在"向前"或者"向后"位;+111=51－S01 打"远光"位,+115=51－K01 吸合	前照远光灯亮
48	方向手柄在"向前"或者"向后"位;+111=51－S01 打"近光"位,+115=51－K02 吸合	前照近光灯亮
49	将总风放至低于 0.75MPa	主空压机启动打风
50	将总风放至低于 0.7MPa	两台压缩机同时工作
51	空压机打风至总风压力达到 0.9MPa	两台空压机停止工作
52	Tc1 车司机室占有;按下+111=61－S01"空调开"按钮	整车所有的空调机组处于自动运行状态;HMI 空调显示界面正常+111=61－S01 的指示灯亮
53	按下按+111=61－S03"列车空调关"	整车空调机组停止自动运行;HMI 空调显示界面正常

续表

序号	调试项目	合格标准
54	Tc1 车司机室占有按下+111=61-S02"Tc 车空调开"按钮	Tc1 车空调机组处于自动运行状态 HMI 空调显示界面正常+111=61-S02 的指示灯亮
55	按下按钮+111=61-S03 "列车空调关"	Tc1 车空调机组停止自动运行 HMI 空调显示界面正常
56	Tc2 车司机室占有按下+111=61-S01"空调开"按钮	整车所有的空调机组处于自动运行状态；HMI 空调显示界面正常+111=61-S01 的指示灯亮
57	按下按+111=61-S03 "列车空调关"	整车空调机组停止自动运行；HMI 空调显示界面正常
58	Tc2 车司机室占有 按下+111=61-S02"Tc 车空调开"按钮	Tc2 车空调机组处于自动运行状态 HMI 空调显示界面正常 +111=61-S02 的指示灯亮
59	按下按+111=61-S03 "列车空调关"	Tc2 车空调机组停止自动运行 HMI 空调显示界面正常
60	Tc1 车司机室占有,开启空调,点击 HMI 制端模式	机组电加热启动,司机台电加热指示灯(=61-H101)点亮
61	Tc1 车司机室占有,点击 HMI 上座椅电加热"半暖"按钮	座椅电加热半暖运行
62	点击 HMI 上座椅电加热"全暖"按钮	座椅电加热全暖运行
63	点击 HMI 上座椅电加热"关"按钮	座椅电加热关闭运行
64	Tc2 车司机室占有,开启空调,点击 HMI 制端模式	机组电加热启动,司机台电加热指示灯(=61-H101)点亮
65	Tc2 车司机室占有,点击 HMI 上座椅电加热"半暖"按钮	座椅电加热半暖运行
66	点击 HMI 上座椅电加热"全暖"按钮	座椅电加热全暖运行
67	点击 HMI 上座椅电加热"关"按钮	座椅电加热关闭运行
68	司机室通风单元风速控制	开关挡位不同,风速也不同
69	司机室通风单元模式设定	选择相应挡位时,通风单元工作在相应模式
70	足部取暖器功能	开关挡位不同,吹出的风温不同
71	车司机室占有,在司机室开空调	整列车空调运行在"自动"模式
72	断开空调机组的 380V 输入	空调系统应进入紧急通风模式
73	开关门功能	Tc1 司机室占有,ATC 切除,按下开门按钮和关门按钮,车门能正常开门和关门
74	开关门功能	Tc2 司机室占有,ATC 切除,按下开门按钮和关门按钮,车门能正常开门和关门
75	车门切除功能	红色灯点亮,HMI 显示正确
76	紧急解锁功能	黄色灯点亮,HMI 显示正确
77	关闭两侧所有客室侧门	车辆外侧车门指示灯点亮
78	紧急解锁每节车一个客室侧门	车辆外侧车门指示灯熄灭

续表

序号	调试项目	合格标准
79	保持制动压力	0.223±0.02MPa
80	全常用制动压力	Tc车： Ⅰ架：0.311±0.02MPa； Ⅱ架：0.3±0.02MPa； Mp车：0.311±0.02MPa； M车：0.311±0.02MPa
81	紧急制动压力	Tc车： Ⅰ架：0.323±0.02MPa； Ⅱ架：0.305±0.02MPa。 Mp车：0.325±0.02MPa。 M车：0.348±0.02MPa
82	快速制动压力	Tc车： Ⅰ架：0.38±0.02MPa； Ⅱ架：0.305±0.02MPa； Mp车：0.352±0.02MPa。 M车：0.348±0.02MPa
83	空簧压力	Tc车： Ⅰ架：0.275±0.02MPa； Ⅱ架：0.247±0.02MPa； Mp车：0.23±0.02MPa。 M车：0.227±0.02MPa
84	转向架截断塞门	正确安装侧面或下面排风手柄位置正确 HMI 显示正确
85	Tc1 占有，停放制动施加	按下停放施加按钮，停放制动施加，HMI 上显示正常
86	Tc1 占有，停放制动缓解	按下停放缓解按钮，停放制动缓解，HMI 上显示正常
87	Tc2 占有，停放制动施加	按下停放施加按钮，停放制动施加，HMI 上显示正常
88	Tc2 占有，停放制动缓解	按下停放缓解按钮，停放制动缓解，HMI 上显示正常
89	施加紧急制动	车辆外侧制动施加不缓解指示灯点亮
90	切除转向架截止塞门	车辆外侧制动施加不缓解指示灯熄灭
91	动态地图功能	系统上电后，客室侧顶板上的 LED 动态地图应有线路信息、开门侧信息显示。相应显示应能跟广播系统同步
92	PA 客室广播功能	客室每个扬声器都能听到人工广播的声音
93	PECU 功能	客室发起紧急对讲时，HMI 上显示相应的车厢编号及紧急对讲器编号。HMI 上显示所有通话请求队列，并有声音提示。所有紧急报警器在 HMI 上显示的状态正确

续表

序号	调试项目	合格标准
94	LED屏显示功能	系统上电后,乘客信息显示器应有信息显示,当有报站广播的时候,乘客信息显示屏应能显示与报站同步的广播信息
95	终点站LED屏显示功能	在HMI上,线路中的任一站都可设为起点站或终点站,广播应能按司机选择的线路进行播报,同时终点站LED屏同步显示相应的信息
96	LCD屏显示功能	系统上电后,没有信号输入时,客室侧墙上的LCD显示屏应有预存储的多媒体信息显示。当有信号输入时,显示正常的媒体文件信息
97	轮缘润滑(T01—T4,T11—T14)	方向向前,列车非零速时,列车运行100m时喷出润滑油
98	模拟火灾报警	检查火灾报警控制器和HMI显示是否正确
99	客室摄像头、前置摄像头、全景摄像头	客室摄像头、司机室前景摄像头、全景摄像头图像在CCTV显示屏显示清晰
100	刮雨器	刮雨器在各模式下工作正常
101	电笛	电笛工作正常

按照检查标准对电客车进行项点检查,保证电客车部件工作状态正常(图7.4-2)。

图7.4-2 静态调试

4. 电客车软件版本升级

软件版本升级是涉及列车控制、牵引系统、辅助系统等软件信息,再调试过程中一方面根据业主需求对问题项进行优化改进,另一方面根据现场发现的问题进行问题处理解决,逐步完善版本信息,达到电客车运营条件(图7.4-3、表7.4-4、图7.4-4)。

第 7 章 电客车现场调试前的工作及流程

系统/设备	Tc2	Mp2	M2	M1	Mp1	Tc1
列控(VCU)						
EGWM 固件版本	2.2.1	—	—	—	—	2.2.1
EGWM-EPGA 版本	4.1.0	—	—	—	—	4.1.0
EGWM 软件版本	1.2.6	—	—	—	—	1.2.6
DIM 软件版本	3.0.1	—	—	—	—	3.0.1
AXM-FPGA 版本	3.0.1	—	—	—	—	3.0.1
DXM1 软件版本	3.0.1	3.0.1	3.0.1	3.0.1	3.0.1	3.0.1
DXM2 软件版本	3.0.1	3.0.1	3.0.1	3.0.1	3.0.1	3.0.1
DXM3 软件版本	3.0.1	—	—	—	—	3.0.1
司机屏(HMI)	2.0.5	—	—	—	—	2.0.5
EDRM 底层版本	2.0.3	—	—	—	—	2.0.3
EDRM 逻辑版本	1.0.0	—	—	—	—	1.0.0
EDRM 配置文件版本	1.1.2	—	—	—	—	1.1.2
牵引系统(DCU)						
牵引逻辑	—	1.0.0	1.0.0	1.0.0	1.0.0	—
牵引逆变	—	1.0.3	1.0.3	1.0.3	1.0.3	—
牵引粘着	—	2.0.1	2.0.1	2.0.1	2.0.1	—
辅助系统(SIV)						
辅逆 SIV(DSP)	0.0.3	—	—	—	—	0.0.3
辅逆 SIV(PPC)	0.0.4	—	—	—	—	0.0.4
空调(HVAC)	0.0.5	0.0.5	0.0.5	0.0.5	0.0.5	0.0.5
制动系统(BCU)	3.10	—	3.10	3.10	—	3.10
门控器 1(DCU1)	1.0.0	1.0.0	1.0.0	1.0.0	1.0.0	1.0.0
门控器 2(DCU2)	1.0.0	1.0.0	1.0.0	1.0.0	1.0.0	1.0.0
门控器 3(DCU3)	1.0.0	1.0.0	1.0.0	1.0.0	1.0.0	1.0.0
门控器 4(DCU4)	1.0.0	1.0.0	1.0.0	1.0.0	1.0.0	1.0.0
门控器 5(DCU5)	1.0.0	1.0.0	1.0.0	1.0.0	1.0.0	1.0.0
门控器 6(DCU6)	1.0.0	1.0.0	1.0.0	1.0.0	1.0.0	1.0.0
门控器 7(DCU7)	1.0.0	1.0.0	1.0.0	1.0.0	1.0.0	1.0.0
门控器 8(DCU8)	1.0.0	1.0.0	1.0.0	1.0.0	1.0.0	1.0.0
车载广播系统(PIS)	1.2	—	—	—	—	1.2
火灾系统(FAS)	V1.3	V1.3	V1.3	V1.3	V1.3	V1.3

图 7.4-3　软件版本更新定稿

软件版本记录表 表7.4-4

序号	系统/设备	版本号记录					
		Tc2	Mp2	M2	M1	Mp1	Tc1
列控(VCU)							
1	EGWM 固件版本		—	—	—	—	
2	EGWM-FPGA 版本		—	—	—	—	
3	EGWM 软件版本		—	—	—	—	
4	DIM 软件版本		—	—	—	—	
5	AXM-FPGA 版本		—	—	—	—	
6	DXM1 软件版本		—	—	—	—	
7	DXM2 软件版本		—	—	—	—	
8	DXM3 软件版本		—	—	—	—	
9	司机屏(HMI)		—	—	—	—	
10	EDRM 底层版本		—	—	—	—	
11	EDRM 逻辑版本		—	—	—	—	
12	EDRM 配置文件版本		—	—	—	—	
牵引系统(DCU)							
13	牵引逻辑	—					—
14	牵引逆变	—					—
15	牵引粘着	—					—
辅助系统(SIV)							
16	辅逆 SIV(DSP)		—			—	
17	辅逆 SIV(PPC)		—			—	
18	空调(HVAC)						
19	制动系统(BCU)		—			—	
20	门控器 1(DCU1)						
21	门控器 2(DCU2)						
22	门控器 3(DCU3)						
23	门控器 4(DCU4)						
24	门控器 5(DCU5)						
25	门控器 6(DCU6)						
26	门控器 7(DCU7)						
27	门控器 8(DCU8)						
28	车载广播系统(PIS)		—	—	—	—	
29	ATC 软件版本		—	—	—	—	

技术通知单

车辆技文〔2021〕第 5 号　　2021 年 01 月 14 日

标题	关于 LYL1 项目牵引、辅助、控制系统软件版本更新的技术通知

一、整改原因

依据株机公司洛阳城轨技联【2020】第 070 号文《关于发布 LYL1 项目各子系统当前软件版本情况事宜》，为优化 LYL1 项目电气设计，保证电客车运行稳定性，需对 EGWM 软件、HMI 软件、EDRM 配置文件、牵引逆变软件、SIV（PPC）软件进行升级。

二、适用范围

0101~0114。

三、作业安排

本技术通知单的作业由主机厂售后负责执行，检修车间负责监控。该技术通知单于批准之日起执行，在 2021 年 02 月 05 日前完成软件更新。检修调度根据现场实际作业情况安排整改作业。

车辆技文〔2021〕第 7 号　　2021 年 02 月 10 日

标题	关于 LYL1 项目空调系统软件版本更新的技术通知

一、整改原因

洛阳城轨技联【2021】第 012 号《关于 LYL1 项目空调系统软件版本升级事宜》的通知，为解决空调机组中等故障、电加热接触器故障，故将空调控制盘软件由原版本 V0.0.6 更新为新版本 V0.0.7。

二、适用范围

0101~0117

三、作业安排

本技术通知单的作业由主机厂售后负责执行，检修车间负责监控。该技术通知单于批准之日起执行，在 2021 年 02 月 11 日前完成软件更新。检修调度根据现场实际作业情况安排整改作业。

图 7.4-4　软件版本更新

5. 动态有电功能验证

动态作业主要是在电客车静态试验完成后对电客车进行的动态试验，是保证电客车性能的一个常规性功能测试，主要包含加速度、制动距离测试、旁路功能测试，保证电客车的基本运行条件，具体验证项目和合格标准如表 7.4-5 所示。动态有电功能验证见图 7.4-5。

动态有电功能验证项目及合格标准　　**表 7.4-5**

序号	验证项目	合格标准
1	列车 100%牵引到 40km/h，测试平均启动加速度	$a \geq 1.0m/s^2$
2	列车 100%牵引到 80km/h，测试平均启动加速度	$a \geq 0.6m/s^2$
3	电空混合常用制动：100%牵引至 80km/h，施加 100%常用制动测量 80km/h 到 0km/h 的减速度和制动距离	$a \geq 1.0m/s^2$； $s \leq 247m$
4	纯空气常用制动：100%牵引至 80km/h，施加 100%常用制动测量 80km/h 到 0km/h 的减速度和制动距离	$a \geq 1.0m/s^2$； $s \leq 247m$
5	电空混合快速制动：100%牵引至 80km/h，施加快速制动测量 80km/h 到 0km/h 的减速度和制动距离	$a \geq 1.2m/s^2$； $s \leq 205m$
6	纯空气快速制动：100%牵引至 80km/h，施加快速制动测量 80km/h 到 0km/h 的减速度和制动距离	$a \geq 1.05m/s^2$； $s \leq 235m$
7	紧急制动：100%牵引至 80km/h，施加紧急制动测量 80km/h 到 0km/h 的减速度和制动距离	$a \geq 1.2m/s^2$； $s \leq 205m$
8	按下紧急停车按钮	列车施加紧急制动
9	松开警惕按钮	3s 之后施加紧急制动
10	将列车方向手柄打至向后位置，推牵引	限速 10±1km/h
11	慢行	限速 3±1km/h
12	紧急牵引	限速 30±0.5km/h
13	门关好旁路：打开一个车门，无法牵引；打门关好旁路，可以正常牵引	—
14	司机室门关好旁路：打开一个司机室门，无法牵引；打司机室门关好旁路，可以正常牵引	—

图 7.4-5 动态有电功能验证

7.4.4 厂家再调试前准备

厂家再调试前准备工作主要分为基本前提条件、作业准备工作、电客车准备工作。

1. 基本前提条件

确认电客车已经完成了车辆厂内型式试验和例行试验，车辆厂质量部门开具了出厂质量证明文件，电客车符合合同要求。

确认供货方售后服务文件及计划，其供货方的售后团队已经进驻车辆段并完成准备工作。

确认列车到段检查、调试详细实施计划、操作工艺文件和质保期服务方案（包括合同中要求的内容）。

班组及厂家做好人员物料等准备工作。

2. 作业准备工作

作业者按照要求穿着工作服，佩戴防护用具。准备好作业工具及材料，主要是方孔钥匙、安全带、手电筒、抹布、人字梯等。

车辆段临管前到联合调度室请点，临管后到 DCC 请点，明确作业车辆编号及作业时间。

做好安全防护工作，两端挂"禁止动车""禁止升弓"牌。

3. 电客车准备工作

电客车停在有平台和地沟股道，做好防溜措施；作业前电客车处于降弓状态，断开两端蓄电池闸刀开关；将两端高压箱闸刀开关打至接地位，防止作业时触电；断开作业股道接触网隔离开关并挂好接地线。

7.4.5 厂家再调试方法及步骤

电客车厂家再调试严格按照现场调试试验记录表进行作业，该试验类型为例行试验，到段车辆根据作业记录表进行再调试作业，按照先后顺序进行半永久车钩连挂-贯通道连

第7章 电客车现场调试前的工作及流程

接试验-静态调试-软件版本-动态调试。作业数据填写规范，按照项目填写作业记录单，对发现的问题做好现场记录。电客车厂家再调试记录见表7.4-6。

电客车厂家再调试记录　　　　　　　　　　　　　　　表 7.4-6

序号	调试报告
1	LYL1 现场调试报告（文件编号：LYL1-72-446） 列车号 T_____ 车厢号码 里程计 TC1 ___ Km 列车出厂时间：_____ 调试时间：_____ 调试责任人：_____
2	试验内容表（包含贯通道连接、车体框检查、渡板连杆、顶板安装、侧护板安装等6项，合格标准及TC1-MP1、MP1-M1、M1-M2、M2-MP2、MP2-TC2试验结果栏）
3	试验项点表（项点7～15：空气压缩机、散热风扇、司机室侧门及贯通道门、遮阳帘、+115-22-K110、+149-32-K01、无负载时蓄电池电压、测量蓄电池+165-32-Q01的6点对地电阻、合蓄电池保险前测量TC1和TC2车、将列车激活按钮不合、将司控器钥匙占用等，合格标准及TC1、MP1、M1、M2、MP2、TC2试验结果栏）

173

续表

序号	调试报告						
4	序号	项点	合格标准	试验结果					签名
				TC1	MP1	M1	M2	MP2	TC2	
	1	车钩状态	无生锈现象，解钩功能正常	NA	□合格	NA	NA	□合格	NA	
	2	车辆外观	车顶整洁，无杂物	□合格	□合格	□合格	□合格	□合格	□合格	
	3	空调单元	无积垢，无脱漆，冷凝风扇与周围无干涉	□合格	□合格	□合格	□合格	□合格	□合格	
	4	客室内部	内装正常，美观，无脱漆	□合格	□合格	□合格	□合格	□合格	□合格	
	5	转向架	螺栓和设备无松动，无脱漆，防松标记正确，齿轮箱油位正常	□合格	□合格	□合格	□合格	□合格	□合格	
	6	受电弓	受电弓扎带解开，安装固定正常	NA	□合格	NA	NA	□合格	NA	

5	调试过程中的故障记录（文件编号：LYL1-72-446）
	序号 / 故障描述 / 解决方法 / 操作者 / 是否关闭 / 关闭日期 （1~9 空白行） 第1页 共2页　中车株洲电力机车有限公司

7.4.6　厂家再调试问题总结

如图 7.4-6 所示，针对调试发现的问题及时建立开口项，并记录相关问题，班组人员及时跟进问题进展，对于电客车个例问题，及时找厂家进行故障处理，保证设备恢复到原来状态，对于共性问题或者逻辑问题，和厂家沟通图纸及技术文件要求，并制定整改措施，下发技术通知单进行整改。检查发现的问题通知调试人员学习知悉，对后续车辆着重检查；并对发现的问题及时做到 PDCA 循环。

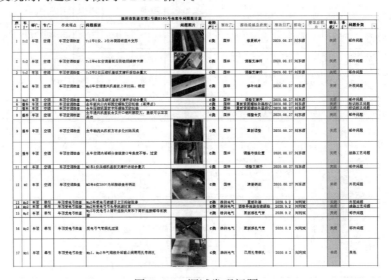

图 7.4-6　调试发现问题

第8章 电客车预验收（PAC）

8.1 电客车预验收试验检查

8.1.1 电客车预验收试验检查概述

电客车预验收试验检查指的是厂家交付电客车并运抵车辆段后，由业主组织对电客车进行外观状态、安全功能、电客车质量等进行重新检查和试验。

8.1.2 电客车预验收试验检查的目的

电客车预验收试验检查的目的是对于影响电客车行车安全功能和电客车运行服务质量的功能缺陷进行重新检查试验，发现问题并解决问题。

8.1.3 电客车预验收试验检查管理

1. 综合管理

（1）参照《运营分公司电客车调试管理办法》中人员请假、补休管理制度，调试组人员应该严格遵守分公司考勤制度，遇有特殊情况需请假时须按照分公司有关规定进行申请。考勤打卡按照公司规定实行，工作时间按照主机厂生产排班计划执行，不少于公司要求。由于车辆调试需要经常加班，如有此类情况调试组组长应在不影响车辆调试的情况下合理安排调试组员工调休。

（2）建立调试组工作日志、工作记录、考勤签到、培训记录、会议记录、信息系统、电子文本等。

2. 安全生产管理

（1）组织员工学习和贯彻落实各级安全规章制度、安全作业规程，教育员工严格遵守劳动纪律和作业纪律。

（2）教育和检查员工按规定正确操作使用设备、工具、原材料、安全装置、个人防护用品等，定期检查设备、工器具、安全设施是否处于良好状态。

（3）负责检查工作场地的安全卫生，保持材料及工具的合理放置，保证员工有一个安全、整洁的工作环境。

（4）组织员工积极开展安全活动，学习推广安全生产先进经验和做法。

（5）做好安全班前预想、班中预防、班后分析工作。

（6）组织开展安全文件学习、召开安全会议、安全台账管理等日常性工作。

（7）按照出差规定签订安全协议，保证在某基地工作期间严格履行工作职责和公司规定。

3. 质量管理

（1）严格按照预验收检查项点和作业有工艺要求执行，避免漏检、漏修。

（2）预验收标准中，测量尺寸、打扭力等严格按照参数要求执行。

（3）作业完毕现场出清物料、劳保、工器具，避免遗留在车顶、箱体、转向架或电气柜内，设备恢复到位。

（4）避免因作业不当对电客车、设备造成损伤。

（5）对调试过程中发现的开口项，要及时跟踪关闭。

（6）对调试过程中发现的工艺问题、超范围质量问题，及时进行汇报并提出修改及处理建议或制定技术措施，保存故障的原始数据，组织供货商对问题进行分析解决。

（7）对电客车调试期间发现的具有普遍性的问题，及时制定合理的整改方案。

（8）负责及时将车辆问题开口项信息汇总统计，为车辆质量分析提供原始数据。

（9）对主机厂不具备条件的曲线通过能力检查、200km 运行试验，在车辆到段后及时安排通过最小半径曲线及正线运行，对运行期间对出现的故障进行记录处理。

4. 例会制度

（1）班前会：为使每位调试组人员熟悉当天的任务安排，和掌握车辆最新的调试状况，每天早上 8：30 分按照班组相关要求开展班前会，包括但不限于安全提醒、质量提醒、作业安排等，调试负责人须清楚、正确向组员传达当天的调试任务，指出工作中的安全关键点；所有调试人员必须清楚地了解每天作业任务安排。作业中，没有得到调试负责人允许，不得进行超出计划外任务，不得进行交叉作业。

（2）班后会：每天下午下班，调试负责人负责组织调试组所有组员一起开当日调试总结会，会议主要包括以下内容：

1）介绍当天车辆调试进度、任务完成情况、所发现的车辆问题和处理情况。

2）介绍次日和后续的车辆调试计划、需注意事项。

3）所有组员一起对当日车辆调试过程中所发现的问题进行汇总交流，商讨解决办法。

8.1.4　电客车预验收试验检查项目

1. 技术文件审查

技术文件审查指对电客车随车文件进行检查核对，文件包括发运前（PSI）检查报告、开箱（OCI）检查报告、车辆履历簿（CHB）、再调试报告（现场调试试验）等文件，对以上文件资料进行检查确认，资料齐全后方可进行预验收试验检查。

2. 预验收检查

电客车由生产场地运输到地铁车辆段，列车需要重新编组连挂，并经过再调试验收，并对电客车外观检查、尺寸测量、扭矩校核、静态调试和动态调试，是列车产权及风险转移、投入运营前的最后一次检验。

3. 外观检查

外观检查是对电客车车顶、车体外部、司机室、客室、车底设备等进行外观检查，看是否有外观磕碰及表面损伤等。

4. 尺寸测量

使用测量设备对电客车部分尺寸参数进行测量检查，检查测量结果是否在合格范围内的作业。

5. 扭矩校核

扭力校核是指根据厂家提供的扭力表，校验扭力按螺栓标准扭矩的85%进行重新校核螺栓扭力，对达到扭矩要求的螺栓检查紧固件外观状态，对未达到校验扭矩的紧固件需重新紧固并重新测量扭矩。

6. 静态有电调试

电客车静态有电调试是指电客车在升起受电弓或者使用车间电源供电，使电客车整车通电，在通电状态下，对司机室、客室各种按钮、照明等进行检查试验，对电客车辅助系统、空调系统、PIS系统、制动系统、牵引控制系统等进行通电检查测试。

7. 动态有电调试

电客车动态有电调试是指电客车在静态有电调试完成后，电客车在试车线进行的动车试验，目的是对电客车在各种速度状态下的牵引制动，各种旁路功能等的测试项目。

8.1.5 电客车预验收试验检查前准备

电客车应停在有平台和地沟股道，做好防溜措施；作业前电客车处于降弓状态，断开两端蓄电池闸刀开关；将两端高压箱闸刀开关打至接地位，防止作业时触电；断开作业股道接触网隔离开关并挂好接地线。

8.1.6 电客车预验收试验检查方法及步骤

1. 扭力校核

扭力校核是根据厂家提供的扭力表，校验扭力按螺栓标准扭矩的85%进行；达到扭矩要求的检查紧固件外观状态；紧固件外观完好，并按划线标准进行重新划线；对未达到校验扭矩的紧固件按如下原则处理：

（1）涂乐泰或防松胶的螺栓，对松动的螺栓需先拆卸螺栓，清洁螺栓表面的乐泰或防松胶，更换新的高压垫片再用标准扭力紧固。

（2）螺栓未涂乐泰或防松胶，对松动的螺栓则直接用标准扭力紧固即可。

1）车顶

车顶主要是受电弓的扭力校核，校核1500V电缆线与受电弓连接处和受电弓框架与避雷器连接处。

2）车底

车底主要是转向架和车钩的扭力校核。转向架扭力校核包括一系弹簧固定用螺栓（图8.1-1），一系垂向止挡调整垫片安装螺栓（图8.1-2），垂向减振器与构架连接（图8.1-3），扭力杆端部固定螺栓（图8.1-4），横向减振器与构架、车体连接（图8.1-5），高度调节杆与构架连接用球头（图8.1-6），齿轮箱吊杆下端与齿轮箱（图8.1-7），电机下部与构架（图8.1-8）等。

3）客室

客室主要是车门的扭力校核。车门扭力校核包括平衡轮固定螺栓（图8.1-9），上滑道与车顶组件连接螺栓（图8.1-10），携门架与直线轴承（图8.1-11），携门架与门扇连接（图8.1-12），下挡销固定螺栓（图8.1-13）等。

图 8.1-1　一系弹簧固定用螺栓

图 8.1-2　一系垂向止挡调整垫片安装螺栓

图 8.1-3　垂向减振器与构架连接

图 8.1-4　扭力杆端部固定螺栓

图 8.1-5　横向减振器与构架、车体连接

图 8.1-6　高度调节杆与构架连接用球头

图 8.1-7　齿轮箱吊杆下端与齿轮箱

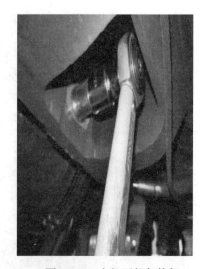

图 8.1-8　电机下部与构架

图 8.1-9　平衡轮固定螺栓

图 8.1-10　上滑道与车顶组件连接螺栓

图 8.1-11　携门架与直线轴承

图 8.1-12　携门架与门扇连接

图 8.1-13 下挡销固定螺栓

4)所需工器具材料

安全带、扭力尺、手电筒、抹布、人字梯、标记笔。

5)扭力检查内容

校验扭力按螺栓标准扭矩的 85% 进行;达到扭矩要求的检查紧固件外观状态;紧固件外观完好,并按划线标准进行重新划线;对未达到校验扭矩的紧固件按如下原则处理:

① 涂乐泰或防松胶的螺栓,对松动的螺栓需先拆卸螺栓,清洁表面螺栓表面的乐泰或防松胶,更换新的高压垫片再用标准扭力紧固。

② 螺栓未涂乐泰或防松胶,对松动的螺栓则直接用标准扭力紧固即可。

具体扭力校核详见表 8.1-1。

扭力校核项目 表 8.1-1

序号	系统	所属部件	连接位置	螺栓规格	扭力	0.85值	校核值	套筒
1	转向架	一系悬挂	一系弹簧固定用螺栓	M10	45	38.25	38	16套筒+16扳手
2		一系悬挂	一系垂向止挡调整垫片安装螺栓	M10	45	38.25	38	16套筒+16扳手
3		垂向减振器	垂向减振器与构架连接	M16	167	141.95	142	24套筒+24扳手
4		横向减震器	横向减振器与构架、车体连接	M16	167	141.95	142	24套筒+24扳手
5		高度阀	高度调节杆与构架连接用球头	M10	28	23.8	24	18开口+18扳手
6		齿轮箱	齿轮箱吊杆下端与齿轮箱	M20	440	374	374	30套筒+3/4转1//2转接头
7		牵引电机	电机下部与构架	M24	581	493.85	494	32套筒
8		抗侧滚扭力杆	扭力杆端部固定螺栓	M16	100	85	85	24套筒

续表

序号	系统	所属部件	连接位置	螺栓规格	扭力	0.85值	校核值	套筒
9	车门	上滑道	上滑道与车顶组件连接螺栓	M10	44	37.4	37	18开口
10		携门架	携门架与直线轴承	M10	44	37.4	37	18开口
11		携门架	携门架与门扇连接	内六角	44	37.4	37	7mm内六方旋具
12		平衡轮组件	平衡轮固定螺栓	M10	44	37.4	37	18开口
13		下挡销	下挡销固定螺栓	内六角	21	17.85	18	6mm内六方旋具
14	受电弓	主电缆	1500V电缆线与受电弓连接处	M16	130	110.5	110	24套筒+24扳手
15		避雷器	受电弓框架与避雷器连接处	M12	53	45.05	45	18套筒+18扳手

2. 外观检查

（1）车顶

检查内容：受电弓；避雷器；空调机组；废排装置；车顶天线；贯通道外折棚；车体顶盖；司机室头罩。

（2）车体外部

检查内容：车体外观（包含左右侧墙、司机室头罩、端墙）；油漆质量；头灯/尾灯、运行灯；刮雨器；防爬器；导流罩；脚蹬、车门扶手；空调排水管；贯通道内折棚、接地线；车体外部标识；车体外部紧急解锁装置；目的地LED屏。

（3）司机室

检查内容：司机台；司机台前窗（包括遮阳帘、刮雨器、装饰胶条）；两侧车门（包括门窗、锁、门槛）；两侧门控板；顶板、侧墙板、地板；设备柜（包括门、锁、壁柜灯及行程开关）；继电器柜（包括门、锁，壁柜灯及行程开关）；司机室通道门；接地电缆；通风装置；灭火器；足部取暖器；司机脚踏板；司机室座椅；司机室内标识。

（4）客室

检查内容：客室门外观；客室门功能；门驱驱动（机械）；门控器（电气）；座椅及加热器；侧顶板；防寒棉；内部标识；中顶板；外纵梁；出风格栅；侧墙板；扶手杆；摄像头；灯罩板；门立柱罩；客室内电缆联接；线槽及电缆；客室内电气设备；腰靠；电气屏柜；升弓柜；LCD动态地图屏；端墙LED屏；其他附件安装。

（5）车底设备

检查内容：转向架；车钩；轮缘润滑装置；油漆质量；防腐蚀措施；车钩电路接线箱；制动控制模块；网关阀，智能阀（G阀、S阀）；蓄电池箱；各风缸；接地电阻；低压线槽、高压线槽；高压箱；辅助逆变器箱；过压保护电阻箱；牵引箱；空气供风单元；管路系统；ATC天线；雷达；电笛；各种标识及铭牌等。

（6）所需工器具材料

方孔钥匙、78号钥匙、安全带、手电筒、抹布、人字梯等。

（7）外观检查内容

外观检查项目,详见表 8.1-2。

外观检查项目　　　　　　　　　　　　表 8.1-2

序号	检查项目	描述
1		受电弓组件
1.1	构架	构架:表面油漆无破损、无色差、无气泡等。产品标识清晰规范。焊缝无气孔、裂纹、未熔合等现象
1.2	紧固件	紧固件:安装螺栓无松动,紧固标识清晰规范
1.3	弓头	弓头:碳滑板无破损,安装紧固;碳滑板间的平整度最大误差不超过 0.5mm,与羊角台阶 1.5±1mm。羊角间隙 1.5±1mm
1.4	位置开关	位置开关:位置开关和升弓弹簧开关灵活、无阻塞;布线路径正确,无断裂、脱落
1.5	绝缘子	绝缘子:绝缘子无裂纹,清洁干燥,与接触面平整垂直。编织软线无断股,无毛刺,连接可靠
1.6	电缆线	电缆线:电缆布线规范整齐,电缆在自然状态下的摆幅不与其他部件发生接磨,车顶到车内的穿线环位置的密封性;接线电缆紧固到位,插头标识正确完好
1.7	气管路	气管路:气路软管无划痕、刮伤。接头紧固到位,防松标记清晰规范;与车体顶盖板间无干涉
1.8	安全间距	安全间距:升弓状态下,用外卡尺测量受电弓底架设备与车体之间的最小距离应高于 30mm
2		避雷器
2.1	紧固件	紧固件:螺栓无松动,且紧固标识清晰规范。表面无破损
2.2	电缆线	电缆线:地线美观,无断股散股,连接牢固,电缆布线规范整齐,自然状态下摆幅电缆与其他部件不发生接磨
2.3	压力脱扣	压力脱扣:用手触摸避雷器检查避雷器压力脱扣无动作
3		空调单元及废排
3.1	紧固件	紧固件:安装螺栓无松动,紧固标识清晰规范。盖板可以正常开关与锁闭。进风滤网和回风滤网安装牢靠,可以正常取出与放入。冷凝风机转动与周围部件无干涉的情况
3.2	标识及线缆	标识及线缆:外部标识清晰,无破损,粘贴牢固,接地线美观,无断股或散股,连接牢固,与其他部件不发生摩擦
3.3	窥视镜	窥视镜:窥视镜状态显示绿色为正常;显示黄色或无色均为不正常
3.4	出线环	出线环:出线环紧固到位,达到扭力要求,电缆不能被抽动
3.5	管道	管道:管道无破损、无锈迹。电缆与其他金属无接磨,布线规范整齐;接插件无松动
3.6	连接插头	连接插头:插头密封胶条无破损,密封无漏水;插头螺栓紧固到位,标识正确完好
4		鱼鳍天线
4.1	紧固件	紧固件:安装螺丝无松动,紧固标识清晰规范
4.2	密封胶状态	密封胶状态:密封完好,无气泡、缺胶、飞边现象;胶缝美观;无残胶污染
5		转向架
5.1	转向架和车体连接	转向架和车体连接(包括机械、电气和气路连接):部件无缺陷,安装正确,固定螺栓连接牢固,固定件无松动;接地回流线走线规范,电缆长度符合要求,接线螺栓紧固,标识规范清晰;起吊限位钢丝绳无缩芯

续表

序号	检查项目	描述
5.2	轴箱	轴箱:轴箱端盖无裂纹、损伤、脱漆、锈蚀;端盖螺栓紧固到位,防松标识规范清晰
5.3	抗侧滚扭杆	抗侧滚扭杆:螺栓连接牢固,摇臂呈水平状态,连杆无变形,表面无锈蚀。活动关节处橡胶无损坏。抗侧滚扭杆上下安装螺栓及调整锁紧螺母紧固到位,标记清晰规范,防锈油涂抹均匀到位,止退片卡入卡槽,防松动铁丝紧固到位
5.4	传感器、接地装置及其电缆	传感器、接地装置及其电缆:固定螺栓连接牢固,电缆线固定在正确的位置且易于活动
5.5	减振器	减振器(包括横向、垂向):连接螺栓及垫片良好无松动;检查橡胶衬套应无松动;无渗漏润滑油情况
5.6	横向止挡	横向止挡:橡胶件良好无损,与构架连接牢固
5.7	车轴	车轴(含轮对):车轴表面无裂纹、损伤;轮缘无擦伤痕迹;车轮注油孔螺堵安装可靠;轮对踏面无磨损;车轮无严重锈迹;车轴无锈蚀无损坏,缓滞标识清晰、无错位
5.8	齿轮箱	齿轮箱:检查安装螺栓及调整螺栓的紧固情况;检查支撑橡胶应无老化、破损情况;安装件紧固良好,箱体无异常变形、损伤,无渗漏润滑油情况,油面应在上下刻度线之间;齿轮箱内油清澈,注油标识齐全;齿轮箱表面无油渍残留,表面油漆无破损,无脱落;安装螺栓无松动;轴箱端盖无漏油
5.9	联轴节	联轴节:连接紧固,无渗漏润滑油情况
5.10	牵引电机	牵引电机(动车):与构架的连接牢固,无松动,电机电缆连接紧固,无烧焦异味;电机外壳无破损痕迹,铭牌清晰,内容完整
5.11	牵引杆	牵引杆:连接螺母紧固无松动,橡胶关节无破伤;牵引杆、牵引座安装紧固,螺栓标记清晰且涂防锈油,牵引座与横向止挡之间隙匀称,符合要求
5.12	转向架构架	转向架构架:构架表面油漆无损坏,无流挂;铭牌清晰,内容完整;表面无裂纹、损伤、变形
5.13	高度阀	高度阀:连杆螺母及紧固螺母无松动;扭臂无变形,球形阀转动灵活;高度阀及连杆的紧固螺栓安装到位,防松标记规范清晰,防锈油涂抹到位
5.14	停放制动手动装置	停放制动手动装置:无裂纹、损伤、变形,工作性能良好
5.15	轮缘润滑装置	轮缘润滑装置(部分电客车):螺栓连接牢固,检查润滑油液面高度,管路及控制系统连接良好
5.16	空气弹簧附加风缸	空气弹簧附加风缸:一系、二系弹簧、减振器无破损,安装表面清洁无锈迹,铭牌清晰、内容完整;风缸支架与风缸外表面贴合(至少保证2/3)
5.17	轴端速度传感器	轴端速度传感器:速度传感器电缆走线规范,表面无破损,线夹固定紧固,防松标记规范清晰;插头与线夹间的预留长度符合要求,插头连接紧密,标识正确完好;风缸扎带与风缸外表面贴合完整,无歪斜;螺栓紧固,防松标记规范,管接头连接紧密,防锈油涂抹均匀到位
5.18	闸瓦	闸瓦:闸瓦无破损,无裂纹,使用正确,固定良好
5.19	接地电阻	接地电阻:无锈迹,安装螺栓、接地螺栓无松动,紧固标识规范清晰
5.20	轮对踏面	轮对踏面:车轮踏面及轮缘无异常磨损;踏面擦伤深度小于0.5mm,擦伤长度小于40mm
6	车钩	
6.1	类型正确	类型正确:Tc车Ⅰ端为全自动车钩、Ⅱ端为半永久车钩1;Mp车Ⅰ端、Ⅱ端为半永久车钩2;M1车Ⅰ端、Ⅱ端为半永久车钩2;M2车Ⅰ端为半永久车钩1,Ⅱ端为半永久车钩2(半永久车钩1有压溃变形管,半永久车钩2无)

续表

序号	检查项目	描述
6.2	全自动车钩	全自动车钩:钩头表面均匀涂抹防锈油进行防护;防锈油无大块油块残留;车钩连接器的触头没有氧化。安装螺栓无松动,紧固标识规范清晰,涂抹防锈油
6.3	半永久牵引杆	半永久牵引杆:防锈油无大块油块残留,涂抹均匀;安装螺栓无松动,紧固标识规范清晰,涂抹防锈油
6.4	车钩软管	车钩软管:软管联接正确,无折痕;与周边部件不发生接磨
6.5	车钩电缆线	车钩电缆线:电缆无破损,走线规范,地线美观,无断股或散股,与其他部件不发生接磨。接线电缆紧固到位,插头标识正确完好
6.6	车钩电路接线箱	车钩电路接线箱:安装螺栓、接地螺栓无松动,紧固标识规范清晰
7		车底跳接电缆
7.1		安装紧固,电缆表面无褶皱、破损、干涉等情况;插头连接无松动、防松标记规范无窜动,电缆底部距轨面高度符合技术要求
8		制动
8.1	空气压缩机与干燥器	空气压缩机与干燥器:检查空压机油液面高度必须不低于2/3,管路和阀的连接良好,各部件无缺陷,螺栓紧固无松动;表面油漆无破损,铭牌清晰,内容完整;表面无锈迹;电缆无破损,走线规范,地线美观,无断股或散股,与其他部件不发生接磨;插头标识完好
8.2	气动设备	气动设备(管路和阀的连接以及位置,电气、机械和气动系统安装):部件无缺陷,安装正确,固定螺栓连接牢固,固定件无松动;管路无破损,布设规范;与其他部件不发生接磨
8.3	制动机单元	制动机单元:部件表面无缺陷,安装正确,固定螺栓连接牢固,固定件无松动
8.4	辅助控制单元	辅助控制单元:固定螺栓连接牢固,固定件无松动;线路管路无破损,布设规范;与其他部件不发生接磨;插头标识完好;地线美观,无断股或散股
8.5	G阀、S阀	G阀、S阀:固定螺栓连接牢固,固定件无松动;管路连接牢固,插头标识完好,连接紧固;地线美观,无断股或散股
9		蓄电池箱
9.1		安装螺栓无松动,紧固标识规范清晰;箱体表面油漆无破损,铭牌清晰,内容完整;出线环紧固到位,达到扭力要求,电缆不能被抽动;出线环面板有绝缘垫;内部布线统一规范;接插件无松动;接线柱螺栓紧固,且防松标记规范,盖板开关灵活;锁片长度合适,开关过程中不能接触电缆、支架;箱内无杂物,电缆无破损,走线规范,地线美观,无断股或散股,与其他部件不发生接磨;开关箱内接线电缆连接紧固,防松标记规范清晰;箱体内电池组拖出灵活无卡滞
10		辅助电源箱
10.1		安装螺栓无松动,紧固标识规范清晰;油漆无破损,铭牌清晰,内容完整;出线环紧固到位,达到扭力要求,电缆不能被抽动;出线环面板有绝缘垫;内部布线统一规范;接插件无松动;接线柱螺栓紧固,且防松标记规范;盖板开关灵活;锁片长度合适,开关过程中不能接触电缆、支架;箱内无杂物,电缆无破损,走线规范、地线美观,无断股或散股,与其他部件不发生接磨;接线电缆紧固到位,插头标识正确完好
11		高压电器箱
11.1		安装螺栓无松动,紧固标识规范清晰;箱体表面油漆无破损,铭牌清晰,内容完整;出线环紧固到位,电缆不能被抽动;出线环面板有绝缘垫;电缆无破损,走线规范,地线美观,无断股或散股,与其他部件不发生接磨;接线电缆、插头紧固到位,插头标识正确完好
12		过压吸收电阻
12.1		安装螺栓无松动,紧固标识规范清晰;箱体表面油漆无破损,铭牌清晰,内容完整;出线环紧固到位,电缆不能被抽动;出线环面板有绝缘垫;电缆无破损,走线规范,地线美观,无断股或散股,与其他部件不发生接磨;接线电缆、插头紧固到位,插头标识正确完好

续表

序号	检查项目	描述
13		牵引逆变器
13.1		安装螺栓无松动,紧固标识规范清晰;箱体表面油漆无破损;铭牌清晰、内容完整;出线环紧固到位,电缆不能被抽动;出线环面板有绝缘垫;电缆无破损、走线规范、地线美观,无断股或散股,与其他部件不发生接磨;接线电缆、插头紧固到位,插头标识正确完好
14		紧急通风逆变器
14.1		检查紧急逆变器箱外观完好,安装螺栓紧固无松动,安装吊耳无异常;检查紧急逆变器箱警示标识、铭牌安装牢固齐全,标识、铭牌的文字和图片清晰;检查紧急逆变器箱内部接线规范,接线无松动,线号完整
15		电客车天线(ATC、平板、雷达)
15.1		安装位置正确,外观无破损;安装螺栓紧固,防松标识规范清晰,线缆布设美观无松动
16		底架线槽及电缆
16.1		线槽出线处有绝缘保护;线槽无明显变形;电缆与尖锐边缘接触时,有边缘保护条。设备与底架之间的电缆,不能与设备顶部相接触;线槽接地线在摆幅范围内不能与其他部件相碰撞;线缆标签绑扎齐全无缺失
17		管道
17.1		管与管、管与部件、管与导线、管与车体等均无接磨;管路表面无碰伤痕迹;布管横平竖直,整齐美观;接头有紧固标记,标记便于观察,线条连贯、粗细均匀,防锈油涂抹均匀到位;塞门组装保证手把开关空间,手把方向正确,阀门开关示意图粘贴正确;管道弯曲处应无触觉可感知的皱纹;风管支架安装和硬管夹两侧螺栓紧固到位,防松标记清晰规范;软管夹的螺栓紧固到位,减振圈安装正确;管道标签绑扎完好
18		车体外表面
18.1	外表面油漆	外表面油漆:车体外表面油漆表面无破损,光泽度一致,无色差
18.2	标识及铭牌	标识及铭牌:腰带、文字、图案清晰,安装或粘贴牢固,无气泡,无缺陷
18.3	蹬车梯	蹬车梯:无锈迹,安装螺栓无松动,紧固标识规范清晰
18.4	头灯、尾灯及运行灯	头灯、尾灯及运行灯:表面无划痕、裂纹、灯体反光面镀层无脱落;头灯内器件无生锈;灯具安装紧固;灯表面与头罩表面平齐;灯框与头罩间隙均匀;头灯灯体与灯罩接口位置居中;灯内无积水和水珠
18.5	外部雨刷	外部雨刷:检查刮雨器的外观及外部螺栓紧固,雨刷的安装情况正确;窗户四周胶缝宽度均匀,车体外侧窗周边胶缝上下左右间隙间隙差在2mm以内;所有胶缝表面光滑,无缺胶、气泡、边缘不平直等缺陷。部件表面无光亮剂残留
18.6	前窗、侧窗	前窗、侧窗:玻璃表面干净清洁,部件之间过渡平稳,表面无刮痕、划痕及破损;胶粘剂无累积、凸起;接缝无气泡;玻璃周边胶缝上下左右间隙均匀,无空穴
18.7	头罩	头罩:头罩油漆分界线无波浪,界线分明;头罩胶缝表面光滑,胶缝无缺胶、气泡、边缘不平直等缺陷。部件表面无光亮剂残留;粘接密封区域厚度为8~16mm;头罩与车体外侧墙接缝处最大错位量不超过3mm,间隙均匀
18.8	导流罩及防爬器	导流罩及防爬器:外观无破损;安装螺栓紧固,防松标识规范清晰,间隙均匀,打胶平滑;防爬器安装螺栓紧固,防松标识规范清晰
19		贯通道
19.1	渡板	渡板:渡板相对运动灵活,无噪声。安装螺栓紧固,防松标识规范清晰
19.2	折棚	折棚:折棚无裂缝或损坏,下部折棚内无铝屑,杂物等;密封胶条无开裂或损坏;安装螺栓紧固,防松标识规范清晰
19.3	顶板	顶板:贯通道顶板与顶板上下之间间隙均匀
19.4	侧护板	侧护板:标识完整,表面油漆无损伤,安装牢固,上下无接磨

续表

序号	检查项目	描述
20		司机室
20.1	司机室侧门	司机室侧门：检查司机室门外观完好，无破损；检查司机室门框安装牢固，打胶美观，无气泡；检查合页安装后平整，密封性良好，门合页安装紧固，开关灵活，地线紧固；检查司机室上窗玻璃无明显划痕；检查蹬车扶手杆安装紧固，无松动；检查司机室门锁工作灵活、正常，无锈迹
20.2	司机台前窗	司机台前窗（包括窗帘）：周边胶缝左右偏差不超过2mm；前窗玻璃与头罩表面弧度台阶差不大于3mm；胶粘剂无累积、凸起；接缝无气泡，遮光窗帘拉动收缩功能正常，表面无破损
20.3	司机台	司机台：面板无明显划痕。司机台打胶粘接牢固，注胶平滑，无气泡；司机台柜门表面平整，开关无干涉；台面配件齐全，无损坏；司机台上的速度表和压力表合格证完整，且在校验有效期内；司机台内的安装螺栓紧固到位，防松标记规范清晰；司机台内的电缆走线规范，接插件连接紧密，标识正确完好；司机台内无杂物
20.4	司机室内装	司机室内装：外观质量检查正常无破损；各内装部件安装螺栓紧固，防松标识规范；顶板开关灵活，无干涉现象；各内装之间缝隙均匀，无漏光；司机台前方胶皮对接美观
20.5	司机室顶棚灯、阅读灯	司机室顶棚灯、阅读灯：顶棚灯油漆无损坏；检查灯盖安装紧固、无划伤；电缆连接紧固、走线规范，标签无缺损
20.6	司机室顶部	司机室顶部：天花板内增压箱安装紧固牢靠，防松标记规范；增压箱的方孔锁开关转动灵活；天花板内电缆的绑扎、走线情况符合工艺标准；天花板内顶部天线的安装情况及电缆走线情况符合工艺；顶板增压箱风速调节开关动作正常；风口调节功能正常；天花板内风道安装情况符合设计规范
20.7	司机座椅	司机座椅：各调整功能（上下、前后、椅背、旋转）正常；安装紧固，防松标记清晰规范；座椅表面织布无破损开线的情况
20.8	司机室隔墙	司机室隔墙：外观质量检查正常，无破损；螺栓安装紧固，标识正确清楚；柜门开关灵活无卡滞，方孔锁开关正常；紧急解锁装置功能正常；地线连接正确
20.9	司机室通道门	司机室通道门：外观质量检查正常，无破损；羊毛毡无外露现象；门与门框间间隙均匀，合页安装螺栓紧固到位；通道门门锁功能正常，门页关闭开打的力度合适，关闭后无晃动；安装紧固，位置正确，开关顺畅
20.10	灭火器	灭火器：保险完好，合格证完整，且在校验有效期内，绑扎牢靠
20.11	电器柜	电器柜：柜门与门框之间缝隙均匀；柜门能自由开关且无异响，锁能轻松开、锁，限位止挡作用有效；外观油漆检查正常无破损，下部边缘挡板打胶密封良好；柜门内部各接地线螺栓紧固到位，罩板安装螺栓紧固到位，防松标记规范清晰
20.12	司机室通风单元	司机室通风单元：旋钮调节无卡滞，通风口无卡滞，内部器件完好；接线布设规范，防脱绳安全可靠，方孔锁开关顺畅并锁闭牢固，方孔锁对标点位正确，防松标记规范清晰，紧固螺栓安装牢固且防松标记清晰，接地线符合要求，支风道密封完好
20.13	足部取暖器及司机踏板	足部取暖器：紧固件安装牢固，继电器及微动开关器件完好。 司机踏板：紧固件安装牢固，四周缝隙均匀，表面无划伤
20.14	目的地LED屏	目的地LED屏：玻璃表面无划痕破损；屏与端部间的缝隙符合要求
21		客室
21.1	客室门外观及功能	客室门外观及功能：外观油漆无破损、无气泡、无色差，油漆颜色正确，无划痕，无瑕疵；外部解锁装置功能正常，门页切除隔离开关动作正常，门控按钮面板动作正常；门页上下导轨的安装情况，润滑剂到位、扭力达标且防松标记规范；门页开关过程顺畅无卡滞，玻璃无划痕、破损；门关闭后密封性良好，门侧立集成组件安装牢靠，线缆与其他连接功能正常，与其他运动部件无干涉

续表

序号	检查项目	描述
21.2	门驱门控	门驱门控:门驱携门架与门页的连接紧密无间隙;螺栓紧固,防松标识规范清晰,门驱安装螺栓紧固,防松标识规范清晰;门驱电缆走线规范,无破损,防护到位,与其他部件无干涉;门驱接地线连接紧固,防松标识规范清晰;门驱导柱表面无锈迹,导柱上润滑到位。门控安装紧固,连接电缆正确,MVB插头无松动,线缆与其他运动部件不干涉
21.3	座椅及加热器	座椅及加热器:座椅表面、挡板和屏风玻璃表面油漆无划伤、磕碰;屏风玻璃安装胶条与中间侧墙、座椅左右挡板安装无缝隙;胶条无破损;各紧固螺栓无松动,防松标记清晰完好;羊毛毡和胶条无破损;座椅端板无开裂,座椅胶条无凹陷,座椅端板应与侧墙贴合,座椅下方阀箱安装螺栓紧固,电缆走线无干涉,编织网包扎良好;座椅下方座椅加热器打胶美观,盖板锁芯方向正确且紧固,防松标记规范;连接器插头无明显松动,电缆走线无干涉,编织网包扎良好
21.4	侧顶板	侧顶板:外观质量检查正常无破损;门区侧顶板两侧到门立柱间隙均匀;相邻两侧顶板的间距为1mm,台阶1mm以内;两端侧顶板和端墙、电器柜的间距均匀,胶条边缘与车门内侧无干涉;侧顶板铰链与侧顶板连接无相对移动,按压侧顶板无异响;电器组件安装牢固,插头连接紧固,电缆布线正确,无外露现象
21.5	防寒棉	防寒棉:检查侧顶板上部、柜内的防寒材粘接情况,无外露现象,铝箔纸胶带无破损;防寒棉钉保护帽无脱落
21.6	内部标识	内部标识:客室内提示标识以及警示标识完好无损伤,表面无瑕疵,无卷边;标识位置粘贴正确且要贴正;标识粘贴无气泡
21.7	中顶板、出风格栅、外纵梁	中顶板:外观质量良好,无破损;中顶板间和端部距离端墙缝隙均匀,间隙不能过大;一位端与司机室隔离墙间隙均匀; 出风格栅:出风格栅台阶,出风格栅对接处间隙均匀。 外纵梁:表面油漆完好,无破损,缝隙台阶均匀
21.8	侧墙板	侧墙板:外观质量正常,无破损;侧墙与门立柱罩贴合完好,广告框安装与窗框平行
21.9	扶手杆	扶手杆:目视无明显划痕、凹坑等缺陷。表面拉丝纹路一致,色泽均匀,无发黑等现象;目视在同一直线上,拍击无异响
21.10	摄像头	摄像头:客室内摄像头安装紧固,与安装面贴合
21.11	灯罩板	灯罩板:外观检查正常,无破损;灯罩板对接完好,左右缝隙均匀,不漏光
21.12	门立柱罩	门立柱罩:外观检查正常,无破损;门立柱扶手紧固,不松动,检修间隙均匀,无翘起,方孔锁锁闭灵活、不松动;紧急对讲、紧急解锁功能完好,边框间隙均匀;门立柱罩与周边部件无干涉;门立柱罩胶条边缘与门页内表面间距无接触,门立柱罩与座椅端板无干涉;门立柱罩与侧墙间(包含羊毛毡厚度)无漏光,贴合紧密
21.13	客室内电缆联接	客室内电缆联接:电缆走线统一;电缆表面无破损,绑扎牢固,编织网口绑扎固定;各接地座处不允许有油漆;接插件连接紧密;线号方向正确无破损
21.14	客室、司机室内线槽及电缆	客室、司机室内线槽及电缆:线槽出线处有绝缘保护;线槽无明显变形;电缆与尖锐边缘接触时,要加边缘保护条。设备与底架之间的电缆,不能与设备顶部相接触;线槽接地线在摆幅范围内不能与其他部件相碰撞
21.15	客室内电气设备及其他附件安装	客室内电气设备及其他附件安装:LED动态地图、LCD显示屏、摄像头表面无划痕,无缺陷及瑕疵;安装螺栓紧固;LCD与侧墙间安装贴合、间隙均匀,LED表面平整;各接线电缆连接紧固,走线规范,编织网绑扎牢靠,插头标识正确完好;接地线螺栓紧固,防松标记清晰,编织网口扎牢靠;广告框表面无划伤,接缝处间隙、台阶小于0.5mm,广告框边角处需倒角处理;感光灯布线规范无干涉,安装牢固缝隙均匀

续表

序号	检查项目	描述
21.16	腰靠	腰靠：表面无明显划痕、磕碰。面板两端与扶手紧密贴合，摇晃面板无晃动；安装紧固牢靠，安装座与侧墙紧密贴合；腰靠内侧各位置无尖角毛刺，安全带锁扣完好，抽拉灵活无卡滞现象，回收顺畅，安装边缘缝隙均匀，表面无划伤
21.17	电气屏柜	电气屏柜：表面油漆颜色正确，无明显色差，无划痕，无瑕疵；柜内布线规范，线号标识正确无缺损，与柜门无磕碰现象；地线连接正确；电器的插头要拧紧；电器的标识正确无缺失；柜内无防寒棉外露现象且无铝屑、废排物等杂物；铭牌内容清晰完整；电器柜内端子排连接紧固，走线美观统一，插头标识正确完好
21.18	升弓柜	升弓柜：管道布管横平竖直，整齐美观，塞门组装保证手把开关空间，手把方向正确；接头处防松标记规范清晰，管夹安装螺栓紧固，与其他部件无接触；压力表已校验合格且在有效期内；安装紧固，标识正确，指引明确。地线连接正确；脚踏泵锁紧正常，功能操作方便（脚踏泵柜）；电气泵安装牢靠（电气泵柜）
21.19	端墙LED屏	端墙LED屏：玻璃表面无划痕破损；屏与端部间的缝隙符合设计要求（3mm）

3. 尺寸测量

（1）测量内容

车辆在AW0状态下测量一系悬挂（垂向止挡间隙）、车钩中心距轨面高度（空气簧充气）、车顶最大高度（空气簧充气）公差范围、受电弓落弓时高度（空气簧充气状态下受电弓落弓时最高点与轨顶面的距离）公差范围、地板面距轨顶面高度（空气簧充气）、闸瓦间隙、ATC天线距轨面高度、踏面直径、轮缘厚度、轮缘内侧距、横向止挡间隙、扫石器距轨面高度，以及受电弓、车门等系统的关键尺寸数据测量。

（2）所需工器具材料

抹布、WD40、油污清洁剂、轮径测量仪、第四种检测器、轮径测量仪、钢直尺、卷尺、塞尺、水平尺、高度尺、安全带、内径尺等。

图8.1-14 车钩中心距轨面高度

（3）尺寸测量方法及标准

1）车钩中心距轨面高度（图8.1-14）

① 检查对象特征

车钩中心距轨面高度（空气簧充气）公差范围660+10mm。

② 操作步骤及检查标准

测量车钩高度：从钩舌的中间到轨面的垂直距离为车钩的高度，车钩高度应为：660+10mm。

2）车顶最大高度

① 检查对象特征

车顶最大高度（空气簧充气）公差范围3800^{+5}_{-6}mm。

② 操作步骤及检查标准

车辆过限界时，测量空调机组压缩机绝缘盖板上表面与上方限界门的距离，然后用限界门高度减去测量的距离即为车体最大高度。

3）受电弓落弓时高度

① 检查对象特征

受电弓落弓时高度（空气簧充气状态下受电弓落弓时最高点与轨顶面的距离）公差范围 3795^{+15}_{-10} mm。

② 操作步骤及检查标准

过限界时测量受电弓最高点至限界门的距离，限界门高度值减去测量值即为受电弓落弓高度。

4）地板面距轨顶面高度（图 8.1-15）

① 检查对象特征

地板面距轨顶面高度（空气簧充气）公差范围 1100±10mm。

② 操作步骤及检查标准

地板上表面放置专用测量模具，轨面水平放置一铝板，测量模具下表面与铝板间的垂直距离。

5）闸瓦间隙（图 8.1-16）

图 8.1-15　地板面距轨顶面高度

图 8.1-16　闸瓦间隙

① 检查对象特征

闸瓦间隙大于 0mm。

② 操作步骤及检查标准

A. 缓解停放制动，切除 B05，在车底将制动单元推动至一侧闸片与制动盘紧贴；

B. 测量闸瓦与踏面的间隙应在大于 0mm 范围。

6）横向止挡间隙（图 8.1-17）

① 检查对象特征

横向止挡间隙理论值（15±2）(mm)。

② 操作步骤及检查标准

采用钢直尺，测量横向止挡表面至牵引安装座之间间隙。

7）ATC 天线距轨面高度（图 8.1-18）

① 检查对象特征

ATC 天线距轨面高度 240±5mm。

② 操作步骤及检查标准

图 8.1-17　横向止挡间隙

图 8.1-18　ATC 天线距轨面高度

在轨道上平直放置长条形铝板，以铝板下表面为基准，分别测量 ATC 天线与铝板下表面之间的距离。

8）轮对测量

轮对踏面直径、轮缘厚度、轮缘内侧距；测量标准：同一轴踏面直径相差不超过 0.5mm，同一转向架轮对踏面直径相差最大不超过 2mm，同一节车轮对踏面直径相差不超过 4mm；踏面直径新轮为 840+2mm，轮缘厚度新轮正常为 32±0.5mm，轮对内侧距正常为 1353±2mm。

① 检查对象特征

每个转向架有 2 组轮对，新车车轮直径为 840mm，最低磨耗设定为 770mm，车轮接触路轨的一面为磨耗型踏面，踏面设计带有一定锥度。

② 操作步骤及检查标准

A. 测量轮对踏面直径的方法（图 8.1-19）

图 8.1-19　测量轮对踏面直径的方法

（A）用干净的棉布清洁车轮踏面测量区域表面及车轮内侧面定位区域，保证接触区域表面光滑，无异物；

（B）将校准以后的测量尺从标准圆上取下，两手紧握住轮径测量尺两端的构架部位，将测量尺定位块的端部与车轮轮辋内侧贴合，并沿车轮圆心方向轻轻推动测量尺，因为测量尺定位块上有磁性吸条，一接触就能保证测量尺与轮对内侧面密贴；

（C）推动直至测量尺测量块与轮对踏面密贴，在测量尺两端均匀地施加压力确保两者密贴；

（D）被测的每个车轮至少选取不同的三个测量位置，三个测量点互相间应选择在较大区域（踏面圆周方向 20mm 以上），取三次测量点的平均数作为被测量车轮的轮径值，若三次测量值变化较大、不稳定，需对轮径尺重新校准后测量；

（E）同一轴轮径差小于 0.5mm，同一转向架车轮径差小于 2mm，同一节车 4 根轴平均轮径的差小于 4mm。

B. 测量轮缘厚度的方法（图 8.1-20）

（A）从第四种检查器放置盒内取出检查器，检查各部件无残缺、各组成测量尺功能正常，清洁尺上各部位，定位角铁、轮缘高度及踏面磨耗测量尺及轮辋宽度侧尺尺框、轮辋厚度侧尺部位，表面无异物；

（B）手持第四种检查器，将检查器置于被测车轮上，将检查器尺身朝车轮中心方向放置，使轮缘尺正对车轮中心位置，将尺身上的定位角铁与车轮轮辋内侧面密贴；

（C）沿车轮中心方向轻轻推动检查器，直至"轮辋宽度侧尺"的测头与车轮踏面接触；

（D）再轻轻向轮缘方向一侧推动"轮辋厚度侧尺"，使其侧头与车轮轮缘接触；

（E）稳定检查器使其尺身方向对齐车轮中心方向，向上轻轻推动"轮缘高度及踏面磨耗尺"一端直至"轮缘高度及踏面磨耗尺"的另一端与车轮轮缘顶部接触；

（F）取下检查器读数时，应注意测量尺不能与轮缘等部碰撞，否则重测，轮缘厚度范围应为 32±0.5mm；

（G）轮缘厚度数据测量，一个车轮需测量 3 个点求取平均值。

C. 测量轮对内侧距的方法（图 8.1-21）

（A）清洁被测轮对内侧轮辋侧面区域，清洁轮对内侧距尺两端部的测头圆弧区域；

（B）用轮对内侧距尺测量同一个轮对两个车轮轮辋内侧面之间的距离，测量位置选择车轮垂向高度方向的上部、中部、下部三个测量点，取平均值后测量参考标准值：1353±2mm；

（C）一人记录一人测量，测量人必须为检修中级工及以上人员，测量完后填写相关记录。

图 8.1-20 测量轮缘厚度的方法

图 8.1-21 测量轮对内侧距的方法

4. 电客车有电静态调试

注意：有电前须进行主电路绝缘测试，要求对地绝缘电阻大于 5MΩ（用 2500V 兆欧表测量）方可使电客车有电，有电前必须确认接触网有电。

（1）调试条件

电客车由受电弓/车间电源供电，司机台激活。

（2）所需工器具

手电筒、压力测试表、秒表、25mm×60mm 防夹木块、万用表、车门压力测试仪、列车数据线、兆欧表等。

(3)有电静态调试内容

静态有电检查项目,详见表 8.1-3。

静态有电检查项目　　　　　表 8.1-3

编号	检查项目		要求
1	司机室	HMI 显示屏	任何光线条件下显示屏的所有信息必须清晰可读,能正确反映故障信息,蜂鸣器正常,能够准确记录故障
		指示灯测试	按"测试按钮",司机室内除与 ATC 相关灯外,其他所有灯示按钮都应该亮
		雨刷及喷水装置	摆动均匀,范围适当。喷水装置安装牢固,水壶完好、无漏水,喷水功能正常
		电笛	声音响亮
		司机室通风单元	模式选择开关为通风、停机、半暖、全暖位置正常,低速、中速、高速三挡调节时通风量有明显递增现象
		司机室足部取暖	打开司机室足部取暖,能够感受到相应位置上有舒适的热风吹出
		司机控制器	手柄推拉顺畅,能正常缓解、施加制动。警惕按钮不出现卡滞
		非激活司机室	除以下功能外其他功能都是不可操作的: (1)紧急制动按钮; (2)司机室与司机室的通信; (3)阅读灯及客室照明灯控制; (4)雨刮器
		功能按钮、旋钮、紧急按钮	所有相应的功能都可操作(包括受电弓升、降),动作顺畅、无卡滞、无异响
		停放制动	操作停放制动施加和缓解按钮可施加和缓解停放制动
		侧门	关门/开门顺畅,门锁功能正常,行程开关动作无卡滞,HMI 主界面显示相应的 IO 信号开关正常
		旁路开关	所有的旁路开关动作无卡滞
		遮阳帘	手动拉至适当位置,遮阳帘保持该位置不动,释放后返回原始正常位置
		速度表、里程表、双针压力表、电压表	仪表显示正常,速度表、双针压力表灯正常,在校准有效期内
2	客室车门	正常开门	开门时间为 3±0.5s,门开启时每个门橙色指示灯常亮
		正常关门	车门橙色指示灯开始闪烁,关门报警开始鸣响,门关闭到位后橙色指示灯熄灭,关门报警停止鸣响。所有门必须在 3±0.5s 内关闭
		障碍物探测	以尺寸为 25mm×60mm 的障碍物探测。关门时碰到障碍物后,车门保持关门力 0.5s 后重新打开 200mm,1s 后再重新关门,而其他已关车门不需重开。如果反复 3 次以后障碍物仍然存在,司机室显示屏 HMI 将显示对应车门"门检测到障碍物"状态,车门打开到最大位置并保持。司机室内门指示灯按钮的"电客车所有门关好"灯不能亮,该门内侧橙黄色指示灯亮。按关门按钮,未关闭的门应该重新关闭。移出障碍物后,门应该重新关闭
		门紧急解锁功能	任意一端司机台占有,解锁车门紧急解锁手柄时,车门被解锁,能够用手推动门页。门开后,门的开门指示灯应该亮,司机室内的"电客车所有门关好"的指示灯应该不亮,且 HMI 显示紧急解锁类的文字提示。若没司机台占有,解锁车门紧急解锁手柄,车门不被解锁
		门切除功能	门切除后,车门红灯应该亮,此时门不能被打开。按司机室内的"开门"按钮,切除的门不会打开,其余的门都开,并且 HMI 显示切除门图标

续表

编号	检查项目		要求
2	客室车门	紧急开门	通过钢丝绳手动操作对门进行解锁,可通过手动进行开关门;通过门控单元向HMI发送"车门已解锁"信号并显示紧急解锁图标,"安全互锁回路"断开
		车门开关门模式功能检查	分别将车门模式切换开关切换至网络位及硬线位,测试车门开关功能正常
		车门网络冗余	激活司机台后,断开每节车厢1号车门门控器,对应车厢的2号车门门控器转换为主,开关门功能正常,本节车除1号车门故障及动作信息能够传输到HMI显示屏。 每节车的1号、2号门控器都被断开,对应车的其他车门都有动作,HMI无车门状态数据显示
3	照明	客室正常照明	当客室正常照明旋钮开关旋到打开位,照明灯亮,亮度均匀;旋到关闭位时,照明灯熄灭
		客室感光灯功能	用两个强光手电同时对客室内感光灯,创造强光环境,对应客室照明灯变暗;同时遮挡两个感光灯的光线,创造弱光环境,对应客室照明灯变亮
		电气柜检修灯	打开屏柜门,屏柜照明灯亮
		紧急照明	正常照明模式下所有的照明灯都亮,亮度均匀。 降下受电弓后辅助逆变器停止工作,正常照明自动转为紧急照明,亮度均匀,照度降低
		司机室照明	速度表、双针压力表的背景灯亮,司机台阅读灯亮,司机室顶部照明灯亮
		头灯	白色,分远光和近光两种模式。 将方向手柄置于"向前"位时,占有端头灯亮。 将方向手柄置于"向后"位时,两个司机室端的头灯都亮。 将方向手柄置于"零"位时,头灯灭
		尾灯	红色。 将方向手柄置于"向前"位时,另一个司机室端的尾灯亮。 将方向手柄置于"向后"位时,两个司机室端的尾灯都亮。 将方向手柄置于"零"位时,两个司机室端尾灯都亮
		运行灯	分白色和红色。 将方向手柄置于"向前"位时白色运行灯亮,另一个司机室的红色运行灯亮。 将方向手柄置于"向后"位时,两个司机室的运行灯(白色和红色)都亮。 将方向手柄置于"零"位时,两个司机室端运行灯红灯都亮
4	辅助系统	DC110V输出	辅助逆变器工作后,电压表应为:107~137.5V
		AC380V输出	各种风机正常运转
5	空调系统	空调单元	全电客车每个空调机组通风制冷功能正常
		紧急通风	断开1500V电源,全电客车每个空调机组都有紧急通风
		降级运行(扩展供电)	单元内:当一个DC/AC不工作,相邻车辆进行扩展供电,切除整客车每个空调机组一半的压缩机,电客车损失50%制冷;两个DC/AC不工作,空调进入紧急通风状态。 故障车单元AC380V输出故障时,扩展接触器闭合,由另一单元SIV进行扩展供电。扩展供电时,全电客车每个空调机组压缩机有一半停止工作。AC380V输出故障恢复后,扩展供电取消
		设置温度运行	可按设置的不同温度值运行空调
		PTU验证启动顺序	连接车间电源柜,车顶查看启动顺序

续表

编号	检查项目		要求
6	PIS系统	司机室对讲	按下"司机室对讲"并且通过麦克风讲话,在另一个司机室也能实现该功能
		客室广播	包括人工广播和手动广播(通过 HMI 触发的手动广播)。按下手持话筒 PTT 对麦克风讲话,客室每个扬声器均有广播,司机室喇叭也有广播,实现监听功能。能手动选择进行报站广播。人工广播优先级高于手动广播
		紧急广播	可以从司机台显示屏上选播广播内容
		客室紧急通话	所有客室紧急通话功能正常,指示灯正确,可双工对讲且无回声
		LCD 显示屏	LCD 屏显示正常,界面清晰
		LCD 动态地图	当播放客室广播和紧急广播时,LCD 屏显示对应广播站点信息或紧急广播信息
		端墙 LED 屏	每节客室两端部的端墙 LED 屏外观良好,功能正常
		目的地 LED 屏	电客车两端司机室 LED 目的地显示屏外观良好,功能正常
		广播通信冗余	激活司机台后,断开本端司机室广播主机主控微动开关,另一端主机能自动切换为主机,电客车能正常选站、跳站和播报数字广播
7	制动	总风管气密性试验	管路无明显泄漏,关断截断塞门保压 10min,主风管的最大泄漏量不大于 0.015MPa/10min
		制动回路气密性试验	管路无明显泄漏,关闭相应截断塞门 A,保压 5min,制动缸的最大泄漏量不大于 0.02MPa/5min
		总风欠压开关	测试总风压力下降使车辆产生紧急制动时,总风缸的压力。测试总风缸压力上升使紧急制动缓解时,总风缸的压力
		停放制动	停放制动施加和缓解功能正常,包括手动缓解停放制动
		100%常用制动压力(纯空气)	AW0 工况下,在 HMI 上观察气压值: Tc 车:Ⅰ架:0.311±0.02MPa; Ⅱ架:0.3±0.02MPa。 Mp 车/M 车:Ⅰ架和Ⅱ架:0.311±0.02MPa
		紧急制动压力	AW0 工况下,在 HMI 上观察气压值: Tc 车:Ⅰ架:0.323±0.02MPa; Ⅱ架:0.305±0.02MPa。 Mp 车:Ⅰ架和Ⅱ架:0.352±0.02MPa。 M 车:Ⅰ架和Ⅱ架:0.348±0.02MPa
		快速制动(纯气制动)	AW0 工况下,在 HMI 上观察气压值: Tc 车:Ⅰ架:0.32±0.02MPa; Ⅱ架:0.305±0.02MPa。 Mp 车:Ⅰ架和Ⅱ架:0.352±0.02MPa。 M 车:Ⅰ架和Ⅱ架:0.348±0.02MPa
		保压制动压力	AW0 工况下,在 HMI 上观察气压值,各节车Ⅰ架和Ⅱ架:0.223±0.02MPa (参考值仅供参考!)
		空气压缩机	测试一个空压机启动时总风缸压力值,0.75±0.02MPa。 测试两个空压机同时启动时总风缸压力值,0.7±0.02MPa。 测试空压机停止工作时,总风缸压力,0.9±0.02MPa。 测试一端故障时的自动切换的启动能力,关闭主空压机空开,确认辅空压机是否启动,功能是否正常
		空气干燥器	检查活塞阀的工作状态,每 1min 排泄油污一次,2min 一个循环

续表

编号	检查项目		要求
8	受电弓	升降弓时间	升弓时间7~8s,两端受电弓升弓同步,降弓可迅速脱离接触网并有明显缓冲
		升单弓功能验证	旋转升弓选择旋钮,对每一个受电弓进行逐个升弓验证功能
		脚踏泵(无电无气)	可通过脚踏泵进行升弓
		电动泵(有电无气)	操作电动泵可进行升弓
9	火灾报警	火灾报警系统	能够正确检测火警信息,并发出火警信号
10	高压箱	三位刀开关	(1)受电弓处于降弓状态,两端的三位刀开关打到静调电源柜,激活蓄电池,再接通车间电源,操作电客车有电功能,验证电客车有电功能正常;按压升弓按钮,受电弓无法升弓;按压HSCB合按钮(确保停放制动处于施加状态),HSCB不能够闭合。 (2)断开车间电源,两端的三位刀开关打到受电弓位,激活蓄电池,按压升弓按钮,受电弓能够升弓;按压HSCB合按钮(确保停放制动处于施加状态),HSCB能够闭合。 (3)功能验证完毕后,确认两端的三位刀开关都恢复到正常位,方可锁闭盖板
11	电客车控制系统	总线冗余	(1)只断开两端Tc车MVB网络A通道,电客车各项功能正常;只断开两端Tc车B通道,电客车功能正常,同时断开激活端Tc车A、B通道,网络瘫痪;同时断开非激活端A、B通道,非激活端Tc车网络瘫痪。 (2)断开全车的A通道,电客车各项功能正常;在断开全车A通道的基础上,断开任意单节车的B通道,对应这节车的网络瘫痪。 (3)断开全车的B通道,电客车各项功能正常;在断开全车B通道的基础上,断开任意单节车的A通道,对应这节车的网络瘫痪
12	轮缘润滑	轮缘润滑(部分)	按压轮缘润滑测试按钮,轮缘润滑装置应能正常喷油
13	紧急负载测试	45min紧急负载测试	充电机不工作情况下,仅由蓄电池供电,可保持45min紧急负载工作正常。紧急负载包括空调紧急通风、紧急照明、电客车广播系统正常、左右开关门至少各1次。蓄电池欠压继电器在低于84V的时候断开

(4) 有电静态调试方法及标准

1) 司机室功能检查

① HMI显示屏

A. 检查对象特征

车辆HMI显示屏是电客车控制系统的监视显示屏,安装在司机台的正前方;司机显示器作为司机和电客车之间的人机界面。

B. 操作步骤及检查标准

(A) 用78号主控钥匙激活司机台;

(B) 点击检查多功能显示器上各键的功能正常;

(C) 检查HMI的亮度调节正常,调节亮度数字大小,显示屏亮度会随着数字大小变化而变化,当亮度传感器为"激活"状态时显示屏亮度会随着外界亮度变化而变化;

(D) 无背景灯或显示画面难以识别等损坏;

(E) 检查日期和时间的显示状态,设定正确的时间和日期;

(F) 点击屏幕检查各系统状态，电客车总览图应显示各系统正常；

(G) 模拟触发电客车一条故障，显示屏能正常显示，蜂鸣器能正常发出警告声音。

② 指示灯测试

A. 检查对象特征

司机室显示灯位于司机台各控制面板及电器柜开关面板上；能通过测试按钮实现各按钮的指示灯点亮。

B. 操作步骤及检查标准

(A) 电客车激活后按测试按钮；

(B) 检查以下各按钮灯应点亮（表 8.1-4）。

电客车激活按钮　　　　　　　　　表 8.1-4

序号	指示灯含义	序号	指示灯含义
1	ATO 启动按钮	10	关左门
2	受电弓降	11	停放制动施加
3	自动折返按钮	12	关右门
4	受电弓升	13	停放制动缓解
5	ATO 模式	14	客室灯亮
6	开左门	15	高速断路器合
7	所有制动缓解	16	高速断路器分
8	开右门	17	空调开
9	空气制动施加	18	Tc 车空调开

③ 雨刷

A. 检查对象特征

刮雨器位于司机室挡风玻璃前端。

B. 操作步骤及检查标准

(A) 按压电动雨刷器开关，控制雨刷电机的启动；

(B) 喷水装置安装牢固，水壶完好无漏水，喷水功能正常。

④ 电笛

A. 检查对象特征

电笛位于驾驶室前端车底的左侧。

B. 操作步骤及检查标准

(A) 操作前注意车钩前方无人；

(B) 激活司机台后按下电笛按钮，电笛鸣叫功能应正常，声音洪亮；

(C) 完成一端电笛测试后换端检查另一端司机室电笛功能。

⑤ 司机室通风单元

A. 检查对象特征

通风单元位于司机室的正上方，为司机室提供空气循环的设备。

B. 操作步骤及检查标准

(A) 激活司机台，按压升弓按钮升起受电弓，待电客车的辅助逆变器正常启动后开启 Tc 车或电客车空调；

(B) 操作司机室送风机风量控制开关在不同挡位，机组能正常运转无异响，空气流量的每个调节位置正常及每个控制旋钮挡位调节正常；

(C) 检查通风单元活页调节灵活，安装紧固，外观无异常。

⑥ 司机控制器

A. 检查对象特征

(A) 司机控制器位于司机台面上，是控制电客车运行的关键设备；

(B) 方向手柄、主控手柄、警惕按钮位于司控器面板上。

B. 操作步骤及检查标准

(A) 在停放制动施加，主断分的情况下，打开主控钥匙，检查方向手柄、牵引手柄、警惕按钮外观无损坏，动作正常无卡滞（电客车 HSCB 处于断开位）；

(B) 电客车上电后操作钥匙开关及主控制器方向手柄，检查电客车制动压力正常，具体操作如下：

A）电客车主风压力大于 0.7MPa，缓解电客车停放制动，方向手柄在零位（电客车处于紧急制动状态），双针压力表的红针将指向压力为：0.35±0.02MPa；

B）方向手柄在快速制动位，双针压力表的红针将指向压力为：0.32±0.02MPa；

C）100% 常用制动位，双针压力表的红针将指向压力为：0.311±0.02MPa；

D）按下警惕按钮，电客车为保压制动状态，观察双针压力表的红针将指向压力为：0.223±0.02MPa；

(C) 在停放制动施加，主断分的情况下，进行司控器 I/O 功能检查：把牵引手柄推向牵引位，显示屏 I/O 数据界面将显示"司控器牵引位"有效；

(D) 检查完毕，将牵引手柄、方向手柄回零，关闭钥匙开关换端操作，检查另一端司机室的钥匙开关、方向手柄、牵引手柄、警惕按钮及保压制动压力。

⑦ 非激活司机

A. 检查对象特征

非激活端司机台操作功能验证。

B. 操作步骤及检查标准

(A) 检查非激活司机室：除以下功能外的其他功能都是不可操作的：紧急制动按钮；司机室与司机室的通信；阅读灯控制；客室照明；雨刮器；

(B) 换端检查另一端司机室上述设备可以操作。

⑧ 功能按钮

A. 检查对象特征

司机室所有面板功能按钮。

B. 操作步骤及检查标准

检查司机室内所有按钮和旋钮外观无异常，功能正常。

⑨ 停放制动

A. 检查对象特征

司机室所有面板功能按钮。

B. 操作步骤及检查标准

(A) 分别操作停放制动的施加按钮和缓解按钮；

(B) 检查 HMI 上的制动菜单下的停制动状态：当停车制动施加时，停车制动红灯点亮，HMI 上的制动菜单下的停车制动状态为停车制动施加；当停车制动缓解时，停车制动绿灯点亮，HMI 上的制动菜单下的停车制动状态为停车制动缓解。

⑩ 侧门

A. 检查对象特征

司机室侧门。

B. 操作步骤及检查标准

(A) 检查司机室侧门的开门/关门顺畅；

(B) 在司机室侧门的内外侧检查门的锁闭、解锁功能正常，锁机构外观无异常，紧固件无松动，锁钩无卡滞；

(C) 检查锁盒安装螺栓紧固无异常，划线清晰可见。

⑪ 旁路开关

A. 检查对象特征

旁路开关旋钮安装在司机室电器柜的面板上。

B. 操作步骤及检查标准

(A) 检查所有旁路开关外观无异常，旁路开关安装紧固无松动；

(B) 激活司机台，旋转旁路开关动作顺畅无卡滞；查验 HMI 的旁路菜单下激活的旁路开关与实际操作是否一致。

⑫ 遮阳帘

A. 检查对象特征

司机室前端遮阳帘。

B. 操作步骤及检查标准

(A) 检查遮阳帘，要求外观完好，无破损，遮阳帘两边的导轨安装紧固无变形；

(B) 抓住遮阳帘底部边沿，顺着导轨将遮阳帘拉到适当位置即可。释放之后，遮阳帘会保持在该位置不动，检查遮阳帘应能实现锁定功能；

(C) 在遮阳帘锁定后，用手往下略微拉解锁绳，遮阳帘能顺利实现解锁；

(D) 将遮阳帘恢复到最上端的收起位置。

⑬ 速度表、里程表、气压表、电压表

A. 检查对象特征

速度表、里程表、气压表、电压表。

B. 操作步骤及检查标准

(A) 检查速度表、气压表、电压表，应外观完好、指示功能正常，速度表、气压表仪表灯正常，并检查仪表应在检验有效期内。

(B) 检查里程计外观完好，功能正常。

2) 客室车门功能检查

① 正常开门

A. 检查对象特征

开门时间及开门指示灯。

B. 操作步骤及检查标准

（A）开左门操作：激活司机台，将门选择开关转到手动位置，按下门允许按钮，门允许指示灯亮后，按下司机台操作面板上的开左门按钮，左侧电客车门打开。从车门开始动作到车门完全打开的时间为 3±0.5s，此时所有车门关好指示灯绿灯灭，司机台显示屏显示开门状态，客室门开启时橙色指示灯点亮。

（B）开右门操作：同上操作。

② 正常关门

A. 检查对象特征

关门时间、关门提示音和关门指示灯。

B. 操作步骤及检查标准

（A）关左门操作：按下司机台上的关门带灯按钮或者司机室左侧车门控制模块上的关门带灯按钮，经过 3s 延时后，从车门开始动作到车门完全关闭的时间为 3±0.5s；在此过程中检查客室门蜂鸣器鸣叫，橙色指示灯闪烁，左侧门全关闭后关左门指示灯亮。

（B）关右门操作：同上操作。

③ 障碍物探测

A. 检查对象特征

车门障碍物检测功能。

B. 操作步骤及检查标准

（A）一人激活司机室，将需检测障碍物功能的一侧车门打开；

（B）操作关门按钮将车门关闭，在门页关闭过程中将 25mm×60mm 测试物置于门页的护指胶条之间，分别置于距离地板上方约 200mm、中间和距离上盖板约 200mm 的位置；

（C）检查关门时碰到障碍物，最大关门力持续约 0.5s 后，车门重新打开约 200mm 后重新关闭，如此循环 3 次后，车门完全打开。在司机室门指示灯按钮上"列车所有门关好"指示灯不亮，防夹启动过程中门橙色指示灯闪烁；

（D）移出障碍物，按下同一侧关门按钮，未关闭到位车门将重新关闭，已关闭到位的车门不再动作。

④ 门解锁功能

A. 检查对象特征

（A）车门紧急解锁装置：每个客室门均配有一个紧急解锁装置。

（B）外部紧急解锁装置：每节车 1 号和 2 号门都有一个外部紧急解锁装置，安装在车体外墙上。

B. 操作步骤及检查标准

（A）电客车静止有电时，7 号方孔打开紧急解锁装置的盖板；

（B）门解锁手柄下拉到操作解锁手柄并打开车门，此时司机台显示对应车门解锁图标，被解锁车门橙色指示灯亮，司机室内的"列车所有门关好"指示灯不亮；

（C）恢复紧急解锁手柄，打开的车门会自动关闭；

（D）或者用 7 号方孔钥匙操作外部紧急解锁开关至解锁位；

（E）双手用力向两侧推，即可将门页全打开；

（F）用 7 号方孔钥匙操作外部紧急解锁开关至复位的位置，车门会自动关闭；

（G）以上操作车门紧急解锁时需安排一人在司机室显示屏上确认车门的状态应显示正常。

⑤ 门切除功能

A. 检查对象特征

门隔离装置：每个客室门均配有一个门隔离装置，安装在车厢内车门的右下方。

B. 操作步骤及检查标准

（A）激活司机台，在车门关好的状态下，用 7 号车门切除专用方孔钥匙顺时针旋转 90°；

（B）此时操作开门按钮此车门无法打开，其余车门正常打开；

（C）车门盖板右侧的车门红色指示灯亮；

（D）HMI 上的车门状态指示相应的门为切除状态。

⑥ 开、关门时间检查。

A. 检查对象特征

车门开关时间检查。

B. 操作步骤及检查标准

（A）电客车在静止状态下，激活司机台，将车门开关门模式置于"手动"位置；

（B）司机室操作通过按下相应侧的开关门按钮手动开关门；

（C）客室检查人员使用秒表测量车门的开关时间，车门开始动作时开始计时，完成开门或关门动作时结束计时。

⑦ 车门关紧力（峰值）检查。

A. 检查对象特征

车门关紧力。

B. 操作步骤及检查标准

（A）一人在司机室操作车门开关；

（B）一人在车门关上前将测力锤水平放置在门页中间，在车门检测到障碍物（测力锤）过程中，将触发尝试三次关门，读取并记录三次防夹时车门夹紧力，要求障碍物探测过程中的关门力：第一次关门过程中，关门有效力不超过 150N，关门力峰值不超过 180N，在遇到障碍物后的第二次关门时的关门有效力不超过 180N，关门力峰值不超过 200N；在遇到障碍物后的第三次关门时的关门有效力不超过 200N，关门力峰值不超过 220N；关门力允许有 10N 的正偏差。车门实现三次尝试关门失败后，将车门开启为最大状态，HMI 显示为障碍物检测图标；

（C）客室检查人员将测力锤移开，司机室操作人员需按重关门按钮后对打开的门施加有效的关门信号就可以再次使其关闭；

（D）继续进行下一个门的车门关紧力检查，车门检查遵循先左后右的方式，避免两边同时操作造成检查不到位。

⑧ 车门防夹功能检查。

A. 检查对象特征

车门防夹功能。

B. 操作步骤及检查标准

（A）一人激活司机室，将需检测障碍物功能的所在的一侧车门打开然后再将车门关闭；

（B）在门页关闭过程中将测试物 25mm×60mm 测试木块置于门页的护指胶条上部（距离盖板 200mm）、中部（距离地板 400mm）、下方（距离地板 200mm）位置；

（C）当门页挤压到测试物时应该立即重新开启然后再尝试关闭，若测试物未清除则门页将重复上述动作三次后，车门将保持完全打开状态，车辆 HMI 上的车门状态将显示为障碍物检测；

（D）完成一个门的障碍物检测后，按压重开门按钮将车门关闭；

（E）继续上述步骤检查下一个车门防夹功能。

3）照明功能检查

① 客室正常照明

A. 检查对象特征

客室照明旋钮开关。

B. 操作步骤及检查标准

（A）电客车处于升弓位，把客室照明旋钮开关打到"合"位，所有客室照明灯亮，所有灯照度均匀；

（B）把客室照明旋钮开关打到"分"位时，所有客室灯熄灭。

② 紧急照明

A. 检查对象特征

紧急照明功能验证。

B. 操作步骤及检查标准

（A）激活蓄电池，电客车处于降弓位，把客室照明旋钮开关打到"合"位，所有客室照明灯亮，照度均匀，但亮度明显降低；

（B）升起受电弓，且电客车辅助逆变器启动，所有客室灯恢复为正常照明状态。

③ 司机室照明

A. 检查对象特征

司机室顶部装有两个顶灯及一个阅读灯。

B. 操作步骤及检查标准

（A）把司机室灯旋钮打到"合"位时，司机室顶灯亮；

（B）把阅读灯旋钮打到"合"位时，阅读灯亮。

④ 头灯

A. 检查对象特征

司机室头灯，分为远光灯和近光灯。远光灯位于司机室外部照明模块的中部，近光灯位于司机室外部照明模块的下部。

B. 操作步骤及检查标准

（A）将方向旋钮置于"向前"位时，本端头灯亮，尾端头灯不亮。当照明旋钮旋转到远光灯挡位时，远光灯亮；当照明旋钮旋转到近光灯挡位时，近光灯亮；

（B）将方向旋钮置于"向后"位时，两个司机室端的头灯都亮；

（C）将方向旋钮置于"零"位时，两端头灯灭。

⑤ 尾灯

A. 检查对象特征

司机室尾灯，位于司机室外部照明模块的上部。

B. 操作步骤及检查标准

（A）尾灯：红色，将方向手柄置于"向前"位时，非占有端的运行灯亮；

（B）将方向手柄置于"向后"位时，两个司机室端的运行灯都亮。将方向手柄置于"零"位时，两个司机室端尾灯都亮。

⑥ 运行灯

A. 检查对象特征

运行灯位于车头上方，分白色运行灯和红色运行灯两种。

B. 操作步骤及检查标准

（A）将方向旋钮置于"向前"位时，白色运行灯亮，另一个司机室的红色运行灯亮；

（B）将方向旋钮置于"向后"位时，两个司机室的运行灯（白色和红色）都亮；

（C）将方向旋钮置于"零"位时，两个司机室端运行灯都不亮。

4）辅助系统功能检查

① DC110V 输出

A. 检查对象特征

辅逆工作后，电压表显示电压为 107～137.5V。

B. 操作步骤及检查标准

升弓后检查 HMI 的辅助逆变器图标为绿色，此时查看电压值范围应为 107～137.5V。

② AC380V 输出

A. 检查对象特征

辅助逆变器能够正常输出电压，供空调和各风机运行。

B. 操作步骤及检查标准

（A）升弓后检查 HMI 的辅助逆变器图标为绿色，启动全车空调能正常启动；

（B）检查辅助风机、牵引风机、制动电阻风扇、空调通风机应能启动运行，无异响，且 HMI 上无风机故障。

5）空调系统功能检查

① 空调单元（正常运转）

A. 检查对象特征

（A）空调机组制冷功能；

（B）调整客室空调控制屏，验证空调通风、半冷、全冷、停止功能；

（C）查看本节车空调的故障查询、温度显示、参数设置和数据监控。

B. 操作步骤及检查标准

（A）检查空调机组制冷功能按以下操作：

A）激活电客车，按压升弓按钮升起受电弓，待电客车的辅助逆变器正常启动后检查空调的制冷功能；

B) 点击 HMI 的空调功能菜单,检查空调状态是否正常;
C) 检查客室送风槽送风量正常;
D) 耳听空调机组无异响。
(B) 调整客室空调控制屏,验证空调通风、半冷、全冷、停止功能按以下操作:
A) 激活电客车,打到受电弓模式,按压升弓按钮升起受电弓,待电客车的辅助逆变器正常启动后检查空调的制冷功能;
B) 打开客室空调控制柜,将模式开关旋至测试模式位,点击空调控制屏为本控;
C) 点击通风指令时,查看本车空调运行状态,仅此本车通风机、废排风机、司机室送风机单元(Tc 车)运行;
D) 点击全冷指令时,查看本车空调运行状态,此时本车通风机、废排风机、司机室送风机单元(Tc 车)、冷凝风机、四台压缩机运行;
E) 点击半冷指令时,查看本车空调运行状态,仅此本车通风机、废排风机、司机室送风机单元(Tc 车)、冷凝风机、每个机组启动运行时间短的压缩机运行;
F) 点击停止指令时,查看本车空调运行状态,此时本车通风机、司机室送风机单元(Tc 车)停止。
(C) 检查本节车空调的运行状态,故障查询,温度显示,参数设置和数据监控等按以下操作:
A) 开全车空调,打开客室空调控制柜;
B) 点击控制屏查看故障、温度显示、参数设置和数据监控。
② 紧急通风
A. 检查对象特征
空调机组的紧急通风功能。
B. 操作步骤及检查标准
(A) 激活电客车,按压升弓按钮升起受电弓,待电客车的辅助逆变器正常启动后检查空调的制冷功能;
(B) 按压降弓按钮降弓,启动空调紧急通风功能;
(C) 点击 HMI 的空调功能菜单,检查空调紧急通风功能状态正常。
③ 降级运行
A. 检查对象特征
空调机组的降级运行状态。
B. 操作步骤及检查标准
(A) 激活电客车,按压升弓按钮升起受电弓,待电客车的所有辅逆正常启动后检查 HMI 图标上空调应正常制冷;
(B) 断开任意一端 Tc 车的辅逆空开切除一单元辅助逆变器,查看 HMI,每个单元仅启动一半压缩机,扩展供电图标变绿;
(C) 断开两端的辅逆空开,切除两端辅逆,查看 HMI 应显示空调为紧急通风状态。
④ 设置温度运行
A. 检查对象特征
每个空调柜的空调控制屏可以对当节空调机组的温度进行调节。

B. 操作步骤及检查标准

（A）激活电客车，按压升弓按钮升起受电弓，待电客车的辅助逆变器正常启动后检查空调的制冷功能；

（B）打开客室空调控制柜，将模式开关旋至测试模式位，点击空调控制屏为本控；

（C）设置空调显示屏的温度值，待 20min 后查看空调 HMI 显示的客室温度应与设置的温度值一致。

⑤ 头端空调开/关控制检查

A. 检查对象特征

头端空调开/关控制。

B. 操作步骤及检查标准

（A）激活电客车，按压升弓按钮升起受电弓，待电客车的辅助逆变器正常启动；

（B）把 Tc 车空调旋钮打到"合"位，检查此时应仅占有端 Tc 车有空调制冷功能。

6）PIS 系统功能检查

① 司机室对讲

A. 检查对象特征

两端司机室对讲的功能。

B. 操作步骤及检查标准

（A）按下广播控制盒的"司机室对讲"键，"司机室对讲"物理按键背光灯点亮，持续按压手持台的"PTT"按键，即可进行司机室对讲；司机室对讲应清晰；

（B）再次按下"司机室对讲"键，"司机室对讲"物理按键背光灯熄灭，结束司机室对讲。

② 客室广播

A. 检查对象特征

（A）每节客室内的扬声器，安装在各个车门左侧上方的侧顶板，两路扬声器成对称分布，每个扬声器声音响亮，用手触摸有振动感，声量均匀适中，无杂声；

（B）人工广播的优先级比手动广播优先级高。

B. 操作步骤及检查标准

（A）一人在司机室手动触发广播报站，另外一人在客室巡检；每节车左右两侧喇叭都应有声音，声音大小正常，无杂声；

（B）一人在司机室操作司机对客室对讲，另外一人在客室巡检；每节车左右两侧喇叭都应有声音，声音大小正常，无杂声；

（C）在广播控制盒上触发手动报站后，操作司机对客室对讲，手动报站将中断；在司机进行客室对讲时，手动点击报站，报站无效。

③ 紧急广播

A. 检查对象特征

紧急广播播报功能。

B. 操作步骤及检查标准

（A）在 HMI 显示屏上选中一条紧急广播；

（B）点击播音按键，紧急广播语音将触发；

(C) 进行紧急广播语音播报，报站语音不能打断；进行报站语音播报时，紧急广播能正常播报。

④ 客室紧急通话

A. 检查对象特征

每节客室内分别装有 2 个紧急通话装置，用于乘客与司机的对讲。

B. 操作步骤及检查标准

(A) 按下报警按钮时，报警按钮灯闪烁；

(B) 如当前有其他对讲请求，则紧急通话装置的占线指示灯点亮；

(C) 如当前无其他对讲请求，按"紧急对讲"键后，对讲灯点亮，报警按钮指示灯由闪烁变成常亮；

(D) 可与司机室进行对讲，对讲声音应清晰。

⑤ LCD 动态地图

A. 检查对象特征

客室 LCD 动态地图用于向乘客显示电客车的运营信息、服务信息，如下一站、本站等信息，每个客室门均布置一块。

B. 操作步骤及检查标准

(A) 一人在司机室操作电客车广播报站，另外一人在客室巡检，LCD 动态地图显示的站点信息应与报站的站点相符；

(B) 开左（右）侧门时，电客车左（右）侧门上方的 LCD 动态地图的画面指示。

7) 制动系统功能检查

① 总风管气密性试验

A. 检查对象特征

主风管气密性。

B. 操作步骤及检查标准

空压机打气，使主风压力达到 0.9MPa，缓解电客车停放制动，施加紧制。等待 10min，等气路状态稳定后在 HMI "车辆参数"界面查看记录此时主风压力精确值，计时 10min 后再次查看主风压力值。空气泄漏量应在不大于 0.015MPa 范围内；否则用肥皂水检查空气制动系统的所有管接头，并根据泄漏情况做相应处理。

② 制动回路气密性试验

A. 检查对象特征

制动回路气密性。

B. 操作步骤及检查标准

(A) 关闭截断塞门，使主风管至制动管路的气路断开，关闭球阀，使空簧至制动管路的气路断开；

(B) 空压机打气使主风压力达到 0.9MPa，缓解电客车停放制动，施加紧制。等待 5min，等气路状态稳定后，在 EP2002 阀的 BSR 接口测量此时制动风缸压力，计时 5min 后再次测量制动风缸压力值。空气泄漏量应在不大于 0.02MPa 范围内，否则用肥皂水检查空气制动系统的所有管接头，并根据泄漏情况作相应处理。

③ 总风欠压开关

A. 检查对象特征

总风欠压开关。

B. 操作步骤及检查标准

(A) 打开主风缸排水阀使总风压力下降，车辆产生紧急制动时，总风缸的压力应为 0.55±0.02MPa。

(B) 关闭主风缸排水阀，测试总风缸压力上升使紧急制动缓解时，总风缸的压力应为 0.7±0.02MPa。

④ 停放制动

A. 检查对象特征

停放制动功能。

B. 操作步骤及检查标准

(A) 试验前电客车处于 AW0 工况，主风压力大于 0.8MPa；

(B) 按压停放制动缓解按钮，停放制动缓解按钮灯点亮，点击进入 HMI 的制动显示界面，制动图标显示为停放制动缓解图标；

(C) 按压停放制动施加按钮，停放制动施加按钮灯点亮，点击进入 HMI 的制动显示界面，制动图标显示停放制动施加图标；

(D) 将电客车升弓打气至 0.9MPa 后再降弓，切除电客车客室两节车 B05 阀，下车底操作对应转向架停放制动缓解拉环，带停放制动的制动机闸瓦能正常缓解，恢复好停放制动手动缓解装置，HMI 屏的 B05 和制动状态显示正确。确认该两节车 B05 已恢复，再重复以上步骤做其他车检查；

(E) 重新将电客车升弓打气至 0.9MPa，操作停放制动施加、缓解按钮，缓解、施加停放制动 2 次，最后保持施加停放制动，在电客车两侧确认好整列电客车带停放制动的制动机已施加停放制动；

(F) 上车恢复好整列电客车客室 B05 阀，锁闭好 B05 盖板。

⑤ 空载制动缸压力

A. 检查对象特征

空载制动缸压力。

B. 操作步骤及检查标准

(A) 检查停放制动压力操作如下：

A) 试验前电客车处于 AW0 工况，主风压力大于 0.8MPa，缓解停放制动；

B) 向前推动方向手柄，缓解电客车紧急制动，按下警惕按钮施加保持制动；

C) 点击 HMI 进入"制动压力"显示界面，查看 Tc 车、Mp 车、M 车各架的制动缸压力。要求各架保持制动压力 0.223±0.02MPa 范围内。

(B) 检查紧急制动压力操作如下：

A) 试验前电客车处于 AW0 工况，主风压力大于 0.8MPa，缓解停放制动；

B) 若方向手柄在零位，则电客车为紧急制动状态；

C) 点击 HMI 进入"车辆参数"界面，查看每节车各架的制动缸压力。要求 Tc 车各架紧急制动压力在 0.323±0.02MPa 范围内，Mp 车各架紧急制动压力在 0.352±0.02MPa 范围内；M 车各架紧急制动压力在 0.348±0.02MPa 范围内。

(C) 检查快速制动压力操作如下:

A) 试验前电客车处于 AW0 工况,主风压力大于 0.8MPa,缓解停放制动;

B) 向前推动方向手柄,缓解电客车紧急制动;

C) 将牵引手柄拉到快速制动位;

D) 点击 HMI 进入"车辆参数"显示界面,查看 Tc 车、Mp 车各架的制动缸压力,要求 Tc 车各架快速制动压力在 0.32 ± 0.02MPa 范围内,Mp 车各架快速制动压力在 0.352 ± 0.02MPa 范围内;M 车各架快速制动压力在 0.348 ± 0.02MPa 范围内。

(D) 检查 100% 常用制动压力操作如下:

A) 试验前电客车处于 AW0 工况,主风压力大于 0.8MPa,缓解停放制动;

B) 向前推动方向手柄,缓解电客车紧急制动;

C) 将牵引手柄拉到 100% 常用制动位;

D) 点击 HMI 进入"车辆参数"显示界面,查看电客车制动缸压力,要求电客车各架常用制动压力在 0.311 ± 0.02MPa 范围内。

⑥ 空气压缩机

A. 检查对象特征

空压机启停功能。

B. 操作步骤及检查标准

(A) 下车底排放主风缸中的压缩空气,气压到接近 0.75MPa 时减缓排气速度,待空压机启动打风时,记录此时气压表的显示值,检查其是否在 0.75 ± 0.02MPa 范围内;继续对主风缸排气,待气压到接近 0.7MPa 时减缓排气速度,直到另一台空压机也启动打风,记录此时气压表的显示值,检查其是否在 0.7 ± 0.02MPa 范围内,然后停止排气;

(B) 待空压机停止打风时,记录此时气压表的显示值,检查其是否在 0.9 ± 0.02MPa 范围内;

(C) 断开电客车偶数单元的空压机微动开关,HMI 屏上有提示信息,将气压排放到接近 0.75MPa 时,减缓排气速度,确认应为奇数单元空压机启动打风;

(D) 待空压机停止打风完成后恢复偶数单元的空压机微动开关;

(E) HMI 上气制动图标都恢复正常后,断开电客车奇数单元的空压机微动开关,下车底排放主风缸中的压缩空气,气压到接近 0.75MPa 时减缓排气速度,确认应为偶数单元空压机启动打风(监控到位,防止溜车);

(F) 待空压机停止打风完成后恢复所有空压机微动开关,确认 HMI 上气制动图标正常,无相关故障报出。

⑦ 空气干燥器

A. 检查对象特征

空压机、干燥塔功能。

B. 操作步骤及检查标准

(A) 在车底对主风缸进行排气,直到 1 台空压机能启动打风,在 HMI 屏更改日期,奇数日期偶数单元的空压机打风,偶数日期奇数单元的空压机打风;

(B) 用主风缸放气的方法,将主风管的风放至 0.75MPa 以下,使一个空压机启动打风,观察空压机干燥塔是否工作,记录干燥塔喷一次水的间隔时间,干燥塔需每隔 1min

排放一次水；继续将主风管的风放至 0.7MPa 以下，使另外一个空压机启动打风，观察空压机干燥塔是否工作，记录干燥塔喷一次水的间隔时间，干燥塔每隔 1min 排放一次水则功能正常。

⑧ 受电弓功能检查

A. 检查对象特征

受电弓功能：升降功能、状态指示、升单弓功能验证、本弓切除功能；升弓/降弓时间，是指受电弓常规气压（0.75～0.9MPa）的时间。测量从开始运动至到达相应高度的时间。

B. 操作步骤及检查标准

（A）激活司机台，按下升弓按钮，车顶作业人员目视检查电客车两组受电弓升弓动作基本同步，受电弓对接触网无异常冲击；

（B）HMI 能正常显示网压及受电弓状态，两端司机台的升弓绿色指示灯点亮；

（C）按下降弓按钮，两受电弓能实现快速离弓（与接触网分离）和缓慢降落到受电弓支撑座上、无异常冲击的两个行程；

（D）检查受电弓升降弓时间为（7～8s），升弓和降弓时间通过两个节流阀进行调节；

（E）升单弓功能验证：第一，升前弓：将 Tc 车的+115＝21－S05 降弓模式选择开关打到前位，按下受电弓升弓按钮+111＝21－S102，2 单元 Mp2 车受电弓升起，1 单元 Mp1 车受电弓升弓保持降弓状态，HMI 显示 Mp2 车"本弓升"；HMI 正确显示每个受电弓的状态；按下受电弓降弓按钮，+111＝21－S101，2 单元 Mp2 车受电弓落下，Tc 车降弓指示灯+111＝21－S101（红）点亮，HMI 正确显示每个受电弓升弓状态；将+115＝21－S05 降弓模式选择开关打到 0 位，重新升弓，两个 Mp 车受电弓正常升起。第二，升后弓：将 Tc 车的+115＝21－S05 降弓模式选择开关打到后位，按下受电弓升弓按钮+111＝21－S102，1 单元 Mp1 车受电弓升起，2 单元 Mp2 车受电弓升弓保持降弓状态，HMI 显示 Mp1 车"本弓升"；HMI 正确显示每个受电弓的状态；按下受电弓降弓按钮：+111＝21－S101，1 单元 Mp1 车受电弓落下，Tc 车降弓指示灯+111＝21－S101（红）点亮，HMI 正确显示每个受电弓升弓状态；将+115＝21－S05 降弓模式选择开关打到 0 位，重新升弓，两个 Mp 车受电弓正常升起；

（F）将本端的受电弓切除开关置于合位，则原先为升弓状态的，受电弓将降下来，HMI 能显示相应状态，升弓绿色指示灯闪亮；原先为降弓状态的，按升弓按钮后，本端受电弓保持降弓状态。

⑨ 火灾报警功能检查

火灾报警系统

A. 检查对象特征

电客车的烟感探头有感烟和感温两种。

B. 操作步骤及检查标准

（A）使用烟雾检测仪分别对车辆内配置的烟感探测器进行检测；

（B）当烟感探测器启动报警后，电客车的火灾报警控制器显示屏应显示火警信息。

⑩ 控制系统功能检查

A. 检查对象特征

总线冗余功能。

B. 操作步骤及检查标准

（A）断开一端 Tc 车司机室电气柜的 RepeaterA 微动开关，单独使用 MVB 总线 B 通道进行通信，网络拓扑图应显示所有设备的图标为绿色，应无设备报通信故障；

（B）断开一端 Tc 车司机室电气柜的 RepeaterB 微动开关，单独使用 MVB 总线 A 通道进行通信，网络拓扑图应显示所有设备的图标为绿色，应无设备报通信故障。

⑪ 轮缘润滑功能检查

轮缘润滑：按压轮缘润滑测试按钮，轮缘润滑装置应能正常喷油。

A. 检查对象特征

轮缘润滑系统仅在 LYL1 项目有 8 列电客车上安装。

B. 操作步骤及检查标准

（A）激活电客车及司机台，下车底按压轮缘润滑装置的测试按钮，轮缘润滑喷油口开始喷油，喷油量正常；

（B）打开轮缘润滑控制箱盖板，按控制板对轮缘润滑装置的周期、直道模式、弯道模式进行测试；

（C）测试完成后擦干净轮缘润滑油渍，恢复好设备。

5. 电客车动态调试

（1）调试条件

电客车激活并占有；接触网通电 1500V；在试车线运行调试作业；试验时无其他作业。

（2）调试工器具

方孔、主控钥匙、钟表笔。

（3）动态调试内容

车辆动态检查项目，见表 8.1-5。

车辆动态检查项目 表 8.1-5

编号	项目	试验描述		参照值
1				≤16m(仅供参考，不做考核)
		制动起始速度 40km/h	制动距离	≤56m(仅供参考，不做考核)
		制动起始速度 60km/h	制动距离	≤125m(仅供参考，不做考核)
		制动起始速度 80km/h	制动距离	制动减速度≥1.2m/s^2；制动距离应≤205m
2	快速制动（正常）	制动起始速度 20km/h	制动距离	≤18m(仅供参考，不做考核)
		制动起始速度 40km/h	制动距离	≤58m(仅供参考，不做考核)
		制动起始速度 60km/h	制动距离	≤121m(仅供参考，不做考核)
		制动起始速度 80km/h	制动距离	制动减速度≥1.20m/s^2；制动距离应≤205m
	快速制动（电制动切除）	制动起始速度 20km/h	制动距离	≤18m(仅供参考，不做考核)
		制动起始速度 40km/h	制动距离	≤58m(仅供参考，不做考核)
		制动起始速度 60km/h	制动距离	≤130m(仅供参考，不做考核)
		制动起始速度 80km/h	制动距离	制动减速度≥1.05m/s^2；制动距离应≤235m

续表

编号	项目	试验描述		参照值
3	100%常用制动（正常）	制动起始速度20km/h	制动距离	≤20m（仅供参考，不做考核）
		制动起始速度40km/h	制动距离	≤68m（仅供参考，不做考核）
		制动起始速度60km/h	制动距离	≤144m（仅供参考，不做考核）
		制动起始速度80km/h	制动距离	制动减速度≥1.0m/s²；制动距离应≤247m
	100%常用制动（电制动切除）	制动起始速度20km/h	制动距离	≤20m（仅供参考，不做考核）
		制动起始速度40km/h	制动距离	≤68m（仅供参考，不做考核）
		制动起始速度60km/h	制动距离	≤144m（仅供参考，不做考核）
		制动起始速度80km/h	制动距离	制动减速度≥1.0m/s²；制动距离应≤247m
4	电客车倒行	100%牵引，速度在10±0.5km/h		
5	电客车慢行	在"慢行"模式下，电客车速度保持在3±1km/h		
6		车门动态		
6.1	车门未关闭引起牵引封锁：在电客车静止时将一障碍物置于两门页中间，然后关门，司机室内"列车所有门关好"按钮指示灯不亮。将司控器置于牵引位，此时电客车不能开动。重开门取出障碍物，关门，"列车所有门关好"按钮指示灯亮，此时电客车可以牵引			
6.2	车门旁路牵引：将一障碍物置于两门页之间，此时电客车不能启动牵引，车门旁路开关置"合"位，此时电客车可以动车，此时按开门按钮，车门应不能打开			
6.3	车门切除牵引：切除客室任意一个门后，HMI上车门状态显示正确，电客车能够启动牵引			
6.4	60m紧急制动功能：电客车动车模拟行驶站台60m以内，拉动车门紧急解锁装置，电客车将紧急制动；60m之后无法解锁			
7	停放制动	司机室施加停放制动，电客车应不能牵引		
8	方向手柄	电客车运行时，牵引手柄回"0"，方向手柄回"0"，电客车施加紧急制动		
9	紧急停车按钮	电客车牵引状态下，按压紧急停车按钮，电客车受电弓降下，高速断路器（HSCB）断开；在电客车停止前，释放红色按钮，电客车仍然处于紧急制动状态		
10	警惕按钮功能检查	人工驾驶模式下，运行中松开警惕按钮3s，电客车紧急制动，操作警惕按钮旁路可旁路警惕按钮		
11	牵引特性	正常：到达40km/h实际平均加速度		≥1.0m/s²
		正常：到达80km/h实际平均加速度		≥0.6m/s²
		故障：一节动车无力时，运行速度限速		70km/h
		故障：当两节车无动力时，运行速度限速		65km/h
12	紧急牵引	限速30km/h		
13		冗余功能测试		
13.1	车辆控制单元冗余功能	激活电客车后，按下主车辆控制单元微动开关，从车辆控制单元能自动切换为主车辆控制单元，电客车能正常动车		
13.2	网关阀通信功能冗余	断开一单元Tc车网关阀+智能阀，切除相应转向架B05，电客车能正常动车；恢复后断开M车网关阀+智能阀，切除相应转向架B05，电客车能正常动车		

续表

编号	项目	试验描述	参照值
14		主要旁路功能测试	
14.1	门关好旁路	解锁车门紧急解锁手柄,司机操作启动电客车,此时电客车应不移动;合上+115电器柜的门关好旁路开关后,司机操作启动电客车,电客车应可以正常牵引	
14.2	警惕按钮旁路	警惕按钮旁路开关合上后,启动电客车,此时松开警惕按钮电客车应无任何影响	
14.3	停放制动旁路	断开某一节车停放制动缓解继电器电源,停放制动缓解灯不亮,操作停放制动旁路开关,电客车可以动车,限速10km/h	
14.4	所有制动缓解旁路	将停放制动继电器(B1点)手动分,司机操作启动电客车,电客车无法启动;合上停放制动缓解旁路开关后,司机操作启动电客车,电客车能够牵引,电客车限速10km/h	
14.5	门零速旁路	将电客车两端的门零速继电器回路接点断开,电客车无法开门,激活门零速旁路后可正常开关门	
14.6	车钩监视旁路	电客车未激活的情况下,合上+115电器柜的车钩监控旁路开关后再次尝试激活电客车成功并可以升弓合高断、牵引电客车	
14.7	主风缸压力不足旁路	将两个空压机电源开关切除,把主风管气压放到0.55MPa以下,0.38MPa以上,电客车将会出现牵引封锁/气压不足,将主风缸压力不足旁路和紧急牵引旁路开关打至合位,电客车能正常牵引	
14.8	升弓允许旁路	断开允许闸刀开关受电弓位监测回路中的接点,操作允许升弓旁路后能正常升弓	
15		主要紧急牵引功能测试(电客车将限速30km/h)	
15.1	受电弓手动升起	操作手动升弓,并把辅助升弓泵旋在开通位,电客车可动车	
15.2	主风管压力低	断开两个空压机电源,操作主风缸阀,测试气压降到0.6MPa以下,0.55MPa以上时,电客车产生牵引封锁,打紧急牵引,电客车能正常动车	
15.3	总线故障	断开两端Tc车车辆控制单元开关,电客车不能动车,操作紧急牵引可动车	
15.4	断开一半动车DCU牵引故障	断开一半动车DCU微动开关,电客车能动车	
15.5	切除B05电客车牵引封锁	根据设计要求(7个)切除相应个数的B05时电客车牵引封锁,操作紧急牵引可动车,电客车可动车	
16	转向架的限制速度试验	测试切除1个、2个、3个、4个、5个、6个转向架的B05后,电客车按设计要求的限速速度运行。切除6以上转向架的B05后,电客车将牵引封锁。 切除1个B05限速70±2km/h; 切除2~3个B05限速60±2km/h; 切除4~6个B05限速35±2km/h	
17	速度表检测	司机牵引列分别在20km/h、40km/h、60km/h、80km/h后,保持速度,HMI显示电客车速度值与速度表比较,误差应为±2.1km/h	

(4) 动态调试方法及标准

1) 紧急制动制动距离测试

① 检查对象特征

在干燥平直轨道上进行紧急制动距离测试,80km/h 的紧急制动距离应小于等于 205m。

② 操作步骤及检查标准

A. 点击 HMI 显示器屏幕底部菜单栏的"检修"软按钮,输入密码"123"进入维护主界面;

B. 点击"加速度测试"进入加速度测试界面;

C. 在测试界面上输入"(制动)起始速度值""目标速度值",点击确认开始;

D. 司机配合动车,方向手柄推至向前位,主控手柄推至牵引位;持续关注屏幕上的速度值,当电客车速度达到制动起始速度时,将主控手柄回零惰行 3s;然后将方向手柄回零,电客车紧制直到电客车停稳;读取测试界面的制动距离,完成一次紧急制动距离测试;

E. 重复步骤 A~D,完成 60km/h、40km/h、20km/h 的紧急制动距离测试。

2)快速制动制动距离测试

① 检查对象特征

在干燥平直轨道上进行快速制动距离测试,80km/h 的快速制动距离应小于等于 205m。

② 操作步骤及检查标准

A. 司机配合动车,方向手柄推至向前位,主控手柄推至牵引位;持续关注屏幕上的速度值,当电客车速度达到制动起始速度时,主控手柄回零惰行 3s;然后将主控手柄拉至快速制动位,电客车快制直到电客车停稳;读取测试界面的制动距离,完成一次快速制动距离测试;

B. 重复以上操作,完成 60km/h、40km/h、20km/h 的快速制动距离测试。

3)常用制动(正常)

① 检查对象特征

在干燥平直轨道上进行常用制动距离测试,80km/h 的快速制动距离应小于等于 247m。

② 操作步骤及检查标准

A. 司机配合动车,方向手柄推至向前位,主控手柄推至牵引位;持续关注屏幕上的速度值,当电客车速度达到制动起始速度时,主控手柄回零惰行 3s;然后将主控手柄拉至最大常用制动位,电客车保持百分百常制直到电客车停稳;读取测试界面的制动距离,完成一次常用制动距离测试;

B. 完成 60km/h、40km/h、20km/h 的常用制动距离测试。

4)常用制动(电制动切除)

① 检查对象特征

在干燥平直轨道上进行常用制动(电制动切除)距离测试,80km/h 的常用制动(电制动切除)制动距离应小于等于 247m。

② 操作步骤及检查标准

A. 点击 HMI 显示器屏幕底部菜单栏的"检修"软按钮,输入密码"123"进入维护主界面;

B. 点击界面中的"测试"软按钮;

C. 点击"2 车电制动切除""3 车电制动切除""4 车电制动切除""5 车电制动切除"按钮,切除电制动;当按钮内的灰色小框变成绿色,说明电制动切除成功;

D. 点击"返回"按钮,返回维护主界面;

E. 司机配合动车,方向手柄推至向前位,主控手柄推至牵引位;持续关注屏幕上的速度值,当电客车速度达到制动起始速度时,主控手柄回零惰行 3s;然后将主控手柄拉至最大常用制动位,电客车保持百分之百常制(电制动切除)直到电客车停稳;读取测试界面的制动距离,完成一次常用制动(电制动切除)距离测试;

F. 重复以上步骤,完成 60km/h、40km/h、20km/h 的常用制动(电制动切除)距离测试;

G. 完成后,返回测试主界面,再次点击"2 车电制动切除""3 车电制动切除""4 车电制动切除""5 车电制动切除"按钮,使得按钮内的绿色小框变成灰色,恢复电制动。

5)快速制动(电制动切除)

① 检查对象特征

在干燥平直轨道上进行快速制动(电制动切除)距离测试,80km/h 的快速制动(电制动切除)制动距离应小于等于 235m。

② 操作步骤及检查标准

A. 结合常用制动(电制动切除)A~D 步骤操作;

B. 司机配合动车,方向手柄推至向前位,主控手柄推至牵引位;持续关注屏幕上的速度值,当电客车速度达到制动起始速度时,主控手柄回零惰行 3s;然后将主控手柄拉至快速制动位,电客车保持快速制动(电制动切除)直到电客车停稳;读取测试界面的制动距离,完成一次快速制动(电制动切除)距离测试;

C. 重复以上步骤,完成 60km/h、40km/h、20km/h 的常用制动(电制动切除)距离测试;

D. 返回测试主界面,再次点击"2 车电制动切除""3 车电制动切除""4 车电制动切除""5 车电制动切除"按钮,使得按钮内的绿色小框变成灰色,恢复电制动。

6)电客车倒行

① 检查对象特征

司控器方向手柄向后时,进行电客车牵引,电客车限速 10km/h。

② 操作步骤及检查标准

司机配合动车,方向手柄推至向后位,主控手柄推至牵引位,当电客车速度达到 10km/h 时,电客车进入惰行状态,电客车限速 10km/h。

7)电客车慢行

① 检查对象特征

电客车"慢行"模式限速。

② 操作步骤及检查标准

A. 将司机室电气柜的模式选择开关旋至"慢行"位;

B. 示意司机配合动车,方向手柄推至向前位,主控手柄推至牵引位,当电客车速度达到 3km/h 时,电客车进入惰行状态,电客车限速 3km/h;

C. 将司机室电气柜的模式选择开关恢复至"正常"位。

8) 车门动态功能

① 动车开门

当电客车运行时，按开门按钮，此时车门应不能打开。

② 解锁动车

当电客车静止时，操作紧急解锁装置可解锁车门，电客车将禁止牵引。

③ 正线 60m 紧急制动功能

电客车动车模拟行驶站台 60m 以内，拉动车门紧急解锁装置，电客车将紧急制动；60m 之后无法解锁。

④ 车门牵引封锁

在电客车静止时将一障碍物置于两门页中间，然后关门，司机室内"列车所有门关好"按钮指示灯不亮。将司控器置于牵引位，此时电客车不能开动。重开门取出障碍物后，关门，"列车所有门关好"按钮指示灯亮，此时电客车可以牵引。

A. 检查对象特征

车门牵引封锁。

B. 操作步骤及检查标准

（A）在电客车静止时将一障碍物置于两门页中间，然后关门，司机室内"列车所有门关好"按钮指示灯不亮；

（B）司机将司控器置于牵引位，此时电客车不能开动；

（C）重开门取出障碍物，关门，"列车所有门关好"按钮指示灯亮，此时电客车可以牵引。

⑤ 车门切除保护

切除客室任意一个门后，HMI 上车门状态显示正确，电客车能够启动牵引。

A. 检查对象特征

车门切除牵引功能。

B. 操作步骤及检查标准

（A）切除客室任意一个门后，HMI 上车门状态显示正确：车门为切除状态；

（B）示意司机动车测试，电客车能够启动牵引；

（C）完成后恢复切除车门的切除开关。

9) 停放制动

司机室施加停放制动，电客车应不能启动牵引。

① 检查对象特征

停放制动牵引封锁功能。

② 操作步骤及检查标准

A）在司机室施加停放制动；

B）示意司机动车测试，电客车应不能启动牵引。

10) 方向手柄

① 检查对象特征

方向手柄功能验证。

② 操作步骤及检查标准

电客车运行时,牵引手柄回"0",方向手柄回"0",电客车施加紧急制动。

11) 紧急停车按钮

电客车牵引状态下,按下紧急停车按钮,电客车受电弓降下,高速断路器(HSCB)断开;在电客车停止前,恢复红色按钮,电客车仍然处于紧急制动状态。

① 检查对象特征

紧急停车按钮功能测试。

② 操作步骤及检查标准

A. 在受电弓模式电客车牵引状态下,按下紧急停车按钮,电客车受电弓降下,高速断路器(HSCB)断开;

B. 在电客车停止前,恢复红色按钮,电客车仍然处于紧急制动状态;

C. 高速断路器(HSCB)断开;

D. 在电客车停止前,恢复红色按钮,电客车仍然处于紧急制动状态。

12) 警惕按钮

人工驾驶模式下,运行中松开警惕按钮3s,电客车紧急制动,操作警惕按钮旁路可旁路警惕按钮。

① 检查对象特征

警惕按钮功能。

② 操作步骤及检查标准

A. 人工驾驶模式下,运行中至5km/h松开警惕按钮3s,电客车紧急制动直至停车;

B. 操作警惕按钮旁路可旁路警惕按钮,能实现牵引动车;

C. 完成后将警惕按钮旁路置于分位。

13) 牵引特性

到达40km/h实际平均加速度大于等于$1.0m/s^2$;到达80km/h实际平均加速度大于等于$0.6m/s^2$。

① 检查对象特征

牵引加速度能力。

② 操作步骤及检查标准

A. 点击HMI显示器屏幕底部菜单栏的"检修"软按钮,输入密码"123"进入维护主界面;

B. 点击"加速度测试"进入加速度测试界面;

C. 在测试界面上输入"(牵引)起始速度值""目标速度值",点击确认开始;

D. 司机配合动车,方向手柄推至向前位,主控手柄推至百分百牵引位;持续关注屏幕上的速度值,当电客车速度达到40km/h时,将方向手柄回零惰行3s,然后常用制动停车,读取测试界面的加速度值,完成一次加速度测试;

E. 重复步骤以上步骤,完成80km/h的加速度能力测试。

14) 紧急牵引

限速30km/h。

① 检查对象特征

紧急牵引。

② 操作步骤及检查标准

A. 将紧急牵引模式开关置于合位；

B. 不合主断时，操作紧急牵引模式，此时主断能自动合上；

C. 推手柄 100% 牵引时，电客车限速 30km/h；

D. 制动时观察 HMI 维护界面中的状态参数界面，电客车制动时直接施加气制动，电制动力为零。

15）冗余功能测试

① 车辆控制单元冗余功能

激活电客车后，断开主车辆控制单元微动开关，从车辆控制单元能自动切换为主车辆控制单元，电客车能正常动车。

A. 检查对象特征

车辆控制单元冗余功能。

B. 操作步骤及检查标准

激活电客车后，断开主 EGWMe 微动开关，从 EGWMe 能自动切换为主电客车控制单元，电客车 HMI 界面的通信图表正常，电客车能正常动车。

② 网关阀通信功能冗余

断开一单元 Tc 车网关阀＋智能阀，切除相应转向架 B05，电客车能正常动车；恢复后断开 M 车网关阀＋智能阀，切除相应转向架 B05，电客车能正常动车。

A. 检查对象特征

网关阀通信功能冗余。

B. 操作步骤及检查标准

（A）断开一单元 Tc 车网关阀＋智能阀，切除相应转向架 B05，电客车能正常动车；

（B）恢复后断开 M 车网关阀＋智能阀 1，切除相应转向架 B05，电客车能正常动车；

（C）继续上述操作检查另一单元的网关阀通信功能冗余功能。

16）旁路功能

① 门关好旁路功能检查

解锁车门紧急解锁手柄，司机启动电客车，此时电客车应无法移动；闭合＋115 电器柜的门关好旁路开关后，司机启动电客车，电客车应可以正常牵引。

② 警惕按钮旁路功能检查

警惕按钮旁路开关闭合后，启动电客车，此时松开警惕按钮电客车应无任何影响。

③ 停放制动缓解旁路功能检查

将停放制动继电器（B1 点）手动分，司机启动电客车，电客车无法启动；闭合停放制动缓解旁路开关后，司机启动电客车，电客车能够牵引，电客车限速 10km/h。

④ 所有制动缓解旁路功能检查

将所有停放制动缓解继电器（B1 点）手动分（即模拟网络未检测到气制动缓解信号），司机启动电客车，约 4s 后电客车施加常用制动；闭合所有制动缓解旁路开关后，司机启动电客车，电客车能够牵引，电客车限速 10km/h。

⑤ 门零速旁路功能检查

司机启动电客车，此时按下左/右开门按钮，客室车门应无法打开；闭合＋115 继电器柜的门零速旁路开关，尝试开左/右门，此时相应侧客室车门可以打开。

⑥ 车钩监控旁路功能检查

电客车未激活的情况下，闭合+115电器柜的车钩监控旁路开关后再次尝试，激活电客车成功并可以升弓合高断、牵引电客车。

⑦ 总风压力低旁路

将两单元空压机空开断开，直接排主风缸压缩空气至总风压力在0.55MPa以下，0.38MPa以上，电客车将产生紧急制动，此时闭合总风压力低旁路及紧急牵引旁路开关，紧急制动缓解，电客车可以牵引。

⑧ 升弓允许旁路

将刀开关置于库用电源位或接地位，电客车激活并占有，允许升弓继电器指示灯不亮；此时，将升弓允许旁路置于合位，升弓继电器指示灯亮。

17）紧急牵引功能

① 受电弓手动升起

操作手动升弓，并把辅助升弓泵旋至开通位，电客车不能牵引，操作紧急牵引可动车。

② 主风管压力低

断开两个空压机电源，操作主风缸阀，测试气压降到0.6MPa以下，0.55MPa以上时，电客车产生牵引封锁，操作紧急牵引，电客车能正常动车。

③ 总线故障

断开两端Tc车车辆控制单元开关，电客车不能动车，操作紧急牵引可动车。

④ 超过一半动车牵引控制单元牵引故障

断开一半以上动车牵引控制单元微动开关，电客车牵引封锁，打紧急牵引，电客车能动车。

⑤ 切除B05电客车牵引封锁

根据设计要求切除相应个数的B05时电客车牵引封锁，操作紧急牵引可动车，电客车可动车。

18）紧急启动（充电机）

① 检查对象特征

充电机紧急启动功能。

② 操作步骤及检查标准

A. 车辆断激活；

B. 通过强制升弓操作将受电弓接入弓网电压；

C. 在两端司机室按下充电机紧急启动旋钮，"充电机应急启动"指示灯亮；

D. 在3min内完成辅助逆变器应急启动，在Tc车客室听到辅逆声音后，输出DC110V，电客车可以正常激活。

19）速度表功能

司机牵引位分别在20km/h、40km/h、60km/h、80km/h时，保持速度，HMI显示电客车速度值与速度表比较，误差应为±2.1km/h。

20）限制速度试验

① 转向架的限制速度试验

A. 正常牵引条件下切除 1 个 B05 时,电客车可以牵引,限速 70km/h;
B. 切除 2~3 个 B05 时,电客车可以牵引,限速 60km/h;
C. 切除 4~6 个 B05 时,电客车可以牵引,限速 35km/h;
D. 切除 7 个及以上 B05 时,牵引封锁并施加最大常用制动。
② 牵引控制单元的限制速度试验
A. 关闭 1 个牵引控制单元的空开,电客车 100%牵引,限速 70km/h;
B. 关闭 2 个牵引控制单元的空开,电客车 100%牵引,限速 65km/h。
21)预验收检查报告示例(图 8.1-22)

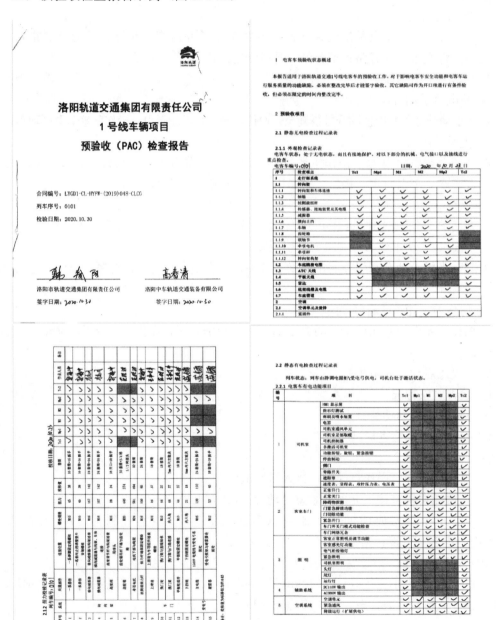

图 8.1-22 预验收检查报告(一)

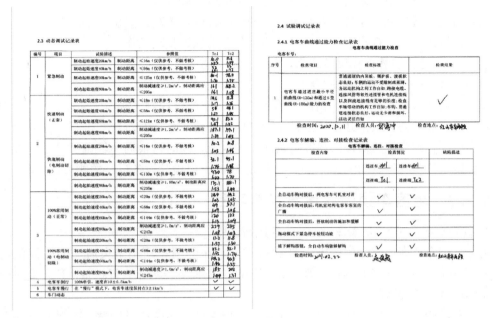

图 8.1-22 预验收检查报告（二）

8.2 电客车预验运营检查

8.2.1 电客车预验收运营检查概述

为了保障安全运营，在列车投入运营前应保证设备与设备之间、系统与系统之间、人与设备之间充分磨合，使设备系统的稳定性和可靠性达到一定水平，预验收检查成为城市轨道交通开通试运营前的一个必要环节。

电客车预验收检查是在工程完工后，轨道交通具备基本条件，冷滑、热滑试验成功后，对设备、设施进行安全测试和调试的不载客列车运行活动的评估。

预验收检查是围绕列车运行进行的试验和调试的一个评价活动，考查设备系统的可靠性和安全性。在此期间，运营单位参与试运行，配备人员，列车按图运行，因此预验收检查不仅仅是考查设备的试验和调试，也是评估运营人员与设备系统的磨合情况，最终确保人、机、环境的最佳配合。

8.2.2 电客车预验收运营检查的目的

（1）检验有关系统功能。
（2）进行有关系统的故障处置操作。
（3）掌握有关行车办法、作业原则与设备操作办法，并通过演练提高认识。
（4）评估运营相关系统的运行状态及可靠性。
（5）检验综合联调阶段完成情况。
（6）检验试运营准备规章制度准备、人员培训等准备工作的完成情况。

(7) 检验设备保障、运营操作等各运行系统的应急处置能力。

(8) 通过运营演练加深员工对系统性能的熟悉程度,提高各岗位操作能力。

(9) 通过运营演练查找准备工作的缺陷,落实消缺、整改工作。

(10) 通过运营演练查找设备缺陷,落实消缺、整改工作。

(11) 检验三级管理模式的配合。

预验收运营检查是评估行车组织、客运组织、维修组织在正常运营情况下的运作情况,是以运行图计划为依据开展,由行车调度根据运营演练方案对行车进行统一调度、指挥。各岗位工作则应该严格按照载客运营的要求执行。同时,根据车辆调试进度、人员操作熟练程度,逐步将运行间隔由 10min 过渡到 5min,以检验设备运行的能力。

8.2.3 电客车预验收运营检查项目

1. 首列车 5000km、批量车 2000km 的运行试验

为保证列车载客运营之后的安全性和可靠性,在静调和动调结束后,要进行首列车 5000km、其他所有列车 2000km 试验,测试期间要模拟正线实际运行状态,记录接触网网压、车辆速度等相关数据。

公里数试验期间,所有列车除满足正常运营要求外,还应通过测试,确保所有列车具有车辆超速保护、列车紧急制动距离、车门安全联锁、车门故障隔离、车门障碍物探测、列车联挂救援等功能。测试应分别符合如下规定。

(1) 车辆超速测试

测试目的:测试车辆自身超速保护功能是否符合设计要求。

测试内容与方法:在具备以车辆设计最高运行速度安全行车条件的区段,切除列车自动防护(ATP),以人工驾驶模式下行车,牵引手柄保持最大牵引位,使列车持续加速至车辆设计最高运行速度,记录列车速度、超速保护的程序和措施。

测试结果:列车持续加速至车辆设计最高运行速度,当超过车辆设计最高运行速度是,应自动采取符合车辆设计超速保护的报警、牵引封锁和制动保护措施。

(2) 列车紧急制动距离测试

测试目的:测试列车在设计最高运行速度下的紧急制动距离是否符合设计要求。

测试内容与方法:列车以人工驾驶模式在平直线路区段运行至设计最高运行速度时,列车驾驶员按下紧急制动按钮,至列车停止时,测量列车紧急制动距离。

测试结果:列车紧急制动距离应符合设计要求。

(3) 车门安全联锁测试

测试目的:测试车门与列车牵引控制联锁功能是否符合设计要求。

测试内容与方法:

1) 将阻挡块放在一扇车门两扇门页之间,使车门不能完全锁闭,按列车关门按钮后,推主控制器手柄至牵引位,启动列车,观察列车状态。

2) 列车在区间零速以上运行,按开门按钮,观察客室车门状态。

测试结果:

1) 列车主控制器手柄推至牵引位,列车仍无牵引力、不能启动。

2) 列车在零速以上运行时,按列车开门按钮,客室车门不能打开。

(4) 车门故障隔离测试

测试目的：测试车门故障隔离功能是否符合设计要求。

测试内容与方法：列车停靠站台，通过隔离装置专用钥匙对测试车门进行隔离后，按司机室开门按钮，观察全部车门状态，被测车门在隔离状态，操作紧急解锁装置后，记录是否能手动打开被测车门。

测试结果：按司机室开门按钮，被隔离车门不能打开，其他车门打开；被测车门处于隔离状态，操作紧急解锁装置，仍无法手动打开被测车门。

(5) 车门障碍物探测测试

测试目的：测试车门防夹和在关门功能是否符合设计要求。

测试内容与方法：将测试块作为障碍物置于车门两扇门页之间，列车发出关门指令后，记录开门次数及车门最终状态，并用压力测试仪记录关门压力。

测试结果：被测车门按照设计要求自动循环打开和关闭数次后，车门保持打开状态、关门压力应满足设计要求。

(6) 列车联挂救援测试

测试目的：测试列车联挂救援功能是否符合设计要求。

测试内容与方法：

1) 模拟故障列车施加停放制动，降弓/靴停放在线路上，另一列救援列车低速靠近模拟故障列车进行列车联挂；

2) 完成联挂后，释放模拟故障列车停放制动，推救援列车牵引手柄牵引模拟故障列车至一定距离，记录列车联挂救援情况。

测试结果：列车联挂救援功能应符合设计要求。

2. 三个月试运行考核

试运行是否合格不应根据设计规范或施工规范来判定，因为试运行是一个动态的过程，并且试运行的结果反映的是整个系统的综合性能和稳定性，并不能由单个系统或单个设备的合格来判定。

鉴于这样的考虑，考核指标应当是能反映系统的综合性能的指标。作为一个承担运送大客流的快速交通系统，主要有3方面的要求：服务水平、设备稳定性、系统安全性。服务水平主要由3个指标来体现：运行图兑现率、掉线率和正点率。设备可靠性由设备故障率体现，系统安全性则主要考核ATP系统功能的正确率。这3方面的指标实际上综合反映了人、机、环境的磨合情况，因为只有各部分实现最佳配合才能保证较高的服务水平、很好的稳定性和安全性。

(1) 服务水平

服务水平主要是指行车服务水平和质量，由3个指标来体现：运行图兑现率、掉线率和正点率。

运行图兑现率指在试运行时间内，实际开行列车次数与运行图图定开行列车次数之比，用以表示运行图兑现的程度。

由于试运行过程是一个系统逐渐完善的过程，是一个发现问题—调试—解决问题的过程，并且系统运行的水平是由低到高分阶段完成的，当低水平阶段达到较高的正确率后，进入较高水平的阶段，又会发现新的问题，解决问题后再逐渐达到一个较稳定的状态，然后再提高系统运行的水平。因此在3个月试运行的初期难以达到一个较高的水平，在后期才能逐渐接近试运营阶段的要求。

（2）设备可靠性

设备可靠性由设备故障率体现，但设备系统可靠性不同于产品可靠性。产品的可靠性是指：产品在规定的条件下在规定的时间内完成规定的功能的能力。产品的可靠性越高，产品可以无故障工作的时间就越长。在这里主要是指设备系统的可靠性，即系统在规定条件下、规定时间内完成规定功能的能力。设备系统由多种产品配合构成，单类产品的无故障工作时间不能反映系统的可靠性，在安装调试之前单类产品都应是合格的产品，即在试运行过程中不应出现产品的故障，但系统会由于不同设备之间的接口问题而发生故障。因此产品的无故障工作时间也不能作为系统可靠性的考核指标，而是由设备系统的故障率来体现设备系统的可靠性。

在试运行的过程中设备系统的可靠性逐渐趋于稳定，由于在不同的阶段会发现不同的问题，因此设备系统的故障率也呈现分段波动变化的规律，反映了发现问题—调试—解决问题的过程。

（3）系统安全性

系统安全性主要考核ATP系统功能的正确率，实际上关系到系统安全性的系统有很多，如消防系统、出入口的设置等考虑到这些在验收过程中都是有专项验收的，因此，在由试运行考核的安全性方面仅考虑ATP是否能保障系统运行的安全。

从保证安全的角度考虑，ATP系统功能的正确率通常要求达到100%，设备必须提供100%的安全运行。

3. 预验收末次会议

预验收末次会议是对试运行的质量进行判定。从大量的研究来看，如果运行图兑现率达到90%以上，正点率达到90%以上，掉线次数低于0.4次/(万车·km)，设备故障率低于5次/(万车·km)，同时信号系统提供100%的安全运行，就可以基本认定试运行合格，当然这一切都应建立在所有设备系统调试合格的基础之上。

各项考核指标水平因系统水平的高低而不同，因此对于具体的试运行线路，还应研究比较系统配置的水平，适当提高试运行合格时的水平，从而保证该线路以更高的水平开通，提供更好的服务，从而降低运营的风险。

8.2.4 电客车预验收运营检查前准备

1. 组织架构

运营单位应具有与运营管理模式和管理任务相适应的组织架构，并设置行车组织、客运服务、设施设备维护、安全生产管理等部门。

运营单位应建立从安全生产委会或安全生产领导小组至基层班组的安全生产管理组织架构，安全生产责任制分解到岗位和人员，并配备专职安全生产管理人员。

2. 岗位与人员

运营单位应合理设置岗位、行车组织、客运服务、设施设备维护和安全生产管理部门按运营管理工作需要，配齐人员。

运营单位主要负责人和安全生产管理人员应按规定接受安全培训，初次安全培训时间不少于 32 学时。列车驾驶员、行车调度员、行车值班员、信号工、通信工等重点岗位人员应通过安全背景审查，列车驾驶员还应通过心理测试。

3. 运营管理

运营单位应建立以下运营管理制度：

（1）安全管理类，包括风险分级管控和隐患排查治理、劳动安全、安全检查、安全教育培训和考核、危险品管理、保护区安全管理、关键信息系统等级保护等制度；

（2）维护维修类，包括专业设施设备系统检修规程和检修管理制度等；

（3）操作办法类，包括各岗位操作规程、各专业系统操作手册和故障处理指南等。

运营单位应综合考虑线路初期运管设计运能、设计车辆配属、初期运营客流预测，以及设备技术条件、列车运行与折返时间等因素，编制列车运行计划。

运管单位应结合车辆采购、调试和应急需要等情况，设置本线路运用车和备用车数量，并满足初期运管列车运行图行车和应急情况下运输组织调整要。

8.2.5　电客车预验收运营检查方法及步骤

开始前，领导小组应明确预验收运营检查的组织架构、工作计划、工作内容和相关要求。

1. 检查准备

参与作业的人员应熟悉本次作业项目和内容，现场负责人应为组长，组长应要求各参与人员检查作业前提条件的具备性，应检查作业所具备的安全环境。小组成员应向组长汇报设备状态是否可以启动预验收运营检查实施。

2. 预验收检查实施

根据作业实施方案规定的作业内容与步骤，组长指挥各岗位人员开展工作、填写记录表，记录作业过程与结果。

作业过程中如发生计划外情况或意外，组长应根据情况的严重性决定是否立即终止作业。

每日作业结束后，组长应组织各参与人员梳理当天作业过程中的主要问题、明确下一步作业的重点项目，对现场发现的问题应明确责任、提出整改措施和时限，并对照作业计划填写当天作业时间进度与内容完成情况评估表。

预验收运营检查记录表是在作业现场使用、由作业人员依照执行并按要求记录的表格，记录表逐步、逐项明确了调试步骤、需执行的操作、需记录的设备动作情况等，是指导作业进行、记录作业结果的重要表格。预验收运营检查记录表在作业现场需由专人记录，并由组长核确认后存档备查。

第 9 章　电客车的系统调试及分析总结

电客车按系统共分为车体及贯通道系统、车门系统、空调系统、转向架及车钩系统、制动系统、牵引系统、控制系统、PIS 系统及辅助系统共 9 大系统。本章节主要为各系统的调试及分析总结。

9.1　车体及贯通道系统

9.1.1　车体及贯通道系统概述

车体采用整体承载的全焊接铝合金结构，具有轻量化、模块化和优良的强度和碰撞性能等特点，车体使用寿命不低于 30 年。车辆采取措施提高车体隔声、降噪和隔热水平。车体结构强度满足欧洲标准《铁道应用—轨道车身的结构要求》EN12663-PIII 类车体要求，且压缩强度不小于 1000kN，拉伸强度不小于 800kN，满足在极端条件下承受的动载荷、静载荷以及冲击载荷要求，并在各种条件下的架车、起吊、救援、调车、连挂、多车编组回送作业的各种力的作用下，车体应力不超过设计许用应力值；车体刚度能满足架车和复轨的要求，并保证在所有载荷下，车门能正常工作。

Tc 车、Mp 车、M 车的车体三维模型图分别见图 9.1-1～图 9.1-3。

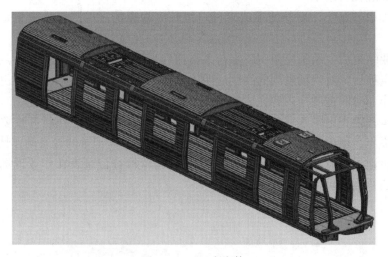

图 9.1-1　Tc 车车体

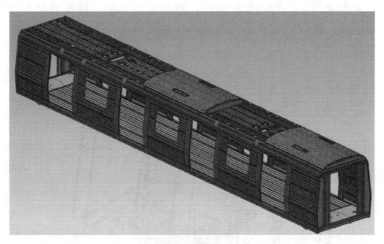

图 9.1-2 Mp 车车体

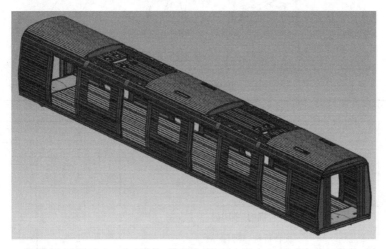

图 9.1-3 M 车车体

车体基本尺寸如表 9.1-1 所示。

车体基本尺寸表　　　　表 9.1-1

项目	Tc 车	M 车
车体长度(mm)	19634	19000
车体最大宽度(mm)	2892	
边梁内侧距(mm)	2590	
枕梁中心距(mm)	12600	
车体地板面距轨面高度(mm)	1073	
枕梁下表面距轨面高度(mm)	875	
空调平台上表面距车体地板面高度(mm)	2372	
车钩中心线与轨面高度(mm)	660	

贯通道为地铁车辆两车之间的安全通道,每列车共5套。贯通道分为外风挡组成、顶板组成、侧护板组成、渡板组成、踏板组成、转轴机构组成等几大部分。

贯通道系统组成如图9.1-4、表9.1-2。

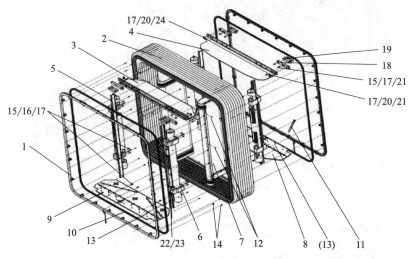

图9.1-4 贯通道组成图

贯通道组成明细　　　　　　　　　　　　　　　　表9.1-2

序号	设备名称	数量	备注
1	螺钉框	2	
2	双层折棚总成	1	
3	双顶板	1	
4	单顶板	1	
5	旋转机构,锁闭侧	2	
6	旋转机构,螺钉框侧	2	
7	侧墙	2	
8	下踏板	1	
9	上踏板	1	
10	橡胶型材	2	
11	手柄	1	
12	内六角沉头螺钉 M6×20	12	
13	内六角沉头螺钉 M6×20	14	
14	内六角沉头螺钉 M8×20	64	
15	内六角圆柱头螺钉 M8×30	48	
16	平垫圈 $\phi 8$	32	
17	弹性垫圈 $\phi 8$	60	
18	顶板安装座	4	
19	顶板调整垫片	12	

续表

序号	设备名称	数量	备注
20	内六角圆柱头螺钉 M8×25	12	
21	大垫圈 $\phi 8, \phi 4$	20	
22	垫片	16	
23	垫片	8	
24	大平垫	4	

9.1.2　车体及贯通道系统主要部件介绍

1. 车体主要部件介绍

（1）底架

底架结构由底架边梁、底架端梁、地板、枕梁、缓冲梁、牵引梁、底架前端模块、防爬装置等组成，其中枕梁、缓冲梁、牵引梁组焊在一起，组成端部结构。为提高列车吸收撞击能量的能力，除加大列车车钩缓冲系统能量吸收能力外，Tc车底架在司机室前端所对应的位置设有底架前端模块，底架前端模块中设有撞击能量吸收变形区。每个底架都带有防爬装置及安装结构，中间车防爬装置将在车体总成阶段通过螺栓固定在底架上。

Tc、Mp/M车车体底架三维图见图9.1-5、图9.1-6。

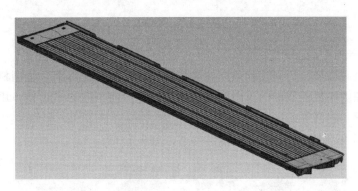

图9.1-5　Tc车底架

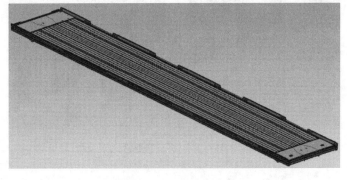

图9.1-6　Mp/M车底架

(2) 端墙

端墙结构由端墙板和端墙立柱型材组成。端墙板为厚铝板,端墙立柱型材为中空铝型材。端墙表面平整,可方便地与贯通道密合,并固定住。端墙下方结构可支撑渡板,并将载荷从端墙结构传递到底架边梁上。端墙的三维图见图 9.1-7。

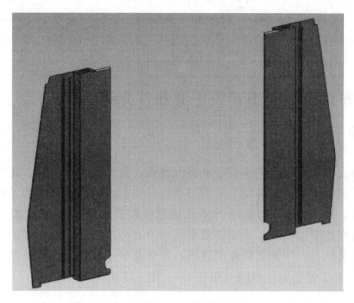

图 9.1-7　端墙

(3) 侧墙

侧墙结构由侧墙板、门立柱和角立柱等焊接而成。侧墙板由铝合金型材拼接而成,中间留有窗孔。在侧墙板铝型材的车内侧设有通长的开口向车内的 C 形槽,用于安装车内的内装墙板、座椅、间壁等。

Tc、Mp/M 车车体侧墙三维图见图 9.1-8、图 9.1-9。

图 9.1-8　Tc 车侧墙

(4) 车顶

车顶是连续焊接的密封结构,保证车顶的气密性和水密性。在承载空调机组的部位制

图 9.1-9　Mp/M 车侧墙

作专门的车顶平台并加固补强。在车顶两侧设有全车通长的雨水引导装置（即雨檐，车顶边梁型材上直接带有该结构），保证排水通畅，无渗漏。车顶结构由车顶边梁、圆弧顶盖、空调机组平台等几部分焊接而成。在车顶铝型材的车内侧设有全车通长的 C 型槽，用于安装车内的二次骨架（注：车内顶板、灯具、扶手和空调系统的送风道和送风格栅均安装在二次骨架上）。

Tc、Mp、M 车车体车顶三维图见图 9.1-10～图 9.1-12。

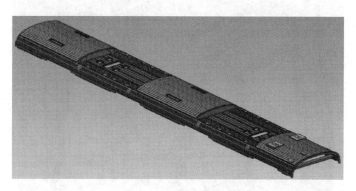

图 9.1-10　Tc 车车顶

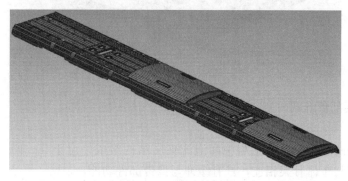

图 9.1-11　Mp 车车顶

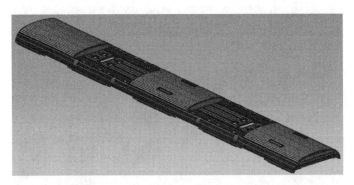

图 9.1-12　M 车车顶

（5）司机室

司机室结构仅 Tc 车一位端有，其骨架由铝合金焊接而成。司机室的三维图见图 9.1-13。

图 9.1-13　司机室

2. 内装主要部件介绍

（1）头罩

头罩由内外两层聚酯玻璃钢与中间泡沫夹层结构组成，位于 Tc 车一位端底架上方，四周通过胶粘剂与车体骨架相连，具有缓冲与携带部件功能。

导流罩由碳纤维组成，位于车体一位端底架前端和两侧，通过连接座和螺栓紧固到车体底架上，具有减小空气阻力作用。

（2）司机室内装

司机室内装主要包括司机室天花板和司机室侧墙安装。如图 9.1-14 是站在司机室内仰视天花板的结构图，天花板包括中顶板、左侧顶板、右侧顶板、前顶板、前罩板、后顶板等部件。

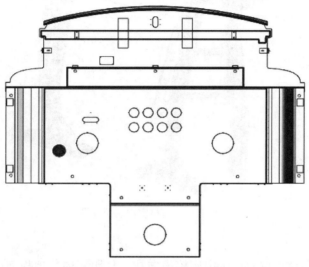

图 9.1-14　司机室天花板安装

如图 9.1-15 是站在司机室内面向车辆行驶方向看到的司机室侧墙的结构图，司机室侧墙包括左侧墙上、左侧墙下、右侧墙上、右侧墙下。

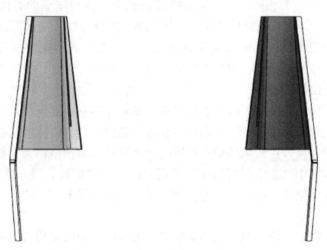

图 9.1-15　司机室侧墙

司机室天花板位于司机室上方，侧墙位于司机室两侧，一列车有 2 组司机室天花板和司机室侧墙。天花板组件遮盖着空调系统风道、乘客信息显示系统的摄像头、扬声器和目的显示器、照明系统的顶棚灯、车顶的绝缘层和电线。侧墙遮盖车体骨架，装有遮阳帘。司机室内装位置图见图 9.1-16。

图 9.1-16　司机室内装位置图

（3）立柱扶手

立柱扶手均为不锈钢材质。其中座椅横向扶手杆距离内装地板面的高度为 1810mm，中间扶手杆高度距离内装地板面的高度为 1900mm。中间立柱、端墙隔墙扶手杆采用 $\phi38$ 的不锈钢管，其他扶手杆均采用 $\phi32$ 的不锈钢管，表面 320 目拉丝处理。

（4）地板布

地板布厚度为 $2.5_0^{+0.2}$mm，平铺在铝蜂窝地板上，在列车纵向方向上以每块地板布 2000mm 宽横向铺开，地板布之间用 PVC 冷焊焊条进行冷焊，局部区域根据实际情况进行了裁剪，下方用德邦胶与铝蜂窝地板紧密粘接。地板布表面平整、美观，没有明显凹凸、折痕、膨胀、砂眼、分层、褶皱、划痕、气泡、水泡、裂纹、脱皮等缺陷。

（5）中顶板及出风格栅

客室中顶板及出风格栅采用挤压型材结构，安装在客室顶部纵横梁上。客室中顶板及出风格栅为客室顶部装饰结构。中顶格栅上设置空调回风口和幅流风机检修口；中顶板上设置客室摄像头安装接口；出风格栅上设置空调出风口。中顶格栅为格栅状型材，使用紧固件安装在客室顶部中央。中顶板与中顶格栅之间为插接结构，另一侧紧固在小横梁上；出风格栅与中顶板支架为插接结构，另一侧紧固在内侧边梁上。

（6）纵横梁

纵横梁由中央纵梁、内侧纵梁、外侧纵梁、大横梁、小横梁构成，是车辆内饰顶部结构和扶手杆的承载系统。

（7）侧顶板

侧顶板是内饰顶板和内饰侧墙的过渡件。侧顶板的一端通过铰链同纵梁上的 C 形槽相连，一端为 7mm 方孔门锁结构，同侧墙上的角铝连接。

（8）客室座椅

客室座椅为列车乘客乘坐使用，不同车厢布置稍有差异，座位数不同：Tc 车客室布置6个6人位长座椅；Mp车布置6个6人位长座椅，3个双人座椅；M车布置6个6人位长座椅，1个4人座椅，1个双人座椅。

(9) 门立柱罩

门立柱罩位于客室两侧车门两侧门框处，为铝合金材质，其上带有不锈钢扶手以供乘客站立抓扶使用，门立柱罩外观圆滑过渡和车体侧墙曲线一致，门立柱罩主要为保护门机构内部部件，同时提供车门的紧急解锁和紧急对讲器的安装接口。

在 Tc 车、Mp 车、M 车内装侧墙板上设置 12 个广告框，Tc 车 Ⅱ 位端两侧侧墙各安装 1 个腰靠，Mp 车 Ⅰ 位端侧墙分别安装 1 个腰靠和 1 个 2 人座椅，Ⅱ 位端两侧侧墙各安装 1 个 2 人座椅，M 车 Ⅰ 位端侧墙分别安装 1 个腰靠和 1 个 2 人座椅，Ⅱ 位端侧墙分别安装 1 个 4 人座椅和一个腰靠和安全带合。

(10) 油漆

车辆油漆与标识位于车内外可见面。油漆主要对车身及内装、设备表面起装饰和防腐作用；标识对司乘人员起指引、提示、警示等作用。

油漆系统组成见表 9.1-3。

油漆系统组成　　表 9.1-3

序号	成分	描述	颜色
1	第一层底漆	双组分环氧类	RAL 1002
	底漆固化剂	—	无色
	底漆稀释剂	—	无色
2	腻子	双组分	浅灰(黄或浅绿)色
3	中涂漆	双组分聚氨酯类	RAL 9010
	中涂漆固化剂	—	无色
	中涂漆稀释剂	—	无色
4	面漆	双组分聚氨酯类	根据图纸
	面漆固化剂	—	无色
	面漆稀释剂	—	无色

注：腻子与中涂漆是用来填充零件表面不平整部分的材料，如车体外表面、部分内装表面；表面无需填充的部件则没有涂装腻子与中涂漆，如平整的设备外壳和车体顶盖（无平整外观的要求）。车体外表面面漆由底色漆＋清漆组成。

9.1.3 车体及贯通道系统调试项点

车体及贯通道系统检查项目为42项。包括静态无电检查作业34项，静态有电检查作业8项（表9.1-4）。

车体及贯通道系统调试预验收的项点　　表 9.1-4

编号	项目		要求
1	静态无电检查作业	外表面油漆	车体外表面油漆表面无破损,光泽度一致,无色差
2		标识及铭牌	腰带、文字、图案清晰,安装或粘贴牢固,无气泡,无缺陷
3		蹬车梯	无锈迹,安装螺栓无松动,紧固标识规范清晰

续表

编号	项目		要求
4	静态无电检查作业	头灯、尾灯及运行灯	表面无划痕、裂纹;灯体反光面镀层无脱落;头灯内器件无生锈;灯具安装紧固;灯表面与灯罩表面平齐;灯框与头罩间隙均匀;头灯灯体与灯罩接口位置居中;灯内无积水和水珠
5		外部雨刷	检查刮雨器的外观及外部螺栓紧固程度,雨刷安装正确;窗户四周胶缝宽度均匀,车体外侧窗周边胶缝上下左右间隙间隙差在2mm以内;所有胶缝表面光滑,无缺胶、气泡、边缘不平直等缺陷。部件表面无光亮剂残留
6		前窗、侧窗	玻璃表面干净清洁,部件之间过渡平稳;表面无刮痕,划痕及破损;胶粘剂无累积、凸起;接缝无气泡;玻璃周边胶缝上下左右间隙均匀,无空穴。 头罩:头罩油漆分界线无波浪,界线分明;头罩胶缝表面光滑,胶缝无缺胶、气泡、边缘不平直等缺陷,部件表面无光亮剂残留;粘接密封区域厚度为8~16mm;头罩与车体外侧墙接缝处最大错位量不超过3mm,间隙均匀
7		导流罩及防爬器	外观无破损;安装螺栓紧固;防松标识规范清晰,间隙均匀,打胶平滑;防爬器安装螺栓紧固,防松标识规范清晰
8		管道	管与管、管与部件、管与导线、管与车体等均无接磨、痕迹;布管横平竖直,整齐美观;接头有紧固标记,标记便于观察,线条连贯,粗细均匀,防锈油涂抹均匀到位;塞门组装保证手把开关空间,手把方向正确,阀门开关示意图粘贴正确;管道弯曲处应无触觉可感知的皱纹;风管支架安装及硬管夹两侧螺栓紧固到位,防松标记清晰规范;软管夹的螺栓紧固到位,减振圈安装正确;管道标签绑扎完好
9		底架线槽及电缆	线槽出线处有绝缘保护;线槽无明显变形;电缆与尖锐边缘接触时,有边缘保护条。设备与底架之间的电缆,不能与设备顶部相接触;线槽接地线在摆幅范围内不能与其他部件相碰撞;线缆标签绑扎齐全无缺失。 司机台前窗(包括窗帘):周边胶缝左右偏差不超过2mm;前窗玻璃与头罩表面弧度台阶差≤3mm;胶粘剂无累积、凸起;接缝无气泡;遮光窗帘拉动收缩功能正常,表面无破损
10		司机台	面板无明显划痕。司机台打胶粘接牢固,注胶平滑,无气泡;司机台柜门表面平整,开关无干涉;台面配件齐全,无损坏;司机台上的速度表和压力表合格证完整,且在校验有效期内;司机台内的安装螺栓紧固到位,防松标记规范清晰;司机台内的电缆走线规范,接插件连接紧密,标识正确完好;司机台内无杂物
11		司机室内装	外观质量检查正常无破损;各内装部件安装螺栓紧固,防松标识规范;顶板开关灵活,无干涉现象;各内装之间缝隙均匀,无漏光;司机台前方胶皮对接美观
12		司机室顶棚灯、阅读灯	顶棚灯油漆无损坏;检查灯盖安装紧固、无划伤;电缆连接紧固,走线规范,标签无缺损

续表

编号	项目		要求
13	静态无电检查作业	司机室顶部	天花板内增压箱安装紧固牢靠,防松标记规范;增压箱的方孔锁开关转动灵活;天花板内电缆的绑扎、走线情况符合工艺标准;天花板内顶部天线的安装情况及电缆走线情况符合工艺;顶板增压箱风速调节开关动作正常;风口调节功能正常;天花板内风道安装情况符合设计规范
14		司机座椅	各调整功能(上下、前后、椅背、旋转)正常;安装紧固,防松标记清晰规范;座椅表面织布无破损开线的情况
15		司机室隔墙	外观质量检查正常,无破损;螺栓安装紧固,标记正确清楚;柜门开关灵活无卡滞,方孔锁开关正常;紧急解锁装置功能正常;地线连接正确。 司机室通道门:外观质量检查正常,无破损;羊毛毡无外露现象;门与门框间间隙均匀,合页安装螺栓紧固到位,通道门锁功能正常,门页关闭打开的力度合适,关闭后无晃动;安装紧固,位置正确,开关顺畅
16		灭火器	保险完好,合格证完整,且在校验有效期内,绑扎牢靠
17		电器柜	柜门与门框之间缝隙均匀;柜门能自由开关且无异响,锁能轻松开、锁,限位止挡作用有效;外观油漆检查正常无破损,下部边缘挡板打胶密封良好;柜门内部各接地线螺栓紧固到位,罩板安装螺栓紧固到位,防松标记规范清晰
18		足部取暖器	紧固件安装牢固,继电器及微动开关器件完好
19		司机踏板	紧固件安装牢固,四周缝隙均匀,表面无划伤
20		座椅及加热器	座椅表面、挡板和屏风玻璃表面油漆无划伤、磕碰;屏风玻璃安装胶条与中间侧墙、座椅左右挡板安装无缝隙;胶条无破损;各紧固螺栓无松动,防松标记清晰完好;羊毛毡和胶条无破损;座椅端板无开裂,座椅胶条无凹陷,座椅端板应与侧墙贴合,座椅下方阀箱安装螺栓紧固,电缆走线无干涉,编织网包扎良好;座椅下方座椅加热器打胶美观,盖板锁芯方向正确且紧固,防松标记规范;连接器插头无明显松动,电缆走线无干涉,编织网包扎良好
21		侧顶板	外观质量检查正常无破损;门区侧顶板两侧到门立柱间隙均匀;相邻两侧顶板的间距为1mm,台阶1mm以内;两端侧顶板和端墙、电气柜的间距均匀,胶条边缘与车门内侧无干涉;侧顶板铰链与侧顶板连接无相对移动,按压侧顶板无异响;电器组件安装牢固,插头连接紧固,电缆布线正确,无外露现象。 防寒棉:检查侧顶板上部、柜内的防寒材粘接情况,无外露现象,铝箔纸胶带无破损;防寒棉钉保护帽无脱落
22		内部标识	客室内提示标识以及警示标识完好无损伤,表面无瑕疵,无卷边;标识位置粘贴正确且要贴正;标识粘贴无气泡
23		中顶板	外观质量良好,无破损;中顶板间和端部距离端墙缝隙均匀,间隙不能过大;一位端与司机室隔离墙间隙均匀

续表

编号	项目		要求
24	静态无电检查作业	出风格栅	出风格栅台阶,出风格栅对接处间隙均匀
25		外纵梁	表面油漆完好,无破损,缝隙台阶均匀
26		侧墙板	外观质量正常,无破损,侧墙与门立柱罩贴合完好,广告框安装与窗框平行
27		扶手杆	目视无明显划痕、凹坑等缺陷。表面拉丝纹路一致,色泽均匀,无发黑等现象;目视在同一直线上,拍击无异响
28		摄像头	客室内摄像头安装紧固,与安装面贴合
29		灯罩板	外观检查正常,无破损,灯罩板对接完好,左右缝隙均匀,不漏光;门立柱罩:外观检查正常,无破损,门立柱罩扶手紧固、不松动,检修门间隙均匀、无翘起,方孔锁锁闭灵活、不松动;紧急对讲、紧急解锁功能完好,边框间隙均匀;门立柱罩与周边部件无干涉,门立柱罩胶条边缘与门页内表面间距无接触,门立柱罩与座椅端板无干涉;门立柱罩与侧墙间(包含羊毛毡厚度)无漏光,贴合紧密
30		客室内电缆联接	电缆走线统一;电缆表面无破损,绑扎牢固,编织网口绑扎固定;各接地座处不允许有油漆;接插件连接紧密;线号方向正确无破损
31		客室、司机室内线槽及电缆	线槽出线处有绝缘保护;线槽无明显变形;电缆与尖锐边缘接触时,要加边缘保护套。设备与底架之间的电缆,不能与设备顶部相接触;线槽接地线在摆幅范围内不能与其他部件相碰撞
32		客室内电气设备及其他附件安装	LED动态地图、LCD显示屏、摄像头表面无划痕,无缺陷及瑕疵;安装螺栓紧固;LCD与侧墙间安装贴合、间隙均匀,LED表面平整;各接线电缆连接紧固,走线规范,编织网绑扎牢靠,插头标识正确完好;接地线螺栓紧固,防松标记清晰,编织网口绑扎牢靠;广告框表面无划伤,接缝处间隙、台阶小于0.5mm,广告框边角处需倒角处理;感光灯布线规范无干涉,安装牢固缝隙均匀
33		腰靠	表面无明显划痕、磕碰。面板两端与扶手紧密贴合,摇晃面板无晃动;安装紧固牢靠,安装座与侧墙紧密贴合;腰靠内侧各位置无尖角毛刺;安全带锁扣完好,抽拉灵活无卡滞现象,回收顺畅,安装边缘缝隙均匀,表面无划伤
34		电气屏柜	表面油漆颜色正确,无明显色差,无划痕,无瑕疵;柜内布线规范,线号标识正确无缺损,与柜门无磕碰现象;地线连接正确;电器的插头要拧紧;电器的标识正确无缺失;柜内无防寒棉外露现象且无铝屑、废排物等杂物;铭牌内容清晰完整;电器柜内端子排连接紧固,走线美观统一,插头标识正确完好。 升弓柜:管道布管横平竖直,整齐美观;塞门组装保证手把开关空间,手把方向正确;接头处防松标记规范清晰,管夹安装螺栓紧固,与其他部件无接触;压力表已校验合格且在有效期内;安装紧固,标识正确,指引明确。地线连接正确;脚踏泵锁紧正常,功能操作方便(脚踏泵柜);电气泵安装牢靠(电气泵柜)

续表

编号	项目		要求
35	静态有电功能检查作业	指示灯测试	按"测试按钮",司机室内除与 ATC 相关灯外,其他所有灯示按钮都应该亮
36		雨刷及喷水装置	摆动均匀,范围适当。喷水装置安装牢固,水壶完好无漏水,喷水功能正常
37		电笛	声音响亮
38		司机室足部取暖	打开司机足部取暖,能够感受到相应位置上有舒适的热风吹出
39		司机控制器	手柄推拉顺畅,能正常缓解、施加制动。警惕按钮不出现卡滞。功能按钮、旋钮、紧急按钮:所有相应的功能都可操作(包括受电弓升、降),动作顺畅、无卡滞、无异响
40		侧门	关门/开门顺畅,门锁功能正常,行程开关动作无卡滞,HMI 主界面显示相应的 IO 信号开关正常
41		旁路开关	所有的旁路开关动作无卡滞
42		遮阳帘	手动拉至适当位置,遮阳帘保持该位置不动,释放后返回原始正常位置。速度表、里程表、双针压力表、电压表:仪表显示正常,速度表、双针压力表灯正常,在校准有效期内
43	动态有电功能验证作业		无
44	调试试验调试作业		无

9.1.4 车体及贯通道系统调试数据及分析总结

车体及贯通道系统共计问题 907 项,故障占比率为 19.19%,在各系统中仅次车门系统。主要问题为磕碰的外观问题。车体及贯通道系统调试问题统计如表 9.1-5 所示。

车体及贯通道系统问题统计表　　　　表 9.1-5

作业项点	位置	问题描述	整改措施及进度	问题分类
无电检查	M1	3 门与 5 门之间车体褐色油漆不均匀	重新补漆	外观问题
	Tc1	右侧司机室侧门后方车体有划痕	重新补漆	外观问题
	Tc1	5 号玻璃外侧车体黑色油漆掉漆	重新补漆	外观问题
	Tc1	6 门左侧扶手侧墙间板有掉漆	重新补漆	外观问题
	Mp1	4 门右侧门立柱罩后部有划痕	重新补漆	外观问题
	Mp1	1 车 2 门盖板内侧左下角螺栓附近掉漆	重新补漆	外观问题
	Mp1	2 车 4 门盖板内侧左下角油漆涂抹不均	重新补漆	外观问题
	Mp1	2 车 4 门盖板内侧右侧边缘三处掉漆	重新补漆	外观问题

车体及贯通道系统主要问题及整改措施。

1. 问题:01166A 车 3 座椅 4 座椅上方空调出风口掉漆。

整改措施：在主机厂某基地对掉漆部位进行补漆，表面无影响，验证合格（表9.1-6）。

主要问题及整改措施　　　　　　　　　　　　　　　　　　　　　表9.1-6

问题照片	整改完成后照片
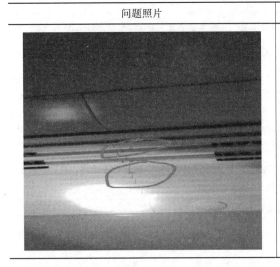	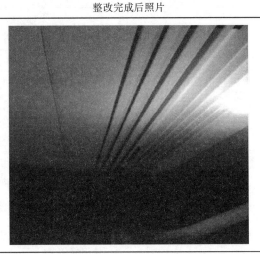

2. 问题：01086A 车 2 门右侧、3 门右侧门立柱罩与侧墙之间羊毛毡安装不一致。

整改措施：在主机厂某基地对该处毛毡进行更换，更换后验证各项功能正常（表9.1-7）。

主要问题及整改措施　　　　　　　　　　　　　　　　　　　　　表9.1-7

问题照片	整改完成后照片
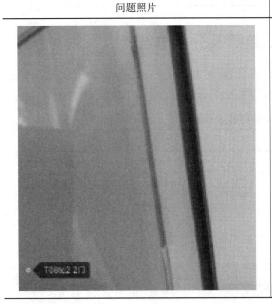	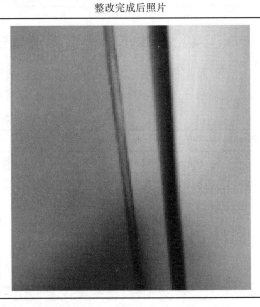

3. 问题：01112B 车二位端小座椅与电器柜粘接处缝隙过大。

整改措施：在主机厂某基地对该粘接处进行清理，清理完成后进行重新粘接，完成后外观无影响（表9.1-8）。

主要问题及整改措施　　　　　　　　　　　　　　　　　表 9.1-8

问题照片	整改后照片
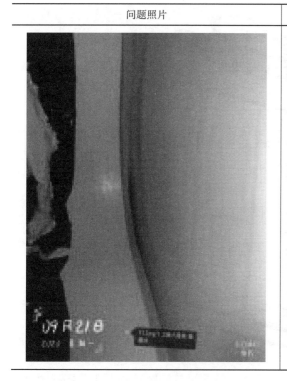	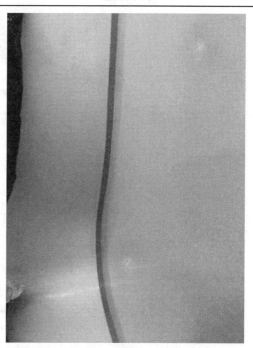

9.2　车门系统

9.2.1　车门系统概述

1. 客室侧门

客室侧门为乘客上下车的通道，列车启动前必须关好车门以便隔离车内外环境、防止乘客摔落，门页具有高强度，能防止乘客挤压变形。客室门的开、关由司机室指令控制，同时在紧急情况下，列车零速时，客室侧门可由乘客操作车门旁的紧急解锁装置进行解锁开门，为乘客提供逃生通道，客室侧门主要技术参数见表 9.2-1。

客室侧门主要技术参数　　　　　　　　　　　　　　　　表 9.2-1

净开宽度	1300±4mm
净开高度	1880±5mm
供电电压	DC110V
开门时间	3±0.5s
关门时间	3±0.5s
开、关门时间(延时)调整范围	2.5～4.0s
隔热性能	$K \leqslant 4.6W/(m^2 \cdot K)$

客室侧门部件拆分见图 9.2-1、表 9.2-2。

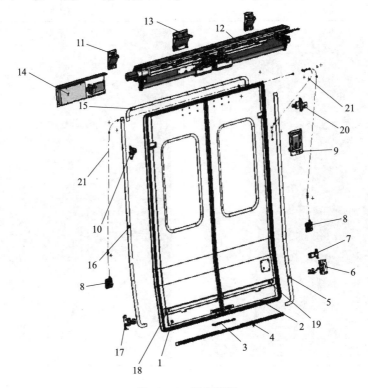

图 9.2-1　客室侧门

客室门结构组成　　　　　　　　　　　　　　　表 9.2-2

序号	名称	单位	数量	备注
1	左门扇	套	1	
2	右门扇	套	1	
3	嵌块	套	1	
4	门槛	套	1	
5	右侧压条	套	1	
6	摆臂组件(右)	套	1	
7	隔离开关组件	套	1	
8	紧急入口装置	套	1	每节车车外2套
9	紧急解锁装置	套	1	
10	平衡轮组件(左)	套	1	
11	安装架(两侧)	套	2	分左、右
12	机构	套	1	
13	安装架(中)	套	1	
14	EDCU组件	套	1	
15	上压条	套	1	

续表

序号	名称	单位	数量	备注
16	左侧压条	套	1	
17	摆臂组件(左)	套	1	
18	下滑道(左)	套	1	
19	下滑道(右)	套	1	
20	平衡轮组件(右)	套	1	
21	钢丝绳组件	套	1	

门系统主要由门扇、承载驱动机构、安装架组件、平衡轮组件、摆臂组件、车外解锁装置、压条、门槛、嵌块、偏心轮、内操作装置、隔离开关组件、门控组件、钢丝绳套管组件等组成。承载驱动机构用于门扇重量的承载导向作用以及锁闭作用。

安装架组件用于连接机构与车体；压条与门扇的周边胶条配合，保证门扇的防水密封性；偏心轮用于调整门扇的"V"形；车外解锁装置用于车外解锁，内操作装置用于车内紧急解锁，钢丝绳套管组件起连接作用；门控组件起到门的电动控制作用，隔离开关组件可以使门处于隔离状态。

平衡轮组件可以压住门扇，保证门扇位置；摆臂组件配合下滑道，实现门的下部导向；门槛表面设有防滑槽，以方便乘客出入，客室车门分布见图 9.2-2。

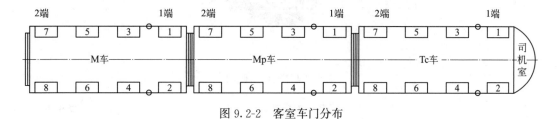

图 9.2-2 客室车门分布

2. 司机室侧门

如图 9.2-3 所示，司机室侧门的设计必须能够保证司机室侧门的安全进出，司机室侧门可以将物理、热和噪声与外部隔开。

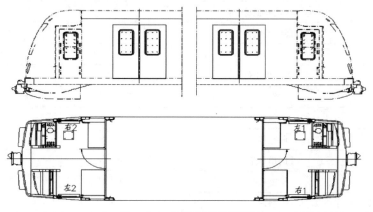

图 9.2-3 司机室侧门位置

司机室侧门由司机通过钥匙解锁后旋转门锁把手手动开关门。

司机室门位于列车的两端,每列车四个(每侧2个)(图9.2-4、表9.2-3)。

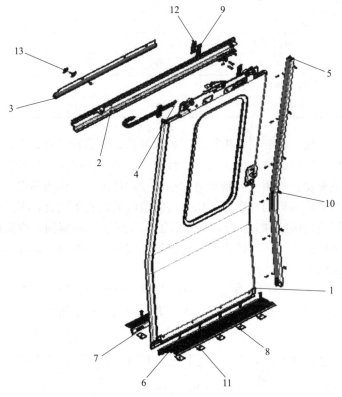

图 9.2-4 司机室侧门

门系统主要部件一览表　　　　　　　　　表 9.2-3

序号	零部件名称	数量/列	备注
1	门扇	2/2	左门/右门
2	承载机构	2/2	左门/右门
3	上密封毛刷组件	2/2	左门/右门
4	接地线拖链	4	
5	前压条组件	2/2	左门/右门
6	内门槛	2/2	左门/右门
7	外门槛组件	2/2	左门/右门
8	滑块	9	
9	调整垫片	16+4	
10	调整垫片	24+8	
11	外门槛下垫片	36+8	
12	调整垫片	8+4	
13	垫片	48+12	

9.2.2 车门系统主要部件介绍

1. 客室侧门

(1) 机构（图 9.2-5、表 9.2-4）

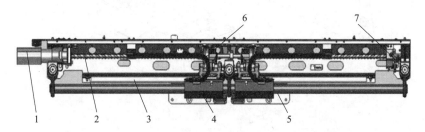

图 9.2-5　机构

客室侧门主要部件　　　　　　　　　　　　　　表 9.2-4

序号	名称	序号	名称
1	电机	5	长导柱
2	丝杆	6	传动螺母
3	上滑道	7	短导柱
4	携门架		

(2) 长导柱（图 9.2-6）

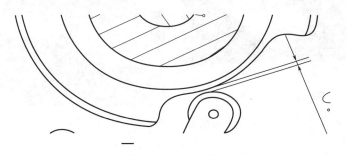

图 9.2-6　长导柱

长导柱安装在 3 个挂架上，3 个挂架分别在 3 根短导柱上移动，3 根短导柱通过整个机构的一个机架安装在车体结构上。长导柱为门的纵向移动提供自由度并保证在开/关门过程中门板与车体平行。短导柱承受门板的重量并为门提供横向移动自由度。

(3) 携门架组件（图 9.2-7）

携门架通过滚珠直线轴承在长导柱上滑动。它将力从机构传送到门扇并且也把力从门扇传送到机构。携门架通过螺钉牢牢地安装在门扇上。所以携门架将门扇的所有重量和动力传送给长导柱。

在携门架与门板连接处，提供了一个偏心调节装置（图中偏心轮 1），该装置用来调节门扇的"V"形。在携门架内部，还提供了一个偏心调节装置（图中偏心轮 2），该装置用来调节门扇与车体之间的平行度。

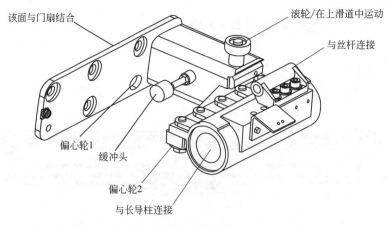

图 9.2-7　携门架

(4) 锁闭装置

门系统的锁闭原理类似于千斤顶的自锁结构，在丝杆中部（关门端）设计有变导程结构，其导程由普通导程逐渐变化到 0 导程。螺母上有与之配合工作的销，销在丝杆的沟槽中滚动，当销处于普通导程沟槽中时，丝杆螺母副承担常规丝杆结构的传动着用；当销处于 0 导程沟槽中时，由于自锁着用，丝杆螺母承担着对门的锁定（图 9.2-8）。

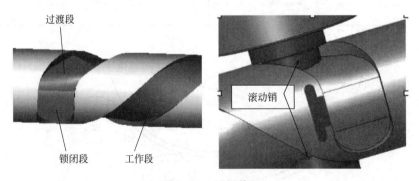

图 9.2-8　锁闭装置

(5) 门扇

门板为铝蜂窝复合结构，有铝框架、铝蒙板和铝蜂窝芯，采用热固化。为加强机械强度，蒙板的周边都包在铝框架上（图 9.2-9）。

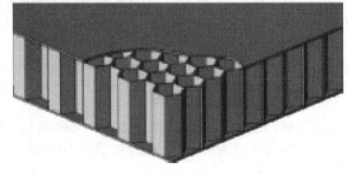

图 9.2-9　门板

除了一些必要的、用于支撑门板和实现门板导向运动的部件外，门板内表面是平的。窗玻璃粘接到门板上并与门板的外表面平齐。门板周边装有胶条，以实现门的周边密封。门板前沿装有一个特殊的中空胶条，以防夹住障碍物。胶条的烟火特性满足《材料及文件的防火要求》EN45545-2。

在每扇门板的前沿下部，装有一个附加的挡销，该挡销与门槛上的挡块啮合，以实现关着的门的挠度要求。

（6）紧急出口装置

每套门均设有一个车内紧急出口装置（内紧急解锁装置），安装在门立柱罩板上。距内装地板面高度约 1600mm。该装置采用下拉式手柄形式由透明 PC 盖板保护。紧急情况下乘客打碎 PC 盖板，往下拉动手柄到解锁位，手柄将保持在解锁位。乘务员可以通过方孔钥匙（7mm×7mm）在不损坏玻璃盖板的情况下操作内紧急装置（图 9.2-10）。

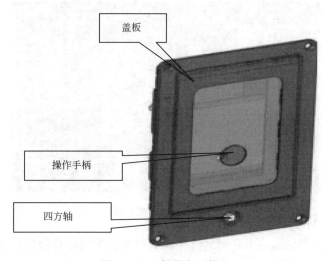

图 9.2-10 紧急出口装置

（7）紧急入口装置

紧急入口装置与紧急出口装置功能完全一样。在每辆车的每侧都配备一个专供工作人员使用的外部紧急解锁装置，详细布置见图 9.2-11。

图 9.2-11 紧急入口装置

工作人员可通过钥匙操作该装置，钥匙采用7mm×7mm方孔钥匙，从而使车门实现解锁。该装置通过钢丝绳与相邻的一个车门相连，用于紧急情况下司乘人员在车外解锁对应的车门。

布置在Tc、M、Mp车的1号门和3号门之间的紧急解锁装置用于解锁1号门，布置在Tc、M、Mp车的2号门和4号门之间的紧急解锁装置用于解锁2号门。

（8）车门隔离装置（切除装置）

在每套门系统的右门扇（从内往外看）上装有一把隔离（退出服务）锁，以实现门的机械隔离。可以手动将门移至关闭且锁紧的位置，可从内侧或外侧用乘务员钥匙实现隔离，车门隔离装置详见图9.2-12。

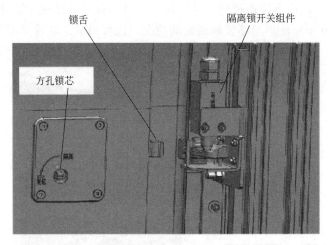

图9.2-12　隔离装置

隔离锁通过7mm×7mm方孔钥匙操作隔离锁芯，车门出现故障时将车门关闭到位后进行隔离操作。隔离后操作紧急解锁装置无法解锁车门。

（9）门控单元

每套客室侧门设置一套门控器，用于实现控制车门的开闭、状态监控、故障诊断及上报及参数调整等功能。

门控器通过底板安装在车体上（靠近门驱附近的侧顶板内），主要由控制器、端子排、空气开关、扎线杆等组件安装到门控安装板上，通过4个T形螺栓安装到车体的C形槽上（图9.2-13）。

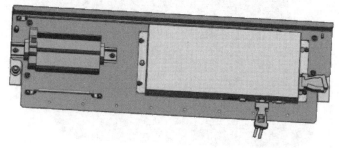

图9.2-13　门控器

每个客室车门都设置一个电子门控器 EDCU，其中 1、2 号门的门控器为主门控器，其余门控器为从门控器。一节车的门控器之间采用 CAN 总线接口进行通信，主门控器还带有 MVB，能够和列车网络通信，两个主门控器之间互为冗余。

单节车厢主从形式如下，为 2 主＋6 从的形式（图 9.2-14）。

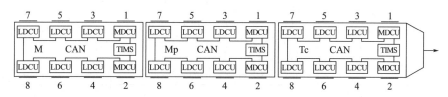

图 9.2-14　车门网络拓扑图

（10）操作按钮（图 9.2-15）

左侧门控面板

图 9.2-15　操作按钮

司机室左侧墙靠近司机室门位置布置左门控面板，右侧墙布置右门控面板（表 9.2-5）。

左右控面板说明　　　　　　　　　　　　　　　　　表 9.2-5

位置	按钮/旋钮/指示灯	描述	类型
1	左门开 ＝81－S02	在列车左门允许情况下用来打开左侧车门。 自动和半自动模式时，自动开门。手动模式，手动开门。 红灯亮时表示左侧车门允许打开	红色带灯自复位按钮

续表

位置	按钮/旋钮/指示灯	描述	类型
2	左门关 =81-S12	按下,关闭左侧车门。 绿灯亮时表示左侧车门全关	绿色带灯自复位按钮
3	左门开 =81-S06	备用 在列车左门允许情况下用来打开左侧车门。 自动和半自动模式时,自动开门。 手动模式,手动开门。 红灯亮时表示左侧车门允许打开	带保护盖、红色带灯自复位按钮
4	左门关 =81-S16	备用 按下,关闭左侧车门。 绿灯亮时表示左侧车门全关	带保护盖、绿色带灯自复位按钮
5	右门开 =81-S01	在列车右门允许情况下用来打开右侧车门。 自动和半自动模式时,自动开门。 手动模式,手动开门。 红灯亮时表示右侧车门允许打开	红色带灯自复位按钮
6	右门关 =81-S11	按下关闭右侧车门。 绿灯亮时表示右侧车门全关	绿色带灯自复位按钮
7	右门开 =81-S05	备用 在列车右门允许情况下用来打开右侧车门。 自动和半自动模式时,自动开门。 手动模式,手动开门。 红灯亮时表示右侧车门允许打开	带保护盖、红色带灯自复位按钮
8	右门关 =81-S15	备用 按下,关闭右侧车门。 绿灯亮时表示右侧车门全关	带保护盖、绿色带灯自复位按钮

2. 司机室侧门

(1) 门扇

门板为铝蜂窝复合结构,具有铝框架,铝蒙板和铝蜂窝芯采用热固化,为加强机械强度,蒙板的周边都包在铝框架上。除了一些必要的、用于支撑门板和实现门板导向运动的部件外,门板内表面是平的。门板前挡装有胶条,以实现门的周边密封。胶条的烟火特性符合《材料及文件的防火要求》EN45545-2标准。

门扇的上挡上装有承载轮与防跳轮,承载轮组件与防跳轮组件带动门扇在导轨上运动,实现开、关门功能(图9.2-16);同时通过安装在门扇上部的缓冲头,与机构上的定位轮组件调整门的开门位置;通过安装在承载机构上的锁挡及门扇上的门锁实现锁闭门系统功能(图9.2-17)。

(2) 门锁

锁闭方式采用上部锁闭的方式。门锁安装在门扇中,在关门到位后,通过安装在上导轨上的锁挡实现门的自动锁闭(图9.2-18)。

门锁采用内外把手,通过扳动把手来实现解锁,门锁具有保险功能。在门锁闭以后,在门内转动保险旋钮90°,锁闭主把手,可防止主把手意外转动而解锁开门,解保险时逆

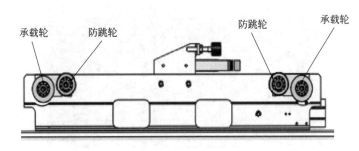

图 9.2-16　开关门功能

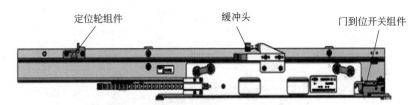

图 9.2-17　锁闭门系统功能

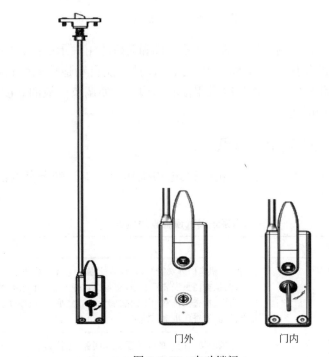

图 9.2-18　自动锁闭

向旋转 90°完成。在门锁闭后以后，在门外可以通过四方保险钥匙解锁或保险。门关闭到位后，锁舌伸出插入锁挡组件内，实现门的锁闭（图 9.2-19）。

（3）承载机构

承载机构由承载导轨、门到位开关组件、定位轮组件、拖链支架等组成，承载导轨通过螺钉安装在车体上，起到导向与承载的作用，拖链支架用于安装接地线用拖链，一头连在导轨上，另外一头连接在门扇上（图 9.2-20）。

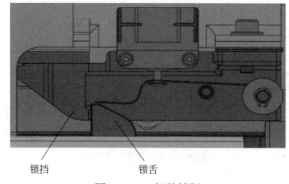

图 9.2-19 门的锁闭

图 9.2-20 承载机构

承载机构通过安装在门扇上挡上的承载轮组件和防跳轮组件承受门板的重量,并起开门和关门过程中导向的作用;上导轨采用圆弧面设计,能自动适应安装过程中出现的倾斜,承载轮组件和防跳轮组件的滚轮轴采用偏心结构,方便调节门板的高度位置和消除携门架在上部导轨中运动的间隙。

9.2.3 车门系统调试项点

车门系统检查项目为 14 项。包括静态无电检查作业 3 项,静态有电检查作业 7 项,动态有电检查作业 4 项(表 9.2-6)。

车门系统调试预验收的项点　　　　　　　　　　表 9.2-6

编号	项目		要求
1	静态无电检查作业	外观检查(侧门、门驱、及门控)	检查司机室门外观完好,无破损;检查司机室门框安装牢固,打胶美观,无气泡;检查门页安装后平整,密封性良好,门合页安装紧固,开关灵活,地线紧固;检查司机室门上窗玻璃无明显划痕;检查蹬车扶手杆安装紧固,无松动;检查司机室门锁工作灵活、正常,无锈迹
2			门驱携门架与门页的连接紧密无间隙,螺栓紧固,防松标识规范清晰,门驱安装螺栓紧固,防松标识规范清晰;门驱电缆走线规范,无破损,防护到位,与其他部件无干涉;门驱接地线连接紧固,防松标识规范、清晰;门驱导柱表面无锈迹,导柱上润滑到位;门控安装紧固,连接电缆正确,MVB插头无松动,线缆与其他运动部件不干涉
3			外观油漆无破损、无气泡、无色差,油漆颜色正确,无划痕,无瑕疵;外部解锁装置功能正常,门页切除隔离开关动作正常,门控按钮面板动作正常;门页上下导轨的安装情况,润滑剂到位,扭力达标且防松标记规范;门页开关过程顺畅无卡滞,玻璃无划痕、破损;门关闭后密封性良好;门侧立集成组件安装牢靠,线缆与其他连接功能正常,与其他运动部件无干涉

续表

编号	项目		要求
4	静态有电功能检查作业	正常开门	开门时间为3±0.5s,门开启时每门橙色指示灯常亮
5		正常关门	车门橙色指示灯开始闪烁,关门报警开始鸣响,门关闭到位后橙色指示灯熄灭,关门报警停止鸣响。所有门必须在3±0.5s内关闭
6		障碍物探测	以尺寸为25mm×60mm的障碍物探测。关门时碰到障碍物后,车门保持关门力0.5s后重新打开200mm,1s后再重新关门,而其他已关车门不需重开。如果反复3次以后障碍物仍然存在,司机室显示屏HMI将显示对应车门"门检测到障碍物"状态,车门打开到最大位置并保持。司机室内门指示灯按钮的"电客车所有门关好"灯不能亮,该门内侧黄色指示灯亮。按关门按钮,未关闭的门应该重新关闭。移出障碍物后,门应该重新关闭
7		门紧急解锁功能	任意一端司机台占有,解锁车门紧急解锁手柄时,车门被解锁,能够用手推动门页。门开后,门的开门指示灯应该亮,司机室内的"电客车所有门关好"的指示灯应该不亮,且HMI显示紧急解锁类的文字提示。若没有司机台占有,解锁车门紧急解锁手柄,车门不被解锁
8		门切除功能	门切除后,车门红灯应该亮,此时门不能被打开。按司机室内的"开门"按钮,切除的门不会开,其余的门都开。并且HMI显示切除门图标。紧急开门:通过钢丝绳手动操作对门进行解锁,可通过手动进行开关门;通过门控单元向HMI发送"车门已解锁"信号并显示紧急解锁图标,"安全互锁回路"断开
9		车门开关门模式功能检查	分别将车门模式切换开关切换至网络位及硬线位,测试车门开关功能正常
10		车门网络冗余	激活司机台后,断开每节车厢1号车门门控器,对应车厢的2号车门门控器转换为主,开关门功能正常,本节车除1号车门故障及动作信息能够传输到HMI显示屏。每节车的1号、2号门控器被断开,对应车的其他车门都有动作,HMI无车门状态数据显示
11	动态有电功能验证作业	车门未关闭引起牵引封锁	在电客车静止时将一障碍物于两门页中间,然后关门,司机室内"列出所有关好"按钮指示灯不亮。将司控器置于牵引位,此时电客车不能开动。重开门取出障碍物,关门,"列出所有门关好"按钮指示灯亮,此时电客车可以牵引
12		车门旁路牵引	将一障碍物置于两门页之间,此时电客车不能启动牵引,车门旁路开关置"合"位,此时电客车可以动车,此时按开门按钮,车门应不能打开。车门切除牵引:切除客室任意一个门后,HMI上车门状态显示正确,电客车能够启动牵引
13		60m紧急制动功能	电客车动车模拟行驶站台60m以内,拉动车门紧急解锁装置,电客车将紧急制动;60m之后无法解锁。门关好旁路:解锁车门紧急解锁手柄,司机操作启动电客车,此时电客车应不移动;合上+115电器柜的门关好旁路开关后,司机操作启动电客车,电客车应可以正常牵引
14		门零速旁路	解锁车门紧急解锁手柄,司机操作启动电客车,此时电客车应不移动;合上+115电器柜的门关好旁路开关后,司机操作启动电客车,电客车应可以正常牵引
15	调试试验调试作业		无

9.2.4 车门系统调试数据及分析总结

车门系统共计问题 1607 项,故障占比率为 41.01%,在各系统中占比最高。主要问题为主要为下挡销底距、下摆臂距下滑道边缘、门开度、上下部外摆尺寸超出范围;上滑道、携门架和平衡压轮处扭矩不达标;安装不到位,间隙大,异响的部件问题;划痕,生锈、擦伤等外观问题(表9.2-7)。

车门系统调试问题统计表 表 9.2-7

作业项点	位置	问题描述	整改措施及进度	问题分类
无电检查	M1	4门关门有颤声	重新调整	部件问题
	Tc1	3门对中数据不在范围内	重新调整	尺寸数据问题
	Tc1	4门V型数据不在范围内	重新调整	尺寸数据问题
	Tc1	2门下挡销距门槛内侧左侧数据不在范围内	重新调整	尺寸数据问题
	Mp1	2门右门页上边缘距门框高度数据不在范围内	重新调整	尺寸数据问题
	Mp1	4门右侧下部外摆数据不在范围内	重新调整	尺寸数据问题
	Mp1	4门对中数据不在范围内	重新调整	尺寸数据问题
	Mp1	2门右滚轮摆臂体距下滑道边缘数据不在范围内	重新调整	尺寸数据问题
	M1	2门左侧页上边缘距门框高度数据不在范围内	重新调整	尺寸数据问题
	M1	7门左侧携门架与门页链接螺栓扭力不符合标准	重新打力矩补画防松线	螺栓扭矩问题
	M1	2门左侧、右侧携门架与门页链接螺栓扭力不符合标准	重新打力矩补画防松线	螺栓扭矩问题
	M2	4门开关门有异响	重新调整	部件问题
	Mp2	2门开关门弯曲段有异响	重新调整	部件问题
	Tc2	2门门胶条锁闭不到位	重新调整	部件问题
	Tc2	7门右侧直线轴承有掉漆	重新补漆	外观问题
	Tc1	3门左侧上滑道上部机构安装架有磕碰	重新补漆	外观问题
	Tc1	3门左侧直线轴承有掉漆	重新补漆	外观问题
	Tc1	1门上构架左侧有划痕	重新补漆	外观问题

车门系统主要问题及整改措施:

1. 问题:01125B车2门立柱罩安装过程中存在磕碰掉漆现象。

整改措施:在主机厂某基地对磕碰地方进行补漆,表面无影响,验证合格。

2. 问题:01131A车5号门紧急解锁导轮,在拉动解锁车门过程中有不规则晃动。

整改措施:主机厂某基地对该车门紧急解锁导论的位置进行调整,整改完成后验证合格(表9.2-8)。

3. 问题:01166A车4门门立柱上方侧顶板支撑杆的固定座磕碰掉漆。

整改措施:在主机厂某基地对磕碰区域进行了补漆,表面无影响,验证合格(表9.2-9)。

主要问题及整改措施 表 9.2-8

问题照片	整改完成后照片

主要问题及整改措施 表 9.2-9

问题照片	整改后照片

9.3 转向架及车钩系统

9.3.1 转向架

1. 转向架概述

转向架是支承车体并担负着车辆沿着轨道走行的支承走行装置，是车辆的重要组成部分，又称走行部或台车。其结构直接影响到铁道车辆的运行速度、载重量、安全性和乘坐舒适性。

某地铁1号线项目电客车转向架型号为ZMC080-U，是株机公司研究开发，运用模块化设计方法，进行集成创新设计的一款转向架。该转向架最大轴重为14t，最大运营速度为80km/h，设计构造速度为90km/h。

某地铁1号线项目电客车转向架共有4种：动车转向架1、动车转向架2、拖车转向架1、拖车转向架2。动车转向架1、2之间的区别是空气弹簧的高度控制阀和控制杆的位置、数量不同，拖车转向架1、2之间的区别除高度控制阀和控制杆的位置、数量不同外，拖车转向架1还装有ATC天线及轮缘润滑装置，四种转向架的设备区别如表9.3-1所示。

转向架设备区别　　　　　　　　　　　　　　　　表9.3-1

序号	部件	动车转向架1	动车转向架2	拖车转向架1	拖车转向架2
1	构架	动车构架	动车构架	拖车构架	拖车构架
2	车轴	动车车轴	动车车轴	拖车车轴	拖车车轴
3	驱动装置	有	有	无	无
4	高度调节	2阀	1阀	2阀	1阀
5	轮缘润滑装置	无	无	0101-0104，0111-0114	无
6	轴端接地	每轴	每轴	第一轴	第四轴
7	ATC天线	无	无	有	无
8	信号速度传感器	无	无	有	有

（1）转向架基本功能

转向架是支撑车体并担负车辆沿着轨道走行的支承走行装置。其基本功能如下：

1）车辆采用转向架是为了增加车辆的载重、长度和容积，提高列车运行速度。

2）转向架相对车体可自由回转，使较长的车辆能自由通过小半径曲线，减少运行阻力与噪声，提高运行速度。

3）支承车体，承受并传递从车体至轮对之间或从轮轨至车体之间的各种载荷及作用力，并使轴重均匀分配。

4）保证车辆安全运行，能灵活地沿直线线路运行及顺利地通过小半径曲线。

5）采用转向架的结构便于弹簧减振装置的安装，使之具有良好的减振特性，以缓和车辆和线路之间的相互作用，减小振动和冲击，减小动应力，提高车辆运行的平稳性和安全性。

6）充分利用轮轨之间的粘着，传递牵引力和制动力。

7）转向架是车辆的一个独立部件。在转向架与车体之间尽可能减少连接件，并要求结构简单，装拆方便，以便转向架独立制造和维修。

8）便于安装牵引电机及传动装置，驱动车辆沿着钢轨运行。

（2）转向架主要技术参数

转向架主要技术参数见表9.3-2。

第9章 电客车的系统调试及分析总结

转向架主要技术参数表　　　　　　　　　表 9.3-2

参数	单位	数值
轴式	—	B0-B0(动车)/2-2(拖车)
轨距	mm	1435
轴距	mm	2300
构造速度	km/h	90
最大运营速度	km/h	80
转向架中心距	mm	12600
最大轴重	t	14
车轮滚动圆直径	mm	840(新轮)/770(全磨耗轮)
轮对内侧距	mm	1353±2
车轮踏面	—	LM 磨耗型踏面
一系垂向止挡间隙	mm	40±1
二系横向止挡间隙	mm	40(自由间隙 15,弹性间隙 25)
空气弹簧上表面距轨面高度	mm	875

2. 转向架主要部件介绍

（1）构架

构架是由两根侧梁和一根横梁焊接成无摇枕的"H"形结构。

构架的主要功能：

1) 安装转向架部件，如轮对、一系悬挂装置、二系悬挂装置、牵引电机、齿轮箱、牵引装置、基础制动单元、减振器等；

2) 传递牵引力、制动力和承担车体重量，以及传递各部件产生的作用力。

（2）轮对

轮对由车与车轮压装而成，分为动车轮对和拖车轮对。

轮对由轮饼与车轴组成，车轴材料为 EA1N，符合《铁路应用 车轮和转向架 车轴产品要求》EN13261 的要求。动车车轴和拖车车轴结构基本相似，不同之处是动车车轴上有齿轮箱安装座。车轮采用双 S 形辐板整体辗钢车轮，材料为 ER9，符合《铁路应用—组件和转向架—车轮—产品要求》EN13262 标准。踏面形状采用 LM 磨耗型踏面。

轮对主要功能：

1) 车辆与轨道的接触部分，引导车辆安全地沿轨道运行；

2) 承载车辆重量；

3) 将牵引力和制动力传递到轨道。

（3）轴箱

轴箱组装由轴箱体、轴承、轴圈、轴承压盖、外端盖及电气部件组成。其中轴箱体为整体铸钢结构，轴箱轴承为紧凑型自密封双列圆锥滚子轴承。

轴箱主要功能：

1) 传递牵引力和制动力；

2) 将轮对的旋转运动转换为车辆的直线运动；

3）支撑一系簧上载荷。

(4) 驱动装置

每个动车车轴上均装有一套驱动单元，包括电机、联轴节、齿轮箱等；

牵引电机以全悬挂的方式安装在转向架构架上；

齿轮箱的一端支撑在车轴上，另一端由齿轮箱吊杆连到转向架构架上；

牵引电机和齿轮箱之间力的传递由联轴节来实现。

驱动装置主要功能：

1）产生驱动力矩、电制动力矩；

2）将驱动力矩、电制动力矩传递到轮对上。

(5) 基础制动装置

每个转向架设有 4 个踏面制动单元，其中 2 个带有储能制动器，呈斜对角布置；制动单元吊挂在横梁上的制动器座上。

基础制动单元主要功能：

1）实施常用制动或紧急制动，使车辆减速直到停止；

2）储能制动器还可实施停车制动。

(6) 一系悬挂装置

某地铁 1 号线一系悬挂装置由螺旋钢弹簧、转臂橡胶关节、一系垂向止挡和一系垂向减振器等部件组成。

转臂橡胶关节将轮对与构架定位；螺旋钢弹簧位于轴箱体侧面；在每轴箱处设一个垂向油压减振器。

一系装置主要功能：

1）连接轮对与构架；

2）传递牵引力和制动力；

3）缓冲牵引力及制动力的冲击；

4）支撑构架与车体重量。

(7) 二系悬挂装置

二系悬挂装置包括空气弹簧、二系垂向减振器、二系横向减振器、高度调节装置、横向止挡等。每转向架设置两个空气弹簧，左右两侧各一个，空气弹簧位于构架的侧梁上，车体支撑在这两个空气弹簧上。每一空气弹簧包含一个橡胶气囊和一个辅助弹簧，当空气弹簧气囊泄气时，辅助弹簧可作为保护装置保证车辆能够继续前行，但乘坐舒适度会有所降低，当车体负载变化时，空气弹簧通过高度阀调节进行充放气，确保车体地板高度限制在允许的范围内，每车设置三个高度阀调节车体地板高度。横向止挡位于牵引座两侧，设有自由间隙和弹性间隙。

二系悬挂装置主要功能：

1）支撑车体重量；

2）减小振动、避免共振，提高车辆的运行平稳性；

3）通过高度阀调节确保车辆地板高度；

4）横向止挡装置限制二系悬挂装置横向变形，以免超出正常自由范围，其弹性阻尼元件用来减小横向冲击。

(8) 牵引装置

牵引装置采用单拉杆牵引装置，由牵引座和牵引拉杆组成。牵引座通过螺栓固定在车体底架上，牵引拉杆一端固定在牵引座上，另一端固定在转向架构架横梁支座上。

牵引装置功能：

1) 连接转向架和车体；
2) 传递牵引力和制动力；
3) 使转向架能够相对于车体旋转，使列车顺利通过曲线；
4) 安装整体起吊装置。

(9) 抗侧滚装置

抗侧滚装置主要由一根扭杆和两根拉压杆组成，扭杆横向安装于车体底架下方。

抗侧滚装置主要功能：

1) 限制车体相对于转向架的侧滚运动；
2) 提高车体抗倾覆稳定性，提高列车的乘坐舒适度。

(10) 轮缘润滑装置

轮缘润滑装置主要包括电控箱、油箱组件、电磁阀、喷嘴、分配器等元件，其中电控箱、弯道传感器、油箱组件、电磁阀等安装于车体上，分配器和喷嘴等安装于转向架上。

轮缘润滑装置功能：

轮缘润滑装置有利于减少车轮轮缘及轨道磨耗、降低曲线上的轮轨噪声。

3. 转向架调试内容及标准

转向架系统调试内容主要分为外观检查、扭力校核、数据测量三部分。

(1) 外观检查（表9.3-3）

转向架调试外观检查内容及标准　　　　　　　表9.3-3

序号	检查项点	检查标准
1	构架	表面油漆无损坏，无流挂；铭牌清晰，内容完整；表面无裂纹、损伤、变形
2	空气弹簧	气囊无损伤破裂、无漏气声，外表面龟裂深度不超过1mm，长度不超过60mm；导板与车体、构架连接的固定螺栓齐全，防松线清晰无错位；紧急弹簧橡胶无破损；定位销紧固牢固，无脱落
3	一系钢弹簧	无变形、无损伤，紧固螺栓齐全，防松标记清晰无错位
4	抗侧滚扭杆	安装螺栓连接牢固，摇臂呈水平状态，连杆无变形，表面无锈蚀。活动关节处橡胶无损坏。抗侧滚扭杆上下安装螺栓及调整锁紧螺母紧固到位，防松标记清晰无错位，防锈油涂抹均匀到位，止退片卡入卡槽，防松动铁丝紧固到位
5	减振器（包括横向、垂向）	连接螺栓及垫片良好无松动，检查橡胶衬套应无松动；无渗漏润滑油情况
6	高度阀	连杆螺母及紧固螺母无松动；扭臂无变形，球形阀转动灵活；高度阀及连杆的紧固螺栓安装到位，防松标记清晰无错位，防锈油涂抹到位
7	车轴	表面无裂纹、损伤；轮缘无擦伤痕迹；车轮注油孔螺堵安装可靠；车轮无严重锈迹；车轴无锈蚀无损坏，缓滞标识清晰、无错位；车轮踏面及轮缘无异常磨耗；踏面擦伤深度小于0.5mm，擦伤长度小于40mm；轴箱端盖无裂纹、损伤、脱漆、锈蚀；端盖螺栓紧固到位，防松标记清晰，无错位

续表

序号	检查项点	检查标准
8	齿轮箱	安装螺栓及调整螺栓的紧固情况;检查支撑橡胶应无老化、破损情况;安装件紧固良好,箱体无异常变形、损伤;无渗漏润滑油情况,油面应在上下刻度线之间;齿轮箱内油清澈,注油标识齐全;齿轮箱表面无油渍残留,表面油漆无破损,无脱落;安装螺栓无松动;轴箱端盖无漏油
9	联轴节	联轴节无漏油、油漆无破损;紧固件齐全,防松线清晰无错位
10	牵引电机(动车)	与构架连接紧固件安装牢固,无松动,电机电缆连接紧固,无烧焦异味;电机外壳无破损痕迹;铭牌清晰,内容完整
11	基础制动装置	橡胶件和紧固螺栓无损坏,无松动;管路无漏气;闸瓦托及闸瓦钎无丢失,安装状态良好,闸瓦磨损厚度未达到限度标记,闸瓦无贯穿式裂纹及发状裂纹;停放制动缓解拉手无损坏
12	轮缘润滑装置	安装螺栓连接牢固,检查润滑油液面高度,管路及控制系统连接良好
13	整车起吊装置	安装牢固,紧固件齐全,防松标记清晰无错位;钢丝绳无断股,圆柱销及β插销无折断丢失
14	扫石器	检查橡胶板外观良好无破损,安装螺栓紧固无松动,防松线清晰无错位

(2) 扭力校核 (图 9.3-1、表 9.3-4)

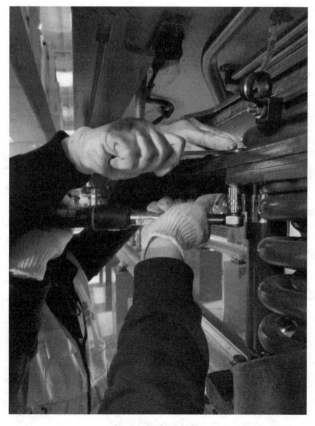

图 9.3-1 扭力校核

转向架扭力校核包括一系弹簧固定用螺栓，一系垂向止挡调整垫片安装螺栓，垂向减振器与构架连接，横向减振器与构架、车体连接，高度调节杆与构架连接用球头，齿轮箱吊杆下端与齿轮箱，电机下部与构架，扭力杆端部固定螺栓。

校验标准：校验扭力按螺栓标准扭矩的85%进行；达到扭矩要求的检查紧固件外观状态：紧固件外观完好，并按划线标准进行重新划线；对未达到校验扭矩的紧固件按如下原则处理：

1）涂乐泰或防松胶的螺栓，对松动的螺栓需先拆卸螺栓，清洁表面螺栓表面的乐泰或防松胶，更换新的高压垫片再用标准扭力紧固。

2）螺栓未涂乐泰或防松胶，对松动的螺栓则直接用标准扭力紧固即可。

转向架扭力校核表　　　　　　表 9.3-4

序号	所属部件	连接位置	螺栓规格 (mm)	标准扭力值 (N·m)	校核值 (N·m)
1	一系悬挂	一系弹簧固定用螺栓	M10	45	38
2	一系悬挂	一系垂向止挡调整垫片安装螺栓	M10	45	38
3	垂向减振器	垂向减振器与构架连接	M16	167	142
4	横向减振器	横向减振器与构架、车体连接	M16	167	142
5	高度阀	高度调节杆与构架连接用球头	M10	28	24
6	齿轮箱	齿轮箱吊杆下端与齿轮箱	M20	440	374
7	牵引电机	电机下部与构架	M24	581	494
8	抗侧滚扭杆	扭力杆端部固定螺栓	M16	100	85

（3）数据测量

1）闸瓦间隙

检查对象特征：闸瓦间隙 5~20mm。

操作步骤及检查标准：

① 缓解停放制动，切除 B05，在车底将制动单元推动至一侧闸片与制动盘紧贴；

② 测量另闸瓦与踏面的间隙应在 5~20mm 范围（图 9.3-2）。

图 9.3-2　闸瓦间隙测量

2）一系悬挂（垂向止挡间隙）

检查对象及特征：每个转向架构架包含四个垂向止挡，一系垂向止挡在轴箱上方安装到转向架构架上，垂向止挡间隙 40 ± 1mm。

操作步骤及检查标准：

新车转向架空车（AWO）状态下测量块必须刚好塞入垂向止挡的间隙中，保证一系悬挂（垂向止挡间隙）40 ± 1mm，采用测量块工装测量，测量间隙要求控制在 $0\sim2$mm 之间。

3）横向止挡间隙（自由间隙；弹性间隙）

检查对象特征：横向止挡间隙（自由间隙理论值 15 ± 2mm，弹性间隙理论值 25 ± 1mm）。

操作步骤及检查标准：

① 自由间隙：采用钢直尺，测量横向止挡表面至牵引安装座之间间隙。

② 弹性间隙：采用钢直尺，测量横向止挡安装座至牵引安装座之间的间隙。

4）天线距轨面高度

检查对象特征：ATC 天线距轨面高度 240 ± 5mm。

操作步骤及检查标准：

在轨道上平直放置长条形铝板，以铝板下表面为基准，分别测量 ATC 天线与铝板下表面之间的距离。

5）扫石器距轨面高度

检查对象特征：扫石器距轨面高度（空气簧充气）$35+3$mm。

操作步骤及检查标准：

采用钢直尺，垂直于轨面，测量扫石器胶皮最低下边缘对轨面之间的距离高度（图 9.3-3）。

图 9.3-3 扫石器距轨面高度测量

6）轮对测量

检查对象特征：踏面直径新轮为 $840+2$mm，最低磨耗设定为 770mm，同一轴踏面直径相差不超过 0.5mm，同一转向架轮对踏面直径相差最大不超过 2mm，同一节车轮对踏面直径相差不超过 4mm；轮缘厚度新轮正常为 32 ± 0.5mm；轮对内侧距正常为 1353 ± 2mm。

操作步骤及检查标准

① 测量轮对踏面直径的方法

A. 用干净的棉布清洁车轮踏面测量区域表面及车轮内侧面定位区域，保证接触区域表面光滑，无异物；

B. 将校准以后的测量尺从标准圆上取下，两手紧握住轮径测量尺两端的构架部位，将测量尺定位块的端部与车轮轮辋内侧贴合，并沿车轮圆心方向轻轻推动测量尺，因为测量尺定位块上有磁性吸条，一接触就能保证测量尺与轮对内侧面密贴；

C. 推动直至测量尺测量块与轮对踏面密贴，在测量尺两端均匀地施加压力确保两者密贴；

D. 被测的每个车轮至少选取不同的三个测量位置，三个测量点互相间应选择在较大区域（踏面圆周方向 20mm 以上），取三次测量点的平均数作为被测量车轮的轮径值，若三次测量值变化较大、不稳定，需对轮径尺重新校准后测量；

E. 同一轴轮径差小于 0.5mm，同一转向架车轮径差小于 2mm，同一节车四根轴平均轮径的差小于 4mm，轮对踏面直径测量见图 9.3-4。

图 9.3-4 轮对踏面直径测量

② 测量轮缘厚度的方法

A. 从第四种检查器放置盒内取出检查器，检查各部件无残缺、各组成测量尺功能正常，清洁尺上各部位，定位角铁、轮缘高度及踏面磨耗测量尺及轮辋宽度侧尺尺框、轮辋厚度侧尺部位，表面无异物；

B. 手持第四种检查器，将检查器置于被测车轮上，将检查器尺身朝车轮中心方向放置，使轮缘尺正对车轮中心位置，将尺身上的定位角铁与车轮轮辋内侧面密贴；

C. 沿车轮中心方向轻轻推动检查器，直至"轮辋宽度侧尺"的测头与车轮踏面接触；

D. 再轻轻向轮缘方向一侧推动"轮辋厚度侧尺",使其侧头与车轮轮缘接触;

E. 稳定检查器使其尺身方向对齐车轮中心方向,向上轻轻推动"轮缘高度及踏面磨耗尺"一端直至"轮缘高度及踏面磨耗尺"的另一端与车轮轮缘顶部接触;

F. 取下检查器读数时,应注意测量尺不能与轮缘等部碰撞,否则重测,轮缘厚度范围应为 32 ± 0.5mm;

G. 轮缘厚度数据测量,一个轮子需测量 3 个点求取平均值(图 9.3-5)。

图 9.3-5　轮缘厚度测量

③ 测量轮对内测距的方法

A. 清洁被测轮对内侧轮辋侧面区域,清洁轮对内侧距尺两端部的测头圆弧区域;

B. 用轮对内侧距尺测量同一个轮对两个车轮轮辋内侧面之间的距离,测量位置选择车轮垂向高度方向的上部、中部、下部三个测量点,取平均值后测量参考标准值:1353 ± 2mm(图 9.3-6)。

图 9.3-6　轮对内测距测量

9.3.2 车钩系统

1. 车钩系统概述

车钩及缓冲器是用来连接列车中各车辆使之彼此保持一定距离或列车之间的救援连挂,并且传递和缓和列车在运行中所产生的纵向力和冲击力,此外,还可以实现车辆间的电路和气路连接。

某地铁 1 号线的电客车选用了福伊特公司提供的车钩及缓冲器,包括全自动车钩和半永久车钩。车钩及缓冲器是用来连接列车中各车辆使之彼此保持一定距离或列车之间的救援连挂,并且传递和缓和列车在运行中所产生的纵向力和冲击力,此外,还可以实现车辆间的电路和气路连接。

某地铁 1 号线电客车共有两种类型车钩:

全自动车钩(AC):(2 个/列)。

半永久牵引杆(SPC):(5 对共 10 个/列,每对有一公一母两个牵引杆)。

(1) 全自动车钩的特性

全自动车钩的功能特性为:可实现铁路车辆的机械自动连接、电路自动连接、气路自动连接。连挂时无需人工辅助,把一辆车开向另一辆车就可以实现两辆车的自动联挂。即使水平方向和垂直方向有一定的角位移的情况下也可以通过对中装置实现自动联挂,可实现连挂列车的竖曲线和平曲线运动及旋转运动,能顺利地在一定的坡道和曲线上运行。解钩时可通过操作司机室的解钩按钮,实现自动气动解钩;当气路存在故障时,可在车钩旁拉动解钩绳实现手动解钩。

对中装置设有橡胶垫缓冲装置会缓冲振动负载,确保减振作用对缓冲和牵引均有效。

橡胶垫缓冲装置可吸收一定的冲击能量,吸收能量还有压溃管以及过载保护装置。在受到强烈冲击时,车钩杆上的冲头压进压溃管使之收缩,把冲击能量转化成形变能量。如果超过了橡胶垫缓冲装置和压溃管的最大负载,则过载保护装置(包括撕拉功能部件和冲头)会被剪切脱离出来,以防止车厢底架受损。

全自动车钩一般设置在列车的端部,在两列车连挂运行、救援以及库内调动列车时使用,全自动车钩参数见表 9.3-5。

全自动车钩参数   表 9.3-5

压缩强度(屈服强度)			1250kN
拉伸强度(屈服强度)			850kN
车钩长度(枢轴到车钩端面)			1455±5mm
压溃管	冲击负载	缓冲	800kN
	行程	缓冲	300mm
	能量吸收(动态)	缓冲	≈240kJ
过载保护装置	冲击负载	缓冲	≈1000kN
	行程	缓冲	约 5mm
车钩的最大摆动		水平	±25°
		垂直	±6°

		续表
压缩强度（屈服强度）		1250kN
气动对中装置	重对中角度	±15°
连挂所需要的最小速度		0.6km/h
重量		约409kg

(2) 半永久牵引杆的特性

半永久牵引杆的功能特性为：无自动机械解钩功能；人工电路连挂；风管在牵引杆的两部分对上时会自动连接上。牵引杆之间由便于拆卸的卡环连接，这种连接方式刚性佳、无松脱、安全性高。该款车钩可实现连挂列车的竖曲线和平曲线运动及旋转运动，以允许联挂列车通过垂直和水平曲线轨道，并允许有转动。车辆的电子连接通过跨接电缆实现。解钩作业需在车辆段手动进行。

半永久性牵引杆的设计用于车辆编组时永久性连接，除非在紧急情况下或车辆在车间维护时，否则不需要分离车辆，半永久牵引杆的分离只能手动进行。

半永久牵引杆橡胶缓冲装置可确保对缓冲和牵引力都起缓冲作用。牵引杆上的吸能装置还可在载荷超出定义范围时（例如遭受严重冲击或碰撞）确保能量分散。此装置由一个预加载压溃管和一个冲头组成。冲头被压进可压溃管内并使之加宽，将缓冲能转变为变形能。为了固定编组运行，在正常情况下每单元列车不解体，所以在列车每单元内部经常采用半永久车钩，半永久牵引杆参数见表9.3-6。

半永久牵引杆参数　　　　　　　　　　表9.3-6

压缩强度（屈服强度）			1250kN
拉伸强度（屈服强度）			850kN
车钩长度（枢轴到车钩端面）			1125±5mm
压溃管 （相连的一个设置）	冲击负载	缓冲	800kN
	行程	缓冲	200mm
	能量吸收（动态）	缓冲	≈160kJ
车钩的最大摆动		水平	±35°
		垂直	±6°
重量（带压溃管半永久牵引杆/刚性杆牵引杆）			约218/188kg

2. 车钩系统主要部件介绍

(1) 车钩头

车钩头的车钩锁确保两节车厢之间的机械连接。表面有凸锥和凹锥，允许车钩自动对齐和同心，在水平和垂直方向提供一个大的连挂范围。

工作模式

车钩头面配有一只宽而扁的边缘以吸收缓冲力。牵引力通过车钩锁（钩板、钩舌、中枢和拉簧）传递。牵引和缓冲负载从车钩传送到车厢底架内。

(2) 解钩装置

解钩装置的作用是解除钩锁装置锁紧状态。解钩可以通过司机室内解钩按钮或在轨道旁手动解钩。

司机室解钩

启动一个解钩按钮，电磁阀动作，将压缩空气输送到车钩头内的解钩气缸中，使活塞杆向前移动，并转动车钩锁钩板以释放钩舌。

手动解钩

只能在紧急情况下进行手动解钩，通过拉扯钩头上的解钩拉环。

（3）风管连接

主风缸管（MRP）和解钩风管（UP）的风管接头安装在车钩端面。

接头的接口管（图 9.3-7）设计高出车钩端面约 8mm，在连挂过程中对应的接口管被压下。它可为空气连接提供密封。止动弹簧防止接口管从汽缸筒内滑出。

总储气管的风管接头配备有压力阀，在车钩解钩时可以确保 MR 管的闭合。在连挂期间，配套车钩的簧压阀杆确保 MR 管开启。

解钩管的风管接头仅在解钩操作期间传导空气，因此不包含压力阀。

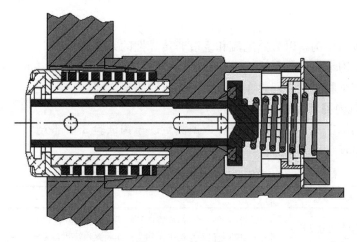

图 9.3-7　接口管

（4）电子钩头

利用活动和固定触点将电气钩头与列车配线相连。电缆与电钩头外壳的接头密封且无拉力。利用接线端头将电缆导线与活动和固定触点相连。可以在前侧更换触点。电钩头外壳配备有一个带防护罩的放泄塞以排放冷凝水。也可以采用该插塞作为外壳内的通风口。电钩头配备有护盖，在电钩头向前及向后动作时，该护盖可以自动开启及闭合。例如，在连挂期间，两个对置的电钩头外壳紧紧压在一起，同时将活动触点压在固定触点上。橡胶框构成防水密封件，保护触点不被污染及触摸。电钩头配有带导向杆及导套的对中装置，帮助电钩头在连挂过程中实现对准。

（5）钩身

采用车钩牵引杆将车钩头和橡胶垫钩尾座连接起来。它包括一个压溃管。牵引杆的前后端配法兰，通过使用容易分开的卡环，连挂到车钩头和橡胶垫钩尾座。

压溃管的能量消耗

如果超过了已定义的释放载荷（例如重冲击和碰撞），该压溃装置能够对能量进行消耗。这一装置由预载压溃管和冲头组成。冲头压入压溃管并使之胀大，从而将缓冲能量转换为变形能量。所有超过压溃装置吸收能力的冲击能量都将传到车体。

（6）橡胶垫钩尾座

橡胶垫钩尾座包括一个缓冲装置（EFG3）和一个垂向支撑及支座。它的特殊设计能够允许车钩不超过纵向车轴的竖向和横向摆动以及回转运动。橡胶垫钩尾座的设计目的是对限定的牵引力和缓冲力进行缓冲，如果超过了限定的冲程，将把牵引力和缓冲力传向车体。

（7）对中装置

对中装置将解钩的车钩保持在车辆的纵向轴线上，并防止它横向摆动。它通过螺钉固定在钩尾座轴承座下方。

（8）卡环连接

只容易分开的卡环用以把车钩牵引杆连挂到钩头和橡胶垫钩尾座。卡环由两个套筒组成。低位的套筒配有一个排水孔。用4个六角头螺钉和带有锁紧垫圈的六角螺母将两个套筒连接在下面。

（9）接地

接地线连接到车钩，以分路电流和绕过非传导性的元件。

它们位于车钩牵引杆与车钩头之间；车钩牵引杆和车钩牵引杆之间；电动头与车钩头之间；轴承座和车厢底架之间；车钩牵引杆和车厢底架之间。

3. 车钩调试内容及标准

车钩系统调试主要分为外观检查、数据测量、车钩试验3个部分。

（1）外观检查（表9.3-7）

车钩调试外观检查项点及检查标准 表9.3-7

序号	检查项点	检查标准
1	全自动车钩电子钩头	目视检查外观良好，检查电子钩头可动触头功能，用手指按压，动作灵活，能自动复位；全自动车钩电子钩头操作装置弹簧状态无异常
2	全自动车钩机械钩头	全自动车钩机械钩头面、外锥体的防腐层，要求表面防腐层均匀、无积层
3	车钩钩身及压溃管管体	车钩钩身及压溃管外表面油漆无起皱、脱落，撞针无折损、丢失；用手周向转动检查压溃管，要求其不能被转动，如有转动则更换
4	卡环	卡环连接紧固，防松线清晰无错位；卡环与螺栓连接空隙内须注满AUTOL TOP 2000润滑油
5	全自动车钩对中装置	对中装置安装螺栓无缺失断裂，防松线清晰无错位
6	垂向支撑装置	垂向支撑外观无变形、断裂，紧固件齐全，防松线清晰无错位
7	车钩缓冲装置	缓冲装置安装座、缓冲装置盖的紧固件齐全，防松线清晰无错位
8	车钩管路	车钩管路无漏气，如有必要用肥皂液检查管路的气密性
9	接地线	接地线断股不超过10%，与其他部件之间无干涉，紧固螺栓齐全，防松线清晰无错位

(2) 数据测量

车钩中心距轨面高度测量（图 9.3-8）。

检查对象特征：车钩中心距轨面高度（空气簧充气）公差范围 660+10mm。

操作步骤及检查标准：

从钩舌的中间到轨面的垂直距离为车钩的高度，车钩高度应为：660+10mm。

图 9.3-8　车钩中心距轨面高度测量

(3) 车钩试验

电客车对接和解编（注意：该项作业应在新车上正线运行前完成）。

试验内容：

1) 检查两电客车全自动车钩对接时功能符合要求。

2) 检查电客车的半组车激活后各系统工作正常。

技术要求：

1) 两电客车的全自动车钩对接时，可在一个司机室操作两电客车的客室广播、司机对讲和停放制动的施加与缓解、按压紧急制动按钮施加紧急制动。

2) 电客车的半组车激活后，电客车可正常操作，电客车控制网络系统及 380V、110V 电源系统等工作正常。

操作方法及步骤：

1) 分别激活两电客车和相对的司机室，将两电客车以全自动车钩对接在一起；

2) 两个操作者分别在两电客车的司机室，按下司机对讲按钮进行对话，检查对讲功能正常；

3) 在一电客车的司机室里操作客室广播，检查广播内容应在两电客车的客室播出；

4) 在一电客车的司机室里操作停放制动的施加和缓解，检查两电客车应能实现停放制动的施加和缓解。

9.3.3 转向架车钩系统调试数据及分析总结

转向架车钩系统共计问题 720 项，故障占比率为 15.69%。主要问题为外观油漆破损、扭力校核不符合标准、尺寸不在范围等问题。转向架车钩系统调试问题统计如表 9.3-8 所示。

转向架车钩系统调试问题统计表　　　　表 9.3-8

作业项点	位置	问题描述	整改措施及进度	问题分类
无电检查	M2	7 轮轴箱安装座底部有脱漆	重新补漆	外观类
	Mp2	7 轮一系垂向止挡左边有脱漆	重新补漆	外观类
	M2	2 轮钢簧上安装板掉漆	重新补漆	外观类
	M2	8 轮旁一系垂向减振器掉漆	重新补漆	外观类
扭力校核	Mp1	2 轴左侧垂向止挡一个固定螺栓扭力不符合要求	重新紧固并补画防松线	扭力校核类
	Mp2	1 轴右侧钢弹簧固定座螺栓扭力不符合要求	重新紧固并补画防松线	扭力校核类
	Tc2	2 轴左侧钢弹簧固定座螺栓扭力不符合要求	重新紧固并补画防松线	扭力校核类
	Tc1	4 轴右侧钢弹簧固定座 2 颗固定螺栓扭力不符合要求	重新紧固并补画防松线	扭力校核类
数据测量	Tc2	全自动车钩高度为 658mm 小于标准范围 660+10mm	重新调整	尺寸数据问题
	Mp1	1 位左侧地板面高度为 1098mm，小于标准范围 1100+10mm	重新调整	尺寸数据问题
	Tc1	1 架左横向止挡间隙为 12mm，不在标准范围内	重新调整	尺寸数据问题

重大问题：

0103 车 3 个轴箱体表面各发现 1 处砂（气）孔，共 3 处砂（气）孔。

解决措施：

主机厂技术人员到达现场察看，X 射线检验后，确定砂（气）孔缺陷大小约为 4mm×1mm、1.5mm×1.8mm、1mm×1mm。

存在砂（气）孔区域为轴箱体表面，厂家质量检查等级为 B2 级，检测方式为 X 射线检验，技术要求一般允许存在 2 处 5mm×10mm（5mm 为直径，10mm 为深度）的夹砂和夹渣，另 1—2 处 4mm×5mm 的夹砂和夹渣。实物与技术标准对照，砂气孔缺陷大小 4mm×1mm、1.5mm×1.8mm、1mm×1mm 均符合技术要求，厂家给出技术说明文明后建议外观作补漆处理，并做出质量承诺，保证不会影响产品的使用性能和车辆的正常运行。

轴箱体是铸钢件的一种产品，表面存在砂眼的原因分析主要有：（1）轴箱体合型前未将砂吹干净；（2）由浇筑系统和冒口掉入砂块或砂粒；（3）砂型、砂芯膨胀，浇筑操作不规范,钢水冲刷造成砂型(芯)开裂,型(芯)砂脱落,脱落的型(芯)砂在铸件表面形成砂眼。

9.4 辅助系统

9.4.1 辅助电源箱

1. 辅助电源箱基本功能

辅助电源将直流电压(DC1500V)逆变成三相交流电压(AC380V),为空调、空气压缩机、照明及控制电路等提供稳定的三相四线制的交流电压,并将交流电压(AC380V)通过蓄电池充电机变换成蓄电池与低压直流负载使用的DC110V电压。

2. 辅助电源箱基本参数 (表9.4-1)

辅助电源箱基本参数　　　　　表9.4-1

项目	描述	
1. 系统		
(1)主电路形式	逆变电路:两电平逆变电路(DC/AC); 蓄电池充电机:三相整流 AC/DC+高频 DC/DC 变换	
(2)冷却方法	强迫风冷	
2. 输入		
(1)额定电压	DC1500V	
(2)电压波动范围	DC1000~1800V DC2000V(再生制动时最大允许电压)	
(3)电压突变	±300V/20ms	
3. 输出		
	输出1	输出2
(1)额定电压	3AC380V/220V±5%	DC110V±2%
(2)相数	三相四线	
(3)额定频率	50Hz±1%	—
(4)容量	195kVA	25kW
	220kVA	
(5)额定	100%,持续 150%,10s 200%,立即保护	100%,持续定额
(6)输出电压谐波含量	<5%	—
(7)功率因子	>0.8(滞后)	—
(8)输出电压不均衡度	<1%(在额定电压/输出相间 对称平衡的条件下)	
(9)输出电压瞬时变化范围	−20%~+15% 0.3s内恢复	

续表

项目	描述	
(10)直流输出纹波系数	—	<5%
(11)负载	空调、通风机、空气压缩机等负载功率因素>0.7,包括单相负载在内的负载不平衡度<10%	DC110V 蓄电池、DC110V 负载
(12)效率	>90%	
4. 控制电源		
(1)额定电压	DC110V	
(2)变化范围	DC77~137.5V	
(3)功率	<300W	
5. 其他		
(1)工作温度	-25~+45℃	
(2)湿度	<95%	
(3)噪声(额定输入及额定负载)	≤72dB(A)(测量距离:离装置外壳表面1m处)	
(4)防护等级	IP55(IEC 60529:2013+COR1:2013)	
(5)振动和冲击	IEC 61373-2010,1类A级	
6. 状态和故障诊断	(1)具有自诊断和故障数据记录功能,故障数据可通过以太网接口由便携式计算机下载,提供地面故障处理软件进行故障分析与诊断	
	(2)具有与列车总线 MVB 网络通信的功能,实现网络控制,并可在司机室显示屏上显示状态及故障情况	

3. 辅助电源箱调试内容及标准

(1) 辅助电源箱外观检查内容

安装螺栓无松动,紧固标识规范、清晰;油漆无破损;铭牌清晰、内容完整;出线环紧固到位,达到扭力要求,电缆不能被抽动;出线环面板有绝缘垫;内部布线统一规范;接插件无松动;接线柱螺栓紧固,且防松标记规范;盖板开关灵活;锁片长度合适,开关过程中不能接触电缆、支架等;箱内无杂物;电缆无破损、走线规范、地线美观,无断股或散股,与其他部件不发生接磨;接线电缆紧固到位,插头标识正确完好。

(2) 辅助电源箱有电静态调试内容 (表 9.4-2)

辅助电源箱有电静态调试内容　　　　　　表 9.4-2

辅助系统	DC110V 输出	辅助逆变器工作后,电压表应为:107~137.5V
	AC380V 输出	各种风机正常运转

1) DC110V 输出

① 检查对象特征

辅逆工作后,电压表显示电压为 107~137.5V。

② 操作步骤及检查标准

升弓后检查 HMI 的辅助逆变器图标为绿色,此时查看电压值范围应为 107~137.5V。

2）AC380V 输出

① 检查对象特征

辅助逆变器能够正常输出电压，供空调和各风机运行。

② 操作步骤及检查标准

A. 升弓后检查 HMI 的辅助逆变器图标为绿色，启动全车空调能正常启动；

B. 检查辅助风机、牵引风机、制动电阻风扇、空调通风机应能启动运行，无异响，且 HMI 上无风机故障。

9.4.2 蓄电池箱

1. 蓄电池组

蓄电池组的功用是，在供电电压失效或电池充电器失效时提供 110V 电压的辅助操作。

2. 蓄电池功能

（1）蓄电池箱外观检查内容

安装螺栓无松动，紧固标识规范、清晰；箱体表面油漆无破损，铭牌清晰、内容完整；出线环紧固到位，达到扭力要求，电缆不能被抽动；出线环面板有绝缘垫；内部布线统一规范；接插件无松动；接线柱螺栓紧固，且防松标记规范；盖板开关灵活；锁片长度合适，开关过程中不能接触电缆、支架等；箱内无杂物；电缆无破损、走线规范、地线美观，无断股或散股，与其他部件不发生接磨；开关箱内接线电缆连接紧固，防松标记规范清晰；箱体内电池组拖出灵活无卡滞。

（2）蓄电池调试和试验

1）调试

机车试调试过程中，电池通过车载充电器充电。车载充电器的特性设计为电池只可用于在机车准备过程中、制动过程中、电源中断过程中或车间试验过程中提供电源。然而，经验显示机车试运行过程中会出现电池组的非受控放电和自放电。因此，建议在车辆首次使用前进行重新充电。

2）试验指南

长时间贮存后，电池会自放电，如果不采取额外的措施，整个电池的容量将不同于刚开始时的容量。充电调试是在持续的额定电流下给电池充电 7.5h，额定充电电流＝Cn/5h，5h 放电这里指 1Cn 的电流充进电池。如果是修复充电或均衡充电，在首次充电过程中还会出现高达 1.9V 的单体电池电压。因此，开始此种充电之前，电池组必须同车载系统断开连接。在此种充电过程中还会分解出比正常操作中更多的水，因此必须提供符合德国标准《二次蓄电池和电池装置的安全要求 第 2 部分：二次蓄电池》DIN EN 50272-2 的适当通风量。

9.4.3 辅助系统调试及分析总结

按 9 大类型，主要包括外观问题、部件问题、防护问题、标识标志问题、接插件松动问题、线路工艺问题、螺栓扭矩问题、尺寸数据问题及部件功能问题对辅助系统调试发现的问题进行分析。

通过对某地铁 1 号线 0101~0116 共计 16 列电客车调试发现的辅助系统共计 67 项问题进行如图 9.4-1 分析。

序号	车号	螺栓扭矩	线路工艺问题	部件问题	外观问题	尺寸问题	标识标志	接插件松动	防护问题	功能问题	其他	共计
1	0101			3			2			1		6
2	0102			1			1					2
3	0103			3			2		1		1	7
4	0104									2		2
5	0105				2					1	1	4
6	0106				1							2
7	0107			3	1							8
8	0108			3	2				1	2		11
9	0109				2					3		5
10	0110		1				3			1		5
11	0111				1		3				2	6
12	0112			1	2			1				4
13	0113	1										1
14	0114											0
15	0115									1	1	2
16	0116				1	1						2
17	合计	1	7	12	11		16	1	4	9	6	67

图 9.4-1 辅助系统问题统计

通过如上统计分析发现辅助系统调试过程中发现的主要问题为标识标志、部件问题及外观问题。

9.5 空调系统

9.5.1 空调系统概述

供热通风和空调系统（简称空调系统，HVAC）的作用是确保列车客室和司机室保持一个舒适的温度和湿度状态。

电客车空调系统具有通风、紧急通风、预冷、制冷、预热、制热、故障模式等功能，有效实现了客室与司机室的正常通风、夏季制冷、冬季制热等作用。

车辆空调系统由空调机组及其控制系统、送风道、回风道、电加热器以及废排装置组成。

某地铁 1 号线空调和通风系统每节车采用 2 台额定制冷量为 37kW，额定制热量 10kW 的顶置单元式变频空调机组，机组安装在车顶约 1/4 和 3/4 处的空调井处，空调采用下部送风、底部回风形式（下送下回）。

每节车送风量为 8000m^3/h，其中新风量 2800m^3/h，紧急通风为 3200m^3/h。

风道系统安装于天花板上方，全部为静压式送风风道（图 9.5-1）。

空调机组安装于列车车顶。每个客室装有两台空调机组，安装位置位于整个客室的 1/4 和 3/4 位置。每个司机室配备一台通风单元，车厢空调的控制板安装在车内的电气柜内。具体内容如表 9.5-1 所示。

根据空调系统的安装位置，把空调系统分为三大部件：车顶部件，客室部件，司机室部件。

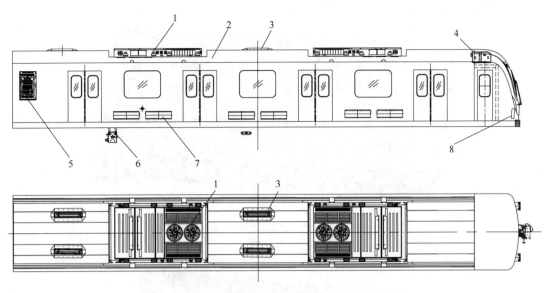

图 9.5-1 空调系统

1—空调机组；2—风道；3—废排；4—司机室通风单元；5—空调控制盘；
6—紧急通风逆变器；7—座椅电加热；8—足部取暖器

空调系统主要包含部件　　　　　　　　　表 9.5-1

序号	部件名称	数量(台)/列	安装位置
1	空调机组	12	车顶
2	客室控制板	6	客室空调柜
3	司机室通风单元	2	司机室
4	司机室足部取暖器	2	司机室
5	客室座椅电加热器	66	客室座椅下
6	废排装置	24	车顶

车顶部件主要包含：空调机组、废排装置、废排等。
客室部件主要包含：空调控制盘、座椅电加热器等。
司机室部件主要包含：司机室通风单元、足部取暖器等。

9.5.2 空调系统主要部件介绍

1. 空调机组

空调机组布置在车辆顶部 1/4、3/4 位置，通过静压风道向车厢内送风。

空调机组采用全封闭卧式涡旋压缩机，采用 R407C 环保制冷剂。每台机组具有两个独立的制冷循环系统。可实现通风、预冷、制冷、制热（电加热）、预热、紧急通风的自动调节和控制。

空调机组装有电动新风调节门和电动回风调节门及室外温度传感器等。风量的大小由电动新风调节门和回风调节门的开度控制，调节门由机组内部控制系统自动控制，通过控制电动调节门执行器的通电时间来控制调节门的开度。

空调机组示意图见图 9.5-2～图 9.5-4。

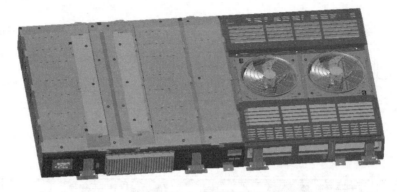

图 9.5-2 空调机组

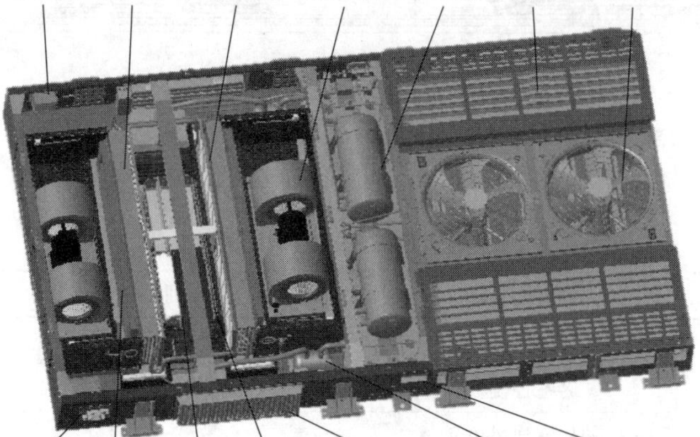

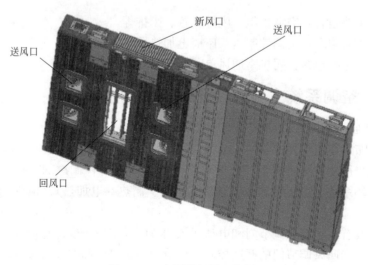

图 9.5-3 空调机组结构图

图 9.5-4 空调机组风口位置

2. 空调控制盘

ACCS08型空调控制盘是专为某地铁1号线设计制造的空调控制盘。空调控制盘采用微机控制形式,并具有自诊断功能。且是经过实践验证的可靠产品,并适宜于文件中所述的当地气候环境,可实现客室空调通风、制冷、制热、紧急通风功能的控制,并按照运行条件自动调节制冷量大小。

空调控制系统以微机控制单元为核心,配合外部断路器、接触器、继电器、传感器等元件,完成空调机组的温度控制、常规控制、高、低压保护和故障诊断等功能。控制单元可完全互换,包括软件和硬件。

空调控制盘采用微机控制形式,并具有自诊断功能。且是经过实践验证的可靠产品,并适宜于文件中所述的当地气候环境,可实现客室空调通风、制冷、制热、紧急通风功能的控制,并按照运行条件自动调节制冷量大小。空调装置设有4种工况:手动、自动、通风、停止。可通过本车控制对空调进行控制,也可通过司机室进行控制和温度设定。在手动工况时,空调机组根据各自的温度设定器所设定的温度进行客室内温度控制;在自动工况时,空调机组根据外界环境温度自动调节客室内温度。

空调控制系统以微机控制单元为核心,配合外部断路器、接触器、继电器、传感器等元件,完成空调机组的温度控制、常规控制、高、低压保护和故障诊断等功能。控制单元可完全互换,包括软件和硬件。

控制系统的所有元器件均集成在一块空调控制板上。空调控制板安装在车内电气柜中,设有一个控制单元,控制每台车两台空调机组。

空调控制单元具有对空调系统主要部件(至少包括压缩机、送风机及冷凝风机)工作时间的统计功能,并能自动均匀其运行时数。

每节车的空调控制器通过MVB接口与车辆MVB总线相连,与车辆控制器进行通信。从主控司机室可以进行客室空调机组的关断与接通,以及整列车空调目标温度的设定,可通过司机室显示屏进行设定。空调系统的状态可以在司机室显示屏上显示。

维护接口采用USB和以太网双接口。

空调控制盘具有能耗记录功能,能记录空调机组的功耗。

控制器具有Flash-RPROM,在必要时能通过便携式电脑对软件进行更新。每台空调机组当前的工作状态能够显示给司机室,空调系统组成表见表9.5-2。

空调系统组成表　　表9.5-2

序号	设备名称	型号	数量	单重	安装位置	备注
1	空调控制盘	ACCS08	1	53kg	车厢内	
2	空调控制器	ACCU08	1	5kg	控制盘上	

3. 客室电加热

客车电加热器在轨道交通行业被广泛应用,主要用于天气寒冷时地铁、城轨列车运行车厢内取暖。

客室电加热器安装方便、调温性能好、防水性和绝缘性能都很好,安全可靠性高。

将电加热器安装到列车上之后,应注意电加热器的维护,这样可以保证电热器正常工作。正常情况下对电加热器进行维护,只需清洁电加热器内外表面灰尘即可。

工作原理：电加热器由不锈钢框架、发热元件（电热管）、一级温控器（自动恢复）及二级温控器（手动恢复）、端子排等组成，额定工作电压380V，控制方式：二级温度保护；一级温控器在正常工作情况下，当加热器表面超温，温控器自动切断发热元件的电源，发热元件停止工作。当一级温控器失控到温度上限设定值时，二级温控器会切断发热元件的电源，然后需手动恢复，客室电加热零部件参数见表9.5-3。

客室电加热零部件参数　　　　　　　　表 9.5-3

序号	设备名称	型号	物料编码	数量	安装位置
1	电加热管1	380V/400W	—	4	电加热器内
2	电加热管2	380V/300W	—	4	电加热器内
3	电加热管3	380V/425W	—	2	电加热器内
4	电加热管4	380V/300W	—	2	电加热器内
5	一级温控器(自动恢复)	60t,65℃	—	2	电加热器内
6	二级温控器(手动恢复)	60t,100℃	—	2	电加热器内
7	微型端子排	264～351	—	1	接线盒内

4. 司机室通风单元

将司机室通风单元安装到列车上之后，应注意通风单元的维护，这样可以保证通风单元正常工作。正常情况下对通风单元进行维护，只需清洁通风单元内外表面灰尘即可。

（1）工作原理

司机室通风单元通过离心风机由进风口从客室主风道引入经空调处理后的冷风，由出风口送入司机室。司机室内送风的方向由通风单元出风口导向器进行控制，可根据司机喜好任意调整送风角度，从送风口送出的空调风能直接吹到司机座位区域。司机室内安装有电加热器，可通过调节模式开关来实现室内温度控制，司机室通风机有三挡可调，风速由调速变压器控制。司机室通风单元零部件参数见表9.5-4。

司机室通风单元零部件参数　　　　　　　表 9.5-4

序号	设备名称	型号	物料编码	数量	安装位置
1	电加热器	2kW	—	1	通风单元内
2	调速变压器	866385	—	1	通风单元内
3	交流接触器	LC1D18Q7C	—	2	通风单元内
4	断路器	OSMC32N2C16	—	1	通风单元内
5	延时辅助开关	LADR4	—	1	通风单元内
6	离心风机	DWF-1.5SA/G	—	1	通风单元内
7	风速选择开关	LW39-16B-40B-111JX/2P	—	1	门盖上
8	功能选择开关	LW39-16B-40C-1023JX/2P	—	1	门盖上
9	重载连接器	插头 HDC 10B TSBU 1M20G HDC HE 10 FC 插座 HDC 10B ABU N	—	1	箱体上

(2) 位置图

司机室通风单元安装在驾驶室顶部，安装位置如图 9.5-5 所示。

图 9.5-5　通风单元安装位置

5. 足部取暖器

足部取暖器是用于地铁司机室空气加热的取暖设备。每间司机室装设 1 台取暖器。本产品安装方便、调温性能好、防水性和绝缘性能都很好，安全可靠性高。

将电加热器安装到列车上之后，应注意电加热器的维护，这样可以保证电热器正常工作。正常情况下对电加热器进行维护，只需清洁电加热器内外表面灰尘即可。

工作原理：足部取暖器由不锈钢外壳、散热盖板、电热管、支架、温度保护器、接线端子绝缘垫等主要部件组成。额定工作电压 380V，控制方式：在加热器的回路中装有两级温度保护装置（熔断器和温控器）；出风口装配有出风温度保护器。温控器在正常工作情况下，当加热器表面超温，温控器自动切断发热元件的电源，发热元件停止工作。当温控器失控到温度上限设定值时，熔断器会切断发热元件的电源，然后需手动恢复，足部取暖器零部件参数见表 9.5-5。

足部取暖器零部件参数　　表 9.5-5

序号	设备名称	型号	物料编码	数量	安装位置
1	电加热管	380V/400W	—	2	电加热器内
2	温控器 1	60t,40℃	—	1	电加热器内
3	温控器 2	60t,50℃	—	1	电加热器内
4	熔断丝	72℃	—	2	电加热器内
5	风机	50190B22	—	1	电加热器内
6	插接端子	WAGO 端子排	—	1	电加热器内
7	变压器	380V 转 220V	—	1	电加热器内

9.5.3　空调系统调试项点

空调系统检查项目为 17 项。包括静态无电检查作业 9 项，静态有电检查作业 8 项（表 9.5-6）。

空调系统调试预验收的项点 表 9.5-6

编号	项目		要求
1	静态无电检查作业	外观检查(空调单元及废排)	紧固件:安装螺栓无松动,紧固标识清晰规范。盖板可以正常开关与锁闭。进风滤网和回风滤网安装牢靠,可以正常取出与放入。冷凝风机转动与周围部件无干涉的情况
2			标识及线缆:外部标识清晰,无破损,粘贴牢固;接地线美观,无断股或散股,连接牢固,与其他部件不发生摩擦
3			窥视镜:窥视镜状态显示绿色为正常;显示黄色或无色均为不正常
4			出线环:出线环紧固到位,达到扭力要求,电缆不能被抽动
5			管道:管道无破损,无锈迹。电缆与其他金属无接磨,布线规范整齐;接插件无松动
6			连接插头:插头密封胶条无破损,密封无漏水,插头螺栓紧固到位,标识正确完好
7		司机室通风单元、足部取暖器	司机室通风单元:旋钮调节无卡滞,通风口无卡滞,内部器件完好,接线布设规范,防脱绳安全可靠,方孔锁开关顺利并锁固牢固,方孔锁对点位正确,防松标记规范清晰,紧固螺栓安装牢固且防松标记符合要求,支风道密封完好,接地线符合要求。 足部取暖器:紧固件安装牢固,继电器及微动开关器件完好。 司机踏板:紧固件安装牢固,四周缝隙均匀,表面无划伤
8		座椅电加热器	座椅及加热器:座椅表面、挡板和屏风玻璃表面油漆无划伤、磕碰;屏风玻璃安装胶条与中间侧墙、座椅左右挡板安装无缝隙;胶条无破损;各紧固螺栓无松动,防松标记清晰完好;羊毛毡和胶条无破损;座椅端板无开裂,座椅胶条无凹陷,座椅端板应与侧墙贴合,座椅下方阀箱安装螺栓紧固,电缆走线无干涉,编织网包扎良好;座椅下方座椅加热器挡胶美观,盖板锁芯方向正确且紧固,防松标记规范;连接器插头无明显松动,电缆走线无干涉,编织网包扎良好
9		尺寸测量	车辆过限界时,测量空调机组压缩机绝缘盖板上表面与上方限界门的距离,然后用限界门高度减去测量的距离即为车体最大高度
10	静态有电功能检查作业	司机室通风单元	模式选择开关为通风、停机、半暖、全暖位置正常,低速、中速、高速三挡调节时通风量有明显递增现象
11		司机室足部取暖	打开司机足部取暖,能够感受到相应位置上有舒适的热风吹出
12		司机控制器	手柄推拉顺畅,能正常缓解、施加制动。警惕按钮不出现卡滞
13		空调单元	全电客车每个空调机组通风制冷功能正常
14		紧急通风	断开 1500V 电源,全电客车每个空调机组都有紧急通风。
15		降级运行(扩展供电)	单元内:当一个 DC/AC 不工作,相邻车辆进行扩展供电,切除整电客车每个空调机组一半的压缩机,电客车损失 50%制冷;两个 DC/AC 不工作,空调进入紧急通风状态。 故障车单元 AC380V 输出故障时,扩展接触器闭合,由另一单元 SIV 进行扩展供电。扩展供电时,全电客车每个空调机组压缩机有一半停止工作。AC380V 输出故障恢复后,扩展供电取消
16		设置温度运行	可按设置的不同温度值运行空调
17		PTU 验证启动顺序	连接车间电源柜,车顶查看启动顺序
18	动态有电功能验证作业		无
19	调试试验调试作业		无

9.5.4 空调系统调试数据及分析总结

空调系统调试共计问题 364 项,故障占比率为 6.72%。主要问题为主要为翅片变形,防松标识等外观问题、部件问题、标识标志问题(表 9.5-7)。

空调系统调试问题统计　　　　　表 9.5-7

作业项点	位置	问题描述	整改措施及进度	问题分类
车顶无电检查	Tc1	全车废排风机固定螺栓未划线	重新划画防松线	标识标志问题
	Tc1	全车压缩机控制器螺栓有锈迹	出具文件	外观问题
	Mp1	机组 1 蒸发器盖板防撞棉脱胶	重新粘接	部件问题
	Mp1	机组 1 蒸发器 1 翅片变形	调整变形	部件问题
	Mp1	机组 1 左侧冷凝器翅片有异物	重新粘接	部件问题
	Mp1	机组 1 蒸发器 2 盖板防撞棉脱胶	重新粘接	部件问题
	Mp1	机组 2 冷凝风机盖板,方孔锁有锈迹	清除锈迹	外观问题
	Mp1	机组 2 蒸发器 2 盖板防撞棉脱胶	重新粘接	部件问题
	M1	机组 1 蒸发器 2 盖板有锈迹	清除锈迹	外观问题
	M1	机组 1 冷凝器盖板有锈迹	清除锈迹	外观问题
	M1	机组 1 冷凝器右侧格栅有锈迹	清除锈迹	外观问题
	M2	机组 1 右侧冷凝器散热片下部铝箔纸脱胶	重新粘接	部件问题
	Mp2	机组 1 右侧冷凝器散热片下部铝箔纸脱胶	重新粘接	部件问题
	Tc2	机组 2 蒸发器 2 中上部翅片变形	调整变形	部件问题
	Tc2	全车空调安装底座划线模糊	重新补画防松线	标识标志问题
	Tc1	2 个鱼鳍天线有胶印	重新清除	外观问题
	Tc1	整车空调插头防松线标记和别的车颜色不统一	重新补画防松线	标识标志问题
	Tc1	整车空调插头波纹管连接处无防松线	重新划线	标识标志问题
	Tc1	整车空调盖板内部保温棉边缘未打西卡胶		部件问题
	Tc1	Tc1 机组 1 蒸发室 2 毛细管前方有锈点	重新打磨补防锈漆	外观问题
	Tc1	Tc1 机组 1 蒸发室 1 回风滤网 2 卡滞	调整位置	部件问题
	Tc1	Tc1 机组 2 冷凝风机 1 框架有胶条漏出	重新剪切清除	部件问题
	Tc1	空调机组固定螺栓防松线不清晰整车普查	重新补画防松线	标识标志问题
	M2	M2 机组 1 蒸发室 2 左侧回风滤网固定螺栓防松标记不连贯	重新划线	外观问题
	M2	M2 机组 1 蒸发室 1 左侧回风滤网卡滞	调整位置	部件问题
	M2	M2 机组 1,1 位端右侧机组安装座生锈	清除锈迹	外观问题
	Mp2	Mp2 机组 1 压缩机室电磁旁通后方有锈迹	清除锈迹	外观问题
	Tc2	Tc2 机组 1 冷凝风机 2 防护网变形	调整变形	部件问题
	Tc2	机组 1 两个蒸发器盖板之间有锈迹	清除锈迹	外观问题

电客车空调系统主要问题及整改措施：

1. 问题：0105 车淋雨试验过程 M1 车 1 位端客室回风口漏水，空调机组与车体连接处密封条错位。

整改措施：在主机厂某基地调整空调机组与车体连接的密封条，2020 年 8 月 11 日再次做淋雨试验，验证合格。

2. 问题：0105 车淋雨试验 Tc1 车司机室通风机单元盖板上方车体密封胶漏水。

整改措施：2020 年 7 月 31 日主机厂某基地对 0105 但客场做淋雨试验时发现车顶天线密封不严，重新对天线密封处打胶处理，2020 年 8 月 11 日再次做淋雨试验，验证合格。

3. 问题：空调控制柜门轴内侧空间干涉问题，影响接触器后期的维护检修。

整改措施：2020 年 11 月 2 日株机公司已提交了《某地铁 1 号线控制盘整改方案》。已完成 10 列空调盘柜门开度普查，目前，4 列车已对空调柜内布线整改进行验证（图 9.5-8）。

主要问题及整改措施　　　　　　表 9.5-8

主要问题	整改措施

4. 问题：0105 车淋雨试验过程 M1 车 1 位端客室回风口漏水，空调机组与车体连接处密封条错位。

整改措施：在主机厂某基地调整空调机组与车体连接的密封条，2020 年 8 月 11 日再次做淋雨试验，验证合格（图 9.5-6）。

5. 问题：0105 车淋雨试验 Tc1 车司机室通风机单元盖板上方车体密封胶漏水。

整改措施：2020 年 7 月 31 日主机厂某基地对 0105 但客场做淋雨试验时发现车顶天线密封不严，重新对天线密封处打胶处理，2020 年 8 月 11 日再次做淋雨试验，验证合格（图 9.5-7）。

图 9.5-6 密封条错位

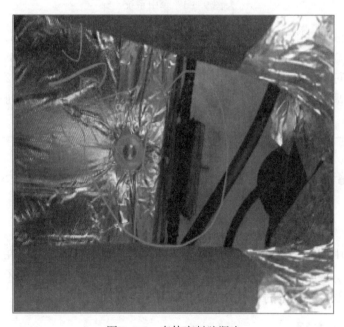

图 9.5-7 车体密封胶漏水

9.6 牵引系统

9.6.1 牵引系统概述

在交通运输工具中采用发动机驱动的动力组件、称为牵引系统。世界上绝大多数的城市轨道交通使用电动机驱动，其电气传动部分就称为电力牵引系统。电力牵引系统以牵引电动机为控制对象、通过开环或闭环控制系统对牵引电动机的牵引力和速度进行调节、以满足车辆牵引和制动特性的要求、从而实现对各类交通运输工具的运行控制。某地铁1号线电客车为4动2拖编组，"B2"鼓型电客车，列车列车两端采用全自动车钩，车辆间的连接采用半永久式牵引杆。车体为铝合金全焊接结构，车辆基本类型：Tc车（带司机室拖车）、Mp车（带受电弓动车）、M车（动车）。列车采用DC1500V架空接触网受流，国产化牵引系统，最高运行速度为80km/h（图9.6-1）。

图9.6-1 牵引系统

（1）动力分散型（图9.6-2）：将牵引动力装置分散到多个称为动车的车辆上，并与其他无动力的车辆（称为拖车）组成一个单元。每个单元由2节、3节、4节或更多节车辆组成，组成方式可以是1动1拖、2动1拖甚至全是动车。每列列车由2个、3个或4个单元组成，称为动车组。主要用于铁路客运列车、城市轻轨和城市地铁列车。

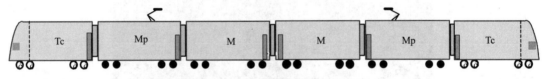

图9.6-2 动力分散型
Tc—带司机室的拖车；Mp—带受电弓的动车；M—动车

（2）动力集中型：又称机车牵引方式，其特点是电力牵引系统集中在一节车辆内，传动装置的功率大、控制系统的结构简单。但要求的牵引力与粘着之间的矛盾比较突出，在重联牵引时特别是一头一尾的牵引方式下，重联控制的问题比较复杂。

9.6.2 受流器

受流器的功能是将电源引入车内。我国大部分城市的轨道交通车辆的受流器都采用受电弓，只有部分城市的地铁车辆采用第三轨受流器，另外长沙中低速磁浮列车也采用第三轨受流器。某地铁1号线电客车采用TSG22系列气囊式受电弓：具有重量轻、归算质量小、结构简单、工作高度范围大、承受电流大、防振性能好、使用维护方便等特点，具有更好的弓网跟随性及集电稳定性，能够满足刚性接触网120km/h地铁车辆的稳定受流要求的受电弓，受电弓主要技术参数见表9.6-1。

受电弓主要技术参数　　　　　　　　　　　　　　　　　　　　　　　　　　表 9.6-1

序号	参数项点	TSG22 系列气囊式受电弓	序号	参数项点	TSG22 系列气囊式受电弓
1	额定电压	DC 1500V	14	最低工作高度	120mm
2	电压范围	DC1000～1800V	15	最大工作高度	2000mm
3	最高电压	DC 2000V	16	最大升弓高度	2200mm
4	额定电流	1600A	17	浸金属碳滑板长度	1050±1mm
5	最大短时电流	2700A	18	弓头长度	1550±10mm
6	弓头高度	235±10mm	19	弓头宽度	420mm±3mm
7	电压范围	DC1000～1800V	20	最大起动电流(30s)	2160A
8	带绝缘子落弓高度	≤320mm	21	弓头的自由度(允许的旋转角度)	≥10°
9	额定工作气压	550kPa	22	受电弓与接触网的最大滑行范围	±500mm
10	最小升弓气压	400kPa	23	升弓时间	≤8s
11	最大工作气压	1000kPa	24	降弓时间	≤7s
12	额定电压	DC1500V	14	最低工作高度	120mm
13	标准静接触压力	120±10N	15	最大工作高度	2000mm
14	设计速度	120km/h	25	碳滑板数量	2
15	静压力调节范围	70～140N	26	受电弓重量	≤150kg

1. 受电弓外观检查（表 9.6-2）

受电弓外观检查项目　　　　　　　　　　　　　　　　　　　　　　　　　　表 9.6-2

序号	检查项目	描述
1		受电弓组件
1.1	构架	构架:表面油漆无破损,无色差,无气泡等。产品标识清晰规范。焊缝无气孔、裂纹、未熔合等现象
1.2	紧固件	紧固件:安装螺栓无松动,紧固标识清晰规范
1.3	弓头	弓头:碳滑板无破损,安装紧固;碳滑板间的平整度最大误差不超过0.5mm,与羊角台阶1.5±1mm。羊角间隙1.5±1mm
1.4	位置开关	位置开关:位置开关和升弓弹簧开关灵活,无阻塞;布线路径正确,无断裂、脱落
1.5	绝缘子	绝缘子:绝缘子无裂纹,清洁干燥,与接触面平整垂直。编织软线无断股,无毛刺,连接可靠
1.6	电缆线	电缆线:电缆布线规范整齐,电缆在自然状态下的摆幅不与其他部件发生磨擦,车顶到车内的穿线环位置的密封性;接线电缆紧固到位,插头标识正确完好
1.7	气管路	气管路:气路软管无划痕,刮伤。接头紧固到位,防松标记清晰规范;与车体顶盖板间无干涉
1.8	安全间距	安全间距:升弓状态下,用外卡尺测量受电弓底架设备与车体之间的最小距离应高于35mm

续表

序号	检查项目	描述
2	牵引电机	牵引电机(动车):与构架的连接牢固,无松动,电机电缆连接紧固,无烧焦异味;电机外壳无破损痕迹;铭牌清晰,内容完整
3	牵引杆	牵引杆:连接螺母紧固无松动,橡胶关节无破伤;牵引杆、牵引座安装紧固,螺栓标记清晰且涂防锈油,牵引座与横向止挡之间间隙匀称,符合要求
4	齿轮箱	齿轮箱:检查安装螺栓及调整螺栓的紧固情况;检查支撑橡胶应无老化、破损情况;安装件紧固良好,箱体无异常变形、损伤;无渗漏润滑油情况,油面应在上下刻度线之间;齿轮箱内油清澈,注油标识齐全;齿轮箱表面无油渍残留,表面油漆无破损,无脱落;安装螺栓无松动;轴箱端盖无漏油
5	牵引逆变器	安装螺栓无松动,紧固标识规范清晰;箱体表面油漆无破损;铭牌清晰,内容完整;出线环紧固到位,电缆不能被抽动;出线环面板有绝缘垫;电缆无破损,走线规范、地线美观,无断股或散股,与其他部件不发生接磨;接线电缆、插头紧固到位,插头标识正确完好
6	高压电器箱	安装螺栓无松动,紧固标识规范清晰;箱体表面油漆无破损;铭牌清晰,内容完整;出线环紧固到位,电缆不能被抽动;出线环面板有绝缘垫;电缆无破损,走线规范、地线美观,无断股或散股,与其他部件不发生接磨;接线电缆、插头紧固到位,插头标识正确完好

2. 尺寸测量

车辆在 AW0 状态下测量受电弓落弓时高度（空气簧充气状态下受电弓落弓时最高点与轨顶面的距离）公差范围。受电弓落弓时高度（空气簧充气状态下受电弓落弓时最高点与轨顶面的距离）公差范围 3830^{+15}_{-10} mm。过限界时测量受电弓最高点至限界门的距离,限界门高度值减去测量值即为受电弓落弓高度。

3. 有电静态调试

升降弓时间：升弓时间小于 8s,降弓时间小于 7s,两端受电弓升弓同步,降弓可迅速脱离接触网并有明显缓冲降单弓功能验证旋转降弓模式选择旋钮,对每一个受电弓进行逐个降弓验证功能。

升单弓功能验证：旋转升弓选择旋钮,对每一个受电弓进行逐个升弓验证功能。

脚踏泵（无电无气）：可通过脚踏泵进行升弓。

电动泵（有电无气）：操作电动泵可进行升弓。

高压箱三位刀开关：

（1）将两节 Mp 车的刀开关打至接地位和库用电源位,尝试升弓,受电弓无法升起;

（2）受电弓处于降弓状态,两端的三位刀开关打到静调电源柜,激活蓄电池,再接通车间电源,操作电客车有电功能,验证电客车有电功能正常;按压升弓按钮,受电弓无法升弓;按压 HSCB 合按钮（确保停放制动处于施加状态）,HSCB 不能够闭合。

（3）断开车间电源,两端的三位刀开关打到受电弓位,激活蓄电池,按压升弓按钮,受电弓能够升弓;按压 HSCB 合按钮（确保停放制动处于施加状态）,HSCB 能够闭合。

（4）功能验证完毕后,确认两端的三位刀开关都恢复到正常位,方可锁闭盖板。

4. 受电弓功能检查

受电弓功能：升降功能、状态指示、升单弓功能验证、本弓切除功能；升弓/降弓时

第9章 电客车的系统调试及分析总结

间,是指受电弓在常规气压(0.75~0.9MPa)下从开始运动至到达相应高度的时间。

(1) 激活司机台,按下升弓按钮,车顶作业人员目视检查电客车两组受电弓升弓动作基本同步,受电弓对接触网无异常冲击;

(2) HMI能正常显示网压及受电弓状态,两端司机台的升弓绿色指示灯点亮;

(3) 按下降弓按钮,两受电弓能实现快速离弓(与接触网分离)和缓慢降落到受电弓支撑座上、无异常冲击的两个行程;

(4) 检查受电弓升降弓时间为(7~8s),升弓和降弓时间通过两个节流阀进行调节;

(5) 降单弓功能验证:操作Tc车的+115=21-S05降弓模式选择开关,受电弓会相应动作,HMI正确显示每个受电弓的状态。

(6) 将本端的受电弓切除开关置于合位,则原先为升弓状态的,受电弓将降下来,HMI能显示相应状态,升弓绿色指示灯不亮;原先为降弓状态的,按升弓按钮后,本端受电弓保持降弓状态。

5. 受电弓压力及快速降弓调试

受电弓是车辆的受流部件。受电弓升起后与接触网接触,从接触网上集取电流,并将电流传送到车辆电气系统。接触网的电流首先由滑板流入受电弓弓头,然后依次经过上框架、下臂杆后流入底架,最后经连接在受电弓底架上的车顶母线导入车辆电气系统。

受电弓通过空气回路控制升、降弓动作。

司机在司机室按下受电弓升弓按钮后,受电弓供风单元内的升弓电磁阀得电动作,向受电弓供压缩空气。压缩空气经过车内的管路、气阀箱、车顶的受电弓绝缘软管,进入受电弓底架上的气囊。进入气阀箱的压缩空气依次经过空气过滤阀(图9.6-3中1)、单向节流阀(图9.6-3中2)、精密调压阀(图9.6-3中3)、单向节流阀(图9.6-3中5)、安全阀(图9.6-3中4)后分向受电弓的升弓气囊(图9.6-3中6)供气,压缩空气进入升弓气囊后,气囊膨胀抬升,抬升的气囊带动钢丝绳拉拽下臂杆,使下臂杆转动,从而实现受电弓逐渐升起,直到受电弓弓头与网线接触并保持规定的静态接触压力。此时升弓气囊中的气压稳定在气阀箱内精密调压阀的设定值。

受电弓工作时,升弓气囊被持续供以压缩空气,弓头与接触网之间的接触压力保持基本恒定。司机在司机室按下降弓按钮后,升弓电磁阀失电,向受电弓供应的压缩空气被切断,同时,升弓电磁阀将受电弓气路与大气连通,气囊升弓装置排气,受电弓靠自重下降,直到顶管降下并保持在底架的两个橡胶止挡上,如图9.6-4。

ADD自动降弓:ADD自动降弓系统主要由快排阀、带气道的滑板及相应的管路组成。快排阀安装在受电弓底架上,进气口与通向气囊的气路连通,出气口与通向滑板,排气口与大气连通。受电弓正常工作时,快排阀进气口的压力等于出气口的压力,进气口、出气口气压差为零,受电弓正常升弓,与供电网线接触受流。

当受电弓滑板破裂引起受电弓ADD气路泄漏时,快排阀出气口的压力下降,进气口的压力不变,进、出气口形成压力差。随着出气口压力持续下降,压力差达到快排阀的开启压力,快排阀排气口打开,气囊中的压缩空气通过排气口排向大气,受电弓弓头开始迅速自动下降,脱离供电网线,避免受电弓与供电网线的进一步损坏。滑板若存在微小裂缝和少量漏气,但能够正常升弓,则属于允许范围,不影响受电弓的工作。受电弓调试及退出调试步骤见表9.6-3。

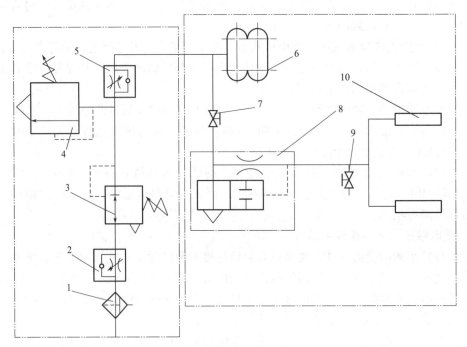

图 9.6-3 受电弓气路工作原理

1—空气过滤器；2—单向节流阀；3—精密调压阀；4—安全阀；5—单向节流阀；6—受电弓气囊；
7—ADD 快速降弓阀；8—ADD 关闭阀；9—ADD 试验阀；10—受电弓滑板

图 9.6-4 橡胶止挡

受电弓调试及退出调试步骤   表 9.6-3

序号	部件名称	步骤及方法	结果/指示说明	备注
1	调试			
1.1	受电弓	对受电弓供风并处于工作条件下,检查整个工作范围内的自由升降	升降弓平稳无异声	
1.2	受电弓	检查最大升弓高度: (1)检查方法:对受电弓供风,当弓头离开橡胶止挡并完全无障碍的升起后,最大升弓高度即为受电弓弓头上任意一点垂直方向上运行的实际距离。 (2)调整方法:使用两套扳手调整气囊升弓装置上钢丝绳的拉紧程度和拉杆长度	检测方法:用卷尺测量橡胶止挡上表面与上框架顶管下表面距离。 设计值:≥2200mm。 升弓高度小于设计值时,可将钢丝绳上的并紧螺母向里旋或缩短拉杆长度;升弓高度大于设计值时,可将钢丝绳上的并紧螺母向外旋或调长拉杆长度。 调整拉杆长度后,需按 1.3 项重新检测受电弓静态接触压力是否符合设计要求	
1.3	受电弓	检查静态接触压力: (1)静态接触压力 F 即受电弓在接触网下升起后作用于接触导线上的力,在受电弓的整个工作范围内,该力应尽可能地保持不变。 (2)检查方法:气囊供风额定工作压力,在受电弓上框架顶管中间挂一重量为 130N 的重物,受电弓从 2000mm 升弓高度开始无初始速度地放松,应能自行下降到 120mm 升弓高度;在上框架顶管中挂一重量为 110N 的重物,受电弓从 120mm 升弓高度开始无初始速度地放松,应能自行地上升到 2000mm 升弓高度。如果受电弓在运动过程时停止下来,必须调整静态接触压力。或用弹簧秤拉住上框架顶管中心位置,检测在受电弓工作高度范围内的上(库内接触网高)、中(库内网线与碳滑板表面的中心)、下(升起 200mm 左右)三个位置接触压力是否在 110~130N 之间。 (3)调整方法 1:通过气阀箱内精密调压阀 R 调节气囊气压。 使用绳索或人工用手限制受电弓升起高度。 将弹簧秤挂钩挂在受电弓上框架顶管中间位置。	注意: 精密调压阀运用中不得随意改变其设定值!	
		(1)铅垂方向拉动弹簧,按上述方法检测静态接触压力。记录两次拉力值。 (2)用扳手松开精密调压阀 R 手动按钮上的锁紧螺母,旋转手动旋钮调节接触压力。 (3)减小接触力→逆时针旋转手动旋钮。 (4)增加接触力→顺时针旋转手动旋钮。 (5)调节直到下降和上升拉力值均在 110~130N 间。 (6)紧固锁紧螺母。 (7)调节方法 2:如果调节精密调压阀 R 不能满足要求时,需要通过调整气囊升弓装置中调整板上的螺钉来进行细调,必要时也可调整拉杆的长度	注意: 调整方法 2 由受电弓制造厂家或经专门培训的专业人员进行! 注意: 调整完后拧紧各紧固螺钉和螺母	

续表

序号	部件名称	步骤及方法	结果/指示说明	备注
1.4	受电弓	(1)检查方法:气囊供风额定工作压力,测量受电弓由落弓位升起到最高工作高度2000mm 的升弓时间为 T_s,及由最高工作高度 2000mm 下降到落弓位的降弓时间为 T_j。升、降弓时间指从弓头起动瞬间直至弓头停止不动为止的时间。 (2)调整方法: 1)将受电弓的升起高度用绳索[H008]限制在 2000mm。 2)受电弓升弓。 3)用扳手松开升弓节流阀 DRH 和(或)降弓节流阀 DRS 的锁紧螺母。 向左或向右旋转节流阀手动旋钮,调节升弓节流阀 DRH 和(或)降弓节流阀 DRS 的,直到得到所需的升、降弓时间。 并紧升弓节流阀 DRH 和(或)降弓节流阀 DRS 的锁紧螺母	秒表显示升弓时间 T_s 应满足≤8s,降弓时间 T_j 应满足 T_j≤7s 1—空气过滤器;2—升弓节流阀; 3—精密调压阀;4—降弓节流阀; 5—安全阀 调整受电弓升弓时间时,调节气阀箱上升弓节流阀 2;调节受电弓降弓时间时,调节气阀箱上降弓节流阀 4	
1.5	受电弓	检查落弓保持力: 落弓保持力 F_1 为受电弓保持在橡胶止挡上的力。 检查方法:气囊装置应排气,受电弓处于落弓位,用 10~300N 的测力计加挂于受电弓上框架顶管中央位置,测量使上框架顶管离开橡胶止挡约 5mm 时的垂直力	注意: 落弓保持力在升弓高度、静态接触压力调整后检查!应得结果:$F_1 \geq 150N$	
1.6	气囊装置	检查气囊装置: 气囊为免维护部件	应该保证气囊的清洁。 当气囊气密性下降或漏气时,气囊必须更换	
1.7	弓头组装	检查弓头组装	注意: 弓头组装是受电弓的主要部件,每次回段均需进行检查	
1.7.1	连接	检查弓头组装各连接处: 碳滑板和弓头悬挂装置间的连接螺母是否松动,弓头悬挂装置和上框架顶管间的连接件是否松动	如有松动则紧固	

(Figure in row 1.4: 空气过滤器、升弓节流阀、精密调压阀、降弓节流阀、安全阀组件示意图)

续表

序号	部件名称	步骤及方法	结果/指示说明	备注
1.7.2	滑板	检查滑板： (1)碳滑板应规则无缺损，摩擦面应光滑。 (2)滑板碳层根部厚度 6~7mm 时(正常使用时，碳滑板磨耗高度≤2mm/万 km，碳滑板铝包边厚度为 6mm)，更换滑板。 (3)滑板出现槽纹或刃部有冲击时，更换滑板。 (4)碳滑板的碳层上如果出现裂纹，且裂纹上任何点距滑板侧边距离小于 10mm 或裂纹长度大于 100mm 时，需更换滑板。 (5)更换滑板时保证滑板和弓角间的间隙为 0.5~2.5mm，如右图所示；平整碳滑板的端面，保证弓角与碳滑板平滑过渡。碳滑板上面出现纵向贯穿裂纹时，需更换滑板	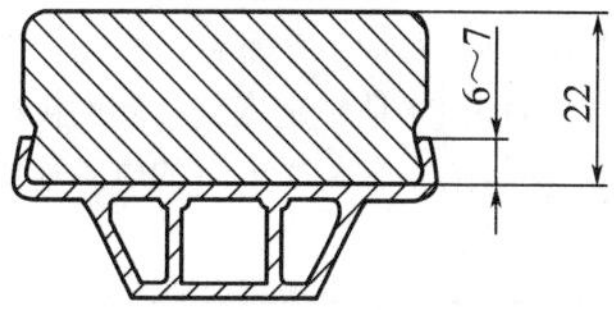 碳滑板碳层根部剩余厚度 6~7mm 时进行更换 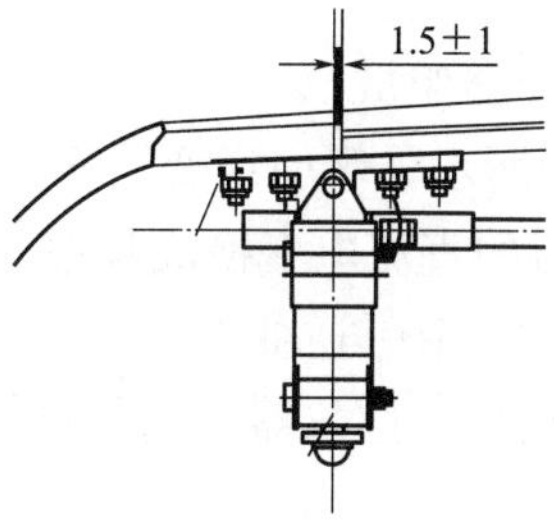 使用游标卡尺或塞规按上图示意位置检测尺寸	
1.7.3	弓角	检查并更换有裂纹的弓角		
1.7.4	弓头	自由度： 让受电弓升起 400mm 左右高度，检查受电弓弓头能够绕上框架中转轴转动夹角≥10°		
1.8	导流线	导流线检查： (1)目检所有导流线(包括底架电流连接组装，肘接电流连接组装，弓头电流连接组装)接线处和各紧固处无断裂、磨损等，按要求进行检查。 (2)检查接线端的润滑情况，必要时涂导电润滑脂工业用凡士林		
1.9	支持绝缘子	检查支持绝缘子： (1)使用软布、清洁剂[R002]清洁绝缘子全部表面，清洁完毕后绝缘子应干透并发亮。 (2)更换有裂纹或碰痕的绝缘子		
1.10	受电弓	气密性试验： (1)对受电弓充以额定工作气压，在受电弓整个气路的各接头处涂肥皂水，检测气路接头处是否有冒泡的现象。或是将受电弓气路与一个等同于受电弓气路容积(约 6L)的储气缸连接，给受电弓充以额定工作气压(550kPa)，10min 后，检查气路压力下降不超过起始气压的 5%。 (2)如有泄漏，拧紧或更换相应气动元件。检查完毕，恢复受电弓原始状态	注意： 螺纹连接部位加乐泰密封胶 577	

续表

序号	部件名称	步骤及方法	结果/指示说明	备注
2	退出调试	(1)移去移动工作平台。 (2)按照当地规定恢复接触网供电。 (3)接通车辆与受电弓的电路连接。 移除铁鞋		

9.6.3 牵引逆变器

1. 牵引逆变器组成

如图 9.6-5 所示,牵引逆变器作为整个交传系统的重要组成部分,它的基本功能是把从直流电源获得的直流电变换成频率和幅值都可调的三相交流电,并给牵引电机供电。每辆动车上配置一台牵引逆变器,内含一个 IGBT 变流器模块,为 4 台牵引电机提供三相 VVVF 电源。模块上散热器采用了热管散热技术,走行风冷却。

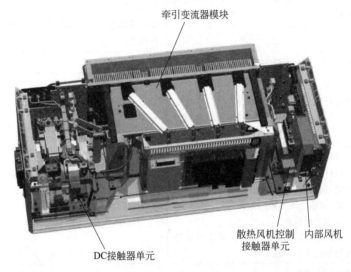

图 9.6-5 牵引逆变器

变流器是一类采用功率电子器件实现电源制式或性能变换的功率转换设备,它主要包括实现 AC/DC 变换的整流器,DC/AC 变换的逆变器,实现直流电压变换的 DC/DC 变换器和实现交流频率变换的 AC/AC 变流器。电力牵引系统中主要部件是牵引逆变器:负责将直流电转变成频率和电压均可以改变的交流电给交流牵引电动机供电逆变器控制装置即传动控制单元(DCU),采用"异步电动机直接转矩控制""粘着控制"软件和"交流传动模块化设计"硬件,主要完成对 IGBT 逆变器暨交流异步牵引电机的实时控制、粘着控制、制动斩波控制,同时具备完整的牵引变流系统故障保护功能、模块级的故障自诊断功能和一定程度的故障自复位功能以及部分车辆级控制功能,DCU 是组成列车通信网络的一部分,与多功能机车车辆总线 MVB 接口及通信(图 9.6-6)。

逆变器的作用是通过 IGBT 的顺序导通关断,把直流电变换为电压频率可调的三相交流电。牵引逆变器的三相逆变电路由 6 个带无功反馈的二极管的 IGBT 组成,电路工作时

第 9 章 电客车的系统调试及分析总结

图 9.6-6 DCU

6 个开关管顺序导通得到需要的电压波形。为了能够驱动逆变器,需要由 DCU 发出控制脉冲,脉冲由通过安装在功率模块上的驱动电路使逆变器工作,牵引回路如图 9.6-7 所示。

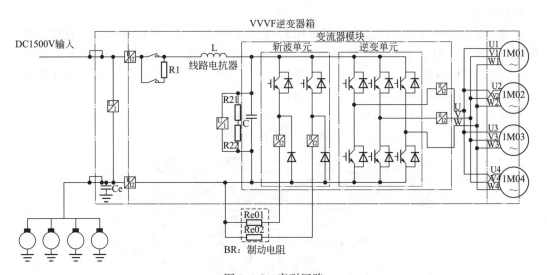

图 9.6-7 牵引回路

L—电感;I—电流;C/Ce—电容;R/Re—电阻;M—电机;LH-DC 直流;
VVVF—变频调速系统 LH1;U/V/W—三相电压

2. 牵引逆变器控制原理

传动控制单元 DCU 通过接收司机指令,将司机指令转化为地铁列车的运行工况。DCU 具有车辆级控制和逆变器级控制的功能。车辆级的控制功能是根据司机指令完成对

291

地铁列车牵引/制动特性控制和逻辑控制,实现对主电路中接触器的通断控制和牵引逆变器的启/停控制,计算列车所需的牵引/电制动力等。逆变器控制级的核心任务是完成对IGBT逆变器及交流异步牵引电机的实时控制、粘着利用控制,同时具备完整的故障保护功能、模块级的故障自诊断功能、故障记录和一定程度的故障自排除功能。

传动控制单元DCU具有符合列车通信网络(TCN)IEC61375标准的MVB通信接口,对外与车辆总线相连,与中央控制单元等形成控制与通信系统。DCU内部则构成并行总线。同时,当列车控制与诊断系统出现故障时,可用硬线实现紧急牵引功能。

确认牵引逆变器正确安装后方可投入初始化运行。投入运行的基本原则是先弱电、后强电。先给牵引逆变器投入DC110V控制电源,确认牵引逆变器自检正常,传动控制单元软件版本正确,并无其他影响逆变器运行的问题,即可将牵引逆变器投入DC1500V高压运行。

接通高压电源和低压控制电源,检查传动控制单元运行自检是否正常,检查变流器模块是否正常;高速断路器HB是否闭合正常。并在高速断路器HB闭合后,检查牵引逆变箱的输入电压是否正常;方向手柄打向前位后,检查充电接触器(KM2)是否闭合正常;检查线路接触器(KM1)是否闭合正常;检查线路接触器(KM1)闭合后充电接触器(KM2)是否断开;推牵引手柄后,检查给定力矩是否正常;输出电流是否正常。

司机驾驶车辆前,需确认显示器主界面、拓扑界面、辅助界面均无故障,即可正常使用车辆牵引系统。

3. 辅助逆变器

系统采用直接两电平IGBT逆变电路+全波整流和高频DC/DC变换电路的方式。其工作原理为:

直流输入高压经直流滤波电抗器(L1)、电容器充电电路(R1、KM2)、直流滤波电容器(FC),送至IGBT逆变器进行逆变后输出PWM波交流电压,再经输出变压器(T1)进行电压隔离、降压,交流电容器(ACC)滤波得到低谐波含量的三相准正弦电压,输出三相380V/50Hz电压(图9.6-8)。

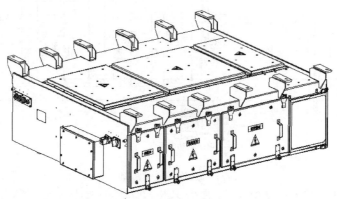

图9.6-8 辅助逆变器

从逆变电路输出的稳定的3AC380V输出电压经过交流电抗器(L3)输入到三相整流桥整流,电抗器、电容器滤波后得到直流电压(中间电路电压),中间电路电压经半桥变换电路高频变换为矩形波电压、经高频变压器进行隔离、降压后,再经高频整流桥整流、电抗器、电容器滤波后得到稳定的 DC110V 电源。系统采用强迫风冷，交流输出容量 195kVA，直流 DC110V 输出功率 25kW（图 9.6-9）。

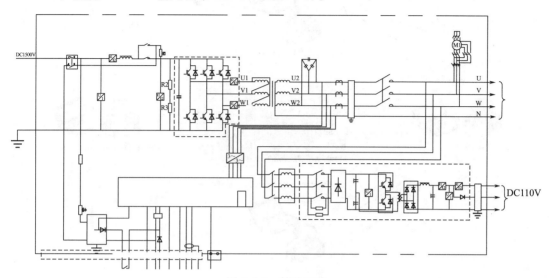

图 9.6-9 辅助回路

I—电流；U/V/W—三相电压；N—零线；DC—直流；R—电阻；M—电机

应急启动功能是在列车主蓄电池欠压或主蓄电池故障情况下，由应急启动电源工作输出 DC110V，供辅助电源工作。应急启动电路由熔断器 FU1、应急启动电源 DBPS、司机室应急启动按钮组成。应急启动电源 DBPS 额定输入电压 DC1500V，输入电压范围：DC1000~2000V，额定输出电压 DC110V。

辅助电源系统是一个独立的系统，只要 SIV 检测到高压供电，它就开始工作，向外提供 3 相 380V/220V/50Hz 电源及 DC110V，它不受牵引/制动指令的控制。SIV 具备 MVB 接口，通过 MVB 总线与 CCU 或 VCU 交换信息，并可以通过总线进行控制（图 9.6-10）。

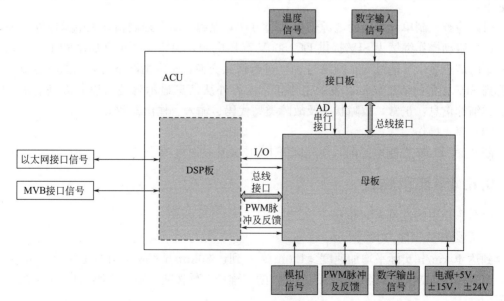

图 9.6-10 辅助电源系统（一）

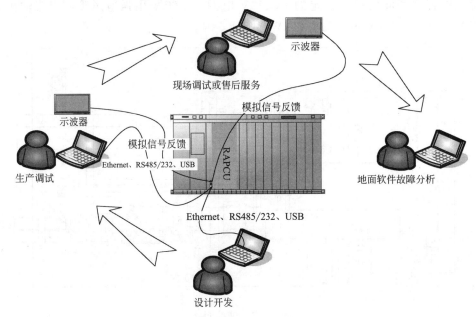

图 9.6-10　辅助电源系统（二）

列车司机室内信息显示屏通过列车网络与 SIV 进行信息交换，正常情况下可以通过信息显示屏查看到 SIV 正常的信息显示，表示工作正常。另外，从信息显示屏还可以查看到有关 SIV 的更详细的信息：正常、故障状态及故障类型代码、输入、输出参数等。辅助电源箱通电后：

（1）辅助电源箱输出 DC110V、AC380V 正常；

（2）辅助电源箱不上报任何故障。

确认 SIV 正确安装后方可投入运行。投入运行的基本原则是先弱电、后强电。操作步骤如下：

（1）检查控制单元为辅助电源箱提供 DC110V 电源，闭合控制箱开关电源插件开关。

（2）启动操作继续为 SIV 提供 DC1500V 高压电源，SIV 应能正常启动和工作。列车司机室内信息显示屏通过列车网络与 SIV 进行信息交换，正常情况下可以通过信息显示屏查看到 SIV 正常的信息显示，表示工作正常。另外从信息显示屏还可以查看到有关 SIV 的更详细的信息：正常、故障状态及故障类型代码、输入、输出参数等。

（3）停止操作

断开 DC110V 控制电源前，应先断开 DC1500V 高压电源。

9.6.4　牵引特性

电客车牵引特性见表 9.6-4。

1. 牵引加速度能力测试

到达 40km/h 实际平均加速度 $\geq 1.0 \text{m/s}^2$；到达 80km/h 实际平均加速度 $\geq 0.6 \text{m/s}^2$。

（1）点击 HMI 显示器屏幕底部菜单栏的"维护"软按钮，输入密码"123"进入维护主界面；

电客车牵引特性 表 9.6-4

编号	项目	试验描述	参照值
1	牵引特性	正常:到达 40km/h 实际平均加速度	≥1.0m/s²
		正常:到达 80km/h 实际平均加速度	≥0.6m/s²
		故障:一节动车无动力时,运行速度限速	70km/h
		故障:两节动车无动力时,运行速度限速	65km/h
2		主要紧急牵引功能测试(电客车将限速 30km/h)	
2.1	受电弓手动升起	操作手动升弓,并把辅助升弓泵旋在开通位,电客车可动车	
2.2	主风管压力低	断开两个空压机电源,操作主风缸阀,测试气压降到 0.6MPa 以下,0.55MPa 以上时,电客车产生牵引封锁,打紧急牵引,电客车能正常动车	
2.3	总线故障	断开两端 Tc 车车辆控制单元开关,电客车不能动车,操作紧急牵引可动车	
2.4	断开一半动车 DCU 牵引故障	断开一半动车 DCU 微动开关,电客车能动车	
2.5	切除 B05 电客车牵引封锁	根据设计要求切除相应个数(7 个)的 B05 时电客车牵引封锁,操作紧急牵引可动车,电客车可动车	

(2) 点击"加速度测试"进入加速度测试界面;

(3) 在测试界面上输入"(牵引)起始速度值"、"目标速度值",点击确认开始;

(4) 司机配合动车,方向手柄推至向前位,主控手柄推至百分百牵引位;持续关注屏幕上的速度值,当电客车速度达到 40km/h 时,将方向手柄回零惰行 3s,然后常用制动停车,读取测试界面的加速度值,完成一次加速度测试;

(5) 重复步骤以上步骤,完成 80km/h 的加速度能力测试。

2. 紧急牵引测试:限速 30km/h

(1) 将紧急牵引模式开关置于合位;

(2) 不合主断时,操作紧急牵引模式,此时主断能自动合上;

(3) 推手柄 100% 牵引时,电客车限速 30km/h;

(4) 制动时观察 HMI 维护界面中的状态参数界面,电客车制动时直接施加气制动,电制动力为零。

3. 紧急牵引功能测试

(1) 受电弓手动升起:操作手动升弓,并把辅助升弓泵旋至开通位,电客车不能牵引,操作紧急牵引可动车;

(2) 主风管压力低:断开两个空压机电源,操作主风缸阀,测试气压降到 0.6MPa 以下,0.55MPa 以上时,电客车产生牵引封锁,操作紧急牵引,电客车能正常动车;

(3) 总线故障:断开两端 Tc 车车辆控制单元开关,电客车不能动车,操作紧急牵引可动车;

(4) 超过一半动车牵引控制单元牵引故障:断开一半以上动车牵引控制单元微动开关,电客车牵引封锁,打紧急牵引,电客车能动车;

(5) 切除 B05 电客车牵引封锁:根据设计要求切除相应个数的 B05 时电客车牵引封锁,操作紧急牵引可动车,电客车可动车。

9.7 控制系统

9.7.1 控制系统概述

列车控制系统包含两部分内容：列车控制网络部分和低压电气控制部分。列车控制网络部分即列车控制与监控系统（TCMS），低压电气控制部分指列车 DC110V 相关电路。

TCMS 按照列车不同位置分不同的功能和配置，不同位置的车厢内由数量不同的车辆控制模块 EGWMe、事件记录模块 EDRM、中继器 REP、数字量输入输出模块 DXMe、数字量输入模块 DIMe、模拟量输入输出模块 AXMe、人机接口模块 HMI 和必要的总线终端器构成。

TCMS 拓扑结构见图 9.7-1，网络控制系统硬件配置表见表 9.7-1。

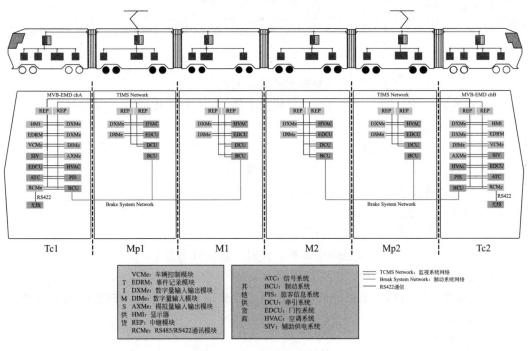

图 9.7-1 TCMS 拓扑结构

网络控制系统硬件配置表　　　　　　　　表 9.7-1

设备\车厢	Tc1	Mp1	M1	M2	Mp2	Tc1	安装位置
EGWM	1	—	—	—	—	1	
HMI	1	—	—	—	—	1	
EDRM	1	—	—	—	—	1	
REPs	2	2	2	2	2	2	
DXMe	3	2	2	2	2	3	

续表

设备\车厢	Tc1	Mp1	M1	M2	Mp2	Tc1	安装位置
DIMe	1	—	—	—	—	1	—
AXMe	1	—	—	—	—	1	—

DC110V 控制相关电路是指为实现列车牵引和制动控制相关功能而设计的相关联控制电路系统，其采用的主要部件为司控器、继电器（包括延时继电器）、行程开关、按钮开关、旋钮开关以及连接用的导线等；在该系统中，司控器是实现列车牵引制动功能的主要设备；继电器是实现各项逻辑功能的主要部件，通过确定继电器的线圈得电吸合的条件以及其触头开关所关联的功能电路，则可以实现电路一定的逻辑功能，以达到列车整体性牵引、制动控制的条件，并将该信息反馈到列车通信控制系统，通过其内部的预设控制程序运算，最终来实现对列车的有效控制；按钮和旋钮则为某一状态设置装置，由列车操作人员根据实际需要进行某一特定设置而对其进行操作，其控制电路输出为导通信号或中断信号。

9.7.2 主要模块功能和原理

TCMS 系统采用某电气股份有限公司研发的列车分布式网络通信和控制系统（DTECS 平台），DTECS 平台是专为轨道车辆的控制和通信而设计的一套车载计算机系统，主要完成轨道车辆的通信管理、功能控制、故障诊断、信息显示和事件记录等功能。若干个 DTECS 平台的模块构建的网络，称为 TCMS，具有以下特点：

（1）分布式模块化设计，易于装卸和维修；

（2）采用符合国际电工委员会发布的《列车通信总线协议》IEC613751 标准的 TCN 总线，易于扩展，适应不同形式的列车编组；

（3）通信采用双通道冗余机制，提高系统运行可靠性；

（4）智能人机界面显示，提升系统可用性；

（5）机械连接采用特殊设计，电气接触优良，抗电磁干扰性能高。

列车控制与诊断系统（TCMS）具有分布式控制技术，整个网络划分为两级：列车控制级、车辆控制级。列车控制级总线和车辆控制级总线均采用 EMD 电器中距离介质的 MVB 多功能车辆总线。列车总线和车辆总线用中继器模块连接。中继模块 REPs 作为列车级总线和车辆级总线的网关，实现列车级总线到车辆级总线的数据转发功能。

多功能车辆总线（MVB-EMD 以下简称 EMD）是专为铁路列车（车辆）内设备互联而开发的高可靠和强实时的现场总线，其具有如下特点。

（1）传输波特率为 1.5Mb/s，信号采用双向 L 形差分曼彻斯特编码；

（2）采用 8 位的循环冗余校验（CRC）方式；

（3）物理层支持三种传输介质，通过本身两个通道进行冗余，重要的 I/O 采用双份，冗余切换过程将在尽量短的时间内进行；

（4）通过设置总线重复器，网络拓扑可为总线型、星型或混合型，每个总线段内互联的设备最多可达 32 个；

(5) 数据链路层支持三种基本的数据传输模式：过程数据、消息数据、监督数据。

1. AXMe 模块

AXMe 安装于司机室的电气柜中。AXMe 实现模拟量信号的采集输入和控制输出，通过 MVB 总线与 EGWM 通信。具备如下功能。

（1）输入信号采集：将车辆间电气信号转换成控制信号，经由列车控制网络传送给车辆控制模块 EGWM，完成各种控制功能；

（2）控制信号输出：将网络控制信号转换成电气信号，控制诸如仪表等设备。

2. DIMe 模块

DIMe 安装于司机室和电气柜中，对外部设备进行数字量输入的接口模块，通过 MVB 总线与车辆控制模块 EGWM 连接使用。具备如下功能。

（1）输入信号采集：将车辆间电气信号转换成控制信号，经由列车控制网络传送给车辆控制模块 EGWM，完成各种控制功能；

（2）设备地址输入：通过外部跳线配置设备地址，维护过程异常容易控制系统。

3. DXMe 模块

DXMe 安装于司机室和电气柜中，数字量输入输出模块 DXMe 通过多功能车辆总线 MVB（EMD）与车辆控制模块 EGWM 交换数据。可以实现开关数字量状态信号的采集处理和网络控制指令的输出，并通过 MVB 车辆总线与 MVB 设备互连，具备如下功能。

（1）输入信号采集：将车辆间电气信号转换成控制信号，经由列车控制网络传送给车辆控制模块 EGWM，完成各种控制功能；

（2）控制信号输出：将网络控制信号转换成电气信号，控制诸如指示灯、继电器等设备；

（3）设备地址输入：通过外部跳线配置设备地址。

4. EDRM 模块

EDRM 安装在司机室电气柜内，以太网数据记录模块 EDRM 是完成故障诊断、数据记录与转储的核心模块，与 DTECS 系统中的其他模块共同组成完整的列车网络控制系统。具备如下功能。

（1）数据记录：司机操作数据、故障数据、事件数据的记录，将车辆控制模块 EGWM 的故障数据具体化；

（2）数据转储：通过车载信息网（工业以太网）将记录的数据下载，供便携式维护工具分析。

5. REPs 模块

每节列车装有 2 个中继模块 REPs，实现 MVB-EMD 总线耦合，单板功能主要包括 EMD 总线信号接收与发送处理，中继器（REP）详细介绍如下。

（1）EMD 总线信号：控制物理层的接收与发送。对接收到的数据（从 EMD 总线上得到）和要通过 EMD 总线发送的数据进行接收和发送处理。

（2）中继器：通过对两种不同总线上的信号进行接收处理后，数据被存储在内部，中继器主要实现信号恢复与重建，信号发送的格式转换（两种总线的帧信号传输格式不一样）后，再传输到发送模块。

6. EGWM 模块

每节列车装有 2 个车辆控制模块 EGWM 实现冗余，位于司机室的电气柜内，车辆控制模块 EGWM 主要是完成网络的逻辑控制和网络协议的管理功能，相当于列车网络系统的大脑，其与 DTECS 系统中的其他模块共同组成完整的列车网络控制系统，具备如下功能。

（1）过程控制：执行诸如牵引/制动控制、空电联合控制、超速保护和扩展供电等一系列控制功能；

（2）通信管理：具有多功能车辆总线 MVB 的管理能力，并且能够进行主权转移以实现热备冗余；

（3）故障对策：EGWM 单路故障时，可自动切换，切换完成后不能损失功能和动力；双路故障时，具备紧急控制功能，维持运行；

（4）显示控制：与 HMI 显示有关的数据传输。

7. HMI 显示器

每列车装有 2 个显示器，分别安装两个头车中，HMI 通过多功能车辆总线 MVB（EMD）与其他设备通信。HMI 是 TCMS 的显示终端设备，是司机和维护人员操作机车的窗口，具备如下功能：

（1）信息显示：向车辆驾驶人员和维护人员提供车辆综合信息，各设备的工作状态，故障信息的综合与处理等功能；

（2）参数设定：对轮径值、列车号、站点、时间日期等参数进行更改与设定；

（3）功能测试：进行列车运行时加速度、减速度、制动距离等基本参数的测试。

9.7.3 控制系统调试内容及标准

控制系统的调试分为无电检查、有电功能验证、动态功能调试三个部分。

1. 静态无电检查

静态无电检查主要内容为设备表面无划痕，线缆布设整齐、无损伤、无阶梯状绑扎及与其他设备无干涉，柜体面板上粘贴的标识及描述清晰，按键旋钮按钮灵活且能自动复位无卡滞，电气柜各设备安装紧固，柜体内部各部件接线可靠且无烧焦痕迹等。具体设备包括：司控器及其先关接线，TCMS 相关控制模块（EGWMe、EDRM、REP、DXMe、DIMe、AXMe）及相关网络插头和接线，人机接口模块 HMI，设备＋115 控制柜及内部继电器、连接线缆，操作面板上的旋钮及按钮开关，以及相关连接器接线等（表 9.7-2）。

静态无电检查　　　　表 9.7-2

序号	检查项点	检查标准
1	车底跳接电缆	安装紧固,电缆表面无褶皱、破损、干涉等情况;插头连接无松动、防松标记规范、无窜动,电缆底部距轨面高度符合技术要求
2	司机台	司机台:面板无明显划痕。司机台打胶粘接牢固,注胶平滑,无气泡;司机台柜门表面平整,开关无干涉;台面配件齐全,无损坏;司机台上的速度表和压力表合格证完整,且在校验有效期内;司机台内的安装螺栓紧固到位,防松标记规范、清晰;司机台内的电缆走线规范,接插件连接紧密,标识正确完好;司机台内无杂物

续表

序号	检查项点	检查标准
3	电器柜	电器柜:柜门与门框之间缝隙均匀;柜门能自由开关且无异响,锁能轻松开、锁,限位止挡作用有效;外观油漆检查正常无破损,下部边缘挡板打胶密封良好;柜门内部各接地线螺栓紧固到位,罩板安装螺栓紧固到位,防松标记规范、清晰
4	客室内电缆联接	客室内电缆联接:电缆走线统一;电缆表面无破损,绑扎牢固,编织网口绑扎固定;各接地座处不允许有油漆;接插件连接紧密;线号方向正确、无破损
5	客室、司机室内线槽及电缆	客室、司机室内线槽及电缆:线槽出线处有绝缘保护;线槽无明显变形;电缆与尖锐边缘接触时,要加边缘保护条。设备与底架之间的电缆,不能与设备顶部相接触;线槽接地线在摆幅范围内不能与其他部件相碰撞
6	客室内电气设备	客室内电气设备及其他附件安装:LED 动态地图、LCD 显示屏、摄像头表面无划痕,无缺陷及瑕疵;安装螺栓紧固;LCD 与侧墙间安装贴合、间隙均匀,LED 表面平整;各接线电缆连接紧固,走线规范,编织网口绑扎牢靠,插头标识正确完好;接地线螺栓紧固,防松标记清晰,编织网口绑扎牢靠
7	电气屏柜	电气屏柜:表面油漆颜色正确,无明显色差,无划痕,无瑕疵;柜内布线规范,线号标识正确无缺损,与柜门无磕碰现象;地线连接正确;电器的插头要拧紧;电器的标识正确无缺失;柜门无防寒棉外露现象且无铝屑、废排物等杂物;铭牌内容清晰完整;电器柜内端子排连接紧固,走线美观统一,插头标识正确完好

2. 有电功能验证

有电功能验证主要对控制系统的有电功能进行检查,确保电客车控制设备功能运行正常。主要包括 HMI 显示屏测试、按钮灯测试、司机控制器功能验证、非激活司机室功能验证、功能按钮验证、停放制动验证、电客车总线冗余验证等(表 9.7-3)。

有电功能验证　　　　　表 9.7-3

编号	项目		要求
1	司机室	HMI 显示屏	任何光线条件下显示屏的所有信息必须清晰、可读,能正确反映故障信息,蜂鸣器正常,能够准确记录故障
		指示灯测试	按"测试按钮",司机室内除与 ATC 相关灯外,其他所有灯示按钮都应该亮
		司机控制器	手柄推拉顺畅,能正常缓解、施加制动。警惕按钮不出现卡滞
		非激活司机室	除以下功能外的其他功能都是不可操作的: (1)紧急停车按钮; (2)司机室与司机室的通信; (3)阅读灯及客室照明灯控制; (4)雨刮器
		功能按钮、旋钮、紧急按钮	所有相应的功能都可操作(包括受电弓升、降),动作顺畅、无卡滞、无异响
		停放制动	操作停放制动施加和缓解按钮可施加和缓解停放制动
		旁路开关	所有的旁路开关动作无卡滞
		速度表、里程表、双针压力表、电压表	仪表显示正常,速度表、双针压力表灯正常,在校准有效期内

续表

编号	项目		要求
2	电客车控制系统	总线冗余	(1)只断开两端 Tc 车 MVB 网络 A 通道,电客车各项功能正常;只断开两端 Tc 车 B 通道,电客车功能正常;同时断开激活端 Tc 车 A、B 通道,网络瘫痪;同时断开非激活端 A、B 通道,非激活 Tc 车网络瘫痪; (2)断开全车的 A 通道,电客车各项功能正常;在断开全车 A 通道的基础上,断开任意单节车的 B 通道,对应这节车的网络瘫痪; (3)断开全车的 B 通道,电客车各项功能正常;在断开全车 B 通道的基础上,断开任意单节车的 A 通道,对应这节车的网络瘫痪

(1) HMI 显示屏测试

测试标准:车辆 HMI 显示屏是电客车控制系统的监视显示屏,安装在司机台的正前方;司机显示器作为司机和电客车之间的人机界面。

检查步骤:

1) 用 78 号主控钥匙激活司机台;

2) 点击检查多功能显示器上各键的功能正常;

3) 检查 HMI 的亮度调节正常,调节亮度数字大小,显示屏亮度会随着数字大小变化而变化,当亮度传感器为"激活"状态时显示屏亮度会随着外界亮度变化而变化;

4) 无背景灯损坏或显示画面难以识别等损坏;

5) 检查日期和时间的显示状态,设定正确的时间和日期;

6) 点击屏幕检查各系统状态,电客车总览图应显示各系统正常;

7) 模拟触发电客车一条故障,显示屏能正常显示,并能蜂鸣器能正常发出警告声音。

(2) 按钮灯测试

测试标准:司机室显示灯位于司机台各控制面板及电器柜开关面板上;能通过测试按钮实现各按钮、的指示灯点亮。

检查步骤:

1) 电客车激活后按测试按钮;

2) 检查以下各按钮灯应点亮(表 9.7-4)。

按钮灯含义 表 9.7-4

序号	指示灯含义	序号	指示灯含义
1	ATO 启动按钮	10	受电弓降
2	自动折返按钮	11	受电弓升
3	ATO 模式	12	开左门
4	所有制动缓解	13	开右门
5	所有制动施加	14	关左门
6	停放制动施加	15	关右门
7	停放制动缓解	16	重开门
8	高速断路器合	17	高速断路器分
9	空调开	18	Tc 车空调开

(3) 司机控制器测试

测试标准：1) 司机控制器位于司机台正上方，是控制电客车运行的关键设备；2) 方向手柄、主控手柄、警惕按钮位于司控器面板上。

检查步骤：

1) 在停放制动施加，主断分的情况下，打开主控钥匙，检查方向手柄、牵引手柄、警惕按钮外观无损坏，动作正常无卡滞；

2) 电客车上电后操作钥匙开关及主控制器方向手柄，检查电客车制动压力正常，具体控制方式如下：

3) ATP分（ATP有效的模式下）信号屏显示ATP正常投入并且有推荐速度或在ATP合（ATP切除模式下）；

4) 电客车主风压力大于0.7MPa，缓解电客车停放制动，若方向手柄在零位（电客车紧急制动），双针压力表的红针将指向压力为：0.35 ± 0.02MPa；

5) 方向手柄在快速制动位，双针压力表的红针将指向压力为：0.32 ± 0.02MPa；

6) 100%常用制动位，双针压力表的红针将指向压力为：0.311 ± 0.02MPa；

7) 电客车主断分（必须确认主断分，避免造成误动车）；

8) 按下警惕按钮，电客车为保压制动状态，观察双针压力表的红针将指向压力为：0.223 ± 0.02MPa；

9) 在停放制动施加，主断分的情况下，进行司控器I/O功能检查：把牵引手柄推向牵引位，显示屏I/O数据界面将显示"司控器牵引位"有效；

10) 检查完毕，将牵引手柄、方向手柄回零，关闭钥匙开关换端操作，检查另一端司机室的钥匙开关、方向手柄、牵引手柄、警惕按钮及保压制动压力。

(4) 非激活司机室测试

测试标准：非激活端司机台操作功能。

检查步骤：

1) 检查非激活司机室：除以下功能外的其他功能都是不可操作的：两个紧急制动打击按钮；

2) 司机室与司机室的通信；阅读灯控制；客室照明；雨刮器；

3) 换端检查另一端司机室上述设备可以操作。

(5) 功能按钮测试

测试标准：司机室所有面板功能按钮

检查步骤：

检查司机室内所有按钮和旋钮外观无异常，功能正常。

(6) 停放制动测试

测试标准：停放制动功能检查。

检查步骤：

1) 分别操作停放制动的施加按钮和缓解按按钮；

2) 检查HMI上的制动菜单下的停车制动状态：当停车制动施加时，停车制动红灯点亮，HMI上的制动菜单下的停车制动状态为停车制动施加；当停车制动缓解时，停车制动绿灯点亮，HMI上的制动菜单下的停车制动状态为停车制动缓解。

第9章 电客车的系统调试及分析总结

(7) 电客车总线冗余验证

测试标准：总线冗余功能。

检查步骤：

1) 打下一端 Tc 车司机室电气柜的 Repeater A 微动开关，单独使用 MVB 总线 B 通道进行通信，网络拓扑图应显示所有设备的图标为绿色，应无设备报通信故障。

2) 打下一端 Tc 车司机室电气柜的 RepeaterB 微动开关，单独使用 MVB 总线 A 通道进行通信，网络拓扑图应显示所有设备的图标为绿色，应无设备报通信故障。

总结调试经验能够发现，排查问题最主要的是理解控制系统逻辑及各个系统间的接口信息，熟悉整个电路控制流程，了解电气线路方向顺序。

3. 动态功能调试

动态功能调试主要是对控制系统的整体功能进行调试，确保电客车动态调试过程中控制系统与其他系统完好匹配。主要包括电客车倒行、电客车慢行、停放制动、方向手柄、紧急停车按钮、警惕按钮、冗余功能测试、主要旁路功能测试等（表 9.7-5）。

车辆动态功能检查项目　　　　　　　　　　　　　表 9.7-5

编号	项目	试验描述
1	电客车倒行	100%牵引,速度在 10±0.5km/h
2	电客车慢行	在"慢行"模式下,电客车速度保持在 3±1km/h
3	停放制动	司机室施加停放制动,电客车应不能牵引
4	方向手柄	电客车运行时,牵引手柄回"0",方向手柄回"0",电客车施加紧急制动
5	紧急停车按钮	电客车牵引状态下,按下紧急停车按钮,电客车受电弓降下,高速断路器(HSCB)断开;在电客车停止前,释放红色按钮,电客车仍然处于紧急制动状态
6	警惕按钮	人工驾驶模式下,运行中松开警惕按钮超过 4s,电客车产生紧急制动,操作警惕按钮旁路后可关掉警惕回路,电客车运行过程中无需再按压警惕按钮。
7	冗余功能测试	
7.1	车辆控制单元冗余功能	激活电客车后,按下主车辆控制单元微动开关,从车辆控制单元能自动切换为主车辆控制单元,电客车能正常动车
7.2	网关阀通信功能冗余	断开一单元 Tc 车网关阀+智能阀,切除相应转向架 B05,电客车能正常动车;恢复后断开 M 车网关阀+智能阀,切除相应转向架 B05,电客车能正常动车
8	主要旁路功能测试	
8.1	门关好旁路	解锁车门紧急解锁手柄,司机操作启动电客车,此时电客车无法移动;闭合+115 电器柜的门关好旁路开关后,司机操作启动电客车,电客车应可以正常牵引
8.2	警惕按钮旁路	警惕按钮旁路开关闭合后,启动电客车,此时松开警惕按钮电客车应无任何影响
8.3	停放制动旁路	断开某一节车停放制动缓解继电器电源,停放制动缓解灯不亮,操作停放制动旁路开关,电客车可以动车,限速 10km/h
8.4	所有制动缓解旁路	将停放制动继电器(B1 点)手动分,司机操作启动电客车,电客车无法启动;闭合停放制动缓解旁路开关后,司机操作启动电客车,电客车能够牵引,电客车限速 10km/h
8.5	门零速旁路	将电客车两端的门零速继电器回路接点断开,电客车无法开门,激活门零速旁路后可正常开关门

续表

编号	项目	试验描述
8.6	车钩监视旁路	电客车未激活的情况下,闭合+115电器柜的车钩监控旁路开关后再次尝试激活电客车成功并可以升弓合高断、牵引电客车
8.7	主风缸压力不足旁路	将两个空压机电源开关切除,把主风管气压放到0.55MPa以下,0.38MPa以上,电客车将会出现牵引封锁/气压不足,将主风缸压力不足旁路和紧急牵引旁路开关打至合位,电客车能正常牵引
8.8	升弓允许旁路	断开允许闸刀开关受电弓位监测回路中的接点,操作允许升弓旁路后能正常升弓

(1) 电客车倒行

司机配合动车,方向手柄推至向后位,主控手柄推至牵引位,当电客车速度达到10km/h时,电客车进入惰行状态,电客车限速10km/h。

(2) 电客车慢行

1) 将司机室电气柜的模式选择开关旋至"慢行"位;

2) 示意司机配合动车,方向手柄推至向前位,主控手柄推至牵引位,当电客车速度达到3km/h时,电客车进入惰行状态,电客车限速3km/h;

3) 将司机室电气柜的模式选择开关恢复至"正常"位。

(3) 停放制动

1) 在司机室施加停放制动;

2) 示意司机动车测试,电客车应不能启动牵引。

(4) 方向手柄

电客车运行时,牵引手柄回"0",方向手柄回"0",电客车施加紧急制动。

(5) 紧急停车按钮

1) 在受电弓模式电客车牵引状态下,按下紧急停车按钮,电客车受电弓降下,高速断路器(HSCB)断开;

2) 在电客车停止前,恢复红色按钮,电客车仍然处于紧急制动状态;

3) 高速断路器(HSCB)断开;

4) 在电客车停止前,恢复红色按钮,电客车仍然处于紧急制动状态。

(6) 警惕按钮

1) 人工驾驶模式下,运行中至5km/h松开警惕按钮3s,电客车紧急制动直至停车;

2) 操作警惕按钮旁路可旁路警惕按钮,能实现牵引动车;

3) 完成后将警惕按钮旁路置于分位。

(7) 冗余功能测试

1) 车辆控制单元冗余功能

激活电客车后,断开主EGWMe微动开关,从EGWMe能自动切换为主电客车控制单元,电客车HMI界面的通信图表正常,电客车能正常动车。

断开一单元Tc车网关阀+智能阀,切除相应转向架B05,电客车能正常动车;恢复后断开M车网关阀+智能阀,切除相应转向架B05,电客车能正常动车。

2) 网关阀通信功能冗余

① 断开一单元Tc车网关阀+智能阀,切除相应转向架B05,电客车能正常动车;

② 恢复后断开 M 车网关阀＋智能阀 1，切除相应转向架 B05，电客车能正常动车。

③ 继续上述操作检查另一单元的网关阀通信功能冗余功能。

（8）主要旁路功能测试

1）门关好旁路

解锁车门紧急解锁手柄，司机启动电客车，此时电客车应无法移动；闭合＋115 电器柜的门关好旁路开关后，司机启动电客车，电客车应可以正常牵引。

2）警惕按钮旁路

警惕按钮旁路开关闭合后，启动电客车，此时松开警惕按钮电客车应无任何影响。

3）停放制动旁路

断开所有制动缓解继电器电源，司机操作启动电客车，电客车将产生牵引封锁；闭合所有制动缓解旁路开关后，司机操作启动电客车，电客车能够牵引，电客车限速 10km/h。

4）所有制动缓解旁路

断开所有制动缓解继电器电源（即模拟网络未检测到气制动缓解信号），司机启动电客车，电客车将产生牵引封锁；闭合所有制动缓解旁路开关后，司机启动电客车，电客车能够牵引，电客车限速 10km/h。

5）门零速旁路

司机启动电客车，此时按下左/右开门按钮，客室车门应无法打开；闭合＋115 继电器柜的门零速旁路开关，尝试开左/右门，此时相应侧客室车门可以打开。

6）车钩监视旁路

电客车未激活的情况下，闭合＋115 电器柜的车钩监控旁路开关后再次尝试，激活电客车成功并可以升弓合高断、牵引电客车。

7）主风缸压力不足旁路

将两单元空压机空开断开，直接排主风缸压缩空气至总风压力在 0.55MPa 以下，0.38MPa 以上，电客车将产生紧急制动，此时闭合总风压力低旁路和紧急牵引开关，紧急制动缓解，电客车可以牵引。

8）升弓允许旁路

将刀开关置于库用电源位或接地位，电客车激活并占有，允许升弓继电器指示灯不亮；此时，将升弓允许旁路置于合位，升弓继电器指示灯亮。

9.7.4　控制系统调试数据及分析总结

调试期间控制系统共计问题 98 项，故障率占比为 2.97%。主要问题为布线工艺及动态调试期间的软件问题。目前已经完成整改处理，后续跟进正常，做到闭环管理。

1. 问题：0101 车，低压柜有多根备用线端部用绝缘胶带进行绝缘处理，未用绝缘热缩套管。

解决措施：重新加装热缩套管，功能验证正常。

2. 问题：0102 车，M1 车控制柜＝24-A307 模块上 X13 插头松动，重新进行紧固 0105 车，M2 车＝24-A301 电源插头未旋到位。

解决措施：重新紧固螺栓，后续跟进功能正常。

3. 问题：0110 车，动态调试时 Tc1 和 Tc2 在牵引时，当速度达到 9km/h 时，列车无牵引力给出，在牵引时列车所有制动缓解指示灯不亮，HMI 屏报牵引指令给出 14s 所有制动不缓解故障码且牵引封锁，检查 Tc1 车＝27-K102、＝27-K103 空气制动缓解继电器各点位和通断正常，检查 Mp2 车＝27-K202 空气制动缓解继电器发现 9 和 11 触头相互接反，导致继电器无法正常吸合，因 Mp2 车＝27-K202 继电器无法正常吸合也导致后续车空气制动缓解继电器无法得电，列车所有制动不能缓解，引起牵引封锁限速。

解决措施：重新恢复＝27-K202 继电器正常接线，反复实验列车牵引功能故障消失。

9.8　PIS 系统

9.8.1　乘客信息系统概述

乘客信息系统（PIS 系统）主要由以下 3 个子系统组成：

列车广播系统（PA）：主由有司机室内广播控制盒、司机室控制机柜、客室控制机柜、扬声器和乘客紧急报警器等设备组成，主要功能是为列车内部乘客提供语音通信与语音广播，为乘客提供高质量的声频和文本信息。

列车乘客信息显示系统（PIDS）：通过列车头部 LED 目的地显示屏、LED 贯通道显示屏、客车车门上方 LCD 动态地图显示器以及 LCD 媒体显示屏为乘客提供高质量的视频和列车运行信息。能够及时准确的提供站点信息、路线信息、媒体广告信息等服务，是乘客信息（PIS）系统里为乘客提供列车运行资讯的重要系统。

视频监控系统（CCTV）：通过安装在司机室与客室车厢内的监控摄像机，用于对客室车厢内的人员活动情况进行监控记录，司机可通过司机室内的 LCD 监控触摸屏对车厢内乘客情况进行实时监控，每节客室的视频信息分别存储在本客室的网络硬盘录像机中。

9.8.2　乘客信息系统主要部件介绍

乘客信息显示系统的部件包括司机室控制机柜、广播控制盒、司机室话筒、网络硬盘录像机、目的地显示器、司机室扬声器、监控触摸屏、司机室摄像机、前视摄像机、客室控制机柜、客室交换机、紧急报警器、客室扬声器、LED 贯通道显示屏、LCD 动态地图、LCD 媒体显示屏、客室摄像机、连接器。

司机室控制主机柜包括电源模块、TCMS 接口模块、中央控制器、录音模块、交换机模块、司机室接口单元、网络隔离器、视频服务器、重连模块；按照目前的调试经验只有中央控制器出现过故障，因为 PIS 系统的大多数功能都需要中央控制器的参与，不管其硬件还是软件故障，均会导致功能出现问题。

广播控制盒主要控制紧急对讲、人工广播、司机对讲和报警复位，主要对广播进行控制，目前还未发现广播控制盒故障。

司机室话筒主要采集司机人工广播和对讲的声音，目前未发现过故障。

网络硬盘录像机主要存储司机室摄像机和客室摄像机传输的视频信号。一个网络硬盘录像机能够存储相邻两节车的视频数据，以此来达到冗余的效果，当网络硬盘录像机发生故障时监控触摸屏上会相应地显示该车故障，所以，此部件的故障比较容易排查，目前未发现过故障。

监控触摸屏主要是显示各个摄像头实时监控的画面，以及对监控系统进行一系列设置，目前还未发现过故障。

客室控制机柜包括电源模块、声频处理模块、功率放大器、客室接口模块、交换机模块、网络接口模块，主要控制一节车的各个设备。调试期间功放模块出现过故障，导致一侧扬声器无声音。静态无电检查过程中容易发现插头松动现象以及堵头丢失。

客室交换机起到网络的接收与发送的作用，目前还未发现过故障，但是在试运营行期间出现过插头接口故障，导致整节车功能丢失。

目的地显示器、司机室扬声器、司机室摄像机、前视摄像机、紧急报警器、客室扬声器、LED贯通道显示屏、LCD动态地图、LCD媒体显示屏、客室摄像机都是数据输入和输出的部件，出现故障都表现为单个部件故障，较容易确定。目前出现过紧急报警器拨码和扬声器杂声等故障，调整拨码和更换扬声器后故障消失。

连接器包括各种接头，容易出现松动的现象，要及时紧固，避免列车运行过程的振动导致接触不良等情况的发生。

了解各部件的功能和工作原理，特别是控制类部件的逻辑，有助于处理故障。

9.8.3 乘客信息系统调试项点

PIS系统的调试分为静态无电和静态有电两个部分，静态无电部分主要检查各个设备的安装和接线状况、无损坏或变形、无缺陷，油漆无缺损，屏幕清晰，具体部件包括司机室控制机柜、广播控制盒、司机室话筒、网络硬盘录像机、目的地显示器、司机室扬声器、监控触摸屏、司机室摄像机、前视摄像机、客室控制机柜、客室交换机、紧急报警器、客室扬声器、LED贯通道显示屏、LCD动态地图、LCD媒体显示屏、客室摄像机、连接器。

静态有电检查主要对PIS系统的有电功能进行检查，确保各项设备状态正常，广播、信息显示和视频监控功能正常。具体项目和步骤有司机室对讲：按下"司机室对讲"并且通过麦克风讲话，在另一个司机室也能实现该功能；客室广播：包括人工广播和手动广播（通过HMI触发的手动广播），按下手持话筒PTT对麦克风讲话，客室每个扬声器均有广播，司机室喇叭也有广播，实现监听功能，能手动选择进行报站广播，人工广播优先级高于手动广播；紧急广播：可以从司机台显示屏上选播广播内容；客室紧急通话：所有客室紧急通话功能正常，指示灯正确，可双工对讲且无回声；LCD显示屏：LCD屏显示正常，界面清晰；LCD动态地图：当播放客室广播和紧急广播时，LCD屏显示对应广播站点信息或紧急广播信息；端墙LED屏：每节客室两端部的端墙LED屏外观良好，功能正常；目的地LED屏：电客车两端司机室LED目的地显示屏外观良好，功能正常；广播通信冗余：激活司机台后，断开本端司机室广播主机主控微动开关，另一端主机能自动切换为主机，电客车能正常选站、跳站和播报数字广播。

9.8.4 乘客信息系统数据及分析总结

乘客信息显示系统共计问题75项，故障占比率为2.06%。主要问题如表9.8-1所示。

乘客信息显示系统故障统计表　　　　表 9.8-1

位置	问题描述	整改措施及进度	问题分类
Mp2	3 门动态地图 E1　E2 标识起翘	重新粘接	标识标志问题
Tc1	1 门动态地图显示屏背部划痕	重新补漆	外观问题
Tc1	1 车 1 动态地图有阴影	重新更换	部件问题
Tc1	1 车 4 动态地图有阴影	重新更换	部件问题
M1	3 车 3 动态地图有阴影	重新更换	部件问题
M1	3 车 4 动态地图有阴影	重新更换	部件问题
M1	3 车 5 动态地图有阴影	重新更换	部件问题
M1	3 车 7 动态地图有阴影	重新更换	部件问题
M1	3 车 1 动态地图有阴影	重新更换	部件问题
Mp1	2 车 8 动态地图有阴影	重新更换	部件问题
M2	4 车 1 动态地图有阴影	重新更换	部件问题
Mp2	5 车 3 动态地图有阴影	重新更换	部件问题
Tc2	6 车 7 动态地图有阴影	重新更换	部件问题
整车	全列车广播扬声器接线无绝缘胶	重新打绝缘胶	防护问题
Tc1	7 位动态地图闪屏，无信息显示	重新调整	功能问题
整车	整车摄像头角度不对	重新调整摄像头角度	功能问题
Tc1	7 位动态地图接地线安装座固定螺栓脱落	重新补画防松线	线路工艺问题
整车	紧急对讲逻辑错误	更换紧急报警器	功能问题
M1	6 门动态地图底座固定螺栓未划线	重新补划放松标记	标识标志问题
M2	全车 LCD 接地线划线不易观察	重新划线	标识标志问题
Tc2	Tc2 车司机室广播控制盒无法接听及复位客室紧急对讲，且 HMI 无法显示紧急报警器位置	更换中央控制板卡	功能问题
Tc2	8 号门动态地图 E2 插头脱开	紧固 E2 连接插头	接插件松动问题
Tc2	2 位端端部乘显线缆跳线	更改布线位置	线路工艺问题
Tc2	＝43-A104 模块通信板线缆多余胶带去除	清除多余胶带	线路工艺问题
Tc2	7 号 LCD 显示屏 E1 插头松动	紧固显示器 E1 插头	接插件松动问题
Mp2	1 号扬声器接线 P201-X1 脱开	更换扬声器 P201-X1 插头	接插件松动问题
Tc1	2 号动态地图线缆插头未安装到位，能拉动	紧固动态地图松动插头	接插件松动问题
Mp1	2 号门动态地图 452157.201 线号模糊	更换线号	标识标志问题
Mp2	6 号门动态地图 E2 插头未安装到位	紧固松动插头	接插件松动问题
Tc1	2 号座椅上 LED 驱动电源接地线螺栓松	紧固驱动电源接地螺栓	部件问题
Tc2	8 号门动态地图 E2 插头脱开	紧固 E2 连接插头	接插件松动问题
Tc2	2 位端端部乘显线缆跳线	更改布线位置	线路工艺问题
Tc2	＝43-A104 模块通信板线缆多余胶带去除	清除多余胶带	线路工艺问题

续表

位置	问题描述	整改措施及进度	问题分类
Tc2	7号LCD显示屏E1插头松动	紧固显示器E1插头	接插件松动问题
Mp2	1号扬声器接线P201-X1脱开	更换扬声器P201-X1插头	接插件松动问题
Tc1	2号动态地图线缆插头未安装到位,能拉动	紧固动态地图松动插头	接插件松动问题
Mp1	2号门动态地图452157.201线号模糊	更换线号	标识标志问题
Mp2	6号门动态地图E2插头未安装到位	紧固松动插头	接插件松动问题
Tc1	2号座椅上LED驱动电源接地线螺栓松	紧固驱动电源接地螺栓	部件问题
Mp1	Mp1车3门动态地图接地线有干涉	重新绑扎接线	部件问题
Mp1	Mp1车微机柜内客室广播主机E10、E12插缺少防护	加防护帽	防护问题
Tc2	紧急广播下,Tc2车5号座椅上方LCD屏与其他屏不同步	重新刷新软件测试	功能问题
Tc1	客室紧急对讲逻辑有问题	重新刷新软件测试	功能问题
Mp1	Mp1车3门动态地图接地线有接磨	调整接线	线路工艺问题
Mp1	5门紧急报警器通话孔里生锈	重新打磨	外观问题
Mp1	控制柜火灾报警控制器24-A207 Power线未扎紧	重新绑扎	线路工艺问题
Tc1	1车1位客室监控范围异常	重新调整	功能问题
Mp1	2车1位端控制柜火灾报警器盖子破损	更换新件	外观问题
Tc2	6车114柜烟火报警缺防尘盖	更换新件	防护问题
Tc2	微机柜44-A106模块ETH1插头可晃动	重新调整	接插件松动问题
M1	4号LCD屏USB防护盖螺栓无防松线	重新划线	标识标志问题
Tc2	5位座椅上方扬声器接线未涂绝缘胶	重新补绝缘胶	防护问题
Tc2	1位座椅上方扬声器接线未涂绝缘胶	重新补绝缘胶	防护问题
Mp2	4位LCD接线E2号线线标脱胶	重新粘贴	标识标志问题
Mp1	微机柜=46-A-203-G2插头线芯裸露	重新调整	线路工艺问题
Tc2	115柜视频服务模块未安装到位	重新紧固	防护问题
Tc2	6车+124=46-A134-P112点露芯	重新紧固	线路工艺问题
M2	右侧4四个客室扬声器无声音(判断为功率放大器2故障)	更换功率放大器,功能正常	功能问题
Mp2	控制柜内4000PW.222线过长需扎	重新绑扎线缆	线路工艺问题
M2	8门右侧LCD屏下方紧固螺栓未画防松线	重新划线	标识标志问题
Mp1	2车6位扬声器变压器固定螺栓松动	重新紧固	部件问题
Tc1	1位客室广播有杂声	更换新的扬声器,试验功能正常	部件问题
Tc1	3号座椅上方扬声器45-p103的3号端子线有两处折痕	重新绑扎	线路工艺问题

续表

位置	问题描述	整改措施及进度	问题分类
Tc2	操作人工广播时无法中断客室广播及紧急广播	重新上传司机室广播主机中央控制器的程序和配置文件	功能问题
M2	4车2号座椅上方LCD屏花屏	用lcd专用遥控器调整屏幕自适应	部件问题
Tc1	1车1位端报警器下方掉漆	重新补漆	外观问题
Tc1	1车8门上方广播扬声器接线端子松动	重新紧固	线路工艺问题
M2	一位端右侧小座椅上方扬声器固定座掉漆	重新补漆	外观问题
Mp1	4号座椅上方扬声器红黄线未绑扎带	重新帮扎扎带	线路工艺问题
Mp1	6号座椅上方扬声器红黄线未绑扎带	重新帮扎扎带	线路工艺问题
Mp1	2号座椅上方扬声器哈丁插头两根接线未插接到位	重新插接到位	接插件松动问题
Tc1	8门右侧盖板内扬声器哈丁插头一根接线未插接到位	重新插接到位	接插件松动问题
Tc2	司机室广播主机重连模块4号端子未压接到位	重新调整	接插件松动问题
M2	4车一位端端部LED屏内部有划痕	重新检查	外观问题
Mp1	3门动态地图右侧盖板紧固螺栓垫片未压平	重新安装紧固	部件问题
M1	3门动态地图盖板左侧紧固螺栓未紧固到位	重新紧固	部件问题
Mp2	5门动态地图后盖有划痕	重新补漆	外观问题
Mp2	4门动态地图右侧螺栓未紧固到位	重新紧固	螺栓扭矩问题
Tc1	微机柜＝44-A107-S1线插头未插	重新紧固	接插件松动问题
Tc1	微机柜＝44-A106 ETH2插头未插紧	重新紧固	接插件松动问题
Tc2	6车微机柜内火灾报警控制面板固定螺栓防松线不易观察	重新划线	标识标志问题
Tc2	整车端部LED屏固定螺栓防松线不易观察	重新划线	标识标志问题
Tc2	司机室广播主机重联模块X23接线不到位	重新调整	接插件松动问题
Tc2	终点站LED屏缺少防尘堵	重新补充防尘堵	防护问题

PIS系统在静态无电检查阶段发现的问题较多，其中对功能有影响或者有隐患的有插头松动和堵头丢失，插头松动可能在静态有电检查的过程中不表现出故障，但是当列车运行一段时间后可能会出现接触不良，堵头丢失可能造成异物堵塞插孔，导致其无法正常使用。在调试过程中需要重点检查插头连接状态，用手拨动接线，观察插头有无异常晃动。

PIS系统的功能故障主要在静态有电检查阶段发现，在某地铁1号线车辆的前14列车调试过程中，共发现5起较大的功能问题，其故障现象和检查过程及原因分别为：

Tc1车为主时，测试Tc1，Mp1，M1车紧急通话功能正常，客室内紧急通话位置与HMI界面显示一致，测试另外单元时，发现此单元实际按下的紧急通话装置位置与HMI界面显示不一致。与主机厂人员沟通后发现其针对紧急报警器位置的定义是按照面向司机室左右侧区分1位和2位，导致另一单元显示的位置与HMI界面显示不一致，更改软件逻辑后位置显示正常。

Tc2 车司机室广播控制盒无法接听及复位客室紧急对讲，且 HMI 无法显示紧急报警器位置，经排查发现部分紧急报警器地址拨码错误，对调两个司机室控制主机中央控制器板卡后发现故障转移，判断为中央控制器板卡故障，更换后故障消除。

M2 车右侧 4 四个客室扬声器无声音，根据电路图可以看出客室控制主机功放模块 2 控制此车右侧四个扬声器，判断为功放模块 2 故障，更换后故障消除。

Tc1 车 1 号客室扬声器有杂声，更换新的扬声器，试验功能正常。

操作人工广播时无法中断客室广播及紧急广播，判断为程序优先级逻辑有问题，重新上传司机室广播主机中央控制器的程序和配置文件，故障消除。

总结调试经验能够发现，排查问题最主要的是理解 PIS 系统各个部件和板件的功能和工作逻辑，熟悉电路图，了解其电气连接的顺序。要提高调试效率，首先要熟悉调试流程，对各个项点的调试标准和步骤十分明确，其次是人员配置，由于各车均有 PIS 设备，一些功能验证需要两司机室人员配合，所以最好每个客室配置一名检查人员、两个司机室各有一位操作人员，避免巡检造成时间的浪费。

9.9 制动系统

9.9.1 制动系统概述

某地铁 1 号线一期工程（以下简称：LYL1）空气制动系统采用克诺尔公司的 EP2002 产品。

本项目采用微机控制的直通式电空制动系统，采用架控制动方式，每辆车配有两套制动控制装置，制动力管理基于全列车进行控制。列车设有两套风源模块，采用活塞式空气压缩机及双塔干燥器。

基础制动采用踏面制动方式，每根轴装有两套踏面制动单元，其中一半采用带停放的踏面制动单元。

制动系统能在司机控制器、ATO 或 ATP 的控制下对列车进行制动与缓解，具有常用制动、快速制动、紧急制动、电空混合制动、空气防滑控制、停放制动控制等功能。系统反应迅速、操纵灵活，是一个充分考虑安全的城轨交通车辆制动系统。

9.9.2 制动系统主要部件介绍

1. 风源设备

每列车设置两套风源系统，布置在 M 车上，为全列车制动系统、空气弹簧、轮喷等使用压缩空气的装置提供干燥的压缩空气。正常情况下，如果一套空气供给装置不能工作，另一套空气供给装置也能提供足够的压缩空气，保证列车正常运营。

风源系统包括：VV120 型往复式空气压缩机、LTZ015.1H 型双塔干燥器、过滤器、安全阀和压力开关等部件。

整个风源系统集成为一个风源模块，安装在每个 M 车底架上。模块主要包括空气压缩机（A01）、安全阀（A03、A11）、双塔干燥器（A04）、精油过滤器（A05）以及压力开关（A09、A10）等设备。这些保证了供给空气制动系统的压缩空气是既干燥又洁净的（图9.9-1）。

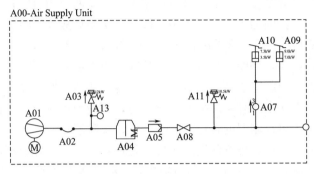

图9.9-1　风源系统

2. 制动控制装置

制动控制装置是整个空气制动系统的核心，负责空气制动系统的控制、监控及与车辆控制系统的通信。

车辆的空气制动装置主要包括：

EP2002制动控制系统；

辅助制动模块（每节车一个）；

转向架隔离塞门等其他辅助部件。

（1）EP2002制动控制系统

EP2002系统设计成通过EP2002的两个核心产品来形成分布式制动控制网络。这两个产品是EP2002网关阀和EP2002智能阀。其中Tc车Ⅰ端和M车Ⅱ端配置网关阀，其余为智能阀。每个阀都安装在相应的转向架附近（每个转向架一个阀）。EP2002智能阀（B07）提供每个转向架的常用制动、紧急制动和滑行保护。EP2002网关阀（B06）除了具备EP2002智能阀的所有功能外，还具有制动管理及与列车控制系统的接口功能。列车所有的制动控制单元通过双冗余的制动内网（CAN）形成整个网络具体网络配置（图9.9-2）。

（2）辅助制动模块

来自总风管的压缩空气通过端口1进入辅助控制模块，空气流经管道过滤器（B01）。一路空气流经单向阀（B02）通过端口3进入制动风缸（B03）。同时，压缩空气途径节流孔（B10）、双脉冲电磁阀（B09）、双向阀（B12）和球阀（B11）通过端口6连接到停放制动缸。压力开关（B22）用于监控停放缸内的压力。

制动风缸（B03）贮存的压缩空气可以为制动控制提供快速而安全的压缩空气。制动风缸内的压缩空气由一个管道过滤器（B01）进行清洁处理，并由一个单向阀（B02）来进行保护，从而不受总风缸内空气压力低的影响。

双脉冲电磁阀（B09）用于停放制动的控制。球阀（B11）用于停放制动缸与总风隔离。

球阀（B04）可在维护时用于切除制动系统及停放制动的风源。

来自总风管的压缩空气另一路经溢流阀（L01）通过端口2给悬挂风缸（L02）供气，同时，压缩空气经减压阀（L03）、球阀（L06）由端口4给空气悬挂装置供气。球阀

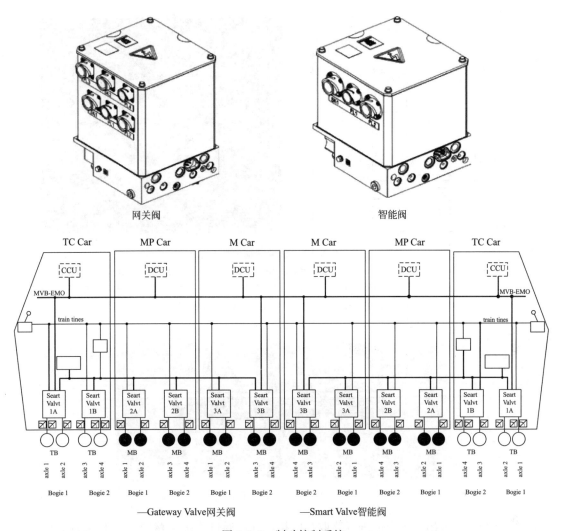

图 9.9-2 制动控制系统

DCU—牵引控制单元；Bogie—转向架；CCU—车辆控制单元；TC Car—带有司机室的拖车；
MP Car—带有受电弓的动车；M Car—不带受电弓的动车

(L06)可切除空气悬挂装置的风源，测试口（L04）用于悬挂装置供气气管路的压力测试（图 9.9-3）。

(3) 转向架截断塞门

制动风缸通过空气支路给安装在每个转向架附近的 EP2002 阀供气。为了维护和隔离（如出现"空气制动未缓解"故障时）的目的，可使用安装在客室座椅下的塞门（B05.01）及（B05.02）来切除制动风缸（B03）到相应单个 EP2002 阀的风源。同时可以操作辅助控制模块（B00）上的截断塞门（B00B04）来切断制动风缸到整节车 EP2002 阀的风源。

转向架截断塞门（B05.01）及（B05.02）安装在各车客室中部座椅下方（图 9.9-4）。

(4) 空气压力表

司机室设一个外径 80mm，带背光的双指针空气压力表（B14），用以显示主风管压力（白针）及 Tc 车第一个转向架第一轴的制动缸压力（红针）。通过双针压力表显示的压力

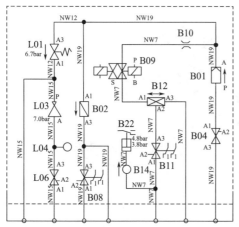

图 9.9-3 辅助制动模块

B01—管道过滤器；B02—单向阀；B03—制动风缸；B10—单向阀；B09—双脉冲电磁阀；B12—双向阀；
B11—球阀；B22—压力开关；B04—球阀；L01—溢流阀；L02—悬挂风缸；L03—减压阀；
NW—管路直径；L06—球阀；L04—测试口；1bar＝0.1MPa

图 9.9-4 转向架截断塞门

值，可以方便地对相关压力值进行读取和监控，并可通过连接管路中设置的压力检测接口（B15）进行测试（图 9.9-5）。

3. **基础制动装置—C 组**

基础制动装置是空气制动系统的执行机构。基础制动装置包括作用于每根轴上的带停放制动的踏面制动单元（C03）和不带停放制动的踏面制动单元（C02）。

制动单元的弹簧作用部分作为停放执行器，在每个停放制动作用器上还配备了手动缓解装置，布置在车辆的外侧。

当压力空气充入停放缸后，该机械缓解装置将自动复位。

4. **车轮防滑保护装置—G 组**

空气制动车轮防滑保护系统采用轴控防滑方式，包括防滑阀、测速齿轮、速度传感器、防滑电子控制单元。防滑电子控制单元和防滑阀集成在 EP2002 阀内。

车辆每根车轴上均装有测速齿轮和速度传感器，车轮的实

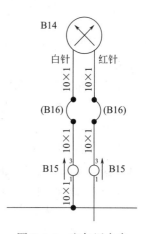

图 9.9-5 空气压力表

际速度由速度传感器检测并传递到EP2002阀。EP2002阀通过各轴速度及减速度和标准速度进行比较，并根据比较结果减少摩擦制动力。

常用制动和紧急制动都有防滑保护。

5. 空气悬挂装置—L组

来自总风的压缩空气通过过滤器（B30B01）、溢流阀（B30L01）给辅助风缸（L02）供气。经过减压阀（B30L03）后，压缩空气的压力降低到0.7MPa。每个转向架装备两个空气弹簧气囊（L09）。其中，I架由两个高度阀（L07.01、L07.02）控制，II架则由一个高度阀（L07.02）控制。每个空气弹簧带有一个空簧附加风缸（L12）。安装在车体上的高度阀通过一个长度可调节的连接杆与转向架相连。根据车体与转向架构架的相对运动，一定比例的空气通过高度阀的作用进入或排出空气弹簧，使车体保持在一定高度。为防止冲破气囊，保证两个空簧内气压平衡，安装两个高度阀的转向架通过内部连接的溢流阀（L08）平衡压力空气，当两个空簧内压力差大于0.15MPa时，两个空簧连通。

如果二系悬挂系统出现泄漏，相应车辆的空气悬挂系统必须通过制动控制模块中的截止阀（B30L06）隔离。

每个气囊的压力都由EP2002阀进行监测，相应的载荷压力可以通过安装在EP2002阀上的压力检测接口进行测量，并为空气制动系统提供载荷信号。压力检测如图9.9-6所示。

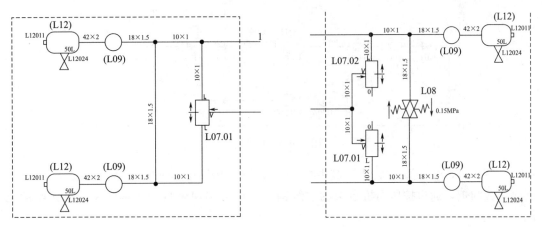

图9.9-6　压力检测

6. 升弓装置—U组

在Mp1/Mp2车II端均设置有气动升弓装置。受电弓驱动装置包括截断塞门（U01），单向阀（U04），电磁阀（U03），脚踏泵（U05），电动泵（U10）。受电弓操作由电磁阀（U03）控制。如果车上没有压缩空气，需要的压缩空气可以通过压缩机（U10）或者脚踏泵（U05）产生。风表（U13）用来在使用脚踏泵时指示升弓系统的压力。当电磁阀（U03）故障时，带电触电的截断塞门（U09）用来旁路该电磁阀和输出塞门的状态信号，升弓装置如图9.9-7所示。

7. 轮缘润滑装置-V组

部分Tc车上使用截止阀（V01）将压缩空气供给到轮缘润滑装置上。

8. 车钩驱动设备-W组

车钩操作装置为全自动车钩操作装置。设备包括联接软管（W02，W07），截断塞门

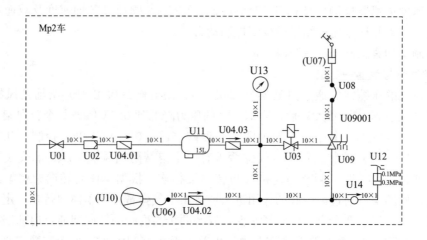

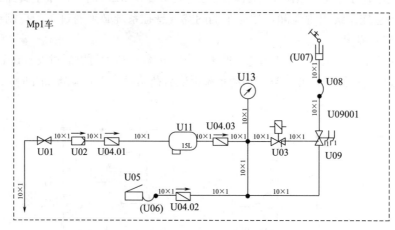

图 9.9-7 升弓装置

（W03，W05），电磁阀（W06），其中控制全自动车钩解钩的电磁阀（W06）安装 Tc 车底架牵引梁附近，通过按压司机台上的"解钩"按钮可实现全自动车钩解钩，车钩驱动见图 9.9-8。

9. 其他辅助设备

B20 为维护终端，用于制动系统数据的调试等功能。

B21 为数据记录器，其挂在制动系统 CAN 单元上的数据记录用设备。其安装在 Tc 车Ⅱ位端右侧微机柜中。该设备将 CAN 网络上的数据存在数据记录器外置的 SD 卡中，存储容量为 8GB。如需读取存储数据，只需断掉对应电源空开，并将该 8G 的 SD 卡取下插入 PC 即可。

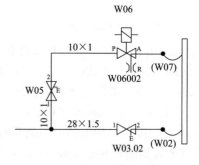

图 9.9-8 车钩驱动

9.9.3 制动系统调试项点

制动系统调试项点见表 9.9-1。

第9章 电客车的系统调试及分析总结

制动系统调试项点   表 9.9-1

编号	项目		要求
1	静态无电检查作业	空气压缩机与干燥器	空气压缩机与干燥器:检查空压机油液面高度必须不低于 2/3,管路和阀的连接良好,各部件无缺陷,螺栓紧固无松动;表面油漆无破损,铭牌清晰,内容完整;表面无锈迹;电缆无破损,走线规范,地线美观,无断股或散股,与其他部件不发生接磨;插头标识完好
2		气动设备	气动设备(管路和阀的连接以及位置,电气、机械和气动系统安装):部件无缺陷,安装正确,固定螺栓连接牢固,固定件无松动;管路无破损,布设规范;与其他部件不发生接磨
3		制动机单元	制动机单元:部件表面无缺陷,安装正确,固定螺栓连接牢固,固定件无松动
4		辅助控制单元	车辆过限界时,测量空调机组压缩机绝缘盖板上表面与上方限界门的距离,然后用限界门高度减去测量的距离即为车体最大高度
5		G阀、S阀	G阀、S阀:固定螺栓连接牢固,固定件无松动;管路连接牢固,插头标识完好,连接紧固;地线美观,无断股或散股
6	静态有电功能检查作业	总风管气密性试验	管路无明显泄漏,关断截断塞门保压 10min,主风管的最大泄漏量≤0.015MPa/10min
7		制动回路气密性试验	管路无明显泄漏,关闭相应截断塞门A,保压 5min,制动缸的最大泄漏量≤0.02MPa/5min
8		总风欠压开关	测试总风压力下降使车辆产生紧急制动时,总风缸的压力。测试总风缸压力上升使紧急制动缓解时,总风缸的压力
9		停放制动	停放制动施加和缓解功能正常,包括手动缓解停放制动
10		100%常用制动压力	AW0工况下,在 HMI 上观察气压值: Tc车:Ⅰ架:0.311±0.02MPa; Ⅱ架:0.30±0.02MPa。 Mp车/M车:Ⅰ架和Ⅱ架:0.311±0.02MPa
11		紧急制动压力	AW0工况下,在 HMI 上观察气压值: Tc车:Ⅰ架:0.323±0.02MPa; Ⅱ架:0.305±0.02MPa。 Mp车:Ⅰ架和Ⅱ架:0.352±0.02MPa。 M车:Ⅰ架和Ⅱ架:0.348±0.02MPa
12		快速制动压力	AW0工况下,在 HMI 上观察气压值: Tc车:Ⅰ架:0.32±0.02MPa; Ⅱ架:0.305±0.02MPa。 Mp车:Ⅰ架和Ⅱ架:0.352±0.02MPa。 M车:Ⅰ架和Ⅱ架:0.348±0.02MPa
13		保持制动压力	AW0工况下,在 HMI 上观察气压值,各节车Ⅰ架和Ⅱ架:0.223±0.02MPa
14		空气压缩机	测试一个空压机启动时总风缸压力值,0.75±0.02MPa。 测试两个空压机同时启动时总风缸压力值,0.7±0.02MPa。 测试空压机停止工作时,总风缸压力,0.9±0.02MPa。 测试一端故障时的自动切换的启动能力,关闭主空压机空开,确认辅空压机是否启动,功能是否正常
15		空气干燥器	检查活塞阀的工作状态,每 1min 排泄油污一次,2min 一个循环

续表

编号	项目		要求
16	动态有电功能验证作业	紧急制动	制动起始速度 20km/h,制动距离≤16m; 制动起始速度 40km/h,制动距离≤56m; 制动起始速度 60km/h,制动距离≤125m; 制动起始速度 80km/h,制动距离制动减速度≥1.2m/s²,制动距离应≤205m
17		快速制动（正常）	制动起始速度 20km/h,制动距离≤18m; 制动起始速度 40km/h,制动距离≤58m; 制动起始速度 60km/h,制动距离≤121m; 制动起始速度 80km/h,制动距离制动减速度≥1.2m/s²,制动距离应≤205m
18		快速制动（电制动切除）	制动起始速度 20km/h,制动距离≤18m; 制动起始速度 40km/h,制动距离≤58m; 制动起始速度 60km/h,制动距离≤130m; 制动起始速度 80km/h,制动距离制动减速度≥1.2m/s²,制动距离应≤235m
19		100%常用制动（正常）	制动起始速度 20km/h,制动距离≤20m; 制动起始速度 40km/h,制动距离≤68m; 制动起始速度 60km/h,制动距离≤144m; 制动起始速度 80km/h,制动距离制动减速度≥1.0m/s²,制动距离应≤247m
20		100%常用制动（电制动切除）	制动起始速度 20km/h,制动距离≤20m; 制动起始速度 40km/h,制动距离≤68m; 制动起始速度 60km/h,制动距离≤144m; 制动起始速度 80km/h,制动距离制动减速度≥1.0m/s²,制动距离应≤247m
21	调试试验调试作业		无

9.9.4 制动系统调试数据及分析总结

制动系统调试问题统计，共计问题 215 项，故障占比率为 5.49%。主要问题为主要为部件掉漆、漏气、防松线不清晰等外观问题、部件问题、标识标志问题（表 9.9-2）。

制动系统调试问题统计　　表 9.9-2

作业项点	位置	问题描述	整改措施及进度	问题分类
制动无电检查	Mp1	2车1架右侧3轮闸瓦下部有约 40mm 的裂纹	重新更换闸瓦	部件问题
	Tc2	6轮制动单元底部掉漆	重新补漆	外观问题
	Tc2	Tc2 车 5 位单元制动缸下部有磕碰、掉漆	重新补漆	部件问题
	Tc2	1架2位停放制动手动缓解拉环处掉漆	重新补漆	部件问题
	Mp1	2架直径 10mm 制动软管鼓包	更换制动软管	部件问题
	整车	辅助控制单元 B30 内阀体调节位未做防松标识	提供说明文件	外观问题

续表

作业项点	位置	问题描述	整改措施及进度	问题分类
制动无电检查	Mp1	Mp1车2、3轮闸瓦托内侧有掉漆	补漆处理	外观问题
	Mp1	Tc1车4轮速度传感器线标记移动,线卡固定不牢	重新紧固	线路工艺问题
	M2	M2车空压机下部有锈迹	重新补漆	外观问题
	M2	4车1位端主风管漏气	更换新件	功能问题
	M1	空压机空气滤芯盖防松线不易观察	重新划线	标识标志问题
	M2	5位速传线最右侧固定支架掉漆生锈	重新补漆	外观问题
	Mp2	5车智能阀构架接地线散股	重新调整并紧固划线	部件问题
	Tc2	6轮停放制动手动缓解装置挡卡固定螺栓弯曲且松动	更换新的螺栓	部件问题
	M1	双塔干燥器下方掉漆	重新补漆	外观问题
	M2	1转左侧风管与停放拉绳干涉	扎带绑扎后无干涉	部件问题
	M2	双塔干燥器-XA1插头未紧固到位	紧固后重新划线	接插件松动问题
	M1	一架智能阀漏气	更换智能阀并刷新程序	部件问题

电客车制动系统主要问题及整改措施:

1. 问题:0112车车底无电检查一架智能阀漏气。

整改措施:2020年12月12日厂家更换智能阀并重新刷新软件。

2. 问题:2002年7月24日MP1车底架2架直径10mm制动软管鼓包。

整改措施:2020年7月25日对制动软管进行更换。

第10章　电客车调试整体总结

10.1　首列车和调试阶段性总结报告

10.1.1　首列车总结报告

1. 调试组人员职责及分工

（1）调试技术负责人：1人

主要负责人主要负责调试标准的编制，调试流程周期计划设计等。

（2）调试组组长：1人

调试组长主要负责现场的调试作业，每天的现场例会，依据调试计划安排调试作业及参与现场实施。

（3）调试组成员：11人

调试组员主要负责按调试计划进行 PAC 调试作业，并对调试发现的问题进行整理汇总。

2. 首列车调试计划

首列车调试计划见表 10.1-1。

首列车调试作业计划　　　　　　　　　　　　表 10.1-1

工作项目	作业项点	工作内容	作业时间	工作人数
OCI 检查	检查车体外观状态（车顶、车底及车侧、客室）	开箱检查客室、车底部分、车侧，车顶空调受电弓等检查	1天	9人
			1天	11人
预验收静态无电检查	(1)空调、受电弓、转向架、制动系统、司机室及客室内装等部件检查	（整车车顶空调、受电弓部分，两节车车底转向架部分）	1天	10人
		整车客室内装部分	1天	8人
		客室电气柜,司机室,车门盖板内部接线检查	2天	9人
	(2)车门、转向架、受电弓等设备关键尺寸测量	客室内车门数据测量	1天	12人
		车顶数据测量(受电弓部分)	1天	8人
		车门数据测量(车门外部数据)		
		车底数据测量(仅含闸瓦间隙和闸瓦厚度)		
	(3)扭力校核	车门扭力校核	1天	6人
		车顶(受电弓)、车底(车钩、转向架)扭力校核；	1天	9人

续表

工作项目	作业项点	工作内容	作业时间	工作人数
静态有电功能检查	司机室、客室车门、照明、制动系统、广播系统、空调系统、辅助系统等有电功能检查	司机室、客室车门开关门时间和防夹关紧力等、照明、辅助系统、空调系统、PIS系统、制动系统、受电弓、火灾报警系统、电客车控制系统、轮缘润滑系统等	1天	10人
动态有电功能检查	制动功能、制动距离、电客车运行模式、车门动态、旁路等功能检查	制动、牵引、车门动态、旁路功能等检查	1天	4人

3. 工器具和耗材准备及配置

首列车调试所需的所有工器具涉及计量器具的，在使用前已全部确认在计量合格日期内。在实际调试过程中，对每一个环节使用的工器具进行了统计和记录，为在后续车辆调试做好准备工作，见表10.1-2。

电客车PAC调试所需工器具　　　　　表10.1-2

工作项目	工作内容	所需工具	备注
OCI检查	检查车体外观状态（车顶，车底及车侧，客室）	安全带、手电筒、对讲机、方孔钥匙	
厂家再调试	列车连挂及有电功能验证	对讲机、主控钥匙、方孔钥匙	
厂家再调试	动态调试	对讲机、主控钥匙、方孔钥匙	
预验收静态无电检查	(1)空调、受电弓、转向架、制动系统、司机室及客室内装等部件检查	安全带、手电筒、对讲机、方孔钥匙	
预验收静态无电检查	(2)车门、转向架、受电弓等设备关键尺寸测量	安全带、手电筒、对讲机、方孔钥匙、钢直尺、游标卡尺、秒表、塞尺、卷尺、拉力计、第四种检查器、轮径尺、内侧距尺、车钩高度及地板面高度测量工装	
预验收静态无电检查	(3)扭力校核	扭力尺、16套筒、16扳手、24套筒、24扳手、18开口、18扳手、30套筒、3/4转1//2转接头、32套筒、18套筒、7mm内六角、14mm内六角、4mm内六角	
静态有电功能检查	司机室、客室车门、照明、制动系统、广播系统、空调系统、辅助系统等有电功能检查	主控钥匙、方孔钥匙对讲机、气压表、25mm×60mm防夹块、万用表、车门压力测试仪、秒表、烟感气雾	
动态有电功能检查	制动功能、制动距离、电客车运行模式、车门动态、旁路等功能检查	方孔钥匙、主控钥匙、钟表笔、短接线、25mm×60mm防夹块、对讲机	

4. 调试甩项

由于初期场地及工器具限制等原因，首列车在预验收阶段，进行了部分甩项，如下：

（1）尺寸测量：车钩中心距，车顶最大高度，地板面距轨面高度，ATC天线距轨面高度，横向止挡间隙，受电弓落弓高度，轮对尺寸测量（轮径、轮缘、内侧距）；

（2）动态调试：曲线通过能力测试，电客车解编连挂对接试验，淋雨试验，200km运行试验；

以上甩项在车辆段具备条件后，进行补充试验。

5. 首列车调试过程中的不足及整改措施

（1）调试标准的编制过程中，主机厂反应不及时，致使部分数据标准确定缓慢。

整改措施：与机电设备部沟通，若主机厂没有按时提供标准数据，发函给主机厂，要求主机厂按时提供标准数据。

（2）人员组织方面，因受报到人数限制，调试组成员大部分是综合技术室和检修车间技术人员，受其他工作影响，从开始调试到动态调试结束，调试人员变化较大，对调试工作影响较大。

整改措施：由于社招报到人数不断到岗，调试组已重新组建，主要由工班人员组成，固定调试组人员。

（3）试验前置条件沟通不足，导致部分调试内容未顺利开展，主要是调试所需工器具准备与某基地售后未提前沟通好，致使部分项目甩项。

整改措施：在工器具未移交使用前，先对工器具采购包明细进行核对，提出工器具清单需求并提前发现问题，针对没有的工器具提前联系售后人员借用等。

（4）每日的调试进度汇报工作，及整个调试过程的进度汇报不够及时。

整改措施：每日开早班会及晚班会，形成日报制度，及时形成调试日志，汇报调试进度。

（5）现场调试过程中，未及时留存影像资料，在后期总结汇报时，缺少素材。

整改措施：强制要求留存影像资料，提高大家宣传意识，针对关键工作节点、故障点以及有留存意义的时间进行拍照和影像留存。

10.1.2 车辆调试阶段性总结报告

1. 调试组人员职责及分工

结合首列车调试经验，对调试人员数量进行优化，对调试人员职责分工进行细化，并相应调整调试组人员结构。

（1）调试技术负责人：1人。

1）做好车辆调试的统筹安排计划；

2）与各车辆供货商沟通，处理车辆调试过程中所出现的问题；

3）与车辆供货商售后服务站沟通，协调安排车辆调试进度，处理车辆调试出现的问题；

4）负责申报电客车调试计划；

5）负责监督调试组的车辆调试工作；

6）负责撰写每周的调试周报；

7）参与组织签署车辆 PAC；

8）负责定期向领导汇报调试情况。

（2）调试组组长：1人。

1）提前一天了解生产作业计划和作业当班人员情况，有问题时及时调整和汇报；

2）每天早上上班之前到 DCC，了解当天作业计划，与 DCC 检调确定联系方式；

3）每天早上召开作业组早班会，布置当天生产任务，明确作业分工，包括安排再调试人员、作业请、销点人员和计划内的电客车转轨人员等；

4) 对静调库各作业节点进行控制，如静调柜DC1500V操作送、断电，作业请点、销点，电客车的有电作业、无电作业、动态作业和安全防护标志的设置和取消；

5) 对静调库作业现场进行管理，如现场作业安全管理，外来人员进静调库作业的管理，厂家作业的协调配合管理，分公司内部培训人员的控制，现场场地秩序和卫生管理；

6) 上级检查工作时，应主动汇报工作；有关部门联系工作时，应积极接洽工作；

7) 参加每日下午下班之前召开调试例会，汇总当日存在的问题，提出问题处理意见，掌握厂家对问题的解决方案；汇总再调试中的问题，交由专人存档；

8) 掌握厂家当天调试进度，并向DCC和调试组负责人汇报；

9) 做好其他作业安全控制和作业安排，如电客车转轨作业，运用库、正线、试车线送、断电，请、销点作业等；

10) 负责处理作业过程中其他的各类事件，重要事情及时按程序汇报；

11) 负责填写每日的《调试日志》。

(3) 调试组成员：9人。

1) 服从调试组长和调试负责人的安排，及时完成每日车辆调试任务和故障处理；

2) 按规定及时向领导汇报调试过程中发现的问题。

2. 列车调试计划

结合首列车调试，通过写实，核定每项工作的定额工时，对预验收调试流程、工作时长、人员需求等进行了重新优化，如表10.1-3所示。

列车调试作业计划　　　　表10.1-3

电客车调试流程周期表(10人10天)				
周期	工作项目	工作内容	调试人数（人）	备注
第1天	OCI检查	检查车体外观状态(车顶,车底及车侧,客室)	8人	
第2天	静态有电功能检查(含厂家再调试)	司机室、客室车门、照明、制动系统、广播系统、空调系统、辅助系统等有电功能检查	4人	
第3天				
第4天	动态有电功能检查(含厂家再调试)	制动功能、制动距离、电客车运行模式、车门动态、旁路等功能检查、牵引、制动、旁路等动态功能验证	4人	
第5天				
第6天	预验收静态无电检查	(1)空调、受电弓、转向架、制动系统、司机室及客室内装等部件检查	10人	
第7天		(2)车门、转向架、受电弓等设备关键尺寸测量	10人	
第8天				
第9天		(3)车底、车门扭力校核	10人	
第10天				

3. 现阶段电客车调试情况

根据运营分公司运营筹备时间节点要求，2021年1月14日前完成14列电客车调试任务，现已于 2020 年 12 月 29 日调试完成第 14 部车，并按照正常进度对后续列车进行调试，具体情况见表 10.1-4 所示。

某地铁 1 号线电客车调试情况表　　　　　　　表 10.1-4

车号	时间	地点	发现问题项 A类	发现问题项 B类	发现问题项 C类	状态
0101	10月21日~10月30日	某辆段	0	0	405	已完成
0102	9月3日~9月21日	某辆段	0	1	289	已完成
0103	7月23日~8月10日	某基地	0	1	140	已完成
0104	8月17日~8月30日	某基地	0	2	142	已完成
0105	8月12日~8月26日	某基地	0	5	185	已完成
0106	12月21日~12月29日	某辆段	0	0	422	已完成
0107	9月1日~9月23日	某基地	0	0	290	已完成
0108	9月13日~9月28日	某基地	0	0	226	已完成
0109	10月16日~10月28日	某辆段	0	1	183	已完成
0110	11月2日~11月12日	某辆段	0	5	232	已完成
0111	11月11日~12月5日	某辆段	0	2	180	已完成
0112	11月20日~12月12日	某辆段	0	1	157	已完成
0113	11月27日~12月15日	某辆段	0	0	213	已完成
0114	12月11日~12月22日	某辆段	0	1	222	已完成
0115	1月9日~1月16日	某辆段	0	3	354	已完成
0116	1月15日~1月23日	某辆段	0	1	256	已完成
0117	1月30日~2月4日	某辆段	0	0	225	已完成
0118	2月10日~2月26日	某辆段	0	0	240	已完成

4. 管理改进及优化方向

根据首列车调试情况并结合日常工作中出现的不足，对现场作业及现场管理方面进行一些改进及优化，在满足调试进度的情况下，使调试工作更加合理、高效、便捷。

（1）结合分公司调试管理办法，制定调试组绩效考核细则，实行积分制，对每位调试组成员进行量化考核，公平、公正且规范成员的行为，提高成员工作积极性。

（2）健全调试组管理机制，细化人员分工，建立物料物资管理方法，（指定专人负责班组物料物资，包括作业前物料及工器具准备、作业后对当日使用物料及工器具数量核验等）确保做到工完场清。

（3）为提高作业规范性，结合现场作业情况，对调试作业部分项点采用标准化作业流程，将作业过程程序化，在避免漏检漏修的基础上，提高作业人员工作效率。

（4）调试组安全培训及每日作业前安全提醒，进行细化，形成调试组班前会安全提醒要点，在后续列车调试每日作业前进行安全交底，提高大家的安全意识，对安全问题反复说，多次强调。

10.2 试运行日常检修验证总结

电客车完成调试后进入试运行阶段，该阶段开始开展电客车的日常检修。日常检修的开展既可以对电客车各系统进行全面的检查维护，提高车辆的运行可靠性，保证车辆安全运行，也可以通过统计分析日常检修发现处理的故障，对前期的调试工作进行验证，不断完善调试标准，在调试过程中加强对常见故障点的关注。

电客车日常检修采用计划修为主，故障修为辅的原则进行。计划检修周期包括日检、月检、半年检、年检。日检检修周期为1天。月检检修周期为1个月或12000km。半年检检修周期为每半年或走行公里72000km，年检检修周期为每年或走行公里144000km。其中时间或走行公里满足其中一项即进行相应的修程，可根据电客车的实际技术状况进行适当调整。

电客车试运行期间的计划修主要为日检、月检（表10.2-1、表10.2-2）。

日检主要检修项目表　　　　表10.2-1

序号	检查项目
1	空调系统作业
2	车体、客室司机室内装检查
3	司机控制器作业
4	PIS系统无电检查
5	照明系统作业
6	司机室门及通道门作业
7	客室侧门无电作业
8	贯通道检查
9	车钩系统作业
10	转向架系统作业
11	制动控制及执行装置无电作业
12	供风系统无电作业
13	牵引电机作业
14	蓄电池系统作业
15	辅助电源箱作业
16	高压箱作业
17	高速断路器作业
18	牵引箱作业
19	接地碳刷及接地电阻作业
20	列车通信控制系统作业
21	牵引制动控制系统有电作业
22	供风系统有电作业
23	制动控制及执行装置有电作业

续表

序号	检查项目
24	PIS 系统有电检查
25	客室侧门有电作业
26	司机室其他设备有电检查

月检主要检查项目　　　　　　　　　表 10.2-2

序号	检查项目
1	受电弓作业
2	浪涌吸收器作业
3	空调系统作业
4	车体、客室司机室内装检查
5	司机控制器作业
6	PIS 系统无电检查
7	照明系统作业
8	司机室门及通道门作业
9	客室侧门无电作业
10	贯通道检查
11	车钩系统作业
12	转向架系统作业
13	制动控制及执行装置无电作业
14	供风系统无电作业
15	牵引电机作业
16	蓄电池系统作业
17	辅助电源箱作业
18	高压箱作业
19	高速断路器作业
20	牵引箱作业
21	接地碳刷及接地电阻作业
22	列车通信控制系统作业
23	牵引制动控制系统有电作业
24	供风系统有电作业
25	制动控制及执行装置有电作业
26	PIS 系统有电检查
27	客室侧门有电作业
28	司机室其他设备有电检查

试运行期间，通过日常检修共发现处理故障 289 起，如表 10.2-3，从数据分析看，电客车总体运行平稳，故障可控，主要表现为转向架车钩、车门系统、牵引系统、乘客

信息系统。其中转向架车钩系统故障主要为掉漆、防松线错位等外观类故障；车门系统主要为月检发现关门时颤声、防松线错位；牵引系统主要为受电弓碳滑板异常磨耗故障；乘客信息系统主要为客室 LCD 显示屏、NVR 通信等故障，各项问题均已完成落实整改。

试运行期间各系统故障数量表　　　　　　　　　　　表 10.2-3

专业系统	故障数量	占比率
牵引系统	40	13.8%
控制系统	7	2.4%
空调系统	22	7.6%
辅助系统	14	4.8%
PIS 系统	39	13.5%
转向架车钩	52	18.0%
车门系统	56	19.4%
车体贯通道	47	16.3%
制动系统	12	4.2%
总计	289	

试运行期间各专业故障饼状图如图 10.2-1 所示。

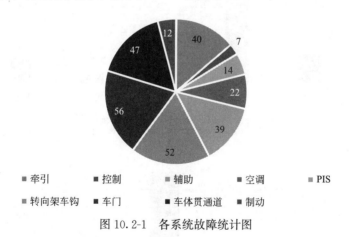

图 10.2-1　各系统故障统计图

从故障统计来看，故障数量居前三位的专业为车门系统、转向架车钩系统、车体贯通道系统，现对该三项系统专门进行分析。

车门系统故障共计 56 起，主要为外观、尺寸类问题，如图 10.2-2 所示。

转向架车钩系统故障共计 52 起，主要为外观掉漆类问题，如图 10.2-3 所示。

车体贯通道系统故障共计 47 起，主要为标志标识类问题，如图 10.2-4 所示。

综上所述，电客车调试结束上线运行后总体运行平稳，质量可靠，无影响运行类故障发生，故障主要集中在车门系统、转向架车钩系统、车体贯通道系统，且主要为外观类、尺寸类故障，在前期调试过程中，需重点加强对外观、尺寸的检查。

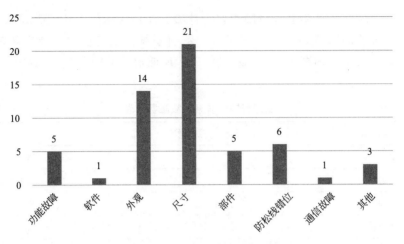

图 10.2-2　车门系统故障统计图

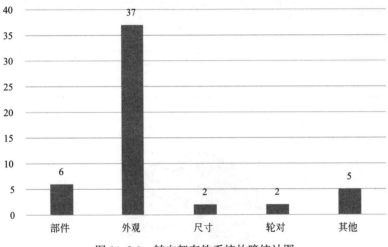

图 10.2-3　转向架车钩系统故障统计图

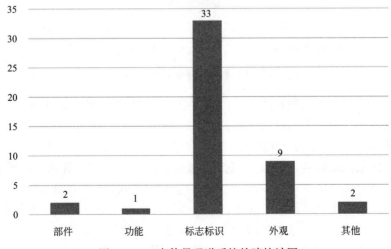

图 10.2-4　车体贯通道系统故障统计图

10.3 电客车调试的整体总结及展望

10.3.1 电客车调试整体总结

1. 概述

某地铁 1 号线配置 22 列电客车。本线车型选择为接触网供电制式 B2 型车，根据运营需要，初、近、远期配车数分别为 22 列/132 辆、31 列/186 辆、44 列/264 辆，采用 6 辆编组，编组方式为 4 动 2 拖编组。为保证 1 号线按计划开通，车辆部制定电客车调试总体方案，确保电客车调试的实施。在前期车辆段不具备条件的情况下，调试工作安排在主机厂某基地开展，车辆段具备条件后调试工作逐步转移至车辆段进行，1 月 10 日前成功完成 14 列车的节点任务，后续车辆调试根据车辆到段具体时间进行（表 10.3-1）。

某地铁 1 号线车辆调试总体完成情况表　　　表 10.3-1

序号	车号	调试开始时间	调试结束时间	车辆状态	调试完成月份
1	0101	10 月 21 日	10 月 30 日	已完成	10 月
2	0102	9 月 3 日	9 月 21 日	已完成	9 月
3	0103	7 月 21 日	8 月 9 日	已完成	8 月
4	0104	8 月 17 日	8 月 30 日	已完成	8 月
5	0105	8 月 12 日	8 月 26 日	已完成	8 月
6	0106	12 月 21 日	12 月 29 日	已完成	12 月
7	0107	9 月 1 日	9 月 23 日	已完成	9 月
8	0108	9 月 13 日	9 月 28 日	已完成	9 月
9	0109	10 月 16 日	10 月 28 日	已完成	10 月
10	0110	11 月 2 日	11 月 12 日	已完成	11 月
11	0111	11 月 11 日	12 月 5 日	已完成	12 月
12	0112	11 月 20 日	12 月 12 日	已完成	12 月
13	0113	11 月 27 日	12 月 15 日	已完成	12 月
14	0114	12 月 11 日	12 月 22 日	已完成	12 月
15	0115	1 月 9 日	1 月 16 日	已完成	1 月
16	0116	1 月 15 日	1 月 23 日	已完成	1 月
17	0117	1 月 30 日	2 月 4 日	已完成	2 月
18	0118	2 月 10 日	2 月 26 日	已完成	2 月
19	0119	3 月 10 日	3 月 19 日	已完成	3 月
20	0120	3 月 29 日	4 月 9 日	已完成	4 月
21	0121	4 月 21 日	4 月 29 日	已完成	4 月
22	0122	5 月 31 日	6 月 11 日	已完成	6 月

2. 调试计划与分工

电客车调试流程周期表见表 10.3-2。

电客车调试流程周期表 表 10.3-2

电客车调试流程周期表(8人14天)

周期	工作项目	工作内容	调试人数(人)
第1天	OCI检查	检查车体外观状态(车顶、车底及车侧、客室)	8人
第2天	厂家再调试	列车连挂及有电功能验证	4人
第3天	厂家再调试	动态调试	4人
第4天	静态无电检查	(1)空调、受电弓、转向架、制动系统、司机室及客室内装等部件检查	8人
第5天			8人
第6天			8人
第7天		(2)车门、转向架、受电弓等设备关键尺寸测量	8人
第8天			8人
第9天		(3)车底、车门扭力校核	8人
第10天			8人
第11天	静态有电功能检查	司机室、客室车门、照明、制动系统、广播系统、空调系统、辅助系统等有电功能检查	4人
第12天			
第13天	动态调试	制动功能、制动距离、电客车运行模式、车门动态、旁路等功能检查、牵引、制动、旁路等动态功能验证	4人
第14天			

电客车调试流程周期表(10人10天)

周期	工作项目	工作内容	调试人数(人)
第1天	OCI检查	检查车体外观状态(车顶、车底及车侧、客室)	8人
第2天	静态有电检查(含厂家再调试)	司机室、客室车门、照明、制动系统、广播系统、空调系统、辅助系统等有电功能检查	4人
第3天			
第4天	动态调试(含厂家再调试)	制动功能、制动距离、电客车运行模式、车门动态、旁路等功能检查、牵引、制动、旁路等动态功能验证	4人
第5天			
第6天	静态无电检查	(1)空调、受电弓、转向架、制动系统、司机室及客室内装等部件检查	10人
第7天		(2)车门、转向架、受电弓等设备关键尺寸测量	10人
第8天			
第9天		(3)车底、车门扭力校核	10人
第10天			

电客车调试流程周期表(16人7天)

周期	工作项目	工作内容	调试人数(人)
第1天	OCI检查	检查车体外观状态(车顶、车底及车侧、客室)	8人
第2天	静态有电检查(含厂家再调试)	司机室、客室车门、照明、制动系统、广播系统、空调系统、辅助系统等有电功能检查	4人
第3天			
第4天	动态调试(含厂家再调试)	制动功能、制动距离、电客车运行模式、车门动态、旁路等功能检查、牵引、制动、旁路等动态功能验证	4人
第5天			
第6天	静态无电检查	(1)空调、受电弓、转向架、制动系统、司机室及客室内装等部件检查	16人
第7天		(2)车门、转向架、受电弓等设备关键尺寸测量	16人
		(3)车底、车门扭力校核	16人

为保证调试计划顺利完成,在调试过程中对流程进行总结与优化,分别制定了 8 人 14 天、10 人 10 天和 16 人 7 天的调试流程,根据调试时间要求合理安排人数。

3. 调试过程遇到问题及整改措施(表 10.3-3)

调试过程问题及整改措施　　　　　表 10.3-3

序号	关键工作	发生问题	整改措施
1	新车到段接车	首列车接车过程中发现过渡车钩与电客车全自动车钩型号不匹配,临时从外地借用,导致接车进度滞后。在开箱检查过程中发现高度阀、手动缓解拉绳安装螺栓等车辆部件变形	已明确 2 号线电客车过渡车钩型号并进行提报,及时跟进到货进度,另外加强对吊装过程的监护,避免绳索与车辆部件发生干涉
2	请销点作业	临管前调试作业需要到联合调度室请点,由于《作业申请单》需多家单位及监理签字确认,且部分签字人员不在联合调度室,导致请点困难,作业延误	需运营分公司提前介入协调,制定请销点作业流程
3	调车转轨作业	(1)由于工程车加油接口问题未明确,当调车过程中遇到内燃工程车油量不足时导致无法调车。(2)调车过程需协调各个单位的不同专业,导致调车程序复杂。(3)电客车调车作业需要司机配合,前期司机配备人员较少,给电客车调车造成困难	前期需明确调车流程,统一由联合调度室协调安排
4	无电静态调试	前期工器具及耗材短缺,作业时均需从售后服务队借用	提前梳理 2 号线调试期间的工器具及耗材需求,从一号线进行物资调拨,以满足 2 号线调试作业的需求,若数量仍不满足需求的,要求售后人员暂时提供
5	断送电作业	(1)临管前,断送电作业需电气化局负责,申请流程过于复杂,作业效率偏低,断送电困难。(2)临管后,断送电所需的安全工器具未到位,人员取证工作未及时开展,且五防系统及静调电源柜的安装调试及接管滞后	(1)临管前,断送电作业需联合调度室统一协调及安排,并制定断送电请点、作业流程,以确保现场生产效率。(2)临管后,提前跟进断送电相关工具到货计划,同时做好从一号线调拨断送电工具的准备。提前与维修工程部做好关于某地铁 2 号线隔离开关操作人员取证的准备。关于五防系统及静调电源柜使用,需提前与相关专业做好对接
6	有电静态调试	在有电静态调试过程中发现 PIS、控制、牵引等系统软件仍存在问题。现场发现多项设备需要整改,如司机室话筒、交换机模块、LCD 屏幕、腰靠等,增加现场调试工作量	某地铁 2 号线电客车结合厂家生产过程开展调试工作,将调试过程中发现的问题及时向厂家反馈并在厂内解决,减少列车到段后的整改作业
7	动态调试	某地铁 1 号线试车线线路存在限速问题(限速 30km/h),无法完成高速情况下的调试项点	结合车辆在主机厂某基地的调试及 PSI 完成 PAC 动态调试中的高速调试项点

续表

序号	关键工作	发生问题	整改措施
8	甩项问题	(1) 限界门未及时安装到位，调试过程主机厂顶高度等数据只能依靠三层平台进行，且安装三层平台的17、18股道需进行月检及受电弓检查作业，导致车顶高度数据测量进度缓慢。 (2) 司机规定每天22:00之后不进行调车作业，每天只能安排两列车各一端进行连挂，造成连挂试验进度缓慢。 (3) 洗车作业开展较晚，造成水密性试验进度滞后	(1) 车顶高度数据测量结合主机厂某基地的落车作业进行； (2) 连挂试验可结合车辆厂内例行试验中的连挂试验进行； (3) 水密性试验可结合主机厂的淋雨试验进行
9	接线问题	2020年11月11日，0110车进行试车线动态调试时发现在牵引时列车所有制动缓解指示灯不亮，当列车速度达到9km/h时牵引力消失，HMI屏报牵引指令给出14s所有制动不缓解故障且产生牵引封锁	经检查发现Mp2车=27-K202空气制动缓解继电器9和11触头相互接反，导致继电器无法正常吸合，列车所有制动不能缓解，引起牵引封锁，重新恢复=27-K202继电器接线后，反复试验列车牵引功能故障消失。后查明原因为主机厂人员在PSI结束后进行的继电器位置更换整改作业中接错线路，导致该故障发生。要求厂家在出厂验收完成之后未经业主允许禁止进行任何整改作业
10	软件问题	2020年9月13日20:51信号联调时在正线上配合的0103电客车HMI报"所有DCU电制动可用无效限速55km/h"及全车DCU过压吸收电阻超温故障，且故障一直存在，在电客车大复位后故障消失	修改DCU软件，将斩波保护门槛累计允许斩波500ms修正为额定工况（110s斩波750ms），更新软件版本，并进行跟踪验证一周后，功能正常；调整地面能馈装置的吸收比，提高其将多余的电制动产生的能耗的吸收能力

4. 调试发现重点问题

(1) 吊装人为失误造成高度阀、手动缓解拉绳螺栓等车辆设备损坏。

(2) 现场普查整改包括话筒、交换机模块硬件更换，LCD屏普查，吊环，腰靠更换等，浪费过多时间和人力。

(3) 现场仍发现PIS系统、时代相关设备等程序有问题需重新修改。

5. 甩项问题与整改措施

梳理某地铁1号线甩项问题，在某地铁2号线调试过程中尽早完成

(1) 受电弓高度数据测量、车顶最大高度测量、静态限界检查由于限界门安装时间不定，且需要频繁调车，耗费较多时间，某地铁2号线调试过程中高度数据测量和结合主机厂落车进行。

(2) 连挂试验由于前期供车紧张且司机每天22:00之后不调车，导致进度缓慢，某地铁2号线连挂试验结合主机厂例行试验进行。

(3) 水密性试验由于洗车机安装调试时间较晚，某地铁2号线水密性试验结合主机厂淋雨试验进行。

(4) 曲线通过能力检查由于主机厂线路最小半径曲线（$R=300m$）不符合要求，在车辆到段后进行检查。

6. 其他问题

某地铁 1 号线电客车未按合同及工艺要求在 0103～0120 车 EP2002 阀处设置滴水湾，存在后期运营过程中渗水的隐患。

7. 工器具准备及配置

首列车调试所需的所有工器具及耗材全部由某基地售后人员提供。工器具涉及计量器具的，在使用前已全部确认在计量合格日期内。在后续调试过程中，根据工器具到货情况逐步减少借用数量，并对每一个环节使用的工器具进行了统计和记录，为后续调试做好准备工作，见表 10.3-4。

列车 PAC 调试内容及工器具　　　　表 10.3-4

工作项目	工作内容	所需工具	备注
OCI 检查	检查车体外观状态（车顶，车底及车侧，客室）	安全带、手电筒、对讲机、方孔钥匙	
厂家再调试	列车连挂及有电功能验证	对讲机、主控钥匙、方孔钥匙	
	动态调试		
预验收静态无电检查	（1）空调、受电弓、转向架、制动系统、司机室及客室内装等部件检查	安全带、手电筒、对讲机、方孔钥匙	
	（2）车门、转向架、受电弓等设备关键尺寸测量	安全带、手电筒、对讲机、方孔钥匙、钢直尺、游标卡尺、秒表、塞尺、卷尺、拉力计、第四种检查器、轮径尺、内侧距尺、车钩高度及地板面高度测量工装	
	（3）扭力校核	扭力尺、16 套筒、16 扳手、24 套筒、24 扳手、18 开口、18 扳手、30 套筒、3/4 转 1/2 转接头、32 套筒、18 套筒、7mm 内六角、14mm 内六角、4mm 内六角	
静态有电功能检查	司机室、客室车门、照明、制动系统、广播系统、空调系统、辅助系统等有电功能检查	主控钥匙、方孔钥匙对讲机、气压表、25mm×60mm 防夹块、万用表、车门压力测试仪、秒表、烟感气雾	
动态有电功能检查	制动功能、制动距离、电客车运行模式、车门动态、旁路等功能检查	方孔钥匙、主控钥匙、钟表笔、短接线、25mm×60mm 防夹块、对讲机	

8. 预验收调试标准编制

预验收调试标准经过编制、会议讨论、评审等过程，多次优化完善，并核实数据标准。每列车共需开展 254 项检查作业，具体分类如下：

(1) 电客车调试静态无电检查作业，检查项点 131 项。
(2) 电客车调试静态有电功能检查作业，检查项点 68 项。
(3) 电客车调试动态有电功能验证作业，检查项点 50 项。
(4) 电客车调试试验调试作业，检查项点 5 项。

9. 开口项情况分析

某地铁 1 号线 22 列电客车调试过程中共发现问题 5297 项，具体情况如表 10.3-5、图 10.3-1 所示。

某地铁 1 号线 22 列电客车调试过程中问题统计　　　　　表 10.3-5

列车号	故障类别	A类	B类	C类	合计
0103	问题数量	0	1	140	141
0105	问题数量	0	5	185	190
0104	问题数量	0	2	142	144
0107	问题数量	0	0	290	290
0102	问题数量	0	1	289	290
0108	问题数量	0	0	226	226
0109	问题数量	0	1	183	184
0101	问题数量	0	0	405	405
0110	问题数量	0	5	232	237
0111	问题数量	0	2	180	182
0112	问题数量	0	1	157	158
0113	问题数量	0	0	213	213
0114	问题数量	0	1	222	223
0106	问题数量	0	1	421	422
0115	问题数量	0	3	354	357
0116	问题数量	0	1	256	257
0117	问题数量	0	0	225	225
0118	问题数量	0	0	240	240
0119	问题数量	0	0	204	204
0120	问题数量	0	1	184	185
0121	问题数量	0	0	256	256
0122	问题数量	0	1	267	267
合计	问题数量	0	26	5271	5297

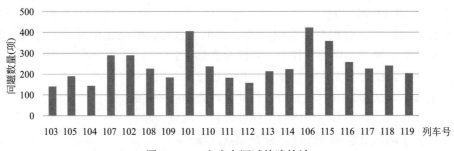

图 10.3-1　电客车调试故障统计

可以看出开口项数量趋于平稳，大部分在 200～300 之间。

按照 9 大系统分类，分别是车体及贯通道、车门系统、转向架及车钩、辅助系统、空调系统、牵引系统、控制系统、PIS系统、制动系统，具体情况如图10.3-2。

序号	专业	故障总数																			故障占比率	
		0102	0103	0104	0105	0107	0108	0109	0101	0110	0111	0112	0113	0114	0106	0115	0116	0117	0118	0119	0120	0121	0122	合计	占比率
1	车门系统	163	29	75	74	162	90	69	145	123	87	62	80	98	149	114	87	86	90	100	89	89	96	2157	40.72%
2	车体及贯通道	58	27	10	40	37	37	39	133	27	22	24	63	69	114	130	77	74	68	50	44	66	95	1304	24.62%
3	转向架及车钩	30	29	29	27	38	40	26	52	51	20	22	31	17	74	64	57	33	52	33	23	59	47	854	16.12%
4	空调系统	16	3	12	19	19	23	16	29	10	15	19	12	10	20	27	14	14	12	7	12	13	16	338	6.38%
5	控制系统	6	25	8	8	7	6	7	6	0	5	1	2	2	5	0	4	0	0	0	5	3	1	101	1.91%
6	辅助系统	2	7	2	4	8	11	5	6	5	6	4	1	0	4	0	2	1	6	1	0	2	1	78	1.47%
7	制动系统	3	3	4	7	10	11	11	7	11	22	17	17	25	41	13	10	13	10	11	11	21	10	288	5.44%
8	PIS系统	4	9	2	3	1	5	3	17	7	2	5	6	2	5	2	2	0	0	1	1	2	0	79	1.49%
9	牵引系统	7	5	2	8	7	3	6	7	3	3	4	1	0	10	4	4	4	2	1	0	1	2	84	1.59%
10	其他	1	4	0	0	1	0	2	3	0	0	0	0	0	3	0	0	0	0	0	0	0	0	14	0.26%
	合计	290	141	144	190	290	226	184	405	237	182	158	213	223	422	357	257	225	240	204	185	256	268	5297	100.00%

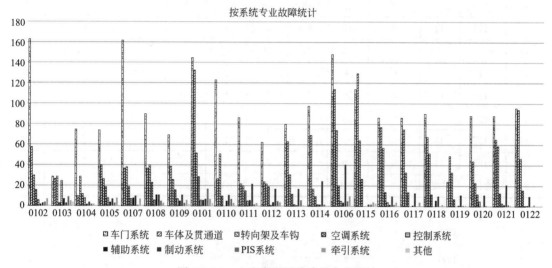

图10.3-2 电客车调试故障按专业统计

依据专业系统进行故障统计，可以看出车门系统、车体及贯通道、转向架及车钩故障率较高，以下将对故障较高的3个系统进行专项分析。

车门系统原因分析见表10.3-6，车门问题统计见图10.3-3。

表10.3-6 车门系统原因分析

序号	车号	螺栓扭矩	线路工艺问题	部件问题	外观问题	尺寸问题	标识标志	插件松动	防护问题	功能问题	其他	共计
1	0102	54	0	15	9	83	2	0	0	0	0	163
2	0103	22	2	4	1	0	0	0	0	0	0	29
3	0104	22	0	12	8	24	1	0	1	0	7	75
4	0105	14	2	7	20	20	5	0	0	0	6	74
5	0107	44	0	12	8	64	3	1	0	0	30	162
6	0102	18	0	24	16	29	2	0	0	0	1	90
7	0109	14	0	5	24	23	3	0	0	0	0	69
8	0101	53	0	24	22	46	0	0	0	0	0	145

续表

序号	车号	螺栓扭矩	线路工艺问题	部件问题	外观问题	尺寸问题	标识标志	插件松动	防护问题	功能问题	其他	共计
9	0110	12	1	8	25	75	1	0	1	0	0	123
10	0111	2	0	13	28	40	3	0	0	1	0	87
11	0112	5	0	4	13	37	3	0	0	0	0	62
12	0113	6	1	11	22	36	2	0	0	2	0	80
13	0114	16	0	9	25	48	0	0	0	0	0	98
14	0106	17	1	16	33	78	4	0	0	0	0	149
15	0115	2	0	27	38	43	2	2	0	0	0	114
16	0116	15	0	31	10	29	2	0	0	0	0	87
17	0117	6	0	21	21	38	0	0	0	0	0	86
18	0118	3	0	9	19	59	0	0	0	0	0	90
19	0119	13	0	10	21	56	0	0	0	0	0	100
20	0120	5	0	13	11	60	0	0	0	0	0	89
21	0121	15	0	9	20	38	7	0	0	0	0	89
22	0122	14	0	10	6	64	1	0	0	1	0	96
23	合计	372	7	294	400	990	41	3	2	4	44	2157

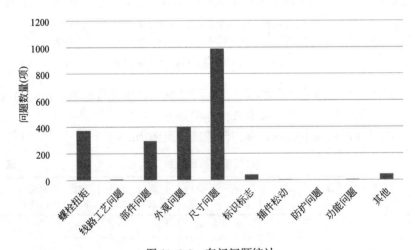

图 10.3-3 车门问题统计

车门共计发现问题 2157 项，主要为尺寸问题、螺栓扭矩、部件问题及外观划痕等问题。

（1）尺寸问题 990 项，主要为下挡销底距、下摆臂距下滑道边缘、门开度、上下部外摆尺寸超出范围；

（2）螺栓扭矩 372 项，其中上滑道、携门架和平衡压轮处问题较多；

（3）部件问题 294 项（主要为安装不到位，间隙大，异响等）；

(4) 外观问题 400 项，主要为划痕，生锈、擦伤等。

车体及贯通道系统原因分析见表 10.3-7，图 10.3-4。

车体及贯通道系统原因分析　　　　　表 10.3-7

序号	车号	螺栓扭矩	线路工艺问题	部件问题	外观	插件松动	标志标识	防护	其他	共计
1	0102	2	0	26	26	0	1	0	3	58
2	0103	0	1	12	9	0	2	0	3	27
3	0104	0	2	0	4	0	1	0	3	10
4	0105	0	5	15	16	0	1	1	2	40
5	0107	0	2	13	20	0	1	0	1	37
6	0102	0	1	7	26	0	1	0	2	37
7	0109	0	0	5	34	0	0	0	0	39
8	0101	0	1	28	98	0	5	0	1	133
9	0110	0	3	5	15	0	4	0	0	27
10	0111	0	0	3	19	0	0	0	0	22
11	0112	0	1	0	19	1	1	1	1	24
12	0113	0	0	2	59	0	2	0	0	63
13	0114	1	0	2	62	0	1	0	3	69
14	0106	0	0	2	106	0	5	1	0	114
15	0115	0	2	4	122	0	2	0	0	130
16	0116	0	3	6	59	2	6	0	1	77
17	0117	0	1	8	62	0	3	0	0	74
18	0118	0	0	7	55	0	7	0	0	69
19	0119	0	0	0	49	0	1	0	0	50
20	0120	0	0	5	37	0	0	2	0	44
21	0121	0	1	1	61	0	2	1	0	66
22	0122	0	0	16	73	0	6	0	0	95
23	合计	3	23	167	1031	3	52	6	20	1305

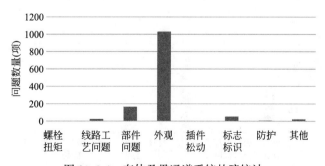

图 10.3-4　车体及贯通道系统故障统计

车体及贯通道共计问题1305项,主要为磕碰、油漆、标识等。

转向架及车钩系统原因分析见表10.3-8,其故障统计见图10.3-5。

转向架及车钩系统原因分析　　　　表 10.3-8

序号	车号	螺栓扭矩	线路工艺问题	部件问题	外观	尺寸问题	标志标识	防护	插接件松动	功能	其他	共计
1	0102	0	0	2	26	0	2	0	0	0	0	30
2	0103	8	0	4	9	0	7	1	0	0	0	29
3	0104	1	0	0	24	0	1	0	0	0	0	26
4	0105	1	1	2	17	1	3	0	0	0	2	27
5	0107	6	0	3	26	0	3	0	0	0	0	38
6	0102	4	0	0	35	0	1	0	0	0	0	40
7	0109	7	0	2	12	3	1	0	1	0	0	26
8	0101	8	1	1	35	6	1	0	0	0	0	52
9	0110	21	0	0	26	0	4	0	0	0	0	51
10	0111	0	0	0	17	0	3	0	0	0	0	20
11	0112	6	0	0	16	0	0	0	0	0	0	22
12	0113	10	0	0	21	0	0	0	0	0	0	31
13	0114	3	0	0	10	0	3	0	0	0	1	17
14	0106	11	0	2	60	0	1	0	0	0	0	74
15	0115	21	0	9	33	0	1	0	0	0	0	64
16	0116	16	0	2	38	0	1	0	0	0	0	57
17	0117	7	0	0	25	0	0	1	0	0	0	33
18	0118	22	0	0	27	0	3	0	0	0	0	52
19	0119	3	0	0	28	0	0	0	1	0	1	33
20	0120	9	0	0	13	1	0	0	0	0	0	23
21	0121	26	0	2	30	0	0	0	0	0	1	59
22	0122	16	0	2	26	0	2	0	0	0	1	47
23	合计	206	2	31	554	11	37	2	2	1	6	851

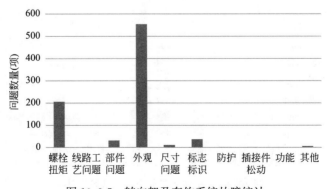

图 10.3-5　转向架及车钩系统故障统计

转向架及车钩共计问题851项，主要为掉漆、锈迹、磕碰等问题。

按故障类型统计分为9大类型，主要包括外观问题、部件问题、防护问题、标识标志问题、接插件松动问题、线路工艺问题、螺栓扭矩问题、尺寸数据问题及部件功能问题，具体情况如图10.3-6。

序号	专业	0102	0103	0104	0105	0107	0108	0109	0101	0110	0111	0112	0113	0114	0106	0115	0116	0117	0118	0119	0120	0121	0122	总计	故障占比
1	外观问题	70	22	47	64	70	100	95	176	78	87	73	123	123	261	225	135	123	126	109	77	137	114	2435	45.97%
2	部件问题	53	30	19	39	36	44	22	84	22	31	10	20	16	22	46	47	32	19	16	26	19	42	695	13.12%
3	尺寸数据问题	83	0	24	21	64	29	26	52	77	40	37	36	48	78	43	29	38	59	56	61	38	66	1005	18.97%
4	螺栓扭矩问题	58	30	23	15	50	22	21	61	33	3	13	18	20	28	25	32	14	25	19	14	41	30	593	11.20%
5	标识标志问题	12	16	4	13	21	11	10	18	14	13	8	8	9	20	10	13	4	11	3	0	11	12	241	4.55%
6	其他	6	5	12	13	34	7	0	1	0	3	1	1	4	0	0	1	0	1	1	0	1	1	92	2.25%
7	线路工艺问题	2	24	10	17	9	7	1	5	9	3	8	4	1	8	3	5	1	0	0	3	7	1	128	2.42%
8	接插件松动问题	4	6	1	4	4	2	2	1	0	1	4	1	2	1	2	3	0	0	1	0	0	0	39	0.74%
9	防护问题	0	8	2	1	1	4	1	4	1	0	2	0	0	2	0	1	0	0	2	1	0	1	31	0.59%
10	功能问题	2	0	2	3	1	0	6	3	1	2	2	2	0	2	1	1	2	1	2	1	2	2	38	0.72%
11	合计	290	141	144	190	290	226	184	405	237	182	158	213	223	422	357	257	225	240	204	185	256	268	5297	100.00%

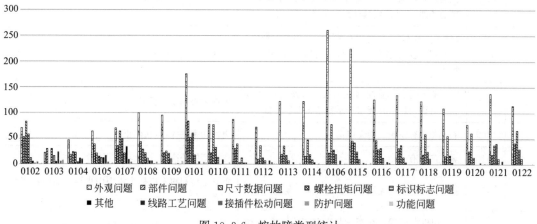

图10.3-6 按故障类型统计

按故障类型分析：

（1）外观问题：共计2435项，主要包括掉漆、生锈、划痕、污渍、油迹、凹坑、气泡等问题；

（2）部件问题：共计695项，主要包括部件安装间隙较大、不到位、胶条未压紧、未贴牢、盖板不平整、部件之间距离近、互干涉等；

（3）尺寸数据问题：共计1005项，主要为车门尺寸数据；

（4）螺栓扭矩问题：共计593项，主要为扭矩不符合标准；

（5）标识标志问题：共计241项，防松标记线、标签等模糊、错位、喷涂不规范等。

10. 调试重点问题

表10.3-9为故障问题统计表。

故障问题统计表　　　　表10.3-9

序号	车号	问题描述	整改措施
1	0103	直径10mm制动软管鼓包	更换制动软管
2	0104	Mp2车1位端2位侧上方螺钉框与折棚连接处漏水	重新安装折棚

续表

序号	车号	问题描述	整改措施
3	0104	Mp2车1位端1位侧贯通道折棚第二排内侧棚布与外侧棚布之间存在漏水现象	更换折棚
4	0105	Tc1车为主时,测试Tc1,Mp1,M1车紧急通话功能正常,客室内紧急通话位置与HMI显示一致,测试另外单元时,发现此单元实际按下的紧急通话装置位置与HMI显示不一致	时代更新软件
5	0105	Tc1、Tc2车速度表无法正常使用	补充接线
6	0105	Tc1车司机室通风机单元盖板上方车体密封胶漏水	填充间隙
7	0105	在连夜下雨之后,第二天动态调试动车时发现一位端格栅有漏水情况,由于试车线不具备拆卸格栅的条件,无法确定具体漏水位置	重新密封空调连接处
8	0105	M2车1号车门S3行程开关固定卡扣未卡到位,动作幅度较大,操作紧急解锁装置时会随之一起晃动	重新安装S3开关
9	0102	Tc2车司机室广播控制盒无法接听及复位客室紧急对讲,且HMI无法显示紧急报警器位置	更换中央控制器板卡
10	0109	右侧4个客室扬声器无声音	更换功率放大器,功能正常
11	0110	客室广播有杂声	更换新的扬声器,试验功能正常。
12	0110	操作人工广播时无法中断客室广播及紧急广播	重新上传司机室广播主机中央控制器的程序和配置文件
13	0110	1车司机室里程计在车辆静态状态下示数自动增加	重新优化列车网络程序,通电验证功能正常
14	0110	4车2号座椅上方LCD屏花屏	用LCD专用遥控器调整屏幕自适应
15	0110	Tc1和Tc2在牵引时,当速度达到9km/h时,列车无牵引力给出,在牵引时列车所有制动缓解指示灯不亮,HMI屏报牵引指令给出14s所有制动不缓解故障码且牵引封锁	检查Mp2车=27-K202空气制动缓解继电器发现9和11触头相互接反,导致继电器无法正常吸合,重新恢复=27-K202继电器正常接线反复实验列车牵引功能故障消失。
16	0111	4车4门紧急解锁无法实现	重新调整S3行程开关
17	0111	5车8轮轮辋外侧有大面积掉漆,且有多处油漆开裂起皮,掉漆处有锈点	打磨后重新补漆
18	0112	一架智能阀漏气	更换智能阀并刷新程序
19	0114	6车司机室顶板通风模式旋钮接线虚接	重新插线
20	0106	4车1位端主风管漏气	更换新件
21	0115	HMI报4车火灾故障	更换4车控制柜内火灾报警探头
22	0115	推牵引手柄时牵引柱状图1‰~6‰在白色分界线下部	重新刷新软件后,测试正常

续表

序号	车号	问题描述	整改措施
23	0115	HMI 报 6 车 SIV-KMA 接触器故障	(1)检查接触器外观及接线无异常； (2)重复启动 SIV，故障未再次出现； (3)模拟当日故障发生情景 6 车降前弓，故障未再次出现； (4)分析数据为接触器卡分，判断为接触器偶发性卡滞； (5)跟踪观察该故障未再次出现
24	0116	1 车 8 轮、5 轮、6 轮、1 轮内侧大面积掉漆，7 轮外部大面积掉漆，6 车 2 轮、1 轮、3 轮、4 轮、7 轮内侧大面积掉漆，3 车 4 轮内部掉漆，4 车 5 轮内部有掉漆，8 轮外侧大面积掉漆	重新补漆
25	0120	紧急通风逆变器箱内最上方线圈脱胶	重新更换
26	0122	2 门外紧急解锁无法实现	端部解锁装置回弹力不足，重新调整后正常

11. 调试工作开展

(1) 综合工作

1) 参照《运营分公司电客车调试管理办法》中人员请假、补休管理制度，调试组人员应该严格遵守分公司考勤制度，遇有特殊情况需请假时须按照分公司有关规定进行申请。考勤打卡按照公司规定实行。由于车辆调试需要经常加班，如有此类情况，调试组组长应在不影响车辆调试的情况下合理安排调试组员工调休。

2) 建立调试组工作日志、工作记录、考勤签到、培训记录、会议记录、信息系统、电子文本等。

(2) 调试安全生产工作：

1) 组织员工学习和贯彻落实各级安全规章制度、安全作业规程，教育员工严格遵守劳动纪律和作业纪律。

2) 教育和检查员工按规定正确操作使用设备、工具、原材料、安全装置、个人防护用品等，定期检查设备、工器具、安全设施是否处于良好状态。

3) 负责检查工作场地的安全卫生，保持材料及工具的合理放置，保证员工有一个安全、整洁的工作环境。

4) 组织员工积极开展安全活动，学习推广安全生产先进经验和做法。

5) 做好安全班前预想、班中预防、班后分析工作。

6) 组织开展安全文件学习、召开安全会议、安全台账管理等日常性工作。

7) 按照出差规定签订安全协议，保证在主机厂某基地工作期间严格履行工作职责和公司规定。

(3) 质量生产工作

1) 严格按照预验收检查项点和作业有工艺要求执行，避免漏检、漏修。

2) 预验收标准中，测量尺寸、打扭力等严格按照参数要求执行。

3) 作业完毕现场出清物料、劳保、工器具，避免遗留在车顶、箱体、转向架或电气柜内，设备恢复到位。

4) 避免因作业不当对电客车、设备造成损伤。

5) 对调试过程中发现的开口项,要及时跟踪关闭。

6) 对调试过程中发现的工艺问题、超范围质量问题,及时进行汇报并提出修改及处理建议或制定技术措施,保存故障的原始数据,组织供货商对问题进行分析解决。

7) 对电客车调试期间发现的具有普遍性的问题,及时制定合理的整改方案。

8) 负责及时将车辆问题开口项信息汇总统计,为车辆质量分析提供原始数据。

9) 对主机厂不具备条件的曲线通过能力检查、200km 运行试验,在车辆到段后及时安排通过最小半径曲线及正线运行,对运行期间对出现的故障进行记录处理。

(4) 例会制度

1) 班前会:为使每位调试组人员熟悉当天的任务安排,掌握车辆最新的调试状况,每天早上 8:30 按班组相关要求开展班前会,包括但不限于安全提醒、质量提醒、作业安排等,调试负责人须清楚、正确向组员传达当天的调试任务,指出工作中的安全关键点;所有调试人员必须清楚地了解每天作业任务安排。作业中,没有得到调试负责人允许,不得进行超出计划外任务,不得进行交叉作业。

2) 班后会:每天下午下班,调试负责人负责组织调试组所有组员一起开当日调试总结会,会议主要包括以下内容:

① 介绍当天车辆调试进度、任务完成情况、所发现的车辆问题和处理情况。

② 介绍次日和后续的车辆调试计划、需注意事项。

③ 所有组员一起对当日车辆调试过程中所发现的问题进行汇总交流,商讨解决办法。

某地铁 1 号线前期调试,大家在前期场地条件不具备、协调困难、工器具配置不全等较为不利的条件下,想方设法克服困难,保证车辆调试工作安全、顺利开展,并按计划要求准时完成某地铁 1 号线车调试任务,形成了调试的具体流程,也锻炼了调试队伍,增强了人才技能,为保证后续列车检修奠定了坚实的基础。

10.3.2 总结与展望

我国的城市地铁发展起步较晚,随着目前经济水平和城镇化进程加速发展的局面,各大城市也已经规划或着手修建地铁,原有的电客车调试经验已经无法满足地铁发展的要求,因此,需要使用更加完善,更加高效的电客车调试方案。本书从地铁车辆的调试制度构架入手,以目前现存的电客车调试制度及质量管理模式为基础,并根据地铁车辆的基本属性,从专业的角度归纳了调试策略要素,为我国今后新开的地铁运营模式的选择和策略的制定上给出了一定的参考,本书的具体结论如下:

(1) 本书深度阐述了地铁车辆调试的意义以及必要性,依据国家标准为电客车调试提供相应的依据。城市轨道交通建设要求非常严格,属于非常有系统性的工作。地铁车辆调试工作是地铁运行非常重要的内容,带有独立性,地铁列车调试是否正常,是地铁初期正常运行的保障。

(2) 电客车调试的相关法规要求,从城市轨道交通法律、法规、标准和企业内部规章制度入手,详细阐述了相关交通部门管理规定及相关标准、企业合同文件、电客车调试的整体试验大纲及管理办法。调试期间必须按照国家规定标准对电客车调试质量进行检查,提高质量水平和加强管理力度,定期检查质量管理,才能保证地铁车辆调试工作的质量。

技术人员一定要做好技术交流，如果存在质量问题，将会造成非常严重的后果。调试人员利用手中掌握的资料，明确调试涉及的各个事项，成立地铁调试质量监督监察小组，保证产品质量管理达标。

（3）地铁车辆调试需要经过多层组织构架层层把关，对电客车调试职责分工以及调试会议制度、故障管理等多个方面入手，严格把控电客车调试作业的质量。

（4）对会议协调机制、安全保障制度、质量控制制度、进度控制制度、调试现场及人员管理办法、供应商现场管理办法、相关方现场管理办法几个方面入手，并通过多层次制度管理体系，深度把控地铁车辆的调试工作。调试工作根据具体内容与组织进行划分，包含电气、机械两种。尤其是调试期间，人员设置包括电气工程师、调试技术人员与机械工程师，对列车进行调试，安排列车的运行。同时还需要设置专门的对外调试人员，主要负责车辆出厂前的调试，如果调试期间出现问题，不能及时与对外联系人员取得沟通，延误调试工作的进展，影响车辆调试计划的正常进行，所以这方面不容忽视。强化采购部门与供货商之间的关系，及时获取反馈信息，分析反馈信息价值。调试组开展调试工作期间，一定要注重对质量周报以及各种调试资料全面整理分析，做好资料存档工作。

（5）电客车的厂家试验尤为重要，本书从厂家试验的各个项目入手，从无电调试、有电调试两个大方面入手，列出电客车厂家试验的作业前准备、试验方法及步骤等内容。

（6）电客车现场调试前需要进行严格的出厂验收，车体尺寸检查主要针对地铁各种设备，地板高度等是否符合规定标准，车体的限界实验是否合格等进行的一系列检查。调试工作主要包含两种，静态与动态。静态调试部分内容为：蓄电池功能试验、列车整备与紧急照明、正常照明与司机室照明以及外部照明、空调系统、广播系统、受流系统、紧急制动、车门、BIC、制动气密性试验、空压机、常用制动、网络通信试验等。动态调试部分为：EVR试验程序、紧急按钮、快速制动、综合检测、警惕按钮实验、紧急制动、门打开时列车运行、清洗模式（WM）、牵引性能、向后限速模式（RMR）。列车PSI检查主要是对到段列车相关设备进行检验与测试等，确定质量符合标准。尤其是车辆出厂前的检查必须达到合同规定标准。及时收集地铁调试相关技术资料与数据，仔细对到段列车展开检测。检查接线是否存在松动，机械部件是否存在损坏等，尤其是车辆的内外部情况。之后还需厂家再次调试。注重车辆调试期间工作安排，一定要提前确定调试人员，保证调试队伍的专业性。调试组的管理需要做好调整，必须由车辆部门直接管理，当然还需要保持自身的独立性，防止因为其他部门的干扰，影响调试效率。协同供货商以及相关合作商共同开展调试工作，安排好调试工作的细节，对车辆质量以及动态参数等都要仔细调整优化。生产管理部门制定具体的调试计划，调试计划确定之后，由调试班组按计划完成车辆系统调试工作。

（7）电客车预验收需要调试班组进行严格的检查，分为外观检查、尺寸测量、扭矩校核等步骤，对电客车的整体质量进行验收。对电客车各系统，如车体及贯通道、车门系统、辅助系统等方面进行分析总结，对电客车的一些关键部件进行单独的调试，如EP2002阀，走行部件等。电客车在调试过程当中难免遇到各个方面的问题，受到各方面的限制，要在首列电客车调试结束后进行及时的总结，对调试过程中的不足进行梳理并及时提出整改措施，同时要结合首列电客车的调试总结报告进行管理方面的改进以及作业流程的优化，对之后电客车的调试作业有极大帮助。逐步健全调试组管理机制，细化人员分工建立物料管理方法，提高作业的规范性。

本书也存在一些不足的地方。虽然归纳总结了目前城市轨道交通电客车调试的实施模式以及具体实施细节，并结合定性分析给出了一套适合如今电客车调试的方法和建议。但是由于地铁车辆调试涉及很多内部资料，例如经济技术文件、科研报告等内容，这些资料并未公开，所以，也无法得知这些调试项目的具体实施情况，只能通过一些内部的从业人员获取了一些较为零碎的信息，无法通过给出的方法进一步具体定量化的分析，只能偏重理论性的研究。每个地铁公司都有着自己特殊的情况，照搬任何一个成功的案例完全模仿也是不可行的，所以地铁公司需要根据自己公司的情况对调试制度及方案进行修改完善，建立适合可行的方案。

地铁调试工作对地铁的安全运行有着重要的影响，因此，必须重视这项工作。在调试结束之后还要定期的进行技术交流，不断地总结调试经验，使调试工作不断取得新的发展，在技术交流过程中与地铁车辆建设工作相关的合作方都应该积极参加听取意见提出建议，以便地铁调试工作向更好的方向发展。

同时，电客车调试工作也是地铁后续安全运营和检修人员培养的重要基础，充足的准备和合理的组织，是安全有序完成电客车调试工作的重要保障。由于公司管理架构的差异，各地地铁电客车调试工作也会有一些不同，前期的调试准备工作建议在借鉴成熟经验的基础上，结合自身特点开展，并在调试过程中多进行总结。

2021年，恰逢"两个一百年"奋斗目标历史交汇之时。习近平总书记强调"高质量发展"，意义重大。城市的发展与城市轨道交通发展紧密相连，因此，城市轨道交通越来越受各部门高度重视，根据城市需求结构发展，城市轨道交通运营管理公司应精准捕捉需求，提升城市轨道交通服务质量，推动城市高质量发展，相信随着城市新线建设的不断扩大，地铁电客车调试工作也将会得到不断的规范和提高。

附录一：某地铁项目及引用标准

某地铁项目及引用标准见附录一表1。

某地铁项目及引用标准　　　　　　　　　　　　　　　　　　　附录一表1

目录序号	所属系统	引用标准
1	车辆基本技术条件	(1)某地铁1号线工程车辆基本技术条件是根据当地地区的自然环境、使用要求、线路主要参数、供电件、"B2型车"车辆轮廓与车辆限界等，对车辆种类、列车编组、车辆轮廓尺寸、载客能力、车辆自重、列车速度、起动平均加速度制动平均减速度等主要技术参数和技术指标提出要求。 (2)除《维修手册》中指出的易损易耗件以外，车辆主要结构部件设计寿命为30年。所有安装在车辆上的设备均应在安装环境中良好工作，且能耐强风、高温、高湿、振动、噪声、腐蚀及清洁剂污染。根据某地铁1号线工程实际情况，提交车辆智能化设计方案，通过自动化技术和智能化运行手段，提高相关操作的可靠性，提升整体系统的安全性。 (3)车辆应满足《城市轨道交通基于通信的列车运行控制系统(CBTC)接口规范-互联互通接口规范》，其他现行中国城市轨道交通协会以及后续国家或行业发布的关于互联互通对车辆要求的规范和标准。 (4)车辆及牵引系统应满足买方对机电一体化的技术和管理要求。后期在1列或2列车上加装部分试验检测设备进行验证、试验研究工作，卖方应满足相关技术和接口要求，具体方案设计联络阶段确定。 (5)文件中要求的GB、CJJ等国内标准为非强制性要求，可用等同或高于的国际标准替代，但必须保证满足整个系统和产品的匹配性、可靠性和稳定性，并提供应用证明材料
2	车辆对振动和冲击的要求	(1)列车振动与冲击的测量应根据《机械振动与冲击 人体处于全身振动的评价 第1部分：一般要求》ISO2631-1-1997、《铁路车辆内旅客振动舒适性评价准则》UIC513及《铁路应用 机车车辆设备冲击和振动试验》IEC61373准。轨道交通车辆的电气设备的振动试验应按《铁路应用 机车车辆设备冲击和振动试验》IEC61373标准执行。 (2)振动-车辆上的各种设备应按《铁路应用 机车车辆设备冲击和振动试验》IEC61373标准要求，能承受振动频率为1～500Hz，在纵向、横向和垂向三个方向上规定的振动水平。 (3)冲击-车辆上所有设备和悬挂部分应按《铁路应用 机车车辆设备冲击和振动性能》IEC61373标准要求承受各种力的冲击，设备任何部分不应发生脱离，车体也不应发生永久性变形。 (4)悬挂装置，在任何方向应能承受的最大冲击加速度根据《铁道应用—轨道车身的结构要求》EN12663标准为：纵向：$3g$，其中 $g=9.81\text{m/s}^2$；横向：$1g$，其中 $g=9.81\text{m/s}^2$；垂向：$(1+C)\times g$，其中在车端 $C=2$，在车辆中间 $C=0.5$，$g=9.81\text{m/s}^2$

续表

目录序号	所属系统	引用标准
3	供电条件	(1)供电电压：额定电压：DC1500V。 (2)变化范围：DC1000～1800V。 (3)受电方式接触网受电弓受电；隧道内采用刚性悬挂，接触线至轨顶面的高度为4050±5mm；隧道外采用柔性悬挂，接触线至轨顶面的高度一般为5000mm，暂定最小高度为4400mm，最大高度5700mm(月检库)
4	车辆限界	车辆应能满足现行行业标准《地铁限界标准》CJJ/T 96-2018 中关于城市轨道交通B2型车限界标准及某地铁1号线车辆限界的要求，并提供某地铁1号线车辆限界核算报告书。为满足回送需要，应同时满足现行国家标准《标准轨距铁路限界 第1部分：机车车辆限界》GB146.1 的要求
5	轮重要求	车辆在 AW0 的载荷下，重量平衡符合《铁路设施—铁路车辆—车辆组装和运行前的整车试验》IEC61133-1992 标准
6	噪声	按照 ISO3381 和 ISO3095 标准执行。车外噪声水平：测试在 ISO3095 规定的自由区域条件下，列车在露天地面区段进行
7	垂向及横向列车运行平稳性指标	按照《机车车辆动力学性能评定及试验鉴定规范》GB/T 5599 规定的测试方法，列车在任何载荷和速度下，垂向及横向列车运行平稳性指标不劣于2.5，经150000km运行后，其垂向和横向平稳性指标应不大于2.7
8	动力学性能	动力学性能试验应满足《机车车辆动力学性能评定及试验鉴定规范》GB/T 5599 标准中相关规定
9	防火及安全要求	车辆的设计必须有良好的防火性能，以便最大限度地防止火灾发生。车辆的设计制造及所选用的材料、部件的防火、阻燃及毒性要求符合《材料及元件的防火要求》EN45545-2 或《载客列车设计与防火通用规范》BS6853 标准的相应等级
10	防水防尘	车体和安装在车体外电器箱的防水满足《铁路设施—铁路车辆—车辆组装和运行前的整车试验》IEC61133 标准。地板下的设备外罩箱的 IP 等级，根据功能的不同满足《国际电工委员会（机壳提供的防护等级（IP 代码）标准》IEC60295 标准
11	电气牵引系统	(1)电气牵引系统为 VVVF 控制的交流传动系统。 (2)采用直接转矩控制方式(DSR)，并应具有完善系统的监控和保护功能。 (3)列车控制采用总线网络＋后备列车导线控制方式，网络系统具有较高冗余。 (4)VVVF 逆变器的功率元件采用大功率电力电子器件 IGBT。 (5)系统具有空转/滑行控制功能，需有反应快速、有效、可靠的空转/滑行控制，充分利用轮轨粘着条件。 (6)列车制动方式采用电制动与空气制动混合运算的控制方式。应优先充分发挥电制动的作用以减少闸瓦的磨耗和节省电能。当电制动力不足或失效时，由空气制动补足或替代。电制动与空气制动应随时自动配合、平滑转换，列车应无冲动当不能实现电制动时，所需总动力必须由空气制动来提供
12	辅助电源系统	(1)每列车安装辅助电源装置，即静止逆变器(SIV)和蓄电池组，每列车配置2台辅助电源装置，采用集中布置卖方。其输出能力必须满足6辆编列车各种负载工况的用电要求。静止逆变器的总容量440kVA，静止逆变器的总容量适度冗余，卖方根据负载情况进行核算确认。 (2)静止逆变器的功率元件采用大功率电力电子器件 IGBT，其控制采用微机控制并有自诊断功能。 (3)输出的交流电压基波应为正弦波，电压为三相380V 和单相220V，频率为50Hz；输出的直流电压为110V 和24V。辅助逆变器应符合国际电工委员会《轨道交通 安装在铁路机车上的电力变流器 第1部分：特性和试验方法》IEC61287-1 的规定，其容量应能满足各种工况下的使用要求。

续表

目录序号	所属系统	引用标准
12	辅助电源系统	(4)本系统须有足够的过载能力,在短时间内应能承受住负载起动电流的冲击;并在负载突变和输入电压突变条件下,瞬间输出电压变化+15~-20%,调整时间≤100ms,不得影响所有负载电机电器的正常工作。 (5)内设自动监视装置,应具有自诊断和故障记录功能,并能在司机室显示屏上显示系统状态及故障情况,便于故障分析和维修。 (6)辅助电源系统应具有完备的保护。 (7)噪声等级:强迫风冷型,距箱体1m处小于72dB(A)。 (8)当列车中一半容量的静止逆变器故障时,其余静止逆变器应承担列车的基本用电要求并保证列车的正常运行。辅助电源系统应配有外电源(车间电源)输入插座。 (9)蓄电池组采用碱性蓄电池。容量应满足6辆编组列车在任何工况时的需要,内部紧急照明、外部照明、紧急通风、车载安全设备、广播、部分显示屏、通信系统等不低于45min考虑,并应保证列车开关一次车门,网压恢复时可保证辅助电源启动及应急升弓
13	紧急通风逆变器	输入:DC110V(蓄电池供电); 输出:三相定频定压 AC220V,35Hz(卖方提供方案,最终在设计联络阶段确定); 容量应满足列车在紧急通风工况时的需要
14	列车控制及监控系统	(1)具有车辆运行和故障信息自动采集、记录和显示并兼有对列车及其辅助设备的控制功能,并可通过读出器将数据读出和打印。断电后数据存储期不少于6个月,存储的数据量满足故障记录及运营检修的需要。应具有自诊断功能。在列车出库前应能自动检测并显示列车主要设备的状态。应具有乘务员运转操作支持功能。 (2)应具有检修作业支持功能。 (3)应具有对列车的牵引制动指令进行传输的功能。 (4)系统应具有强抗干扰能力、高可靠性和冗余性。 (5)列车采用列车总线网络+后备列车导线控制方式,列车通信网络应满足《列车通信总线协议》IEC61375 及《轨道交通电子设备 列车通信网络(TCN) 第3-1部分:多功能车辆总线(MVB)》GB/T28029.9标准或其他国际标准的相关要求。当总线网络故障时,列车应有基本的牵引和制动功能。列车上所有涉及安全的设备或装置均应考虑采用列车导线控制方式,如:车门、紧急制动等。 (6)具有完善的监控、故障诊断、列车状态信息显示和储存功能,用于列车运营状态的分析判断。诊断系统采集的故障信息可实时的通过车-地无线通道传输到运营控制中心的车辆地面服务器,也可通过便携式数据采集器集中采集。故障信息采集功能的设备必须统一使用符合国际标准的USB接口或以太网接口进行下载。数据的种类和精度应满足故障分析和维修需要
15	空气制动和风源系统	(1)采用微机控制的模拟式电-空制动系统,内设监控终端,具有自诊断和故障记录功能。它能在司机控制器、ATO或ATP的控制下对列车进行阶段或一次性的制动与缓解。 (2)空气制动系统具有常用制动和紧急制动功能,其中常用制动可与和电制动协调配合。常用制动力和紧急制动力均应根据列车载荷进行调节,以保证列车减速度从空车(AW0)到超员(AW3)基本不变。车辆载荷信号取自空气簧的气压,具有满载率检测功能,并能正确检测满载率。 (3)常用制动时,采用电制动优先,电制动力不足时由空气制动补足的混合制动方式。快速制动的制动方式与常用制一致,总制动力与紧急制动相同,但可在制动过程中缓解。列车应具有事故导向安全的紧急制动系统,紧急制动时,全部使用空气制动,制动过程中不可缓解。基础制动为单元式踏面制动装置,其中至少50%带有停放制动功能。

续表

目录序号	所属系统	引用标准
15	空气制动和风源系统	(4)具有保持制动功能。 (5)系统应具有优异的滑行控制(抑制)功能,使发生滑行的车轮尽快恢复粘着,防滑控制为轴控方式。 (6)具有预压力和电制动预衰减校正(补偿)功能。 (7)具有强迫缓解、制动不缓解检测和制动力不足检测功能。 (8)列车应具有事故导向安全的紧急制动系统,紧急制动完全由空气制动承担。 (9)每列车设有两套(暂定)交流电动机驱动的空气压缩机组(含过滤、干燥设备以及安全装置等),并配有相应的总风缸和制动辅助风缸。 (10)列车的电动空压机组经列车总风管相连通,总能力应满足6辆编组列车各种工况的用风要求,且须考虑当一台电动空压机压缩机故障时,另一台电动空压机也应满足列车的正常运行用风需求。 (11)系统应功能完备,工作可靠,噪声低,保护齐全。 (12)停放制动应能确保超员(AW3)时,安全地停放在线路的最大坡道上,并考虑最大季风的影响
16	列车广播及乘客信息显示	(1)列车广播设备具有下列功能:全自动播放站名和注意事项;半自动播放站名和注意事项;人工播放站名和注意事项;两端司机室对讲;广播的输出控制(设置起点站、终点站、消声、暂停、越站、广播监听等);客室紧急报警和对讲;PIS系统声频播放;客室广播音量具有自动调整功能;广播按钮操作记录。 (2)客室内广播喇叭的设置能保证客室内广播清晰、声级均匀、无死区。 (3)在每节车的客室内设置8个21″LCD可视显示单元(暂定),具体数量设计阶段确定。播放高质量的视频图像和对图解图像进行显示,并留有接口空间实现即时公共信息的播放。 (4)司机室外部前端设高亮度LED终点站显示器,客室两端设镜面LED显示屏,每个客室内门区应设置8块不小于37″等级加长型、高亮度、高寿命、超高清异形LCD电子动态地图、列车运行方向指示和本侧车门开启预告提示装置,显示内容应与列车广播同步。 (5)列车LCD显示器具有单独的电源控制功能。 (6)客室及司机室应配有监控摄像录音系统。客室监控应保证无盲区,在每节车客室设4个具有防爆功能的高清摄像头,司机室外采用前置摄像头,司机室内监控采用红外全景监控,应可监视司机台司机可操作的所有按钮、开关机间壁门。该系统按两级监视及控制设计,即控制中心和列车司机的监视和控制。具有控制中心监视功能、司机监视功能、录像功能、上传功能等
17	车辆空调	(1)空调机组采用单冷式定频空调。 (2)列车采用车体顶置单元式空调机组,每辆车的车顶设置两台空调机组。每台空调机组具有预热、制冷、通风和紧急通风功能和两个独立的制冷回路,实现多级控制。 (3)当1/2容量辅助电源故障时,空调机组的制冷能力应自动减半。每列车设一套空调、电热集控装置。控制装置采用微机控制,具有自诊断功能和空调机组分时启动功能。 (4)全列车各空调机组在车辆运行时由司机集中控制;在维修时可由维修人员单独控制。 (5)空调装置设有4种工况:手动、自动、通风和停止,并可通过本车控制装置对空调进行控制,也可通过司机室内的显示器进行控制和温度设定。在手动工况时,空调机组根据各自的温度控制器所设定的温度进行客室内温度控制;在自动工况时,空调机组根据外界环境温度自动调解客室内温度。

续表

目录序号	所属系统	引用标准
17	车辆空调	(6)新鲜空气的最小供给量:制冷时司机室人均新风量应不少于 $30m^3/h$;客室内人均新风量应不少于 $10m^3/h$,新风量可以单独控制流量大小,并可以单独关断。正常运行模式下每辆车的总风量应不少于 $8000m^3/h$,其中的新风量不少于 $2800m^3/h$。紧急通风时应全部为新风,每辆车不少于 $3200m^3/h$。 (7)空调机组使用环保型制冷剂,制冷系统应保证密封,制冷剂不得泄漏。 (8)车辆静止时,空调装置正常工作产生的噪声值不超过 68dB(A)。 (9)风道采用具有隔声、隔热功能的材料,优化风道设计、减小风阻,降低噪声。 (10)当列车断电或辅助电源故障时,空调机组自动转为紧急通风模式,提供 45min 紧急通风。当空调电源恢复正常后自动恢复到正常运行模式。 (11)司机室由通风单元通风
18	车体及内装设备	(1)车体为鼓形车体,材料采用铝合金。 (2)列车联挂速度不大于 5km/h。 (3)列车两端车体构造设计中应设计有一撞击能量吸收区,撞击区在 6 辆编组列车以 25km/h 的速度与另一静止 6 辆编组列车相互撞击时吸收撞击能量而客室无损坏。 (4)在首尾车底架两端应设有防爬装置。 (5)车体的固有频率、构架的固有频率及电气设备的频率应统筹考虑,以防产生共振。 (6)车体需做隔声、隔热处理。 (7)每辆车客室每侧设 4 个双扇电动塞拉门。卖方提供具体的车门布置方案。采用微处理器控制的电动机驱动装置,并具有自诊断功能和故障记录功能。传动装置采用皮带或丝杠方式或更优方式,导向装置、驱动装置和锁闭装置集中为一个紧凑的功能单元,便于安装和维修。 (8)客室内部设紧急逃生指示和灭火器指示蓄光贴膜标识。司机室两侧设手动内藏门。司机室内设置单独的全列客室车门电源控制开关。 (9)车体之间采用贯通道,通道有效净空应不小于 1300mm×1900mm。贯通通道由渡板、折叠式风挡(风雨棚)和内饰板组成。贯通通道的强度和结构设计应满足乘客可以自由地在列车的各客室之间的穿行,并且没有任何潜在的危险。同时满足车辆以 25km/h 速度通过车辆段最小平面曲线半径弯道和反向曲线通过要求。 (10)客室的侧窗形式:单元组合式、整体密封式车窗。车窗更换时应不需要拆卸侧墙内墙板。所有车窗在关闭状态时必须严密、不渗水。 (11)客室内沿两侧侧墙设纵向座椅。座椅形状应满足人体工程学的要求。应具有良好的可清洗性能和防滑性能。 (12)客室内设置数量充足、美观适用的水平扶手杆和立柱,水平扶手杆中心与车辆中心线的距离应充分考虑到站立乘客与座席乘客间的相对距离。 (13)客室内设置适量的电热供暖装置(暂定,设计联络阶段确定),司机室内设足部取暖器。 (14)司机驾驶台位于司机室正前方,司机台台面应采用耐磨、耐用的材料并易于清洗。司机室的设备布置应科学合理,符合人体工程学,满足便于使用和维修的要求。 (15)按列车编组规定,Tc 车司机室端设全自动车钩,Tc 车另一端为半永久牵引杆。车钩后部设可复原的能吸收能量的缓冲器。

续表

目录序号	所属系统	引用标准
18	车体及内装设备	(16)客室内照明灯具平行纵向布置于车辆顶部两侧,照明方式采用集中式 LED 平面光源,客室照明应能保证在离地板面高 800mm 处测得的照明强度等于或大于 240~300lx。客室照明灯带用带边框的磨砂板,便于检修拆卸,并提供详细技术方案。故障照明时,应能够给客室提供均匀照度,降照度工作。卖方应提交详细技术方案。 (17)司机室内照明灯具的选型应充分考虑在车辆上使用的工作环境和方便维修,应耐振动、耐冲击和防潮、防尘,并应符合有关噪声标准。 (18)列车外部照明应有前置灯和标志灯。前置灯应能提供"亮"和"暗"两种照度,在"亮"照度工况下,晴天、黑夜工作时,列车前端紧急制动距离处的照度不小于 2lx(无其他光源)。标志灯设在列车两端部,有白色灯和红色灯组成,黑夜晴天在紧急制动距离处能清楚地看见列车标志灯。 (19)客室内设置残疾人轮椅区或婴儿车区,并配置轮椅固定装置,相关标识
19	转向架	(1)转向架分为两种结构相似的动车转向架和拖车转向架,均为无摇枕转向架,转向架构架采用钢板焊接结构。两种转向架采用相同的轴箱定位装置、组合式空气弹簧、中央牵引装置、抗侧滚扭杆(如有)、自动高度调整阀、压差阀、垂向减振器、横向油压减振器、单元踏面制动装置和轮对等。牵引电动机、齿轮传动装置、联轴节等安装在动车转向架上。 (2)转向架采用二系悬挂系统。 (3)构架寿命:不小于 30 年,且应大于 300 万 km。 (4)转向架基础制动装置采用部分带停放制动的单元踏面制动装置,每个转向架装有 4 个单元制动缸,停放缓解装置应便于在车侧操作,无干涉,且可在两侧均能对一个转向架的停放制动进行缓解。 (5)牵引电动机采用架悬式,固定在转向架构架上。所有动车轮对及牵引电动机均可互换。 (6)齿轮箱为平行轴式齿轮箱,采用球墨铸铁箱体。 (7)采用 WN 齿式联轴节。 接地装置装在轴箱上。接地装置应确保接地良好,便于检修。接地电缆应有足够的截面,以降低其本身的电阻,并满足机械强度的要求。卖方提供详细的技术方案。Tc 车也需安装一套接地装置。 (8)车辆应装有一定数量的轮缘润滑装置,数量为 8 列,买方保留后期数量调整的权力,费用包含在合同总价中。 (9)列车自动控制及车载设备: 1)列车装有自动驾驶装置 ATO,行车安全自动防护设备 ATP 等。 2)列车装有无线电台通信设备。 3)列车装有 PIS 系统设备。 (10)车辆的内装外饰: 1)车辆内饰设计应考虑到后期维修、更换方便,便于局部拆装,无需整体大面积拆装。 2)车体的内装外饰理念应超前,应为原创设计。 3)车体的造型应线条流畅,内装外饰应高雅、美观大方。 4)客室内色调协调、明快、柔和,具有现代气息。 5)车辆内装外饰的设计应不仅仅局限于功能设计,应体现时尚并具有超前意识,给乘客更舒适、更方便的乘车环境应考虑残疾人、老年人和儿童乘车方便。 (11)各种安全警示及服务性标识齐全、美观

续表

目录序号	所属系统	引用标准
20	车辆的钥匙系统	(1)车辆门、屏柜、电器箱的锁和钥匙系统应分级。 (2)车辆的钥匙系统主要分为司机钥匙和方孔钥匙(7mm×7mm)。 (3)司机钥匙用于开启司机室通道门和驾驶。 (4)方孔钥匙用于开启客室门，车顶、车底各设备柜的锁及车内维修用的盖板，司机室和客室内设备柜的门锁等，采用全金属材质。 (5)卖方应提供车辆钥匙系统的方案
21	弓网关系在线监测系统	卖方提供2套弓网关系在线监测系统安装在2列电动客车上，用于实时监测列车受电弓与接触网的跟随状态、燃弧状态、拉出值、接触网参数、受电弓状态、弓网接触点温度、接触网关键悬挂状态监测、接触磨耗、硬点、刮弓、刮网等故障(暂定)，以及这些故障事件的位置信息，可对这些信息进行处理，实时报送影响车辆安全运行的故障。卖方提供具体方案，买方在设计联络阶段确认
22	列车设置维护网络	列车设置维护信息网络。列车维护信息网络连接列车所有相关子系统的维护端口，维护端口包含不限于牵引系统、辅助系统、空调系统、车门系统、列车控制网络，车载PIS等，用以远程访问、调试、维护等。维护网络满足列车各系统的数据传输、参数修改、软件调试和维护要求。信息维护网络能将相关信息发送至车地无线传输通道。卖方在设计联络阶段提供此维护网络的组网方案、具体配置等方案，由买方确认
23	相关标准及互换性要求	(1)相关标准：车辆的设计、制造和试验以及所使用的材料均应符合有关国际标准及现行国家标准和现行行业标准。车辆所使用的材料、部件或产品必须满足国家强制性标准和强制性产品认证等，卖方须提供采用强制性执行标准的材料、部件或产品明细表。卖方应提交一份在设计、制造和试验中采用的具体标准明细表。明细表中应列出每项标准的名称、实施日期和参考号，并对所引用部分在设计联络时提供中文翻译版本。 1)车辆能通过中华人民共和国铁路机车车辆限界(不过驼峰)。 2)车辆应符合IEC、UIC、DIN、JIS、EN和ISO等有关的国际标准。 3)车辆应符合现行国家标准《地铁车辆通用技术条件》GB/T 7928-2003等标准。 4)进口部件应同时符合经买方确认的供货国标准。 (2)互换性：用于车辆上的同类型(动车和拖车)转向架及其构架、动车轮对、拖车轮对、一系悬挂器件、二系悬挂器件、牵引电机、各电器及箱内主要部件、主要零部件、各种阀、灯具、开关、门窗、钩缓以及空调供暖装置和电子线路板等均应具有良好的互换性。卖方应向买方提供可互换件清单
24	单位制	在车辆及其零、部件(除密封用管螺纹外)的设计和制造中强制采用国际单位(公)制
25	质量控制	卖方应按IRIS标准进行质量控制，并满足用户需求书中的要求。卖方应提供具体的质量保证方案
26	标识	(1)车辆及安装于车辆上的各设备应具有产品标识,标识内容包括品名、序号、型号、基本参数、出厂日期及厂家等对于有触电危险的设备应具有明显的安全标识。 (2)所有的标识文字(厂名除外)应采用标准简体中文，且标识应不腐蚀。 (3)通用标识应符合相关国家标准，专用标识应提供图纸及样品在设计评审时确定
27	接口	车辆所有设备的接口均由卖方负总责。最终的接口方案必须由卖方确认。在设计过程中所发现的任何新增接口项目也必须纳入接口作业中解决。卖方须对车辆的完整性负总责

续表

目录序号	所属系统	引用标准
28	设备安装	(1)车辆上所有进口设备的安装均由卖方负责,进口设备供应商提出具体的安装要求。 (2)车辆上所有国内采购设备的安装由卖方负责,国内设备供应商提出具体要求。 (3)车辆上所有设备,元器件及部件的安装应充分考虑检修时的可操作性和可接近性。 (4)整车的设备安装及高、低压布线应充分考虑电磁兼容问题。 (5)车体应设架车支座和车体吊装座,并在车体及转向架设置相关标识,以便于拆装起吊和救援。 (6)车下布置方案应充分考虑设备、部件的可维修性,车下相同设备应在列车布置(电抗器除外)。样车车下布置方案在征得买方同意后实施,在实施过程中,买方在不同阶段进行过程监造,一旦发现不便于维修之处,卖方应积极配合进行必要的改进
29	电线、电缆、接插件及车下电器箱和部件	(1)所有电线、电缆均采用难燃性或阻燃性材料。不允许使用燃烧后散发有毒气体的材料。并应符合相关国际、国内标准。 (2)车辆所用的电线、电缆应有足够的绝缘性能。 (3)车辆所用的电线、电缆容量应满足使用要求并留有适当余量。 (4)电气设备的外部配线的防火性能应符合《材料及文件的防火要求》EN45545-2或《载客列车设计与防火通用规范》BS6853标准的相应等级。 (5)各种电线电缆的容量应满足使用要求,电线电缆在布置方式、布线、绑扎时应充分考虑散热和电磁兼容问题。 (6)所有电线、电缆的接线端部均应带有清晰、正确、不易消损的线号。 (7)电气箱柜外部配线应在线号后标明此线的去向。 (8)车上所用的电线电缆,尽量减少电线电缆的种类和规格型号,对于同一种类的电线电缆应统一型号、统一厂家,尽量减少电线电缆的型号和厂家。 (9)车辆所用的电气接插件在任何工况下应保证接触良好,并具有良好防水防潮性能。 (10)车下各电器箱和部件应统一颜色。 (11)对于清洁度要求较高的电器箱,应采取措施使箱内保持正压。 (12)电器箱箱体材料为不锈钢、铝合金
30	电磁兼容	(1)应考虑车辆自身控制系统不受电磁干扰及各种干扰对人体和其他设备的影响。 (2)对车辆电磁兼容性的要求: 1)电动车辆是在隧道或地面线路上不断运行着,应保证不会干扰沿线的通信、信号等设备的正常工作。 2)车辆上的车载电子设备和电气设备应避免相互干扰。 3)车辆在所有正常工作状态下,卖方应确保由列车产生的任何电磁场不得干扰乘客物品或磁性介质的正常使用。考虑电动车辆上可以使用手机和小型移动电台等。 4)必须考虑静电和低频磁场对装心脏起搏器乘客的影响。 5)应考虑避免对站台门的门控系统、闭路电视及站台监视系统的影响,同时考虑站台门对车载电子设备和电气设备的干扰。 6)应考虑对乘客信息显示系统的影响。 (3)与通信和信号设备的电磁兼容性: 1)列车产生的电磁场不应干扰通信和信号系统所有设备的正常工作。 2)卖方应与通信和信号系统供应商联络和合作,交换 EMC 数据和相关设备性能特性,解决接口问题,保证系统的兼容性。

续表

目录序号	所属系统	引用标准
30	电磁兼容	3)所有由信号、PIS、通信供应商提供的车载通信设备(抗干扰能力应由通信设备制造商保证)应不受由列车、供电、电力回流轨、动力电缆和牵引电机产生的任何磁场的影响。 4)列车在正常运行时,不得明显影响任何客室内乘客信息显示板、司机室显示器或闭路电视车载视频显示器等。 (4)对车辆的EMC设计方案的要求 1)车辆的所有部件应不受任何干扰地发挥其功能。 2)车辆与其线路内、外环境应不受任何干扰地协调工作。 3)遵守买方对EMC的特殊要求,该要求将于设计联络会期间由买方提供。 4)卖方必须考虑EMC对车辆的所有部分的影响。 5)电磁兼容应满足ENELFC欧洲电子技术标准化委员会《铁路应用—电磁兼容性》EN50121或其他相关国际标准的要求。 6)卖方应提供具体的电磁兼容措施及方案、电磁兼容管理计划书、电磁兼容设计研讨报告、电磁兼容测试计划等。 7)样车组装完成后应进行EMC型式试验(不含通信、信号、PIS系统)并提供试验报告。 8)车辆主要电气系统应进行EMC型式试验并提供试验报告。如采用相似项目有应用业绩的成熟产品,可提供该产品3年内的型式试验报告
31	能耗记录	(1)车辆应具备整车能耗记录功能,用以记录整列车设备(包括牵引系统及辅助供电系统)的能耗。能耗数据能通过PTU进行下载。具体方案将在设计阶段讨论确认。 (2)整车能耗记录仪应能计算并记录前一天整车能量消耗的总和以及累积的整车能量消耗总和。 (3)对于子系统的能耗记录,要求如下: 1)每一个牵引控制单元应能计算并记录前一天该牵引单元能量吸收、反馈、消耗的总和以及累积的整车能量消耗总和。 2)每一个辅逆控制单元应能计算并记录前一天该辅逆单元能量消耗的总和以及累积的辅逆单元能量消耗总和。 3)每一个空调单元应能计算并记录前一天该空调单元能量消耗的总和以及累积的空调单元能量消耗总和。 4)每一个照明系统应能计算并记录前一天该照明系统能量消耗的总和以及累积的照明系统能量消耗总和。 5)各子系统能耗记录的周期不大于1min

附录二：某地铁项目及引用标准

某地铁项目及引用标准见附录二表1。

某地铁项目及引用标准　　　　　　　　　　　　　　　附录二表1

目录序号	所属系统	引用标准
1	车辆基本技术条件	(1)某地铁21号线车辆基本技术条件是根据广州地区的自然环境、车辆使用要求、线路主要参数、供电条件、车辆轮廓与车辆限界等，对车辆种类、列车编组、车辆轮廓尺寸、载客能力、车辆自重、列车速度、起动平均加速度、制动平均减速度等主要技术参数和技术指标提出要求。 (2)在满足车辆性能条件下，车辆国产化率应达到70%以上。其中电气牵引系统应满足国产化率不低于40%，对国产化的部分牵引系统供应商也应对技术负总责。 (3)除《维修手册》中指出的易损易耗件以外，车辆主要结构部件设计寿命为35年。 (4)所有安装在车辆上的设备均应在安装环境中良好工作，且能耐强风、高温、高湿、振动、噪声、腐蚀及清洁剂污染
2	车辆使用条件	(1)车辆在高架及地下线路上运行。 (2)车辆在地面库内检修和存放，停放库内温度不低于—5℃。 (3)车辆经地面铁路线运送和公路运输方式运送至车辆段。 (4)车辆运行的环境温度为—5～+40℃。 (5)风力小于等于8级时，列车能够安全正常运营；风力为9级时，列车可以缓行；风速为12级时应保证列车在正常条件且负载为AW0情况下，停在线路上能保持在车辆限界内。 (6)列车运行采用ATO自动驾驶方式，特殊情况下采用人工手动驾驶方式。 (7)值乘方式采用单司机制，特殊情况下采用正副司机制。 (8)列车采用自动折返方式，特殊情况下采用人工折返方式。 (9)车辆设备需考虑整车生产厂家当地的自然环境，运输及回送的路况及环境条件
3	供电条件	(1)供电电压(接触网供电电压)：额定电压：DC1500V，变化范围：DC1000～1800V 受电方式： 1)供电方式 车辆段内：柔性架空接触网；正线：接触轨。 2)供电电压：DC1500V 接触网电压波动范围：DC1000～1800V 3)接触网形式和高度 接触网形式：柔性架空接触网(车辆段)，接触网高度：5000mm； 4)第三轨下部接触受流 第三轨轨面距钢轨(走行轨)轨面高：200mm； 第三轨中心线距线路中心线距离：1550mm； 第三轨采用，接触面为：不锈钢带
4	车辆对振动和冲击的要求	(1)列车振动与冲击的测量应根据《机械振动与冲击 人体处于全身振动的评价 第1部分：一般要求》ISO2631-1-1997、《铁路车辆旅客振动舒适性评价准则》UIC513及《机车车辆设备冲击振动试验》IEC61373标准。轨道交通车辆的电气设备的振动试验应按《铁路应用 机车车辆设备冲击和振动试验》IEC61373标准执行。

续表

目录序号	所属系统	引用标准
4	车辆对振动和冲击的要求	(2)振动：车辆上的各种设备应按《铁路应用 机车车辆设备冲击和振动试验》IEC61373 标准要求，能承受振动频率为 1～500Hz，在纵向、横向和垂向三个方向上规定的振动水平。 1)在列车运行的全速度范围内，车辆的各种设备及车体不应产生共振。 2)在正常行驶条件下，车辆的横向、纵向和垂直振动的测量，在 1/3 范围的倍频带、跨越 1～40Hz 范围的加速度值，不应超越《机械振动与冲击 人体处于全身振动的评价 第 1 部分：一般要求》ISO2631-1-1997 标准关于 1h 乘坐舒适度边界条件的规定。应在经过实证或做过振动分析、能代表乘坐舒适的地方进行振动模算，并提交模算报告。随机振动试验的等级要求和频率范围按照《铁路应用 机车车辆设备冲击和振动试验》IEC 61373 标准第 8 段规定。 3)提高随机振动量级的模拟长寿命试验的类别、等级和频率范围，应按《铁路应用 机车车辆设备冲击和振动试验》IEC 61373 标准要求进行。 (3)冲击：车辆上所有设备和悬挂部分应按《铁路应用 机车车辆设备冲击和振动试验》IEC61373 标准要求承受各种力的冲击，设备任何部分不应发生脱离，车体也不应发生永久性变形。 1)安装于车体上设备的悬挂装置，在任何方向应能承受的最大冲击加速度根据欧洲标准《铁道应用—轨道车身的结构要求》EN12663 标准为：纵向：$3g$，其中 $g=9.81m/s^2$；横向：$1g$，其中 $g=9.81m/s^2$；垂向：$(1+C)\times g$ 其中在车端 $C=2$，在车辆中间 $C=0.5$，$g=9.81m/s^2$。 2)装于转向架构架上的设备应按《铁路应用 机车车辆设备冲击和振动试验》IEC61373 中相关的规定进行振动测试，其设备和悬挂不会产生永久性变形，并提供测试报告。 3)车体和转向架的连接部分能承受 $3g$ 的纵向冲击力而无永久性变形。车体和转向架间的连接件能承受 $5g$ 的纵向冲击力而不断裂。 4)轮对上所有部件均能承受任何方向的最大冲击加速度（每个载荷情况将单独施加）应按照《铁路应用 机车车辆设备冲击和振动试验》IEC 61373-1999 中相关规定的进行振动测试，并提交测试报告。 5)车辆的各种设备应能承受车辆在联挂和正常运行时的冲击和振动。列车联挂速度不大于 5km/h。 6)列车纵向冲击率：$\leqslant 0.75m/s^3$
5	车辆限界	车辆应能满足现行国家标准《地铁设计规范》GB 50157-2013 中关于城市轨道交通 B 型车限界标准及某地铁 21 号线车辆限界的要求，并提供某地铁 21 号线车辆限界核算报告书。为满足回送需要，应同时满足现行国家标准《标准轨距铁路限界 第 1 部分：机车车辆限界》GB146.1 的要求
6	车辆自重	(1)车辆自重：Tc 车：约$\leqslant 31t$；M、Mp：约$\leqslant 35.4t$。 (2)对列车总重要求运转整备状态下的车辆重量不应比合同中规定的值大 3%。 (3)对轴重的要求轴重$\leqslant 14t$。 (4)动车每轴轴重与该车平均轴重之差不得超过该车平均轴重的±2%。 (5)对轮重的要求：任一车轮的实际轮重与该轴两轮平均轮重之差不应超过该轴两轮平均轮重的±4%。任一侧各车轮上测得的轮重与在两侧得的轮重平均值之差不大于 4%。原则上不允许通过加重块来实现车辆配重平衡
7	噪声	(1)按照 ISO3381 和 ISO3095 标准执行。 (2)噪声值的测量在自由声场环境中进行，车外噪声在开阔地面除道床的枕木、道渣及相邻地面以外，没有其他任何反射表面时测量噪声等级；车内噪声的测量在车辆组装完成，车辆为空载状态下进行。测量时应使所有辅助设备和空调机组处于全功率工作状态。

续表

目录序号	所属系统	引用标准
7	噪声	车内噪声水平： (1)静止条件下辅助设备的噪声 在《轨道交通 声学 有轨车辆内部噪声的测量》ISO3381标准规定的测试条件下，列车静止，辅助设备及空调机组满负荷运行，在车辆中心离地板面高1.2m、1.6m处测得的客室内 $LpAeq,T$ 应不超过69dB(A)；司机室内 $LpAeq,T$ 应不超过67dB(A)。在空调回风口下方测得的 $LpAeq,T$ 不得超过：72dB(A)。 (2)列车在地面线路道渣轨道上运行时的噪声 在ISO3381标准规定的测试条件下，列车在野外以 $120\times(1\pm5\%)$ km/h速度运行时，在车辆中心离地板1.2m、1.6m高处测得的客室内、司机室内 $LpAeq,T$ 应不超过75dB(A)。在贯通道附近和空调回风口下方，距离任意墙面不少于0.3m处，测得的 $LpAeq,T$ 不得超过：75dB(A)。 车外噪声水平： (1)静止条件下辅助设备的噪声 在ISO3095标准规定的测试条件下，列车在野外静止时，辅助设备及空调机组满负荷运行，在距轨道中心7.5m，距轨面高1.2m、3.5m处测得的 $LpAeq,T$ 应不超过68dB(A)。 (2)列车在地面线路道渣轨道上运行时的噪声 在ISO3095标准规定的测试条件下，列车在野外以 $60\times(1\pm5\%)$ km/h速度运行时，在距轨道中心线7.5m，距轨面高1.2m、3.5m处测得的 $LpAeq,T_p$ 应不超过80dB(A)
8	列车运行平稳性指标	根据《地下铁道工程施工质量验收标准》GB/T 50299和"中国铁路维护规则-2001版"规定的维护良好的轨道上，在任何载荷、空气弹簧满充和任何速度工况下，应按照《机车车辆动力学性能评定及试验鉴定规范》GB/T 5599的规定，其垂向、横向运行平稳性指标均小于2.5。经过150000km运行后，在上述条件下，其垂向和横向平稳性指标应小于2.75
9	车辆的脱轨系数	应使轮缘力尽量最小，脱轨系数 Y/Q 最大值在正常情况下不得超过1.0，在极限情况下不得超过1.2，所确定 Y/Q 值符合《机车车辆动力学性能评定及试验鉴定规范》GB/T 5599的规定
10	车辆的轮重减载率	轮重减载系数在正常条件下不大于0.6，在空气弹簧未充风时不大于0.65
11	动力学性能	动力学性能试验应满足《机车车辆动力学性能评定及试验鉴定规范》GB/T 5599标准中相关规定
12	防火及安全要求	(1)车辆必须有良好的防火性能，以便最大限度地防止火灾发生。车辆的设计、制造及所选用的材料、部件的防火要求应符合《铁路车辆防火保护措施》DIN5510防火等级3级或等同标准的要求。 (2)车辆所使用的电线和电缆应是无卤低烟阻燃或无卤低烟耐火电缆。 (3)车辆上不允许使用可燃的材料（如木材等）和燃烧后产生毒气的材料。车辆上所用材料应采用非延燃性材料和防火材料，并提供所选用材料达到相应防火要求的证明，所有橡胶弹性元件防火安全系数应不低于DIN5510.4标准或其他等同国际标准。 (4)高压电气设备应具有人身安全防护措施和警示标识。 (5)每个客室应备有2个，司机室应备有1个灭火器，每个容量为5kg。 (6)卖方应提交整车防火设计方案和技术说明。 (7)列车配置火灾自动报警系统，并将检测到的火警信息传送到司机室显示并报警，与列车监控系统和视频监控系统联动提示司机，司机可以在司机室内对火灾报警进行确定和复位，卖方应在设计阶段提供方案供买方确认

续表

目录序号	所属系统	引用标准
13	防水防尘	(1)车辆应满足防雨水要求,在风雨、大雾天气时,车厢、空调装置、电气设备箱、插销联结器等设备均应具备防水功能。车辆清洗时,各种设备均应具备防水功能,车厢及车辆各种设备内不得有水渗入,同时需考虑高架线路的特殊环境因素,提高防尘防水防止油漆变色等性能,具体在设计联络阶段讨论。 (2)车体和安装在车体外电器箱的防水满足《铁路设施—铁路车辆—车辆组装和运行前的整车试验》IEC61133 标准。 (3)地板下的设备外罩箱的 IP 等级不低于 IP54,需考虑高架线路的特殊环境因素,提高防尘防水等性能,避免出现漏水进尘现象,具体在设计联络阶段讨论
14	电气牵引系统	(1)电气牵引系统为 VVVF 控制的交流传动系统。 (2)采用微机控制的矢量控制或直接转矩控制方式。 (3)列车控制采用总线控制方式,网络系统具有较高冗余,预留接口可实现无线上传功能。 (4)VVVF 逆变器的功率元件采用大功率电力电子器件 IGBT。 (5)系统具有空转/滑行控制功能,需反应快速、有效、可靠的空转/滑行控制,充分利用轮轨粘着条件。 (6)列车制动方式采用电制动与空气制动混合运算的控制方式。应优先充分发挥电制动的作用以减少闸瓦的磨耗和节省电能。当电制动力不足或失效时,由空气制动补足或替代。电制动与空气制动应随时自动配合、平滑转换,列车应无冲动。 (7)当不能实现电制动时,所需总制动力必须由空气制动来提供
15	辅助电源系统	(1)每列车安装辅助电源装置即静止逆变器(DC/AC)、DC110V 低压电源和蓄电池组,每列车至少配置 2 台静止逆变器(DC/AC)、2 台 DC110V 低压电源,采用集中布置或分散布置,由卖方提出方案。其输出能力必须满足 6 辆编组列车各种负载工况的用电要求并保证有 10%的冗余,卖方根据负载情况进行核算确认。 (2)静止逆变器(DC/AC)、DC110V 低压电源的功率元件采用大功率电力电子器件 IGBT,其控制采用微机控制并有自诊断功能; (3)静止逆变器(DC/AC)输出的交流电压基波应为正弦波,电压为三相 380V 和单相 220V,频率为 50Hz;DC110V 低压电源输出的直流电压为 110V 和 24V(如有)。 (4)系统须有足够的过载能力,在短时间内应能承受住负载启动电流的冲击;并在负载突变和输入电压突变条件下,瞬间输出电压变化不大于±20%,调整时间不大于 100ms,不得影响所有负载电机电器的正常工作。 (5)内设自动监视装置,应具有自诊断和故障记录功能,并能在司机室显示屏上显示系统状态及故障情况,便于故障分析和维修。 (6)辅助电源系统应具有完备的保护。 (7)噪声等级:自然冷却或水冷型,距箱体 1m 处小于 65dB(A);强迫风冷型,距箱体 1m 处小于 73dB(A)。 (8)当列车中某一台静止逆变器故障时,其余静止逆变器应承担列车的基本用电要求并保证列车的正常运行。 (9)蓄电池组采用碱性镉—镍蓄电池或铅酸蓄电池,免维护型。容量应满足 6 辆编组列车在任何工况时的需要,紧急通风、照明等按 45min 考虑
16	紧急通风逆变器	输入:DC110V(蓄电池供电)容量应满足列车在紧急通风工况时的需要
17	列车控制及监控系统	(1)具有车辆运行和故障信息自动采集、记录和显示并兼有对列车及其辅助设备的控制功能。并可通过读取器将数据读出和打印。断电后数据存储期至少为半年,存储的数据量满足故障记录及运营检修的需要。 (2)应具有自诊断功能。在列车出库前应能自动检测并显示列车主要设备的状态。

续表

目录序号	所属系统	引用标准
17	列车控制及监控系统	(3)应具有乘务员运转操作支持功能。 (4)应具有检修作业支持功能。 (5)应具有对列车的牵引制动指令进行传输的功能。 (6)系统应具有强抗干扰能力、高可靠性和冗余性。 (7)列车采用列车总线控制方式,列车通信网络应满足《列车通信总线(TCN)协议》IEC61375 或其他国际标准以及中国交通运输协会轨道交通委员会发布《城轨车辆车载控制网络数据传输规范》(第 2 版)或其他国际标准的相关要求。 (8)应具有监视功能,网络具有部分控制功能,网络控制部分有冗余,预留接口可实现无线上传功能
18	空气制动和风源系统	(1)采用微机控制的数字或模拟式电－空制动系统,内设监控终端,具有自诊断和故障记录功能。它能在司机控制器、ATO 或 ATP 的控制下对列车进行阶段或一次性的制动与缓解。 (2)空气制动系统具有常用制动、快速制动、保持制动、停放制动和紧急制动功能,其中常用制动可与和电制动协调配合。常用制动力、快速制动力、保持制动力和紧急制动力均应根据列车载荷进行调节,以保证列车减速度从空车到超员基本不变。车辆载荷信号取自空气簧的气压,具有满载率检测功能,并能正确检测满载率。 (3)列车常用制动优先采用电制动,当电制动不足时由空气制动补充。基础制动采用盘式制动单元,至少 50% 盘式制动单元带有停放制动功能。 (4)具有保持制动功能。 (5)系统应具有优异的滑行控制(抑制)功能,使发生滑行的车轮尽快恢复粘着,防滑控制为轴控方式。 (6)具有预压力和电制动预衰减校正(补偿)功能。 (7)具有制动不缓解检测和制动力不足检测功能。 (8)列车应具有事故导向安全的紧急制动系统,紧急制动完全由空气制动承担。 (9)每列车 8 设有两套三相 AC380V,50Hz 交流鼠笼式异步电动机驱动的空气压缩机组(含过滤、干燥设备以及安全装置等),并配有相应的总风缸和制动辅助风缸。 (10)列车的电动空压机组经列车总风管相连通,总能力应满足 6 辆编组列车各种工况的用风要求,并适当留有裕度。 (11)系统应功能完备,工作可靠、噪声低、保护齐全。 (12)停放制动应能确保 AW3 载荷时,安全地停放在线路的最大坡道上,并考虑最大季风的影响
19	列车广播及乘客信息显示	(1)列车广播系统满足本项目线路运营要求,要求提供给司机可控的五种通信方式和给乘客乘车时语音上的必要信息。 1)司机室对讲;2)司机对客室广播;3)司机与乘客的对讲;4)无线电广播;5)数字化报站/关门报警。 (2)客室内广播喇叭的设置能保证客室内广播清晰、声强均匀、无死区。 (3)每辆车设 LCD 液晶显示屏。 (4)客室内设高亮度 LED 电子动态地图、列车运行方向指示和本侧车门开启预告提示装置。 (5)列车 LCD 显示器具有单独的电源控制功能。 (6)客室及司机室应配有监控摄像系统。客室监控应保证无盲区,司机室监控应可监视司机台及司机可操作的所有按钮及开关
20	车辆空调	(1)调机组采用单冷形式空调。 (2)空调机组采用顶置式安装,由于受车辆限界限制,应采用薄型单元式空调机组。 (3)当一台辅助电源故障时,空调机组的制冷能力应自动调整。

续表

目录序号	所属系统	引用标准
20	车辆空调	(4)每列车设一套空调、集控装置。控制装置采用微机控制,具有自诊断功能和空调机组分时启动功能。 (5)全列车各空调机组在车辆运行时由司机集中控制;在维修时可由维修人员单独控制。 (6)空调装置设有4种工况:手动、自动、通风和停止,并可通过本车控制装置对空调进行控制,也可通过司机室内的显示器进行控制和温度设定。在手动工况时,空调机组根据各自的温度控制器所设定的温度进行客室内温度控制;在自动工况时,空调机组根据外界环境温度自动调解客室内温度。 (7)新鲜空气的最小供给量:制冷时司机室人均新风量应不少于 $30m^3/h$;客室内人均新风量应不少于 $10m^3/h$,新风量可以根据载客量控制。 (8)空调机组使用环保型制冷剂,制冷系统应保证密封,制冷剂不得泄漏。 (9)车辆静止时,空调装置正常工作产生的噪声值不超过 70dB(A)。 (10)风道采用具有隔声、隔热功能的材料,优化风道设计、减小风阻、降低噪声。 (11)在紧急通风时,仅利用司机室及空调机组的通风机,不再设置其他的机械通风装置(不含废气排放装置等)。司机室不设单独空调,与客室共用,但应设有送风单元
21	车体及内装设备	(1)车体材料为轻型、整体承载的铝合金,采用全焊接或部分铆接结构。 (2)列车联挂速度不大于 5km/h。 (3)车钩及缓冲器系统可吸收速度为 8km/h 的列车(AW0)与制动的列车(AW0)相撞时产生的冲击能量,任何部件不能损坏。车钩及缓冲器系统可吸收速度为 15km/h 的列车(AW0)与制动的列车(AW0)相撞产生的冲击能量。在此冲击速度下,除车体不能损坏外,同时应满足以下要求: 1)不得导致转向架、车钩与车体连接件、贯通道设备柜及其支承等主要部件的损坏。 2)列车仍应能通过自身的动力或是由另一机车牵引,顺利通过本项目运行线路和车辆段内条件最不利的轨道,以到达维修地点。 (4)当两列 AW0 的列车在相对速度大于 15km/h 以上相撞时,通过适当设计边梁的刚度,并在司机室底架部分设计有防碰撞吸能单元通过列车两端底架端部的能量吸收装置或结构变形区吸收车钩缓冲器无法吸收的剩余能量,以使司机室部位的底架首先起能量吸收作用,从而保护客室部位的底架。在自动车钩系统上设有过载保护措施。 (5)在首尾车底架两端设有防爬装置。 (6)车体的固有频率、构架的固有频率及电气设备的频率应统筹考虑,以防产生共振。 (7)车体需做隔声、隔热处理。 (8)每辆车客室每侧设 4 套电动双开客室门,采用塞拉门,所选择的车门必须为有充分试验验证的产品。采用微机处理器控制的电动机驱动装置,并具有自诊断功能和故障记录功能。 (9)列车两端不设紧急疏散门,灾害时乘客可以通过客室车门进入隧道的疏散平台快速进行疏散。车辆的客室门应具备人工紧急开门的功能。 (10)车体之间采用贯通道,宽度为 1300mm。贯通通道的强度和结构设计应满足乘客可以自由地在列车的各客室之间的穿行,且没有任何潜在的危险。贯通道应有良好的平面曲线及反曲线通过能力。 (11)客室的侧窗形式:单元组合式整体车窗,全密封设计。车窗更换时不需要拆卸侧墙内墙板。所有车窗在关闭状态时必须严密、不渗水。

续表

目录序号	所属系统	引用标准
21	车体及内装设备	(12)客室内沿两侧侧墙设纵向座椅。座椅形状应满足人体工程学的要求。客室座椅采用不锈钢材料,应具有良好防滑性能。 (13)客室内设置数量充足、美观适用的水平扶手杆和立柱,水平扶手杆中心与车辆中心线的距离应充分考虑到站立乘客与座席乘客间的相对距离。 (14)司机驾驶台位于司机室中部,司机台台面面板应采用表面防滑的不锈钢材料,标识采用蚀刻蓄光材料。司机室的设备布置应科学合理,符合人体工程学,满足便于使用和维修的要求。 (15)带司机室车的前端设全自动密接式车钩。 (16)客室内照明灯具平行纵向布置于车辆顶部两侧,便于检修拆卸,并提供详细技术方案。 (17)紧急照明占列车全部照明的1/3。紧急照明时门区离地板面800mm高度处的照度不低于100lx。正常照明与紧急照明应采用相同光源。 (18)司机室内照明灯具的选型应充分考虑在车辆上使用的工作环境和方便维修,应耐振动,耐冲击和防潮、防尘,并应符合有关噪声标准。 (19)司机室前端设有前照灯,在列车紧急制动距离处照度不低于2lx。 (20)客室内设置残疾人轮椅区,并配置轮椅固定装置,相关标识
22	转向架	转向架分为两种结构相似的动车转向架和拖车转向架,均为无摇枕转向架,转向架构架采用钢板焊接结构。两种转向架采用相同的轴箱定位装置、组合式空气弹簧、中央牵引装置、自动高度调整阀、压差阀、横向油压减振器、盘形制动装置和轮对等。牵引电动机、齿轮传动装置、联轴节等安装在动车转向架上。 (1)转向架采用二系悬挂系统。构架寿命:不低于30年。 (2)转向架基础制动装置采用部分带停放制动的盘形制动的单元制动缸,每个转向架装有4个单元制动缸,停放缓解装置应便于在车侧操作,无干涉,且在两侧均能对一个转向架的停放制动进行缓解,具体方案在设计联络阶段确定。 (3)牵引电动机采用架悬式,固定在转向架构架上。所有动车轮对及牵引电动机均可互换。 (4)齿轮箱为平行轴式齿轮箱,采用铸钢箱体或更优形式。 (5)采用齿式联轴节或其他成熟形式。 (6)接地装置安装在轴箱上。接地装置应确保接地良好,便于检修。 (7)车辆可装有一定数量的轮缘润滑装置。 (8)关于为便于安装设备,在其中两列车预留集电靴监控装置机械安装接口及预留接线,具体在设计联络阶段确定。 (9)转向架橡胶弹性元件: 1)缓冲件与减振件应采用天然/氯丁橡胶。 2)空气弹簧的外表层应采用耐磨天然/氯丁橡胶。 3)转向架橡胶弹性元件的寿命要求参见第五章转向架橡胶件的相应要求。 4)卖方应提交转向架主要橡胶件的寿命说明及产地
23	列车自动控制及车载设备	(1)列车装有自动驾驶装置 ATO,行车安全自动防护设备 ATP 等。 (2)列车装有无线电台通信设备。 (3)列车装有 PIS 系统设备。 (4)列车预留 WLAN 宽带局域网设备安装接口及预埋线,具体在设计联络阶段确定
24	车辆的内装外饰	(1)车体的内装外饰理念应超前。 (2)车体的造型应线条流畅,内装外饰应高雅、美观大方。 (3)客室内应色调协调、明快、柔和,具有现代气息。

续表

目录序号	所属系统	引用标准
24	车辆的内装外饰	(4)车辆内装外饰的设计应不仅仅局限于功能设计,应体现时尚并具有超前意识,给乘客更舒适、更方便的乘车环境。 (5)应考虑残疾人、老年人和儿童乘车方便。 (6)各种安全警示及服务性标识齐全、美观
25	车辆的钥匙系统	(1)车辆的钥匙系统主要分两类:主钥匙、方孔钥匙、普通钥匙。 (2)主钥匙只用于列车驾驶,每列车应配备6把。 (3)普通钥匙用于开关司机室及客室内设备柜、电气柜的门锁、司机室通道门,每列车应配备6把。 (4)方孔钥匙用于开启司机室侧门、车门车外解锁装置及车顶、车底及车内各盖板,统一采用7mm方孔钥匙,方孔钥匙锁紧装置须有锁紧对位的指示。每列车应配备20把。 (5)主钥匙和普通钥匙及其锁芯均在不受力的状态下工作。 (6)客室设备柜及电气柜采用单手柄三点锁闭方式的锁闭机构。 (7)卖方在设计联络阶段提供样品由买方确认
26	能耗记录仪器	具有列车能耗(分别包括牵引、回馈、辅助)记录功能,且误差精度不大于2%,要求配置独立的能耗硬件记录装置,能耗记录数据可通过列车控制系统无线上传。具体实施方式在设计联络时确定
27	相关标准及互换性要求	(1)相关标准 1)车辆的设计、制造和试验以及所使用的材料均应符合有关国际标准及现行国家标准和现行行业标准。 2)车辆所使用的材料、部件或产品必须满足国家强制性标准和强制性产品认证等,中标人须提供采用强制性标准的材料、部件或产品明细表。 3)卖方应提交一份在设计、制造和试验中采用的具体标准明细表。明细表中应列出每项标准的名称、实施日期和参考号,并对所引用部分在设计联络时提供中文翻译版本。 4)车辆能通过现行国家标准《标准轨距铁路限界 第1部分:机车车辆限界》GB146.1(不过驼峰)。 5)车辆应符合 IEC、UIC、DIN、JIS、EN 和 ISO 等有关的国际标准。 6)车辆应符合现行国家标准《地铁车辆通用技术条件》GB/T 7928-2003 等标准。 7)进口部件应同时符合经买方确认的供货国标准。 (2)互换性 用于车辆上的牵引电机、各电器箱及箱内主要部件、主要零部件、各种阀、开关和电子线路板等均应具有良好的互换性
28	单位制	车辆及其零、部件(除密封用管螺纹外)、紧固件、工具等的设计和制造均应用公制单位标定,并符合国际标准
29	质量控制	卖方应按 ISO9001:2000 标准进行质量控制,并满足用户需求书中第19章的要求。卖方应提供具体的质量保证方案
30	标识	(1)车辆及安装于车辆上的各设备应具有产品标识,标识内容应包括品名、序号、型号、基本参数、出厂日期及厂家等。 (2)对于有触电危险的设备应具有明显的安全标识。 (3)所有的标识文字(厂名除外)应采用标准简体中文,且标识应不腐蚀。 (4)通用标识应符合相关国家标准,专用标识应提供图纸及样品在设计评审时确定

续表

目录序号	所属系统	引用标准
31	接口	(1)车辆所有设备的接口均由车辆制造厂负总责。最终的接口方案必须由车辆制造厂确认。 (2)在设计过程中所发现的任何新增接口项目也必须纳入接口作业中解决。 (3)车辆卖方对车辆的完整性负总责
32	设备安装	(1)车辆上所有进口设备的安装均由车辆制造厂负责,进口设备卖方提出具体的安装要求。 (2)车辆上所有国内采购设备的安装由车辆制造厂负责,国内设备卖方提出具体要求。 (3)车辆上所有设备,元器件及部件的安装应充分考虑检修时的可操作性和可接近性。 (4)整车的设备安装及高、低压布线应充分考虑电磁兼容问题。 (5)车体应设架车支座和车体吊装座,并在车体与转向架设置相关标识,以便于拆装起吊和救援。 (6)车下布置方案应充分考虑设备、部件的可维修性,车下相同设备应在列车布置位置应相同。样车车下布置方案在征得买方同意后实施,在实施过程中,买方将在不同阶段进行过程监造,一旦发现不便于维修之处,卖方应积极配合进行必要的改进
33	电线、电缆、接插件及车下电器箱和部件	(1)所有电线、电缆均采用难燃性或阻燃性材料。不允许使用燃烧后散发有毒气体的材料。并应符合相关国际、国内标准。 (2)车辆所用的电线、电缆应有足够的绝缘性能。 (3)车辆所用的电线、电缆容量应满足使用要求并留有适当余量。 (4)电气设备的外部配线的防火性能应符合《铁路车辆防火保护措施》DIN5510 或《载客列车设计与防火通用规范》BS6853 标准的相应等级。 (5)各种电线电缆的容量应满足使用要求,电线电缆在布置方式、布线、绑扎时应充分考虑散热和电磁兼容问题。 (6)所有电线、电缆的接线端头均应带有清晰、正确、不易消损的线号。 (7)电气箱柜外部配线应在线号后标明此线的去向。 (8)车上所用的电线电缆,尽量减少电线电缆的种类和规格型号,对于同一种类的电线电缆应统一型号、统一厂家,尽量减少电线电缆的型号和厂家。 (9)车辆所用的电气接插件在任何工况下应保证接触良好,并具有良好防水防潮性能。 (10)车下各电器箱和部件应统一颜色。 (11)对于清洁度要求较高的电器箱,应采取措施使箱内保持正压。 (12)所有设备箱体、金属附件及锁扣件均采用不锈钢制作。如有必要设备箱盖亦可采用铝合金材料
34	电磁兼容	应考虑车辆自身控制系统不受电磁干扰及各种干扰对人体和其他设备的影响。 (1)对车辆电磁兼容性的要求 1)电动车辆是在隧道或地面线路上不断运行着,应保证不会干扰沿线的通信、信号等设备的正常工作。 2)车辆上的车载电子设备和电气设备应避免相互干扰,它们包括:门控系统、空调控制系统、牵引和制动控制系统、列车控制诊断系统、车载通信及信号设备等。 3)车辆在所有正常工作状态下,卖方应确保列车产生的任何电磁场不得干扰乘客物品或磁性介质的正常使用。考虑电动车辆上可以使用手机和小型移动电台等。 4)必须考虑静电和低频磁场对装心脏起搏器乘客的影响。 5)应考虑避免对站台屏蔽门的门控系统、闭路电视及站台监视系统的影响,同时考虑站台屏蔽门对车载电子设备和电气设备的干扰。

续表

目录序号	所属系统	引用标准
34	电磁兼容	6）应考虑对乘客信息显示系统的影响。 7）窗玻璃和车门玻璃屏蔽衰减指标为了满足民用通信系统在地铁车辆内的正常使用，特对车辆玻璃屏蔽提出以下要求：客室窗玻璃、客室车门玻璃及司机室车门玻璃对 800～2500MHz 范围内的无线电频率的屏蔽衰减必须小于 6dB。 8）根据本项目的轨道电路，在允许的最大频率范围，卖方应采取措施限制其最大的干扰电流值。 9）本项目地铁采用直流 1500V 第三轨（车场架空接触网）供电，沿线有各类变电所，应采取措施限制其对电磁敏感设备的干扰。 （2）与通信和信号设备的电磁兼容性 1）列车产生的电磁场不应干扰通信和信号系统所有设备的正常工作。 2）卖方应与通信和信号系统供应商联络和合作，交换 EMC 数据和相关设备性能特性，解决接口问题，保证系统的兼容性。 3）所有由信号、PIS、通信供应商提供的车载通信设备（抗干扰能力应由通信设备制造商保证）应不受由列车、供电、电力回流轨、动力电缆和牵引电机产生的任何磁场的影响。 4）列车在正常运行时，不得明显影响任何客室内乘客信息显示板、司机室显示器或闭路电视车载视频显示器等。 5）从通信设备的任何部件的任何方向 0.5m 距离处的辐射发射，在特定频带中不得大于给定的场强度，特定频带和允许场强度由卖方提出建议方案，买方确认。 6）卖方应对逆变器进入车载滤波器的谐波电流/浪涌电流的大小以限制，并提供足够的列车输入阻抗以限制按国际标准规定的所有谐波电流，在铠装通信电缆上的感应电压不超过 ITU-T 对正常和故障条件下的推荐值。具体标准在设计联络阶段讨论确定。 7）必须提供在所有条件下和所有时间在列车供电接口处测得的最大噪声电流不得大于： ①在 20s 内平均 10A；②在 4s 内平均 12.2A；③瞬时值 13A；④噪声加权按在 ITU-T 建议中所描述的要求进行。 8）所有干扰信号应低于 ITU-T 标准要求。 9）必须采取措施限制在车辆上由于高速开关所产生的冲击电流的干扰。 10）公共系统的兼容性在所有正常工作状态下，卖方应确保由列车产生的任何静态的或交变的磁场，不得干扰乘客物品或磁性介质的正常使用。 （3）对车辆的 EMC 设计方案的要求 1）车辆的所有部件应不受任何干扰地发挥其功能； 2）车辆与其线路内、外环境应不受任何干扰地协调工作； 3）遵守买方对 EMC 的特殊要求，该要求将于设计联络会期间由买方提供。 4）卖方必须考虑 EMC 对车辆的所有部分的影响。 （4）车辆抗干扰测试 整车应按《铁路设施—电磁兼容性 第 3-1 部分：铁路车辆 列车和整车》EN 50121-3-1 测试抗电磁干扰的能力，目的使车辆满足抗干扰的所有要求，抗干扰度应达到《铁路设施 电磁兼容性 总则》EN50121-1 标准规定的 A 级性能。主电路、辅助电路中的接触器、继电器和其他可能产生干扰的干扰源对主、辅逆变器电子控制电路、故障诊断电路及其电子电路的干扰。主、辅逆变器之间相互的干扰。主、辅逆变器对故障电路和其他电子电路的干扰。 车辆抗干扰发射还应按《铁路设施 电磁兼容性 第 3-2 部分：铁路车辆 仪器》EN50121-3-2 标准测量电网反作用、无线电干扰场强和磁场。具体极限值卖方应在设计说明中给定。

续表

目录序号	所属系统	引用标准
34	电磁兼容	(5)部件级 1)所有供应的设备应能满足《铁路设施 电磁兼容性 第3-2部分:铁路车辆 仪器》EN50121-3-2的要求。 2)抗干扰测试的部件性能标准所有供应的设备不得由于进行抗干扰测试而变得危险、不安全或被损坏。所进行的测试卖方应按IEC标准中A、B、C级性能标准提供,并在试验计划中注明,交买方核批。 3)A级性能标准:正测试的设备在整个测试期间应保持正常性能不超出规定的极限值。测试无论如何不得影响任何软件代码和数据。 4)B级性能标准:正测试的设备可能在测试期间有功能或性能的临时降级或功能丧失,不允许低于卖方规定的性能水平。试验过程中允许性能下降的,但不允许实际运行状态或存储数据有所改变。正测试的设备必须在撤出测试波形/信号时在不用操作者介入或系统复位情况下自行恢复。此时无论如何不得影响任何软件代码或数据。 5)C级性能标准:只要设备功能可以自行恢复或通过操作控制器来恢复,允许出现暂时的功能丧失。最低性能判定需要在设计联络会议确定。 (6)干扰测试 1)辐射频率发射:对于辐射频率发射,所有供应的设备应按EN 55011第1组B发射极。 2)传导式发射:对于传导式发射,所有供应的设备应按EN 55011第1组B发射极。 (7)抗干扰测试 1)抗放静电:所有供应的设备应按IEC 61000-4-2 三级抗干扰级设计和测试抗放静电能力,应达到B级性能标准。 2)抗辐射干扰:所有供应的设备应按IEC 61000-4-3 三级抗干扰级设计和测试抵抗辐射频率,应达到A级性能标准。 3)抗快速电气瞬间值:所有供应的设备应按IEC 61000-4-4 三级抗干扰级对抗快速电气瞬间值加以设计和测试,应达到A级性能标准。 4)抗浪涌式干扰:所有供应的设备应按IEC 61000-4-5 标准的波形三级抗干扰级对抗冲击加以设计和测试,应达到B级性能标准。或按《铁路设施—机车车辆—电子设备》EN50155浪涌式的干扰现象的要求。 5)抗传导式干扰所有供应的设备应按IEC 61000-4-6 二级抗干扰级对抗传导式干扰加以设计和测试,应达到A级性能标准。 6)抗电力频率磁场所有供应的设备应按IEC 61000-4-8 三级抗干扰级对抗电力频率磁场加以设计和测试,应达到A级性能标准。 7)抗电源电压变化及短路中断按IEC-61000-4-11,应该达到B级性能标准。 以上这些测试并不能完全证明EMC相符性。卖方为全面证明EMC相符性,应适当建议其他测试。 (8)电磁兼容应满足《铁路应用—电磁兼容性》EN50121或其他相关国际标准的要求。 (9)卖方提供具体的电磁兼容措施及方案、电磁兼容管理计划书、电磁兼容设计研讨报告、电磁兼容测试计划等。 (10)样车组装完成后应进行EMC型式试验(不含通信、信号、PIS系统)并提供试验报告。 (11)车辆主要电气系统应进行EMC型式试验并提供试验报告。如采用相似项目有应用业绩的成熟产品,可提供该产品3年内的型式试验报告

附录三：某地铁某号线工程电客车监造工作日报

监造人员：　　　　　　　　　　　　　　　　日期：　　年　　月　　日

1. 生产计划及进度

某地铁某号线配置电客车 19 列，目前正在进行 0202 车的生产组装调试。

（1）具体生产情况

0202 车正在进行车辆总装。

（2）整体进度（附录三表 1）

整体进度　　　　　　　　　　　　附录三表 1

总体生产流程 列号	车辆总装	转向架组装	车辆组装连挂	车辆静调	Q40	淋雨试验	车辆动调
0202	进行						

（3）总成组装进度（附录三表 2）

总成组装进度　　　　　　　　　　附录三表 2

| 列号 | 车号 | 车下工序 | | | 车上工序 | | | 车顶 | | 落车 | 工序完成进度 |
		线槽管排安装	设备安装	设备接线	粘接工序	布线接线	车门	内装	受电弓	空调	
0202	1A										
	2B										
	3C								—			
	4C								—			
	5B											
	6A								—			

（4）今日生产进度（附录三表 3）

今日生产进度　　　　　　　　　　附录三表 3

列号	车号	作业内容
0202	1A	
	2B	
	3C	

续表

列号	车号	作业内容
0202	4C	
	5B	
	6A	

2. 现场质量问题

今日现场发现：B类问题 X 项，C 类问题 X 项；关闭开口项：B 类问题 X 项，C 类问题 X 项。

本日 2 号线发现开口项（附录三表 4）

本日 2 号线发现开口项　　　　　　　　　　　　　　　附录三表 4

序号	车辆号	问题	问题分类	图片	整改结果	发现人
1	02023C	1门直线轴承脱漆	C			

附录四：某地铁电客车监造工作周报

监造人员：　　　　　　　　　　　　　　　　　　生产周期：02.07～02.26

1. 生产计划及进度

某地铁 1 号线配置电客车 22 列，2 号线配置电客车 19 列。目前正在进行 0119、0120、0121、0202 车的生产组装调试。0119 已完成组装作业，正进行淋雨试验；0120、0121、0202 车在某基地进行总装。

（1）具体生产情况

1）0119 车 正在进行淋雨试验；

2）0120 车 正在进行车辆总装；

3）0121 车 正在进行车辆总装；

4）0202 车 正在进行车辆总装。

（2）整体进度（附录四表 1）

整体进度　　　　　　　　　　　　　　　　　　附录四表 1

总体生产流程 列号	车辆总装	转向架组装	车辆组装连挂	车辆静调	Q40	淋雨试验	车辆动调

（3）转向架（附录四表 2）

转向架　　　　　　　　　　　　　　　　　　　附录四表 2

列号	车号	构架组焊	轮对压装	构架落车	转向架称重	一二系调簧	布线	交付
	1A							
	2B							
	3C							
	4C							
	5B							
	6A							

（4）车体（附录四表3）

车体　　　　　　　　　　　　　　　　　　　　　　附录四表3

列号	车号	车体框架	底架喷砂	底架底漆	车体喷砂	车体底漆	车体腻子	车体面漆
	1A							
	2B							
	3C							
	4C							
	5C							
	6A							

（5）总成组装进度（附录四表4）

总成组装进度　　　　　　　　　　　　　　　　　　附录四表4

列号	车号	车下工序			车上工序				车顶		落车	工序完成进度
		线槽管排安装	设备安装	设备接线	粘接工序	布线接线	车门	内装	受电弓	空调		
	1A								—			
	1A											
	2B											
	3C								—			
	4C											
	5B											
	6A								—			

备注：蓝色为正在进行、红色为延期。

（6）现场照片

（略）。

2. 影响进度

（略）。

3. 监造主要问题及解决情况

（1）问题总体情况

某地铁1号线、2号线某基地监造开口项共X项（1号线开口项X项、2号线开口项X项），截至目前，已关闭X项（关闭X%），问题情况如附录四表5。

问题情况　　　　　　　　　　　　　　　　　　　　附录四表5

问题分类	A	B	C	整体
数量				
占比				
关闭				

续表

问题分类	A	B	C	整体
开口				
关闭率				

1) 按故障类型分各类故障

某基地现场监造所发现问题可分为掉漆生锈、内装装配问题、部件损坏、粘接问题和其他问题（附录四表6、附录四图1）。

按故障类型分各类故障　　　　　　　　　　附录四表6

故障类型	掉漆生锈	内装装配问题	电联接问题	粘接问题	其他问题
数量					
占比					

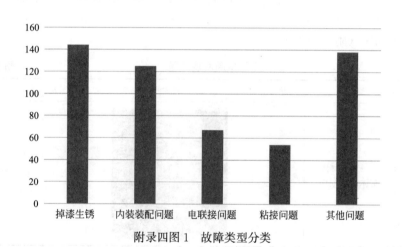

附录四图1　故障类型分类

依据故障类型分，在汇总开口项中，掉漆生锈表现最为突出，占故障总数的X%，其次是其他问题，占故障总数的X%。

2) 按开口项车辆系统分各类故障（附录四表7）

按开口项车辆系统分各类故障　　　　　　　　　　附录四表7

系统	车体及贯通道	车门系统	转向架及车钩	辅助系统	空调系统	牵引系统	控制系统	PIS系统	制动系统	其他问题
数量										
占比										

按电客车系统分类：车体及贯通道、车门系统、转向架及车钩、辅助系统、空调系统、牵引系统、控制系统、PIS系统和制动系统，共9大系统及其他问题（附录四图2）。

依据车辆系统分，在汇总开口项中，车体及贯通道系统问题表现最为突出，占故障总数的X%。其次是车门系统，占故障总数的X%。

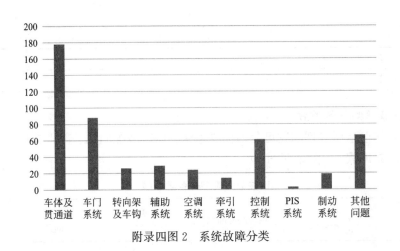

附录四图 2　系统故障分类

(2) 本周发现问题

本周发现开口项共 X 项；其中 B 类问题 X 项、C 类问题 X 项；本周关闭开口项共 X 项；其中 B 类 X 项、C 类 X 项。

本周发现问题（附录四表 8）

本周发现问题　　　　　　　　　　　　　　　　　　　　　附录四表 8

序号	车号	问题	问题分类	图片	发现人	预计关闭时间
1	01201A	左侧登车梯旁车体油漆损伤	C		李晟昊	2021 年 02 月 25 日

本周关闭问题（附录四表 9）

本周关闭问题　　　　　　　　　　　　　　　　　　　　　附录四表 9

序号	车号	问题	整改前图片	整改后图片	问题分类	确认人/时间
1	01181A	3 门门驱盖板合页异响			C	

某轨道交通电客车监造组

年　月　日

附录五：车辆监造管理办法

1. 监造目的

为保证车辆监造工作系统化、规范化、程序化开展，严格督促制造厂家履约，努力实现地铁车辆制造项目预期的质量、工期控制目标，特制订本管理办法。

地铁车辆监造的总目标是通过对地铁车辆制造计划的编制、原材料的采购、主要部件的加工、组装、调试、试验、包装、发运等关键环节进行跟踪检查和监控，确保地铁车辆的质量符合采购合同的要求，并且按照合同规定的日期交货。

（1）质量控制目标

监造工作坚持贯彻以质量为中心的方针，抓好实施过程中的主要环节，严格遵守检验标准，确保上车组装配件符合图纸技术要求，使其合格率达到100％。

（2）进度控制目标

根据合同工期进度表，按阶段进行"进度、计划差"分析，及时向公司报告，并及时与制造厂家研究制定保证进度实施的措施，确保预期工期的实现。

（3）信息管理目标

及时收集监造信息，及时以文件形式沟通公司与厂家关系，不断改进监造工作，收集信息资料，确保资料完整归档。

2. 监造范围

本管理办法适用于某轨道交通集团有限公司采购的所有地铁电客车的材料、工艺、质量、进度、试验等内容。

3. 监造工作依据

（1）车辆及牵引系统采购合同的有关规定及要求。

（2）设计联络、设计审查会议纪要中的技术标准及要求。

（3）经公司确认的设计图纸及技术资料。

（4）生产厂家高于国家标准的企业标准，生产工艺和工业以求。

（5）经公司确认的设备试验大纲。

（6）地铁车辆设计和工艺标准。

（7）相关法律、政策、规范及标准。

（8）车辆监造合同（如有）。

（9）车辆与信号、通信等系统设计联络、接口会中所确认的项点。

4. 监造内容及流程

（1）监造具体内容

1）对车辆制造商的程序、过程、文件编制以及原始记录进行监督；

2）对车辆制造商所采用的工艺文件的完整性和有效性进行审查；

3）对车辆制造商所采用的工装设备、试验方法进行审查；

4）对车辆制造商特殊工种的生产人员资质进行审查；

5）对车辆制造商主要零部件加工、组装的关键工序进行巡检，严格控制质量；

6）对车辆总装全过程进行监督，对关键工序进行旁站监督；

7）对车辆制造商厂内型式试验进行监督：审核型式试验大纲，审核承担型式试验单的资质，跟踪、监理型式试验全过程，确认型式试验的结果和报告；

8）监督车辆制造商按修改后的施工设计生产第二列及以后的车辆，对第一列车进行整改；

9）审查车辆制造商提出的车辆出厂试验大纲，对试验所采用的设备、仪器、仪表等进行审验，监督调试和试验，对试验的数据和报告进行确认；

10）参加车辆在厂内试运线进行的各种调试和性能试验；

11）对车辆制造商提出的阶段生产进度计划及实施措施进行审查；

12）对车辆制造商生产进度计划执行情况进行跟踪检查督促进度计划的实施，核批修正计划；

13）对车辆制造商采购的重要原材料和关键外购件的质量进行检查，对于不符合有关规定和标准的原材料和外购件，有权拒绝进入生产流程；

14）参加供应商提供的主要部件的开箱检查与确认：检查部件外观、数量、合格证、技术资料等是否齐全；

15）参加车辆的出厂检验；

16）审查列车的出厂、运输计划、对出厂列车的回送整备状态数量进行检查，包括合同规定的备品备件、技术文件及图纸等。对车辆装运过程中的吊装、紧固、防护等方案进行核实；

17）审查车辆制造商的质量保证体系；

18）审查付款申请报告。

（2）监造流程

1）熟悉车辆制造图纸及有关技术说明和标准，掌握设计意图和制造的工艺规程；

2）审查车辆制造商报送的车辆制造生产计划和工艺方案，提出审查意见；

3）审查原材料、标准件、外购件的质量证明文件及检验报告，参加车辆制造商对外购件、材料的验收，审查车辆制造商提交的报验资料；

4）审查车辆制造的检验计划和检验要求，确认各阶段的检验时间、内容、方法、标准；

5）对车辆制造过程进行监督和检查；

6）对车辆制造商的质量检验结果进行审核，不符合合同规定的要求时，责令制造商进行整改、返修、返工；

7）监督车辆组装、调试、试验，参加列车出厂前检验；

8）检查待出厂列车的防护和包装措施，检查是否符合运输、装卸、储存的要求，以及相关的随车文件、装箱单、备品备件、专用工具是否齐全。

（3）编制监造工作总结

监造工作结束后，需编写监造工作总结。车辆监造过程中，应注意及时填写有关记录，如开箱检验、巡检、质量见证、监造日志等。每周编写监造周报并发送至公司。

5. 监造办法及控制措施

（1）设备制造工艺监造方法

1) 审查主要部件的工艺规程。
2) 审查主要部件的工艺装备。
3) 分析工艺制定的可靠性与合理性。

(2) 生产厂家质量保体系

1) 抽查生产厂家质量贯标情况和复检时效。
2) 了解工厂相关质检网络分布情况和质检制度情况。
3) 考查生产工人、质检人员所使用的测量器具和仪器仪表的情况。

(3) 原材料、配件、设备

1) 原材料化学成分、物理性能审查。
2) 进口设备的开箱商检及进口、国产主要配件的产品合格证。
3) 进口及国产重要设备的检验报告、型式试验报告。

(4) 设备生产过程

1) 对车辆主要部件的生产全过程进行监造。
2) 对关键工序进行旁站监造。
3) 对隐蔽部位或工序，工厂必须提前通知现场监造人员，进行现场旁站监造。
4) 对需要通过检查检测并经过厂家三检的项目进行监造。
5) 对重要部件的制造、组装、试验及系统调试等生产过程进行监造。

(5) 列车试验的监造

1) 对试验大纲中的型式试验、例行试验进行审查并提出书面审核意见。
2) 向生产厂出具由委托方确认的车辆整改通知单，并监督其落实。
3) 负责监造生产厂整车出厂前调试、验收工作。
4) 签署相关出厂验收监造文件。

(6) 车辆生产进度监督

1) 审查工厂详细的各工种、工序生产进度表。
2) 按进度表分月、季、年度实现车辆制造进度目标。
3) 备品、备件交货验收、交接。
4) 专用工具交货验收、交接。
5) 试验设备交货验收、交接。
6) 图纸、技术文件等资料验收、交接。
7) 相关配套分包商、采购部分配件及其他系统车载设备到厂进度。
8) 要求制造商提供详细的生产计划，包括厂、车间计划，记录实际进度并对比检查，发现延误，及时通报制造商相关部门并要求采取补救措施。
9) 发现有导致工期延拖的关键工序，要求制造商立即采取措施，如措施不到位立即报告公司。
10) 自地铁车辆制造开始，制造商必须在每月开始三个工作日内，提交月度详细进度报告及下月计划。
11) 除非得到公司同意，在车辆采购合同规定的以及合同执行过程中双方达成的合同履行关键时间节点，不允许延误。

专业英文词汇缩写

EMC	Electro Magnetic Compliance 电磁兼容性
DCC	Damage Control Center 车场调度控制中心
PAC	Provistional Acceptance Certificate 电客车预验收
TCMS	Train Controln & Monitoring System 列车控制与监控系统
EGWM	Ethernet Gateway Module 车辆控制模块
EDRM	Event Record Module 事件记录模块
REP	Repeater Module 中继器
DXMe	Digital Input/Output Mixed Module 数字量输入输出模块
AXMe	Analog Input/Output Mixed Module 模拟量输入输出模块
HMI	Human Machine Interface 人机接口模块
HSCB	High Speed Circuit Breaker 高速断路器
MDCU	Main Door Control Unit 车门控制单元
VVVF	Variable Voltage and Variable Frequency 牵引控制单元
SIV	Static Inverter 辅助逆变器
BCU	Brake Control Unit 制动控制单元
PIS	Passenger Information System 乘客信息系统
ADD	Automatic Drop Device 自动降弓装置
I/O	Input/Output 输入/输出
HVEB	High Voltage Electrical Box 高压电气箱
DIMe	Digital Input Module 数字量输入模块
PTU	Portable Maintenance Unit 装有维护软件的电脑
CAN	Controller Area Network 控制器区域网络
AW3	Atomic Weight 3 超载
Mp 车	Motor Car With Pantograph 带受电弓的动车
Tc 车	Trailer Car 带司机室拖车
M 车	Motor Car 动车
TVOC	Total Volatile Organic Compounds 总挥发性有机化合物
PSI	Pre-Shipment Inspection 出场检查

续表

CHB	列车履历簿文件	
ATO	Automatic Train Operation 列车自动运行系统	
ATC	Automatic Train Control 列车自动控制系统	
LED	Light-Emitting Diode 发光二极管	
LCD	Liquid Crystal Display 液晶显示	
CCTV	Closed Circuit Television 视频监控系统	
OCI	Open box Inspection 电客车开箱检查	
AW0	Atomic Weight 0 列车空载状态	
DC	Direct Current 直流电压	
AC	Alternating Current 交流电压	
MVB	Multifunction Vehicle Bus 多功能车辆总线	
DCU	Drive Control Unit 牵引控制单元	
AC	Automatic Coupler 全自动车钩	
SPC	Semi Permanent Drawbar 半永久牵引杆	
MRP	Main Air Pipe 主风缸管	
UP	Uncoupling Pipe 解钩风管	
EFG3	缓冲装置	
HVAC	Heating, Ventilation and Air Conditioning 供热通风和空调系统	
DRH	升弓节流阀	
DRS	降弓节流阀	
IGBT	Insulated Gate Bipolar Transistor 绝缘门极双极晶闸管	
PWM	Pulse-Width-Modulation 脉冲宽度调制	
ACC	AC capacitor 交流电容器	
VCU	Vehicle Control Unit 车辆控制单元	
DTECS	Distributed Train Electric Control System 列车分布式网络通信和控制系统	
PA	Public Address 列车广播系统	
PIDS	Passenger Information Display System 乘客信息显示系统	
ATP	Automatic Train Protection 列车自动保护	

参考文献

[1] 中铁电气化局集团有限公司. 城市轨道交通设备系统联调联试 [M]. 北京：中国铁道出版社，2015.

[2] 王都，孙宁，关凤宇. 我国城市轨道交通综合试验线的建设及其功能 [J]. 现代城市轨道交通，2013（01）：7-10.

[3] 廖斌. 地铁电客车调试工作探讨 [J]. 机电工程技术，2017，046（006）：151-153.

[4] 杨捍东. 城市轨道交通机电系统联合调试研究 [D]. 西南交通大学，2007.

[5] 郭福涛. 地铁车辆调试工作要点分析与研究 [J]. 中国战略新兴产业，2018（02X）：186-186.

[6] 陈卫东. 全面质量管理理论在电客车质量控制中的应用 [C]. 2015中国（天津）区域轨道交通发展及装备关键技术论坛暨第24届地铁学术交流会，2015.

[7] 李明. 基于多元统计分析的故障诊断方法及其应用研究 [D]. 济南：山东大学，2006.

[8] 李遵敬. 浅析故障管理的统计分析 [J]. 科技信息，2010（035）：386-386.

[9] 曹强. 设备故障管理探讨 [J]. 现代商贸工业，2010，22（017）：377-378.

[10] 张成森. 标准轨距铁路机车车辆限界规：CN，CN2494780Y [P].

[11] 张海涛. 地铁车辆监造工作程序化、标准化及规范化探讨 [J]. 中国铁路，2014（12）.

[12] 张海涛. 基于Windows的地铁车辆咨询与监造项目文件管理系统研究 [J]. 机械，2015（004）：33-39，73.

[13] 张海涛. 基于闭环控制原理的地铁车辆监造过程中质量控制研究 [J]. 现代城市轨道交通，2014（006）：67-72.